文化的信仰

——中华传统文化讲座（修订版）

马福贞 ◎ 著

人民出版社

目　　录

自　序 ……………………………………………………………… 1
再版说明 …………………………………………………………… 1

第一章　祖先崇拜
　　——中国古代传统信仰与政治文化：家国同构，父权至上 ……… 1
【导读】…………………………………………………………… 1
一、神灵隐现的自然与灵魂崇拜 ………………………………… 2
二、"图腾"：寻根问祖的生殖崇拜和图腾崇拜 ………………… 7
三、女始祖崇拜与牧歌式的女性文化 …………………………… 10
四、男始祖崇拜与英雄时代的男性讴歌 ………………………… 12
五、祖神、氏族、宗法制度与祖先崇拜的深远影响 …………… 15
六、祖先崇拜与民间传统节日："三冥节" ……………………… 17

第二章　天地君亲师崇拜
　　——中国古代传统信仰与政治文化：君权神授，天佑帝王 …… 25
【导读】…………………………………………………………… 25
一、君权神授：天地神灵崇拜与祭祀 …………………………… 25
二、亲亲纽带：嫡长子继承制、分封制、宗庙祭祀制度、丧服
　　制度与祠堂 …………………………………………………… 34
三、尊师重道：束脩、释菜、释奠之礼 ………………………… 39

四、天高皇帝近：尊君卑臣、贵贱有等的朝礼 …………………… 40

第三章　土生土长的本土固有宗教
　　　　　　——道教与中国文化 ………………………………………… 50
　　【导读】 ……………………………………………………………………… 50
　　一、道教的产生与历史演变 ……………………………………………… 50
　　二、道教的基本信仰和主要教义 ………………………………………… 52
　　三、道家不等于道教：老子与道教 ……………………………………… 53
　　四、道教产生的文化渊源 ………………………………………………… 55
　　五、道教与中国传统文化 ………………………………………………… 57
　　六、道教标识符号：阴阳双鱼图的文化含义 …………………………… 61
　　七、道教"三元节"与中国传统民俗文化 ……………………………… 67
　　八、道教文化圣典与胜迹 ………………………………………………… 73

第四章　千年祭孔　至圣先师
　　　　　　——儒教与中国文化 ………………………………………… 77
　　【导读】 ……………………………………………………………………… 77
　　一、孔子的伟大贡献及其"至圣先师、万世师表"的至尊地位 ……… 78
　　二、孔庙与千年祭孔的盛典礼仪 ………………………………………… 81
　　三、儒学的神秘化与宗教色彩 …………………………………………… 92
　　四、宗教的判断标准是理解儒教宗教性质的关键 ……………………… 96
　　五、孔子与东方"圣诞节" ……………………………………………… 98

第五章　入乡随俗　佛教改版
　　　　　　——佛教与中国文化 ………………………………………… 102
　　【导读】 ……………………………………………………………………… 102
　　一、古刹背后的历史 ……………………………………………………… 102
　　二、佛教的起源、传播概况和基本教义 ………………………………… 103
　　三、佛教与中国传统文化的冲突与融合 ………………………………… 108

目　录

　　四、中国佛教的宗派形成与佛教中国化 …………………… 116

　　五、佛教节日和佛教文化的世俗化发展 …………………… 120

　　六、民间佛教诸神信仰 ……………………………………… 132

　　七、中国化佛教使中国传统文化更加丰满 ………………… 138

　　八、佛教文物 ………………………………………………… 143

　　九、佛教名胜古迹 …………………………………………… 144

第六章　"舶"来的宗教
　　　　——伊斯兰教与中外文化交流与传播 …………………… 149

　　【导读】……………………………………………………… 149

　　一、商贸叩门：伊斯兰教传入中国 ………………………… 150

　　二、伊斯兰教传播与中外文化交流 ………………………… 153

　　三、现存伊斯兰教胜迹 ……………………………………… 154

第七章　艰难的历程
　　　　——新中国成立前基督教及其在中国的传播与发展 …… 156

　　【导读】……………………………………………………… 156

　　一、基督教的起源、演变与分裂 …………………………… 156

　　二、基督教的教义和组织 …………………………………… 159

　　三、基督教传入中国 ………………………………………… 161

　　四、基督教与中外文化交流 ………………………………… 164

　　五、基督教文化与节日习俗 ………………………………… 168

　　六、中国基督教著名教堂与会所 …………………………… 173

第八章　儒教孔门的圣人先哲
　　　　——文庙配享从祀的"四配"、"十二哲" ………………… 178

　　【导读】……………………………………………………… 178

　　一、文庙"四配" ……………………………………………… 178

　　二、文庙"十二哲" …………………………………………… 183

第九章　佛教徒的文化苦旅
　　——佛教高僧,文化使节 ································· 198
　　【导读】 ·· 198
　　一、宣扬因果报应之说的高僧:慧远 ······················ 198
　　二、提倡顿悟成佛的南禅宗祖:惠能 ······················ 205
　　三、求法高僧,文化使节:法显、玄奘、义净 ············ 210
　　四、译经巨匠,佛光远播:鸠摩罗什、真谛、玄奘、不空 ··· 216

第十章　治国养生谋奇术　未有神仙不读书
　　——道教人物评传 ······································· 221
　　【导读】 ·· 221
　　一、道家宗祖人物:列子和庄子 ······························ 221
　　二、魏晋以后的道教改革家 ····································· 224
　　三、唐宋以后的道教人物评传 ································· 230

第十一章　见贤思齐,崇德修身
　　——中国古代圣贤祭祀与英雄崇拜 ············ 237
　　【导读】 ·· 237
　　一、圣贤先哲崇拜及祭祀 ·· 238
　　二、圣贤崇拜和民风民俗 ·· 241
　　三、端午:纪念圣贤的节日 ······································ 241
　　四、清明节与介子推 ·· 246
　　五、"武圣"崇拜与民间关公庙会 ··························· 248
　　六、仓颉和汉字崇拜习俗 ·· 253

第十二章　有容乃大:中外文化的互补与融合
　　——丝绸之路上文化的双重馈赠 ················ 255
　　【导读】 ·· 255
　　一、有容乃大:丝绸之路上的文化交流 ················· 256

二、儒道互补与融合的尝试 ……………………………………… 259
三、魏晋南北朝时期的"玄学"与儒、道互补 …………………… 261
四、宋明理学是儒、释、道的融合与创新 ………………………… 264
五、中国文化的传播与重建 ………………………………………… 265

附录：文化改变命运 …………………………………………………… 267
后绪　文化与信仰 ……………………………………………………… 288
主要参考文献 …………………………………………………………… 313
后　记 …………………………………………………………………… 315

自　序

一、信仰——文化的源泉

　　信仰也是一种重要的文化现象。信仰不但是人类历史上一种特有的文化现象，而且是文化的精神源泉。那么，什么是信仰呢？简单地说，信仰，是指人们对某种理论、学说、主义的信服和尊崇，并把它奉为自己的行为准则和活动指南。信仰是一个人做什么，或者不做什么的根本行为准则和指南。信仰从本质上可分成两类，一类是有神论信仰，另一类是无神论信仰。有神论（Theism）一词来自希腊文"Theos"，即"神"的意思。"神"我们也称"神仙"、"神灵"、"神道"，是宗教和神话中所幻想的超自然的、具有人格和意志的存在，并认为它是客观世界和人类命运的主宰。神的观念产生于原始社会时期，当社会生产力极其低下，人们不能理解和驾驭广大而神秘的自然力量时，这些力量以人格化的方式在人们头脑中形成虚幻的反映。对神的信仰和膜拜是一切宗教信仰的核心，有神论者把神和神灵当成有人格的、值得崇祀的礼拜对象，他们相信神可以通过某种媒介（人、物、事迹、经典等）将神谕传达给人间，从而主宰人间命运。在有神论者的心目中，神在道德上是至善至美的，在能力上是无限大的。所以，有神论者相信神能左右自己和周围人的生活和命运，是值得礼敬、崇祀和顶礼膜拜的。而无神论者认为，宇宙和社会发展的客观规律决定了一切事物的发生和发展。一切都属于自然的，只存在已知和未知，不存在超自然的神灵，他们不相信一切鬼神和灵魂的存在，当然，从来也没有什么救世主。因此，无神论者重人事而不敬鬼神，相信人的主观能动性，以积极进取的态度应对大自然和社会生活。在世俗生活中,有神论信仰者往往谦卑,相信宇宙中的一切是神所创造,他们对未来充满希望,相信因果循环,靠内心的善恶道德法庭约束自己,相信"头顶三尺有神明",对神充满敬畏。所以,有神论者时常以阴间的最终"审判",或以"世界末日"的最后"清算"等信条自我警醒,不敢胡作非为。相反,无神论信仰者相信人的主观能动性,相信科学,相信眼见为实,相信进化论,相信生老病死是自然的常态,所以他们会把精力和时间主要花费在此生的荣辱胜败、尊卑贵贱上。历史上,一般无神论者都提倡理性和科学,反对传统宗教中对人的精神束缚,无神论者讴歌人的尊严,倡导个性解放和人性自由。但是,既然相信人既无前生,也无来世,就更容易破旧立新,敢想敢为,即所谓战天斗地,天不怕、地不怕。可见,信仰是一个人的行动指南和生活的根本准则,是人类特有的文化现象,属于精神文化的范畴。信仰是人类文化现象中属于精神文化的内容,是文化最精微的部分。既然信仰是文化的灵魂,那么,我们就来通过探讨文化与信仰的关系,感知中国传统文化的灵光。正因为信仰是文化的灵魂,所以,文化因信仰而丰满,离开信仰我们甚至无从讨论文化。那么,中国传统文化与信仰的关系是什么呢?信仰又是如何影响中国传统文化特质的?并进而影响中国古代传统社会的结构、制度与文化?让我们带着对这些问题的讨论与思考,沿着中国传统宗教的文化长廊,触摸中国传统文化的特质与灵魂,追寻天、地、人之间的秩序与融合。究竟引领人类跨文明时代门槛的信仰之光,曾经怎样照亮我们的精神家园?又将如何传承与延续下去?让我们一起去追寻文化与信仰的永恒魅力吧!可以这样说,信仰作为一种文化,是一种无形的精神力量,信仰传承文化的力量有多大,文化传承的生命力就有多强。在此呼吁全社会:保护我们优秀的民族文化,就是守护我们的精神家园。有人说,有一种文化叫信仰,有一种力量叫文化。的确,文化是一种无形的精神力量,文化指引着人类社会的发展方向,是一个民族的历史记忆和明显标志,而信仰则是文化的活水源泉。

二、宗教是一种信仰,也是一种重要的文化现象

宗教是人类历史发展到一定阶段的产物,也是人类社会生活中重要的

文化和信仰现象,是人类精神文化财富的结晶。宗教对人类的社会生活造成重大影响,考察宗教与文化的关系,是我们理解人类社会文化生活的重要内容。

(一) 宗教的起源

宗教(源于拉丁文 Religare),原意是"联系",所以"宗教"的本义,是指人与神的一种关系,是人对某种超自然力量的盲目信仰和崇拜。中国古代典籍很早就对宗教现象进行探讨,如《易经》中有"圣人以神道设教,而天下服矣。"的解释,认为圣人可以沟通人神,并以神道来教化天下。中国古代民间属于多神信仰,人们除了虔诚地信奉日神、月神、山神、河神、天神、地神等自然神灵外,还信仰祖先神和大禹、女娲、关公等神格化的古代英雄和圣贤之神等等。对于神的理解,中国人普遍认为"善而智者,死后为神",所以,值得后世敬仰,并在内心奉行"祭神如神在"的宗旨,信仰十分虔诚。在西方,宗教的含义是人对神的信仰,相信神创造了人类和整个世界,并怀有"信我者得救"的信念。因此,宗教作为一种复杂的文化现象,它是人类精神生活的一部分。宗教与迷信不同,迷信是反科学、非理性的一种盲目的、极端的信仰,主要指原始信仰、原始巫术、原始宗教中的有害思想和行为,对社会和个人造成直接或间接危害。所以,迷信与宗教虽然在哲学的本质上都是一致的,但在政策、法律上,是区别对待的。在现实生活中,宗教与迷信的区别也是明显的。因此,简单地用迷信说明宗教是不合适的,也容易引起争议和社会不稳定。宗教是社会的意识形态之一,属于上层建筑的范畴。从文化的视角看,无论宗教的产生还是发展都是一种文化现象,在人类文化史上占有十分重要的地位。为此,探索中国传统文化的精神信仰离不开对中国传统宗教的深入研究。

虽然宗教起源甚早且历史悠久,但关于宗教的起源问题,依然没有固定的解释。不同的学者和思想家从不同的角度和立场出发,得出了不同的结论。如普列汉诺夫认为宗教是由原始的图腾崇拜演变而来,图腾是人类宗教的原始形态;弗洛伊德提出宗教的心理起源说,认为宗教是人类内心深处被压抑情感的意识转移的产物,宗教归根到底是人类的一种心理现象;涂尔干认为宗教信仰源于人们的社会崇拜,神不过是社会的化身;丹尼尔·贝尔认为宗教起源于人们的超越意识,宗教以超越的形式将现实生活中的苦难、死亡等转化为象征性符号,并以各种仪式使之固定并加以流传;马克思主义从辩证唯物史观出发,认为宗教的起源基于两个客观条件:其一是早期人类落后的生产力水平,其二是阶级社会中的压迫。在人类之初,由于智力水平和社会生产力水平极其低下,处于物我不分的混沌世界,还没有宗教的产生。随着社会生产力和人类智力水平的逐渐提高,原始先民逐渐能够把人类自我作为"类"与自然界和动物界区别开来,并逐渐萌生人类自我意识,他们对自身的本质及自身与自然界相互关系有了初步的认识,只有这时,他们才有可能抽象出一个与"人类"相对立的"神",并祈求神灵的赐福和庇护,正是在这个意义上,原始的宗教产生了。因此,宗教是人类自我意识发展到一定阶段的产物,宗教的产生本身就是人类文化活动的结果,是人类文化发展史上的重要环节。

宗教是社会的意识形态之一,它相信并崇拜超自然神灵,是自然力量和社会力量在人们意识中的歪曲、虚幻的反映。我们知道,宗教产生于史前社会的后期,最初是做梦的现象引起了灵魂的观念,人们在梦中见到死去的亲属,并觉得自我可以脱离肉体而独立活动,由此推及其他自然事物,从而产生了"万物有灵"的观念。由于原始社会生产力极其低下,人们还无法控制自然力量,只能幻想以祈祷、祭献或巫术来影响主宰自然界的神灵,从而形成了最初形式的宗教仪式。阶级社会出现以后,阶级压迫给人们带来了较之自然灾害更加深重的痛苦。当人们不理解其社会根源时,便产生祸福命运由神操纵的观念。同时,历史上一切统治阶级都竭力支持宗教,宣扬痛苦的原因是人们自己犯了罪,只有忍耐、顺从才能来世得福,借以麻痹民众的反抗和斗志。在人类历史上,由于各种不同的民族文化传统,不同政权形式的出现、交错和更替,便陆续出现了各种不同内容、不同形式的宗教和信仰体系;由拜物教而多神教继而一神教;由氏族图腾崇拜到民族神和民族宗教,最后又出现了佛教、基督教、伊斯兰教等世界性宗教。可见,宗教形式多种多样,内容各异,所以宗教的判断标准也并非唯一的。我们应按照历史唯物主义和辩证唯物主义的世界观和方法论,对宗教这个历史文化现象和社会现象进行科学判断和分析。

(二)宗教文化是中国传统文化的重要组成部分

无论从文化的起源、本质、发展还是传播和交流看,宗教都是一种文化现象。宗教与人类文化现象有着千丝万缕的联系，结下了不解之缘。纵观人类发展的历史，几乎所有的文化形态都与宗教有着密切的联系；不但那些直接标志着人类文明成果的哲学、科学、文学、书法、绘画、音乐和雕刻建筑艺术等无不深深地打上宗教的印记，就连那些作为各个时代上层建筑核心的政治制度、法律思想、道德规范等，也深受宗教的制约；至于宗教对于各个历史时期、各个民族的生活习俗、社会心理、文化特征的影响就更是无处不在。以中国学术思想为例，儒家学说作为我国传统学术思想，一直是为人瞩目的显学和主流学派。而儒家学说在相当程度上是一种伦理哲学，其核心思想是"孝"。"孝"既包括对活着的父母长辈的尊敬与奉养，也包括对已故先人乃至祖宗的孝敬和祭祀。中国人"慎终追远"的文化传统，实际上是中国古代祖先崇拜的继续和发扬，而宗法制度、分封制度则是其在制度文化上的现实体现。如果对中国古代宗教中的图腾崇拜、祖先崇拜等缺乏最起码的了解，那就很难较深入地理解和把握以"孝"为基础的儒家伦理哲学及其思想。中国古代宗教是中国传统文化的重要组成部分。中国古代是多神崇拜与信仰的国度，所以，中国的宗教文化异彩纷呈，祖先崇拜与信仰、道教文化、佛教文化、伊斯兰教文化、基督教文化等等，共同构成一道亮丽的文化风景，它们都是中国传统文化的重要组成部分。因此，要想全面深入地了解中国传统文化，就必须了解中国古代宗教与宗教文化。中国古代为多神信仰，宗教文化内容极为丰富，从远古时代的自然崇拜、图腾崇拜、天帝崇拜、祖先崇拜、鬼神崇拜，到后世流传的道教、佛教、伊斯兰教等，都属于中国古代宗教文化的范畴。中国古代的许多文化形式都在不同程度上受到古代宗教的影响，与中国古代宗教有着极为密切的联系。因此，要了解中国传统文化，就非常有必要了解中国传统宗教。另外，随着历史上中外文化交流的日益频繁，各种外来宗教也传入中国，并且深深根植于中国文化的土壤中，成为中国传统文化的组成部分。所以，中国传统宗教既包括本土宗教也包括对中国文化影响较深的已经中国化了的外来宗教，如佛教等宗教。

（三）影响中国文化的世界宗教

在当今世界众多的宗教中，基督教、佛教、伊斯兰教的传播遍及世界各地，是被公认的世界性宗教，这三大宗教对中国文化也产生深远的影响。

基督教是当今世界上传播最广、信徒最多的宗教。基督教产生于公元前一世纪中叶的巴勒斯坦、小亚细亚，其创始人为耶稣。罗马奴隶制帝国的残暴统治导致社会极其黑暗，基督教正是当时苦难现实的写照。基督教产生初期，曾遭到罗马帝国的残酷迫害，直到公元313年才被承认，并于392年被定为罗马国教。1054年，基督教随着罗马帝国的分裂而分裂，西部以罗马教皇为中心称为"罗马公教"，即天主教；东部以君士坦丁堡为中心称为"正教"，即东正教。16世纪，西部教会在马丁·路德和托马斯·闵采尔等人领导下发动了宗教改革，产生了代表新兴资产阶级利益的一些新教派，总称为基督教"新教"（我国习惯称其为耶稣教或基督教"新教"）。由此，天主教、东正教、基督教新教遂成为基督教的三大教派。基督教的教义比较复杂，各教派强调的重点也不尽相同，但都以《新约全书》和《旧约全书》为基本经典。

佛教产生于公元前3世纪的印度。创始人悉达多·乔达摩又称为佛陀或释迦牟尼。佛教教派林立，主要可分为大乘佛教和小乘佛教。小乘佛教寻求自我的解脱途径主要是通过修行"三学"（戒律、禅定与智能）；大乘佛教不仅要求自身解脱，还要普度众生，主要修行"六度"（布施、持戒、忍辱、精进、禅定与智能）。佛教外传，以小乘佛教为主流者则传播于东南亚一带，包括斯里兰卡、缅甸、泰国、柬埔寨、老挝等国家，及在我国云南傣族等少数民族地区流传的佛教，又因从其源流和地理传播而言，它由印度南传到斯里兰卡而后发展起来的，故被称为"南传佛教"（南传上座部佛教），大乘佛教则经中亚传至我国、韩国、日本，称为"北传佛教"。相比而言，南传佛教保存了较为浓厚的原始佛教色彩；北传佛教则更多地与传承地固有的传统文化相融合，表现为创新的特色。

伊斯兰教，公元七世纪是由穆罕默德于阿拉伯半岛上首先兴起的宗教。原意为"顺从"、"和平"，又译作"伊斯俩目"，指顺从和信仰创造宇宙的独一无二的主宰安拉及其意志，以求得和平与安宁。信奉伊斯兰教的人统称为"穆斯林"（Muslim，意为"顺从者"与伊斯兰"Islam"是同一个词根）。伊斯兰教七世纪初兴起于阿拉伯半岛，由麦加的古莱什部族人穆罕默德所复兴。公元七世纪至十七世纪，在伊斯兰的名义下，曾经建立了倭马亚、阿拔斯、法蒂玛、印度德里苏丹国家和土耳其奥斯曼帝国等，一系列大大小小的封建王朝。

经过一千多年的历史沧桑,这些盛极一时的封建王朝都已成了历史陈迹。但是作为世界性宗教的"伊斯兰"却始终没有陨落。起初,伊斯兰作为一个民族的宗教,接着作为一个封建帝国的精神源泉,然后又作为一种宗教、文化和政治的力量,一种人们生活的方式,在世界范围内不断地发展着,乃至成为21世纪世界的三大宗教之一。伊斯兰教世界的国家遍布亚、非两个大洲,总体算来大约50个。此外,在各大洲很多国家都生活有信仰伊斯兰教的人民(穆斯林),这些国家包括一些西方国家,如英、美、俄、法、德等国,也包括中国。

(四) 中国社会主义国家对宗教的基本态度和政策

按照唯物论的基本观点,虽然马克思主义的无神论是以唯物主义为基础的,而宗教则主张有神论,本质上是唯心主义的。但是,宗教作为人类生活中的一种文化现象,也有自身的发展规律,社会主义国家只有了解这些规律的基础,并将这些规律应用到宗教政策和社会实践活动中,才能解决好宗教问题。马克思主义关于社会主义国家宗教政策的原则是:宗教是私人生活中的自我选择,不能简单地通过行政手段而取消。任何人都有充分自由信仰任何宗教,也有自由不承认任何宗教。社会主义政党要坚持不懈地进行无神论宣传,不仅要坚持自己世界观的纯洁性,还要逐步提高公民对宗教的科学认识,明确宗教存在的根源。但是,无神论宣传要服从社会主义建设的大局,不能伤害宗教界人士的情感和利益。民族工作、宗教工作,都是全局性工作,关键是团结群众,争取民心,和谐共处。围绕宗教问题,2015年5月,习近平总书记在中央统战工作会议上强调指出,宗教工作本质上是群众工作,要全面贯彻党的宗教信仰自由政策,依法管理宗教事务,坚持独立自主自办的原则,积极引导宗教与社会主义社会相适应,必须坚持宗教的中国化方向,必须提高宗教工作法治化水平,必须辩证地看待宗教的社会作用,必须重视发挥宗教界人士的作用,引导宗教努力为促进经济发展、社会和谐、文化繁荣、民族团结、祖国统一服务,为构建社会主义和谐社会做出实际的贡献。为此,我国的宗教政策是:宗教信仰自由,尊重和保护正常的宗教活动。我们要积极引导宗教和社会主义相适应,反对利用宗教进行的违法活动,反对外国的宗教干涉和控制。

三、探寻中国传统文化的精神源泉

　　本书是我多年来关于文化问题,特别是文化与信仰问题的一些思考。作为一个长期生活在传统文化氛围中又深受西方文化影响的中国人,考察一下自己对本土文化的认识和传统信仰文化对现代人和现代社会的影响和启示,我想这是非常必要的。因为从文化的视角看,虽然我们享受着现代科技和现代文明成果,但对于深受其影响的传统文化,特别是传统文化的源头之一的宗教文化,恐怕还缺少足够的认识和了解。在一些人的心中,一提起宗教,就会想到封建迷信,愚昧无知,甚至以反对迷信的名义,盲目拒绝一切宗教和其中包含的历史文化因素和智慧,这都有失偏颇。因此,我们只有分清宗教与迷信之间的本质区别,认识文化与信仰的关系,用历史和现实的眼光审视传统文化,才能不受迷信和各种偏见的羁绊,真正从传统信仰文化中得到有益的启示,正像传统文化中的儒、释、道精神一样,成为滋润我们现代人心灵和生命的活水清泉。

　　总之,宗教文化是多元文化和各民族传统文化的重要组成部分,一个人尽管不必是宗教信仰者,但一定要对宗教有所了解和理解,只有这样才能真正走近中国传统文化,才能保证在社会生活和实际工作中避免因误解和无知对一个民族或宗教构成的伤害。为此,我将十多年教学、研究的实践经验与思考进行总结,撰写了这部专著。

　　为了反映中国传统宗教文化的真实面貌,揭示宗教文化的发展规律,笔者力求做到运用辩证唯物主义和历史唯物主义的观点,史论结合,论从史出,但由于中国宗教文化的内容极为丰富广泛,其中问题也很复杂,再加上时间仓促,水平有限,书中错误及不妥之处在所难免,恳请广大专家、读者给予批评指正,有关修改意见,请及时提出反馈(mafuzhen@126.com),便于以后修订补正,在此深表致谢!本书自 2006 年 9 月开始写作,2008 年元月完成初稿,2012 年,本书在河南省政治学重点学科建设经费资助下,由中国社会科学出版社立项并进入出版程序,2014 年终于得以出版。同时,2008—2014 年国家宗教局两次组织专家审核稿件,并提出宝贵意见,所以,本书的出版也与国家宗教局诸位专家的支持分不开,我在此表示深深的感谢！在写作过程中,我参阅了大量国内外有关文献资料,借鉴了不少前人宝贵的研究成果,我的师长、朋友以及出版社的编辑们都给予了热情的支持,在此对他们致以衷心的感谢！

马福贞
2014 年于河南大学

再版说明

本书第一版于2014年12月由中国社会科学出版社出版,受到读者喜爱。这次是应广大读者要求,在人民出版社帮助下修订再版。三年来,在使用过程中,任课教师、大学生和党政领导干部等读者都提出了不少中肯的修改意见,我的这次修订工作就是在充分听取他们意见的基础上,对原书进行了一次全面的审察和局部的修改、调整与补充。具体地说,这次修订中,原书章节仍为十二章,但章节及其内容有所删改和补充。删除了原第一版的第八章,新增第十一章:见贤思齐,崇德修身。第九章增加了"译经巨匠,佛光远播:鸠摩罗什、玄奘、真谛、不空"的内容。第十章,内容增加了对道教宗祖人物列子的评述以及唐宋以后几位道教代表人物的评述。修订第十二章增加了丝绸之路上的文化交流以及对中国新文化建设的未来展望内容。这些修订与补充使章节内容更加完善,各章节之间内容相互照应,以期主题突出。精选插图,以使图文并茂,文图互释。在后绪中,作者重点阐明对文化与信仰之间关系的理解。人民出版社对这次修订工作十分重视,给予了多方面的指导和支持!为此,我对出版社深表感谢!

本书是中央党校推荐党政领导干部2016年春季热点图书。2016年3月,中央党校信息中心和中央党校出版社联合向全国领导干部读者推荐的十部优秀图书作品之一,同时推荐的还有钱穆、郑永年和马化腾等人所著的政治、经济、历史、文化、科技等多个领域的优秀著作和国外译著。本书作为高等学校人文素质教育的教材,可供党政领导干部、公务员作为培训教材,也可供广大文史爱好者等社会各界人士作为提高人文素养的参考书阅读。

马福贞

2017年1月8日

第一章　祖先崇拜

——中国古代传统信仰与政治文化：家国同构，父权至上

【导读】

祖先崇拜是在灵魂不死观念和图腾崇拜的基础上发展起来的，是生殖崇拜发展的必然结果。在中国宗法伦理社会结构下，祖先崇拜是家族社会的最高宗教，也是它的最后哲学和最高信仰，极大地影响了中国社会的民俗和精神文化生活。在传统宗法制度下，祖先祭祀权利和宗法政治权力密切配合，成为维护父权、族权、神权和巩固政权的有力工具，家族制度政治化，政权的分配以宗法血缘的远近为标准，这就是为什么中国古代封国制度、传统宗法家族制度长盛不衰，君权专制制度极为稳固的原因之一。实质上，不理解中国古代的祖先崇拜，就难以从根本上理清中国传统政治文化的政治伦理化特性，也不能真正理解土生土长的各种中国本土宗教兴衰的历史，更无法解说各种外来宗教文化的"中国化"、"本土化"演变的历程。

在中国所有的传统信仰中，民众最普遍、最虔诚的信仰莫过于祖先崇拜。中国儒家最重视的礼仪莫过于祭祖大典，可以说，祭祖是儒家礼仪的核心内容。祖先崇拜虽然从未被确立为中国的正式宗教，但是实际上已经成为中国传统宗教信仰和礼仪的主体，是中国传统伦理社会的最高信仰。祖先崇拜使中国传统文化显示出明显的政治伦理特征，中国传统社会结构特点表现为家国同构，突出父权与君权。为了阐明这个问题，让我们先从人类的原始信仰——自然崇拜与灵魂崇拜说起。

一、神灵隐现的自然与灵魂崇拜

人类的童年时代,如同一个蹒跚中的孩童,对养育自己的大自然表现出无限的好奇,对恩泽自身又喜怒无常的天地万物既感恩戴德又充满恐惧。大自然给予人类阳光雨露,又以电闪雷鸣、风暴洪水等自然灾害无情地肆虐先民的家园,夺去他们亲人和同伴的生命。因此,先民们对此充满恐惧和迷惑,疑窦丛生,无法给予合理的解释,只能用自己的方式来回答,而最初和最方便的思路就是把周围的自然万物看作是与人类自己一样活生生的生命,一样有喜怒哀乐的情感变化的活物,这就形成了"物活论"的观念。

(一)万物有灵

在早期先民那里,一切都是有生命的,而最有灵性的人类并非万事万物的主宰,恰恰相反,在大自然面前,人类显得极其脆弱。因为自然界不仅给人类提供生存的依靠,也给他们带来难以抗拒的巨大压迫,并随时以山崩地震、狂风烈火、瘟疫疾病降祸人间。原始先民从而对自然界产生无限的神秘感,对其顶礼膜拜,甚至祈求以自己的温顺与臣服来获得神秘的大自然的恩赐,以避免各种灾害的降临。于是"物活论"便发展为神灵观,即人们认为自然界的一草一木、万事万物都是有生命、有灵性的。

法国大哲学家霍尔巴赫认为最原始的宗教是拜物教,即万事万物都有神性的自然的神教。在拜物教的基础上发展出多神教,然后再出现一神崇拜的宗教,也就是说,人类所有的宗教都是起源于先民对自然物的崇拜。而先民对自然的崇拜又与"物活论"和神灵观念不可分割,有了二者,原始的自然宗教便出现了。

在我国历史上,对自然物的崇拜是十分普遍的现象,先秦典籍中多有记载,在民间流传的神话故事中反映自然崇拜的故事则更多。例如,"羲和生十日"、"羿射九日"、"夸父追日"、"天狗食月"等神话形象地反映了先民们对日神、月神的原始崇拜意识。再如《礼记·祭法》中也说:"山林川谷丘陵,能出云,为风雨,见怪物,皆曰神。有天下者祭百神……此五代之所不变也。"又如内蒙古狼山原始岩画中有一幅拜日图,一人跪向太阳,两臂上弯合掌做礼拜

第一章　祖先崇拜

图 1-1　电母、风伯、雨师（[清]佚名：《绘图三教源流搜神大全》，上海古籍出版社 2012 年版。）

状,非常形象地再现了当时人们祭拜日神的情态。另外,在我国一些少数民族中,至今还保留着自然崇拜的遗风。蒙古族的"敖包"之祭中,山神是必祭之神;四川木里俄亚乡的纳西族村寨分布在苏达河、东义河、冲天河沿岸,每年都举行非常隆重的祭水神活动。实际上,中国古代自然崇拜不仅相当普遍,而且种类很多,除了上述谈到的日月星辰崇拜、山川湖海崇拜,根据崇拜对象的不同,大体上还包括风雨雷电崇拜、动物植物崇拜、火与石的崇拜、土地神崇拜等等。

人类的自然崇拜具有丰富的文化意义,而不仅仅是人类早期在自然界面前的脆弱、无知与狭隘的表现。自然崇拜不仅反映了早期人类对自然界的依赖,更重要的是它表现了古人对自然界的纯朴感情以及企图通过自身活动感动自然,改善生存条件的美好愿望。人与动物的最根本的区别就在于人有思维、有意识,从而有文化,而动物没有文化。从文化的定义来说,文化就是自然的"人化";人创造了文化,同时文化也创造了人。而宗教就是人类十分重要的社会文化现象,并且是人类发展到一定历史阶段的文化现象。动物界没有宗教,人类诞生之初也没有宗教,原始宗教是人类思维发展到一定水平的结果。考古学研究告诉我们,人类已有300多万年漫长的孕育和发展的历程,但根据目前所知的考古材料,宗教萌芽于旧石器时代中期,距今只有10万多年的历史。而多数具有明显宗教特征的文化遗存则发现于旧石器时代晚期以后,所以,比起人类300多万年甚至比这更遥远的历史跨度,宗教的发展史不敢称"悠久",相比之下宗教的历史只是"弹指一挥间",只能算是晚生的事物。尽管如此,宗教的诞生却折射出人类文化耀眼的光芒,如果我们站在人类文化全部发展史的角度去审视原始宗教,就会发现原始宗教是先民们开始摆脱自然,探索自然界和人类社会无限奥秘的结果,是先民们精神生活丰富与提升的标志。原始宗教与人类文明的曙光携手而来,可以毫不夸张地说,我们今天所有的文化形态几乎都可以从包罗万象的原始宗教中寻觅其踪迹。正是原始宗教的诞生,发出了人类历史上第一道真正意义的耀眼的文化光芒。

(二) 不死的灵魂

灵魂观念是人类最早的宗教观念之一,它是人类对自身生命神秘化的理解。原始社会初期的人们并没有发展到思考生与死关系的思维高度,在当时他们并不掩埋自己同类的尸体,而是吃掉同伴的尸体以解决饥肠辘辘的痛苦并非不可思议,弃之于原野山谷也是很正常的事情。"人死无葬俗"的说法恰恰是当时这种现象的描述。但随着灵魂观念和原始宗教意识的萌生,人们开始对亲人和同伴的尸体有意识地进行处理,并加以必要的保护,由此才产生了各种葬法

图 1-2　天地全神图（河南朱仙镇年画）

和葬礼。虽然早期的葬法很原始,但这毕竟意味着原始文化已经超越了单纯的物质因素层面,而注入社会文化和宗教的内容,考古发现的山顶洞人的墓葬就是一个有力的证明。正是这座墓葬,为我们破译先民灵魂不死的心灵轨迹提供了可能,也为我们打开人类原始宗教意识的奥秘开启了一扇窗口。我们甚至可以这样说,原始宗教的文化之光是在先民精心安置的地下墓葬中闪烁的。

在山顶洞人遗址中,考古工作者发现了三具完整的人头骨和部分躯干骨,他们的周围都撒满火红的赤铁矿粉,还放置了许多死者生前用过的生活用品、配饰。由此我们推想,山顶洞人掩埋死者并不是随意的,而是经过一番精心设计的。值得注意的是,在山顶洞人之前的古人类遗址中,我们从未发现过先民掩埋死者的痕迹。为什么到了山顶洞人这里死者被精心安置?并伴有随葬品,最合理的推断只能是,他们已经在思考肉体与灵魂、生命与死亡的关系问题,并从幼稚感觉和感性的推理中得出灵魂不死的结论。灵魂是一个宗教学概念,最初在我们的原始先民们那里被称作什么,恐怕我们永远也不能得知了。但我们可以肯定的是,早期的原始先民并不能正确地认识自己的身体结构和活动,因而误认为他们的思维和感觉是由某种神秘的东西所操纵和掌握的,这就是灵魂。研究普遍认为,对梦境的不理解,是灵魂观念产生的重要因素。先民们认为灵魂寓于肉体之中,但可以与肉体分离而独立地游荡,如果它暂时离开肉体就会产生梦中的种种景象,如果它永远离开肉体,死亡就降临了。原始先民们相信人死肉体被埋葬之后,人的灵魂并没有消失,它仍然生活在某个神秘的世界之中。在认为灵魂不死的先民那里,灵魂可以被认为是存在于人的肉体内又随时可以走掉的东西,某种可以使他的肉体活动起来的生命的冲动与活力。某种与他"肉体"的"自己"完全不同的看不见摸不着,但又无所不能的"自己"。

其实,当原始先民开始思维自我时,当他们大胆地发出"我是谁"、"我从哪里来"的伟大疑问时,当他们有太多的问题搞不清楚,却又有无数的疑问等待他们解答时,产生原始灵魂、神灵意识并不奇怪。比如,梦中的自我与现实中的自我之区别,梦中的我为什么会有一番奇怪的漫游。再如,人在病痛的折磨下,四肢无力,高烧头昏,奄奄一息,痛苦不堪,但健康后却又充满生机与活力。这种灵与肉"离合"的现象多次重复,一个现在被我们称之为"鬼"、"灵魂"的东西也就慢慢地在原始先民的头脑中形成了,并且探索和思考肉体与精神的关系。《列子》曰:"精神离形,各归其真,故谓之鬼。鬼,归也,归其真宅。黄帝曰:'精神入其门,骨骸返其根,我尚何在?'"意思是精神属天所有,肉体属地所有。精神离开形体,各自返回它们的元真之本,返归本真。黄帝无限感叹曰:"精神回归天门,骨骸肉体返回大地,我又在哪里呢?"英国著名人类学家泰勒就是从睡眠、做梦、出神、幻觉、疾病、死亡等这些生理现象中,最深刻地揭示了原始人灵魂观念的构成的。恩格斯更是敏锐地从这种灵魂的产生,破译了远古人"灵魂不死"观念的:"在远古时代,人们还完全不知道自己身体的构造,并且受梦中景象的影响,于是就产生了一种观念,他们的思维和感觉不是他们身体的活动,而是一种独特的、寓于这个身体之中而在人死亡之时就离开身体的灵魂的活动……既然灵魂在人死时离开肉体而继续活着,那么就没有任何理由设想它本身还会死亡;这样就产生了灵魂不死的观念。"[①]灵魂既然不死,那就意味着死者可能还会在不同于现实的世界生活;这位死者,又是他们氏族的亲密成员,作为活着的人对死去的亲人在另一个世界的生活做一番精心安排,并把尸体存放在离氏族居住地不远处,甚至如山顶洞人那样把自己死去的祖先埋在氏族的地下室里,这样更便于生死相通,更便于生者对死者加以关爱和悼念,死去的族人之灵魂对于活着的氏族成员随时加以呵护。他们精心埋葬死者的做法,应该是先民们对生与死、灵与肉关系思考的结果。这样看来,那些涂撒在死者身上和周围的火红的赤铁矿粉就更值得思考,有点儿意味深长了。

为什么山顶洞人要在每位死者的身上和周围涂撒赤铁矿粉?解释可能会很多,但更合理的解释应该仍然与灵魂不死的观念有关。根据泰勒的分析,原始人可能是用最直观的方式,以死者去世时的情景推论出,那种作为生命力的灵魂大概是从呼吸的鼻孔和流血的伤口逃走的。在他们看来,灵魂甚至就是呼吸的气息和流于周身的红色血液。赤铁矿粉的颜色,恰恰是血液的红颜色,这分明就是生命的表征。在山顶洞人这里,赤铁矿粉、红色,已经不再单纯是它本身,而是在想象中被赋予了灵魂不死和生命复活的价值取向,这就是它独有的文化内涵。

二、"图腾":寻根问祖的生殖崇拜和图腾崇拜

在原始社会,一个氏族或部落是否强大的一个重要指标就是繁殖能力的

[①] 《马克思恩格斯选集》第4卷,人民出版社1977年版,第219页。

强弱、人丁是否兴旺。根据吴申元《中国人口思想史稿》中的统计数字表明，原始社会人口出生和死亡率高达50%以上。旧石器时代，世界人口百年增长率不超过千分之一点五；新石器时代，世界人口百年增长率不超过千分之四。可见，在原始社会生产力极其低下，医疗水平很低，人类无法抵御猛兽侵害，不能完全解决温饱问题的情况下，人类死亡率极高，寿命很短，能够完成生儿育女传宗接代使命的人并不太多，所以，人的自身繁衍绝对是当时氏族或部落生存延续的头等大事，非同小可。因此，当时的人们对生殖感到神秘和好奇，充满向往与思考，他们盼望五谷丰登，鸡狗成群，更祈求氏族自身生殖繁盛。广泛流行于原始先民们中的生殖崇拜便在这样的背景下产生了。"图腾"崇拜就是生殖崇拜的重要形式。"图腾"（Totem）一词，首先介绍给学术界的是18世纪末英国人约翰·朗格（John Long）。直到20世纪初，"图腾"一词才由严复译成中文并介绍到国内。

"图腾"一词源于印第安人的阿尔衮琴部落，意思是"它的族类"或"它的氏族"。原始先民对于某种对本氏族日常的生活有重要意义的动物或植物充满崇敬，并把它想象为与自己有血肉亲族关系的共同始祖，普遍对其顶礼膜拜，目的是寻求始祖的保佑。所以被认为是氏族图腾的动物或植物是作为本氏族的祖先和保护神而受到普遍崇拜的。在原始民族中，神圣不可侵犯的图腾又是氏族的族徽，借此把各个氏族区别开来。图腾还可能与氏族内部婚姻禁忌有关，图腾动物一般是禁止杀害的，只有在特殊的场合下举行神圣的仪式时才允许吃图腾动物的肉。

作为氏族图腾标志，与同时作为生殖崇拜的象征意义并不矛盾。从某种意义上说，图腾正是因为血缘、生殖的意义与原始人类发生关系的。从我国仰韶文化大量出土的彩陶中，我们发现一个反复被表现的主题——鱼、蛙、鸟，最耐人寻味的那幅人面鱼纹图，有一种说法认为它们就是当时氏族图腾的标志。我们在河南临汝阎村遗址出土的鹳衔鱼彩陶缸上，发现有鸟、鱼和斧头的组合图，这是迄今我们所发现的原始绘画中最大的一幅。从构图来看，作为符号象征意图的倾向十分明显。对此，也有学者认为这可能是以鸟为图腾的氏族合并了以鱼为图腾的氏族的标志，斧头很可能是氏族首领权力的象征。应该说，对于远古的意象来说，任何说法都只能是一种猜测，一种解读，谁都不能肯定哪一种是标准答案，只能是合乎逻辑的推断。不过，就这幅画而言，除了从图腾的角度加以分析，似乎还找不到更好的解释。鱼、鸟都是卵生且繁殖力极强的动物，以它们为图腾预示氏族人丁兴旺是一种合理的推断。因为图腾实际上就是指把某一种动、植物认作为自己血缘上的始祖去认同，这就是氏族的图腾，自己的氏族也以此命名，在万物有灵时代这是完全可能的。当时的人们普遍以氏族为本位，而图腾又是想象中最能给氏族带来增殖、幸福、丰收与希望的神奇之物，所以，图腾是人类诸生活群体分别寻找自己共同根源的结果，它的出现，就意味着一个氏族组织的建立。而原始先民们攀亲认祖，寻根溯源之所以最后找到的是大自然中的动、植物，一方面是"万物有灵"观念支配下物我不分意识的表现；另一方面也说明了人类还远不了解生育之谜，不了解男性在传宗接代中的重要作用，便误认为是自己的女始祖感应了某种具有非凡生殖能力的动、植物而有身孕，怀胎生育的。在长期的生产和生活实践中，他们发现自然界中的鱼、蛙、鸟的生育过程与情景是最直接的启发。因此，不管图腾现象后来延续到什么时代，就其产生来说，它只能是以群婚为特征的只知其母、不知其父的母系氏族社会的伴生物。

图1-3　盘瓠图·保佑子孙（选自《会说话的巫图》）

图腾崇拜常常与一个原始民族始祖诞生的神话传说有关。在神话传说中，要么是女性祖先与某种动物变化的男子交合，要么是男性祖先与某种动物变化的女子交合,繁衍后代,这些氏族的后代便奉这种动物为祖先神。我国民间苗族剪纸中,有一种"犬父人母"形象。传说有些苗族是由女祖先和犬生育的,因此,犬是苗族崇拜的图腾。同样,我国畲族也有类似的传说。传说有一盘瓠(一条神犬)与一贵族女子结合生了一群族人。例如,傈僳族以虎为主要图腾,又有熊、猴、羊、鸟、鱼、鼠、蜜蜂、蛇等图腾,分别代表族内不同的氏族。在虎氏族的传说中,一只猛虎变化为男子,与傈僳族女子结婚,其后代便以虎为图腾,该氏族禁止猎虎,逢虎年还要向虎图腾的木刻神像祭祀。根据猴氏族的传说,一位姑娘与猴子婚配而繁衍出猴氏族,该氏族成员均不许猎猴。再如,达斡尔族以及部分鄂伦春族人相信他们的始祖母是一只狐狸变成的美丽少女,与他们的始祖相爱结婚,然后才有了部族。所以,狐狸被视为祖先神,不许捕猎。在达斡尔族人家中普遍供奉祭祀狐狸,认为有了狐神,家宅安宁。在中国正史中也有类似的记载。《魏书·高车传》记载,古代西北地区的高车族以狼为图腾,主要出自这样的神话传说:"俗云:匈奴单于生二女,姿容甚美,国人皆以为神。单于曰:'吾有此女,安可配人,将以配天。'乃于国北无人之地,筑高台,置二女其上,曰请天自迎之。经三年,其母欲迎,单于曰:'不可,未彻之间耳。'复一年,乃有一老狼,昼夜守台嗥呼,因穿台下为空穴,经时不去。其小女曰:'吾父处我于此,欲以与天,而今狼来,或神物,天使之然。'将就下之,其姊大惊曰:'此是畜生,无乃辱父母也!'妹不从,下为狼妻而产子。后遂滋繁成国,故其人好引声长歌,又似狼嗥。"这种神话传说普遍反映了我国北方少数民族以狼为"图腾"的情况,他们崇敬狼,称自己的首领为"狼主"。以上传说反映的都是各氏族寻根问祖的图腾崇拜。

三、女始祖崇拜与牧歌式的女性文化

对祖先的崇拜在原始社会先民的精神生活中占有重要的位置,并且这种崇拜对象最早的是女祖先,之后才发展为崇拜男祖先。在母系氏族社会崇拜的女祖先,不仅仅是作为生育女神受到崇拜,更重要的是因为她们的社会贡献以及作为本氏族或部落的保护神而受到普遍崇拜的。

从神话传说中,我们知道女娲、姜嫄、简狄等都是曾经被崇拜的女始祖,她们不仅是生育之神,同时也是那时人们心目中的女性保护神。始祖女娲一生最有意义的两大贡献:一是造人;二是补天。《太平御览》卷七八引应邵《风俗通义》:"俗说天地开辟,未有人民,女娲抟黄土作人,剧务,力不暇供,乃引绳于泥中,举以为人。"女娲造人不仅反映了原始母系氏族社会早期以女性为中心的社会景象,而且以神话的形式表达了远古人类对女性与生殖的崇拜,渗透着浓郁的宗教意识,具有人类社会发展史的认识价值。马缟《中华古今注》中说:"问曰:上古音乐未知,而独制笙簧,其意云何?答曰:女娲,伏羲之妹……人之生而制其乐,以为发生之象。"这就是女娲作笙簧之说。所谓笙,就是生育的意思,传说女娲作笙,取义就在于人类的繁衍滋生。在记载女娲造人神话的《风俗通义》中还记载着"女娲祷祠神,祈而为女媒,因置婚姻"。由此我们看到送子娘娘女娲同时又兼婚姻之神的美誉。女娲的另一项伟大功绩是补天。"往古之时,四极废,九州裂。天不兼覆,地不固载。火爁焱而不灭,水浩洋而不息,猛兽食颛民,鸷鸟攫老弱。于是女娲炼五色石以补苍天,断鳌足以立四极,杀黑龙以济冀州,积芦灰以止淫水。"(《淮南子·览冥篇》)这里,女娲显然是一个不屈不挠与大自然顽强斗争的抗洪女英雄。这位女性大神,在天地洪荒、洪水肆虐之际,率领氏族成员抗洪救灾,力挽狂澜,救民于水火之中的历史功绩永远为人们所敬仰。在母系氏族以女性占生产和生活主导地位的时代,女娲是许许多多女性祖先的典型代表。其实,在我国古代神话中,还有许多杰出的人物或神祇都是妇女。除上述女娲外,还有感神龙而生炎帝的女登,吞薏苡而生禹的女嬉,履大迹于雷泽而生伏羲的华胥,无夫而生九子的女歧,等等。这些神话传说都说明,人类最早认知的祖先是女性,并认为是母体与某种图腾耦合而诞生后代的。

在中国历史上,曾建立商朝的商部族是以玄鸟(燕子)为图腾的,《诗·商颂·玄鸟》歌颂道:"天命玄鸟,降而生商,宅殷土茫茫。"相传简狄吞食玄鸟卵而生契,简狄就是商的女祖先。《史记·殷本纪》:"殷契,母曰简狄,有娀氏之女,为帝喾次妃。三人行浴,见玄鸟堕其卵,简狄取吞之,因孕生契。"周和商相似,也有类似的女始祖神话传说。《诗·大雅·生民》:"厥初生民,时维姜嫄。生民如何?克禋克祀,以弗子。履帝武敏歆,攸介攸止。"这段史料说的是他们的女祖姜嫄，在野外履"巨人足"感而生弃的故事。同样的记载也见于其他史书。《史记·周本记》载："姜嫄出野，见巨人迹，心忻然悦，欲践之，践之而身动如孕者。居期而生子……名曰弃。"《竹书记年·周武王》载："初，高辛氏之世妃曰姜嫄，助祭效祺，见大人迹，履之，当时歆，如有人道感已，遂有身而生男。"这些神话传说都反映了弃出生于人知其母而不知其父的母系氏族时代，所以，即使如弃、契一样的伟大人物，只知其母而不知其父，在当时也是十分正常的事情。

神话传说中的女始祖我们耳熟能详，但史前时代先民们如何载歌载舞地歌唱女性始祖的赞歌我们无法听到，也看不到富有神秘宗教意味的祭祀仪式，那祭祀仪式中富于野性、略显古朴质拙的舞蹈场面只能留在我们的想象中。但幸运的是，文化既然被神奇地创造出来就不能不留下一点蛛丝马迹，原始先民们为我们在陶器刻画和一些石器雕塑中留下了非常明显的女性崇拜和生殖崇拜的证据。在许多考古发现中，有一个耐人寻味的事实，即所有出土的属于母系氏族阶段的文化遗物中，凡是人面雕刻像乃至陶器上的塑像绘画，几乎全部都是女性。例如，甘肃柴家坪出土的陶塑人面像，甘肃秦安大地湾出土的人头形器口彩陶瓶，等等。不过，这一时期的女神形象不再特别突出其生殖部位，而有着女性的完美形象。20世纪80年代，在红山文化辽西牛河梁发现了女神庙和女神塑像，是原始祖先女神的典型代表。其中一尊女神头像，面部器官完好生动，双眼为淡青色圆饼玉片镶嵌其中，炯炯有神，头像和相关的其他部位比例谐调，使我们第一次看到了5000年前女神的形象。这位女神整体形象优美，可能是先民们心中完美的女始祖和氏族的保护神的形象。

四、男始祖崇拜与英雄时代的男性讴歌

女始祖崇拜向男始祖崇拜的转变，伴随着母权的失落，父权制的确立与巩固，并与男女在生产中的地位转移、婚姻形态的变化密切相关。在母系氏族生产力极为低下的情况下，妇女是社会经济的主导者，是社会生产和生活的组织者，也是重要的社会劳动力，再加上在原始群婚（即一个氏族的一群青年男女

集体与另一个氏族中的青年男女互为夫妻,排斥血亲婚配)形态下,由于男女双方关系不固定,子女只能确认生母而不能确认生父,氏族成员只能按母系的血统来计算,每一个母系氏族公社都有一个共同的女祖先。这样,妇女在确定血缘关系、维系氏族生存等方面显然占有主导地位,由此决定了她们在社会生活中所处的尊崇地位,反映在精神生活和信仰方面就是对女始祖顶礼膜拜。

由于氏族对血缘间婚姻禁忌的日益复杂,通婚范围更加缩小,原来盛行的族外群婚逐渐发生变化,向较为固定的对偶婚过渡。虽然对偶婚只是族外婚中的男女双方在或长或短时间内保持较为稳定的结合,夫妻关系极为松散,也没有形成双方独立的经济单位,但这种对偶婚制度无疑为以后的一夫一妻制准备了前提,尤其为揭开生殖秘密提供了可能,"古之神圣母感天而生子"的神话将被打破,"男女媾精"而生子这样一个真理终将被发现。试想,在一种把包括人在内的万物丰产视为最高理想的文化中,男子的生殖作用一旦被确认,这对于男子地位的转折是一件多么有意义的事件。当社会生产力更进一步发展时,男子也从原来以渔猎为主,转变为以农业种植和畜牧业发展为主,在生产中男子逐渐占据主导地位。随着生产工具的改进、生产效率的提高,社会财富日益增多。"这些财富,一旦转归各个家庭私有并且迅速增加起来,就给了以对偶婚和母权制氏族为基础的社会一个有力的打击。"(恩格斯:《家庭、私有制和国家的起源》)男子在社会生产、经济生活中的支配地位,使财富的继承问题提上议事日程。对偶婚向一夫一妻制家庭转化使子女的男系血缘关系得以确认,这样,在男女两性之间,开始了一场漫长的、没有硝烟的战争,这也是人类历史上最根本、最激烈的战争。最终的结果是有目共睹的,从此,女性由原本至高无上的女神沦为男性的附庸,一个一夫一妻甚至一夫多妻制的按父亲血统确认子女、计算世系的父权制社会确立了,绵延至今仍然是按男性血缘传宗接代的家庭形式。从此,男性、父权取代了女性、母权而成为生产、生活中的主导,这种社会现象反映在精神领域里就是男祖崇拜,男祖崇拜代替女阴崇拜被毕恭毕敬地请上神圣的祭坛。而这种祭拜,一开始就是以对男性生殖器——"祖"的祭拜这种最直观的方式加以表现的。为了确认氏族的血缘关系,保证一个家族的血统纯正,以生殖崇拜演化孕育为祖先崇拜,祖先崇拜是生殖崇拜的高级形态,所以,男"祖"崇拜因巩固父权制的需要而更加稳固与持久。

"祖",实际为象形字的"且","祖"的甲骨文和金文作"且"状,像男根,在古代先民眼中,"祖"是神圣之物,它可以使妇女孕育生子,故须敬而拜之。父系氏族时期男祖普遍受到崇拜,反映这方面的考古资料极为丰富。新疆呼图壁岩画,有男女交媾的场面,壁画中有夸张的男性生殖器,有双头同体人像,画面意象表现了先民对男女性爱的崇拜,并且画面特别突出男性的性器部位。据研究,这幅画距今已有近3000年历史,当是父权制下反映男性崇拜的作品。仰韶文化晚期以后考古学陆续发现的陶祖、石祖崇拜的实物。各地发现有"且"崇拜造型的地方有陕西省临潼县姜寨四期文化、铜川李家沟遗址、华县泉护村遗址、西安客省庄遗址、山东省潍坊市鲁家口遗址、甘肃甘谷灰地儿遗址、广西坛楼石产遗址、新疆罗布淖尔遗址等,除少数为仰韶文化晚期外,大部分相当于龙山文化,处于父系氏族文化晚期。此外,丰富的民俗学资料也为我们提供了男"祖"崇拜的佐证。四川木里卡瓦村的摩梭人直到20世纪50年代还保留着男"祖"崇拜的遗风。他们崇拜的"久木鲁",是一个外貌似男根的天然钟乳石柱,石柱高80厘米,呈圆锥状,下部较粗,直径90厘米,摩梭人称为"久木鲁",意为生孩子的石头。"久木鲁"的顶端有一个凹坑,深15厘米,直径20厘米,其中的水称为"哈机",与"达机"(精液)同义。求子妇女要举行祭山仪式,并在丈夫和伴娘陪同下,向石"且"叩头、喝"哈机"水,并于当晚与丈夫同房,据说这样就可有身孕。四川木里大坝村有一个鸡儿洞,岩洞里供一个石质男性生殖器,妇女不孕时,赴洞烧香供奉,并且在石"且"上坐一坐,人们相信这样便可生育。这实际属于原始交感巫术的一种。还有贵州苗族"吃牯藏"时,必须跳一种舞蹈,男性向女性做示爱动作,这也是古代男"祖"崇拜的遗风,丝毫没有半点猥亵的意味。当然,当"男女媾精"生育后代的秘密被发现后,原本只是出于本能的性的活动已被赋予神圣的意义,人类的性爱首先因为创造生命的价值而为人崇拜。先民们对此充满无限崇拜与企盼,他们祭奉男祖,歌颂性爱,对他们而言,这是美不胜收的生命之源,是创造奇迹的神的赐予,是他们始祖开天辟地创世纪的无上光荣。尽管这种性爱当时还只是被直接用来表示生殖崇拜的宗教意味。

在中国古代和民间传说中,男性崇拜的资料较女性更为丰富。黄帝、炎帝、盘古、伯鲧、大禹、伏羲、神农氏、燧人氏、夸父、刑天等这些光芒四射的魅力英雄大多跨越地域与民族的界限,成为中华民族共同认同的始祖神。

五、祖神、氏族、宗法制度与祖先崇拜的深远影响

祖先崇拜的社会基础是氏族社会。在原始宗教万物有灵和鬼魂观念的支配下,原始先民们普遍认为,氏族祖先的神灵(即鬼魂)能在冥冥之中影响乃至支配氏族的一切事情,如战争、狩猎、人口繁衍、生老病死等,因此,凡氏族有重要活动,都要祈求祖先神灵保护赐福。同时,也出于对氏族首领和长者的敬畏,当他们去世之后,要定时供奉衣食,祭享他们的神灵。既然要祈福于祖先,祭享自然要虔诚而不敢怠慢。这样,一代一代地传承下来,祖先崇拜就自发地产生了。

无论母系氏族还是父系氏族都有一个共同的祖先。母系氏族有一个共同的女祖先,父系氏族有一个共同的男祖先,只是由于母权制向父权制过渡后,男性祖先替代了女性祖先,世系由男性计算,女性逐渐退居配偶和附庸的地位。母系社会时期的祖先崇拜情况由于材料缺乏,暂且不知详情。但父系社会的祖先崇拜包括三类祖神:近祖、远祖、始祖。在华夏族的父系社会中,氏族通常由同一个男子五代以内(含第五代)的男性子孙及其配偶和未出嫁的女性子孙组成。通常情况下,近祖即指同一氏族的祖先,远祖指高祖以上的祖先,始祖一般指具有神话和传奇色彩的民族英雄人物,并被演义为神人和圣人。例如,夏族的禹、商族的契、周族的弃(都是民族始祖神)等始祖,都对本氏族有重大的开创性贡献。在祖先崇拜的力量感召下,始祖神不仅是全民族的旗帜,增强民族凝聚力,也是民族种姓的象征。

与西方相比,我国历史上的国家制度是在氏族和家族组织没有充分解体的情况下诞生的,国家制度因而保存了浓厚的氏族组织形式。统治者为了维护以氏族组织为形式的政治秩序,突出父权继而强化王权,必然把政治权力和祖宗祭祀权利密切结合起来,从而把宗法制度下的祖先崇拜,作为政治制度的"礼"而赋予其法的性质,由此形成等级森严的祖宗祭拜制度。在宗法制度

下,政权的分配基于血缘的亲疏,祖先崇拜与宗法权力密切相关。如西周时代建立了严格的以嫡长子继承制为核心的宗法制度。宗法之"宗",即供奉祖神之位的庙宇,许慎《说文解字》解释:"尊祖庙也。"宗法制度以血缘亲疏来辨别同宗子孙的尊卑等级关系,以维系宗族的团结,故十分重视"尊祖敬宗"。而实现这一目标的极好形式,是隆重庄严的宗庙祭祖制度。在宗法制度下,嫡长子继承世袭王位、爵位,是本氏宗法的继承人,称大宗,其他兄弟(别子)是庶子,分封各地做诸侯。嫡长子不与别子同宗,别子要另立新宗,这就叫"胙之土而命之氏"。新宗的始祖是别子,即"别子为祖,继别为宗"(嫡长子的弟弟称别子),但在别子另立的新宗内他又是大宗,所以"有百世不迁之宗"——大宗,"有五世则迁宗"——小宗。后者就相当于我们现在农村仍称的"五服",一般来说,出了五服,就不服丧了。

在宗法制度下的西周时代,宗庙祭祀具有严格的宗法意义。祭祖是大宗的特权,小宗则无此权利,这就是"支子不祭,祭必告于宗子"(《礼记·曲礼下》),"庶子不祭祖者,明其宗也"。在这里,大宗的尊贵地位以及重大责任,通过隆重庄严的宗庙祭祖制度鲜明地体现出来,这就是所谓"大宗者,尊之统也;大宗者,收族也"(《礼记·丧服》)。在宗法制度下,君王是天下大宗,故君王主持的宗庙祭祖活动,意义极为重大,制度也极为严密。西周严格的宗庙祭祀制度,对于维系以家族为中心的宗法制度和巩固政权,发挥过显著作用。这一制度被后世统治者继承下来以至后来宗庙成为王室和国家的代称。

在一般家族的家庙祠堂祭祖活动中,男性族长往往同时享有主祭权利,主持祭祖仪式。祭祖主要在家庙祠堂中进行,每逢春秋祭祀,全体家族成员在此隆重祭祖。祭祀活动还包括向全族成员讲家史、家法、族规等。在传统家族伦理社会,祖先崇拜和祭祀祖先的活动在强化家族意识、延续家族血脉、维系家族团结方面发挥过重要作用。所以说,祖宗崇拜是家族伦理社会的最高信仰。明代末年,西方传教士利玛窦对当时大明王朝隆重的祭祖礼仪和祖先崇拜风俗深有所悟,他写道:"上至皇帝,下至最微末子民,每年都要给死去的祖先上供:肉、水果、香料、绸缎(穷人则用纸代替)。他们对父母的孝敬在于服侍他们死后犹如在世。他们这样做时,并不相信死者会来吃供品或需要这些东西。他们解释这样做法说,不知道还有什么办法能表达对祖先的敬爱和感激。有些人甚至向我们肯定地指出,这种仪式不如说是做给生人看的,并不是考虑死者,就是说为了让子女和无知者……从而懂得服侍和敬重父母。"[①]利玛窦从异域文化的视角对中国古代祖先崇拜社会伦理和政治意义予以的揭示和评价,十分贴近问题的实质。中国人的孝道观念表现在社会生活中就是养老送终,即使祖先去世后,也是事死如生,祭神如神在,对祖先的祭祀内心十分恭敬与虔诚。

综上所述,我们看到,随着父权制的确立,逐渐萌生了祖先的灵魂可以庇佑本氏族成员的观念,并形成各种崇拜仪式。这种习俗在氏族社会向国家过渡的过程中被保留下来,并长期存留在中国传统家庭社会之中。在中国历史上,自周代以后,每一代的帝王都有祭祀列祖列宗的太庙,"左祖右社"的建筑格局也延续几千年。直到今天,有些地方每逢重大节日,祭祖敬宗依然是普通百姓的头等大事。在传统宗法制度下,祖先祭祀权利和宗法政治权利密切配合,成为维护父权、族权、神权、巩固统治权的有力工具,这就是为什么中国的宗法制度长盛不衰,君权专制极为稳固的原因之一。

六、祖先崇拜与民间传统节日:"三冥节"

清明节、七月半、十月朝三大民俗节日,民间合称"三冥节"或"三鬼节",虽然其节日产生与农时节令关系密切,但追溯其节日文化渊源,都和原始祖先崇拜与信仰密切相关。不管节日活动如何丰富,其祭祖祀亲的"孝文化"内容始终是"三冥节"节日文化的核心主题。在中国传统伦理社会,人们通过祭祀活动,怀念祖宗功德,强化家庭、宗族内的血缘联系,巩固族内团结,保证伦理大家族的生存与发展。

(一)清明节祭祖习俗

清明节,又名鬼节、冥节、死人节等。在中国民间,它与七月十五日、十月一日合称"三冥节"。虽然其节日早期产生与农时节令关系密切,但其后期发

[①] 《利玛窦文集》第 1 卷,1911 年版。

展和文化渊源,都与原始宗教信仰和祖灵崇拜有关。清明节本为二十四节气之一,但是由于它在一年季节变化中占有特殊的地位,历来是在民间很受重视的节日。唐朝时期,寒食节与清明节又合而为一,清明节更成为一个重要的节日。再加上三月三上巳节的踏青习俗也逐渐并入清明节,因此清明节是上巳、寒食与清明三节合一的一个节日。历史上这三大春季节日的节日习俗集中于一节——清明节,这使清明节节日活动更为丰富多彩,民间有祭祖扫墓、焚火、踏青、插柳、打秋千、蹴鞠等节日活动。但祭祖扫墓是其中最重要的节日活动,研究认为这种祭祀祖宗的活动和原始祖先崇拜与信仰密切相关。

历史上,祭祖扫墓是一项古老的风俗活动,它起源很早。祭祖扫墓风俗的出现可能是随着祖先崇拜的出现不断演化发展而来的。据史料记载,汉代清明节已有相当规模。《孝经纬援神契》:"春分后,十五日,斗指乙,为清明。"一直到近代,清明节扫墓祭祖的风俗依然流行。《中华全国风俗志》(下)卷四《江》:"至清明前后,则画船箫鼓,男女杂集,名之曰上坟。"

民间清明祭祖一般有两种形式:一种是在太庙、祠堂或家中进行。汉族自古以来即有祭祖仪式,古代称合祭,又称举祭,主要指皇家贵族在太庙中祭祀远近祖先。《公羊传·文公二年》:"大事者何?大祫也。大举者何?合祭也。其合祭奈何?毁庙之主陈于大祖,未毁庙之主皆升合食于大祖。五年而再殷祭。"这里记载的虽然是春秋时代的历史,但由此可以推断在古代中国祭祖习俗起源很早,对远祖和近代祖先的祭祀十分隆重,而且每五年合祭一次。官僚富商之家有祠堂的,多在宗族祠堂合祭祖先,一般平民小户之家就在家中祭祖。方法是奉上供品、叩头等。清明祭祖在我国各民族中都是十分流行的习俗。湖南瑶族的《还盘王愿》,就是祭祀盘王祖先。古代瑶族祭祀时必购一童女,善待养育,祭祖时以其鼻血献给盘王。在祭祀时必由巫师跳一种叫"狗绊臂舞"的生育舞蹈,祈求祖先保佑家丁兴旺,这与贵州苗族的"吃牯藏"以祭祖的活动颇为相似。《贵州通志·黎平风俗》:"每寨公建祖祠,名曰鬼堂,刻男像裸体,不令女人入见,遇病延鬼师于堂持咒。"湘西侗族遇天灾人祸,必设庙会还求子愿,供奉祖先,由"金郎"二人扮演侗族始祖——姜郎、姜妹,戴赤红突眼面具,手拿一根一米长的棍子,众人也持棍子,将一头披红挂绿的母猪围住,姜郎用棍戳母猪的后臀,同时敲锣打鼓,击木鱼,唱求子歌。①

清明节另一种祭祖的方式是到墓地扫墓祭祖。墓祭产生于墓葬之后,有了墓地才有墓祭的可能。墓祭的形式也很古老。《周礼·春官·冢人》:"凡祭墓,为尸。"尸是神主的意思。至今在绍兴清明节上坟,必在坟堆左立一石,题"后土之神",祈山神保佑双亲,然后祭左邻右墓,最后祭自己家的祖先。历代记载清明扫墓的资料很多。《后汉书·明帝纪》注引《汉官仪》:"古不墓祭,秦始皇起寝于墓侧,汉因而不改。诸陵寝皆以晦、望、二十四气、三伏、社、腊及四时上饭。"明人谢肇淛《五杂俎》卷二:"北人重墓祭,余在山东每遇寒食,效外哭声相望,至不忍闻。当时使有善歌者,歌白乐天《寒食行》,作变徵之声,坐客未有不坠泪者。南人借祭墓为踏青游戏之具,纸钱未灰,乌履相望,日暮,幡间主客无不颓然醉倒。"明人张岱《陶庵梦忆》卷一:"越俗扫墓,男女袄服靓妆,画船箫鼓,如杭州人游湖,厚人薄鬼,率以为常。"

墓祭主要有两项活动,一是为死者烧香、上供,一般要"烧纸",给逝去的亲属送冥钱。这种纸钱是特制的,又称"冥钱"、"光明"、"往生钱",是专门供鬼神或死人在阴间买卖交换使用的。送纸钱应当是货币流通后才兴起的风俗,其实,最初祭祀时用的是实物,后来才有代用品纸钱。《旧唐书·王屿传》:"汉以来葬者皆有瘗钱,后俚俗稍以纸剪钱为鬼事。"说明汉代时用的还是瘗钱,"焚纸"之俗是后来才流行的。民间祭祀除焚纸钱外,还流行一种"压钱",即把纸钱压在坟堆的四角、坟顶。《帝京景物略》卷二:"三月清明日,男女扫墓,担提奠盒,轿马后挂楮锭,粲粲然满道也。拜者、酹者、哭者、为墓除草添土者,焚楮锭次,以纸钱置坟头。"另一种方式是为坟堆培土,或者修坟立碑。民间信仰认为,坟地是死者的世界,他们在阴间的生活跟活着时并无二样。而墓穴就是生者为逝去的亲人准备的宅院,坟堆即房顶,生宅死宅都会因风吹雨淋、野兽、牲畜践踏等受损,所以应定时修葺、除草、填土以防雨水浸入。有些民族如壮族还在清明节为已故亲人洗骨,举行二次葬。

祖宗崇拜是中国传统社会最富特色的信仰形式,而祭祖扫墓是祖宗崇拜最主要的表现形式。中国传统社会宗法制度森严,伦理观念深入人心,祭祖又

---

① 《巫风与神话》,湖南文艺出版社1988年版,第218页。

是宗法伦理制度的核心信仰。《国语·周语上》:"夫祀,国之大节也。"正是通过一年一度年节规律性的祭祀活动,怀念祖宗功德,强化家庭、宗族内的血缘联系,巩固族内团结,保证大家族的生存与发展。因为清明节为宗教性节日,所以,节日中的不少食品也与宗教有关。如比较突出的是蒸面燕,又名"子推燕"。《东京梦华录》卷七:"用面造枣锢飞燕,柳条串之,插于门楣,谓之'子推燕'。"这种祭品是妇女精心制作的,据说这是对介子推的纪念。浙江临安地区家家户户在清明节采嫩莲拌糯米粉做"清明狗",有几个人制作几只,挂起来,直至立夏,才烧在饭中,也是每人吃一只。俗语:"吃了清明狗,一年追到头。"看来,"子推燕"、"清明狗"在民间不只是一种好吃的营养食品,更是有灵之物,可以避邪驱灾。清明节另一种重要食品是春饼,又名薄饼,圆而薄,内包以肉、鸡蛋、鱼片、猪肝、豆芽等馅。这种食品本来是祭祖用的,后来成为群众的节日食物。此外还有麦芽糖、冷粥等。杭州地区清明节喜吃螺蛳,把螺蛳壳放在房瓦上,据说可以避虫,也具有避邪作用。在上海、苏州地区有一种"青团",以荞麦草汁和糯米粉制成,包以豆沙,团色呈青碧色,因此得名。四川成都则以炒米做团,以线穿之,用色点染,俗称"欢喜团"。

(二)"七月半,鬼乱窜"——秋尝与祭祖

七月半,民间称鬼节、七月望,道教称中元节,佛教称盂兰盆节,是中国三大传统"鬼节"(清明节、七月望、十月朔)之一。七月望是我国古代秋季一个十分重要的人文节日。《释名·释天》:"望,月满之名也。月大十六日,月小十五日,日在东,月在西,遥相望也。""望"即大多是农历每月十五日,有时是十六日或十七日。因此,常称农历十五日为"望日",七月望名称即源于此。七月半因其祭祖节俗主题和孝文化的核心精神内涵,在中国文化史上有着特殊的地位。七月半的节俗起源有多种传说,较可信的是源于古代秋尝祭祀的古老习俗,只是后来道教、佛教相继渗入才被称为中元节、盂兰盆节等。我国古代秋尝祭祀的习俗由来已久,并与原始灵魂不死和祖灵崇拜的宗教观念密切相关。灵魂不死观念和祖灵崇拜是人类最早的宗教观念之一,它是人类对自身生命神秘化的理解。距今约1.8万年的山顶洞人墓葬就是一个有力的证明,正是这座墓葬,为我们破译先民灵魂不死的心灵轨迹提供了可能。

"国之大事,在祀与戎。"祭祖是中国古代社会生活中的大事。"古者岁四祭。四祭者,因四时之所生孰,而祭其先祖父母也。故春曰祠,夏曰礿,秋曰尝,冬曰蒸。此言不失其时,以奉祭先祖也。过时不祭,则失为人子之道也。"[1]古代"秋尝"又叫"荐新"、"尝新"等,是祖灵崇拜的表达形式之一。"万物本乎天,人本乎祖。"中国传统社会是伦理型社会,故祖先崇拜与祭祀十分隆重,是古人社会生活中的大事。《孝经·丧亲章第十八》:"春秋祭祀,以时思之。"古人每到春夏秋冬季节变换时,就要按时在宗庙或墓地对已故祖先进行祭祀,以表达自己的哀悼之情,称为时祭,又叫时节祭,主要指传统岁时节日祭祀礼俗,具体指在一年的各个节日致祭祖先。时祭是中国古老的传统民俗,是祭祖敬宗的表现方式之一。秦汉时有"奉常"一职,属九卿之一,其职官名称即源于"奉命让祖先尝新"之意。民俗学者萧放对《荆楚岁时记》研究后认为,七月十五日祭祖作为秋节的原型当源于古代的䐈祭,即以新谷祭祖先。汉代的䐈祭在立秋日,《后汉书·刘玄传》卷九十一:"欲以立秋日,貙䐈时共劫更始。"《风俗通义·祀典》曰:"食新曰䐈。"又《礼记·月令》:"是月也,农乃登谷,天子尝新,先荐寝庙。"可见,用新谷祭祖之俗由来已久,但秋尝祭祖日期起初并不确定,只是后来逐渐固定在农历七月十五日。大概因为七月十五日是下半年的第一个望日,一般也是立秋后第一个月圆之夜,再加上古代很早就有清明、寒食、二分(春分、秋分)、二至(夏至、冬至)以及每月的朔望等重要时节祭祀的习俗,因此民间的秋尝祭祀活动大多集中于七月望日。从这个意义上说,七月半节俗是上古秋祭习俗的遗续,后来逐渐演变为祭祀亡灵的三大鬼节之一。

七月半节俗的原始意义在于祭祖先报秋成,庆丰收,虽然祭祀时间各地略有差异,但在节日性质上自古均有秋获时节向祖灵告祭谢恩的共同特点。宋人吴自牧《梦粱录·解制日》云:"七月十五……卖麻谷窠儿者,以此祭祖宗,寓预报秋成之意。鸡冠花供养祖宗者,谓之'洗手花'。此日都城之人,有就家享祀者,或往坟所拜扫者。禁中车马出攒宫,以尽朝陵之礼。及往诸王妃嫔等坟行祭享之诚,后殿赐钱,差内侍往龙山放江灯万盏。"在民俗志资料中也常见乡村秋祭习俗,时间是从七月初一或七至十五日不等。《清嘉录》:"中

---

[1] 《董仲舒集·四祭·第四十八》,学苑出版社2003年版,第325页。

元,农家祀田神,各具粉团、鸡黍、瓜蔬之属,于田间十字路口再拜而祝,谓之斋田头。案,《韩昌黎诗》'共向田头乐地神。'又云:'愿为同社人,鸡豚宴春秋。'《周礼》疏云'社者,五土之总神。又为田神之所依。'则是今之七月十五日之祀,犹古之秋社耳。"

七月望民间的秋季荐新、烧袱子、挂地头等祭祖都是秋祭古俗的遗风。这天,人们以新麻、新谷等飨祀神明祖先,俗称"上麻谷"、"荐麻谷"。《中华全国风俗志·奉天》载铁岭中元节之风俗云:"七月十三日,俗曰麻谷日。凡人家遭丧未满三年者,是日戚友必以纸锞、果品等物,送往其家,以助祭礼。丧家是日亦备各种祭品、纸锞等物,亦赴扫墓,其所以名麻谷日者,因时交初秋,新麻新谷咸将登场,盖示不忘死者之意耳。"各地"荐新"时间虽因收获时间不同而异,但大致在七月十五日或立秋时节。同时,荐新所用物品也因地而异,但大致是新收成的瓜果蔬菜和粮食之类。人们将鲜果等恭敬地放于供桌前祭祀祖先,请祖先享用。尝新时各族习俗一般都要祭祀祖先,还要向亲友馈送,然后大家一起食用,故有收族敬宗、报谢祖宗先人、联络族人亲戚、凝聚亲情的功用。此外,各民族又有许多别称,如吃新节、吃新米、尝新米、新米节等。除飨祀祖先外,也包括飨祀主管农事的神明等。因为荐新祭祖能收到祀祖收族的双重功效,所以荐新祭祖成为祖灵崇拜最现实的表达方式,直到近现代七月半荐新祭祖的古俗遗风仍然流行于民间。

秋尝祭祖是古人七月望"鬼节"的核心内容,后来尽管在佛教文化和中国道教文化附会下,逐渐形成了道教中元节和佛教盂兰盆节,但其节日荐新祭祖的遗风存留至今。可见,在中国宗法伦理社会结构下,祖灵崇拜是家族社会的最高宗教,它长期影响了中国社会的民俗和精神文化生活。可以这样说,不理解中国古代祖灵崇拜和宗法伦理的传统观念,就难以从根本上真正理清七月半节俗的历史渊源和文化特点。

(三) 十月朝,送寒衣

十月朝,又称烧衣节、寒衣节、阳朔、十月朔等名称。十月朝与清明节、七月望(七月半)是中国民间的三大祭祀性节日,人们必于节日中祭祀祖先,另外还有烧寒衣、报赛农神等节俗。《中华全国风俗志》:"(十)月朔,俗称十月朝。人无贫富,皆祭其先,多烧冥衣属,谓之烧衣。或延僧道作功德,荐拔新亡,至亲亦往拜露座。"

祭扫先祖坟茔、送寒衣(也叫烧寒衣)是十月朝的重要习俗。这天,人们习惯白天到祖先墓前烧化彩纸剪成的寒衣,有的也在晚间于十字路口或郊外烧化,俗称"送寒衣"。民间传说十月一日鬼节源于孟姜女哭长城。《列女传·齐杞梁妻》:"杞梁之妻无子……既无所归,乃枕其夫之尸于城下而哭……十日而城为之崩……遂赴淄水而死。"这就是关于孟姜女为夫送寒衣,惊闻夫遭难哭倒长城的传说,十月一日民间传说是为怀念孟姜女,传诵其哭长城的故事。但事实上,送寒衣的习俗形成及延续,是以中国古代儒家事死如事生的信条为基础,意思是严寒的冬天到了,为避免已故的先祖将受到寒冷的袭击,作为他们的子孙有义务为他们送去御寒的衣服,如《程氏遗规》所云:"十月一日拜坟,感霜露也。"

所谓寒衣,多为五彩纸剪成。明代刘侗、于奕正《帝京景物略》:"十月朝日,纸坊剪纸五色作男女衣,长尺有咫,曰寒衣。"也有刻板彩印的,清代张英《渊鉴类函》:"时俗刻板为男女衣状,饰文五色,即以出售,农民竟以(十月)一日鬻去,焚之祖坟,名曰送寒衣。"富豪人家则更有请冥农铺裱糊皮袄、皮裤等高级冬装者。送寒衣之法,一般于祖坟焚烧。更有作封包者,在封筒上写明收寒衣者的姓名、行辈及寄发人等,就像寄家信一样。尤其是不到墓地或祭祀远方祖灵的情况下,更多沿用此俗。《帝京景物略》:"新丧,白纸为之,曰新鬼不敢衣彩也。"十月朝祭祖送寒衣的习俗在我国宋代已颇为流行。孟元老《东京梦华录》描述当时汴京(今开封)十月朝祭祖情景:"城市内外,于九月下旬,即买冥衣靴鞋席帽衣缎,以备十月朝日烧献。"清代仍流行此俗,潘荣陛《帝京岁时纪胜》:"十月朔……士民家祭祖扫墓,如中元仪。晚夕缄书冥楮,加以五色彩帛作成冠带衣履,于门外奠而焚之,曰送寒衣。"少数民族也有十月朝祭祀的习俗。云南丽江一带的纳西族在每年农历十月一日至十五日择吉日送寒衣。届时,各家带上祭祀物品前往墓地,给祖先送寒衣过冬。人们先在墓前供上一碗饭,4—6碗菜,然后焚化寒衣。当地纳西人很重视送寒衣之祭,如有人家不去墓地送寒衣,则被视为忘祖,会受到众人的谴责。

不过,旧时民间农历十月初一(一说六月初八、八月十五日)又是牛王诞辰,应祭祀牛王神。清朝李调元《新搜神记·神考》"牛王"条云:"今人多于十月初一日相率祭牛王。牛于农家有功，以报本也……按《大玉匣记》：牛王生辰在七月二十五日，今用十月初一者，以七月农方收获，故相沿改期，以便民也。"这天，民间多举行"牛王会"，纪念、飨祀牛王神，并对生活中的耕牛以优厚的礼遇。牛王为我国民俗神之一，亦称牛神、牛王菩萨。其渊源歧出。一说牛神是秦时南山的一棵大树所化；一说孔子的学生冉伯牛为牛王；一说汉代的渤海太守龚遂为牛王大帝……四川洪雅县民间所奉牛王菩萨为天宫诸神之一，据传古代农耕无牛，农人十分辛苦，因而怨愤，玉皇大帝即派牛王菩萨下界传旨三日一餐。牛王菩萨体谅民间疾苦，改传圣旨一日三餐，激怒玉帝，贬其下凡。牛王菩萨即请求转生变牛，为百姓拉犁。百姓为纪念牛王菩萨，每年十月朝一般要做粉食给牛享用，并把糕点黏在牛角上，以示犒劳，称"犒牛会"。这天，农人还不给牛拴缰绳，称放闲，谚语有"十月朝，放牛满山林"。又四川《巴县志》引《神隐记》云："是日濡糍粑安牛角上，谓之'庆牛'。"又引《王志》云："糕粘牛角，乏其临水照，见则喜其酬力，曰'饷牛王'。"[1]

十月朝，正值秋收以后，农事已毕。农民特意犒劳牛，感谢牛的助农功劳，是农业社会人们重视生产、爱护作为农业生产力重要组成部分的耕牛的反映，这是牛在古代农业中占重要地位的生动写照。

综上所述，古代传统价值观巧妙地融入民间生活，外化为人们的行动和仪式，内化为自觉虔诚的文化信仰。在古代社会生活中，民俗信仰和社会生活完美地结合在了一起。回顾历史，虽然动荡不安的政治伴随着中国古代历史，但是构成中国古代文化基石的、以血缘纽带联结起来的祖先崇拜、家族和宗法制度异常稳定，这就是为什么中国古代家族制度政治化特征十分明显，以及封国制度、家天下与家族制度延续不断的主要原因之一。

---

[1] 参见乔继堂主编：《中国岁时节令辞典》，中国社会科学出版社1998年版。

第二章　天地君亲师崇拜

——中国古代传统信仰与政治文化:君权神授,天佑帝王

【导读】

"天、地、君、亲、师"是中国传统社会崇奉和祭祀的对象,表现了中国人对苍天、大地的感恩,对国家、社稷的敬重,对祖宗父母、恩师的深情。它既是无形的精神信仰,也是有形的具有象征意义的符号。古人强调人一定要有五个老师——"天、地、君、亲、师";一定要尊从"五伦"——君臣、父子、夫妇、兄弟、朋友。旧时在我国民居厅堂正中,往往供奉有"天地君亲师"这五位神灵。古代中国人的信仰虽然是多神崇拜,但人们心灵深处共同的信仰是"天、地、君、亲、师",并且以对"亲"的崇拜,即对祖先神的崇拜为核心内容,其他崇拜由此而得到延伸。在"天、地、君、亲、师"崇拜中,世俗生活中的君、亲、师超越天、地得到了最大的尊崇,因为每个居位者对其属下都拥有君、亲、师三重身份,拥有施政、施爱和施教的三重义务和职责,既是君长、官长,又是家长和师长,显示出中国古代民间信仰多元一体的特点与格局,君权神授,尊君卑臣的政治理论也由此产生。天、地、君、亲、师作为礼之本,逐渐成为人们顶礼膜拜的对象。考察历史上中西礼仪之争事件,不难发现中西文化之争表面上体现为礼仪之别,实质上是中西方深层文化观念和文化信仰的差别。

一、君权神授:天地神灵崇拜与祭祀

敬天礼地,祭祖敬宗是中国古代文化中最基本的信仰要素。古代中国人

对天地君亲师的文化信仰、形成具有中国特色的礼俗文化,且源远流长、对中国文化影响深远。

(一) 君权神授

在古代社会生活中人们普遍敬信天地神灵,对之顶礼膜拜。当人们激动万分时,会习惯性地发出"苍天呀"、"大地呀"、"老天爷睁睁眼吧"之类的感叹。"天"字,由甲骨文演变而来,《说文解字》:天"颠也。至高无上,从一大。"清代段玉裁《说文解字注》:"颠者,人之顶也……臣于君,子于父,妻于夫,民于食,皆曰天是也。至高无上,从一大;至高无上,是其大无二也,故从一大。"可见,"天"是至高无上的象征。狭义的"天",仅仅指与地相对应的空间概念;广义的"天",即道、太一、大自然、宇宙自然;而神格化的"天",指的是最高的神祇,称皇天、昊天、天皇、大帝、昊天大帝、苍天、上天、老天、老天爷等等。因此,在古代信仰体系中,"天"是古代信仰中的核心内容之一。因为在人们的心目中,天佑下民,是公平、正义的化身。荀子《礼论》:"礼有三本:天地者,生之本也;先祖者,类之本也;君师者,治之本也。……故礼上事天,下事地,尊先祖而隆君师,是礼之三本也。"悠悠苍天,日月星辰,自强不息,变幻莫测,激发出人们丰富的想象,创造了至高无上的天神以及和谐美好的天国世界。大地滋生万物,恩泽无穷,所以人们同样对大地充满敬畏与崇拜,创造出土地神灵。随着物质层面的天和地上升为精神信仰层面的神灵,各种祭祀礼仪、偶像崇拜等文化要素也相继产生。

其实,在古代社会政治生活中,天神何曾护佑过普通民众,而天佑帝王则是不争的事实。天地神灵被认为是古代帝王的保护神。中国古代帝王自称"天子",宣称自己是天帝的元子,所以,古代帝王经常自称"余一人",即是上帝的独生子,在人间的地位至高无上。《尚书·汤诰》曰:"尔尚辅予一人,尔不从誓言,余则孥戮汝,罔有攸赦!"可见,古代早期国家政治理论,宣扬君权神授,天佑帝王,以神权论证王权的权威性、合法性。我们知道,宗教神学在中国古代虽然并不十分发达,也从来没有真正建立起神权政治支撑的神权国家,但中国古代天神和天命的观念却十分普遍。天神的权威是为了论证世俗王权的合法性、权威性、正统性,是君主权力的源泉。历史上夏后启讨伐有扈氏时声称自己替天行道:"恭行天罚",商汤伐桀时宣称:"有夏多罪,天命诛之",

"予畏天命,不敢不征"。周伐商也如法炮制,打出"皇天上帝,改厥元子"的旗号。以后历代帝王无不自称天子,神化权力,"天子作民父母,以为天下王"。这样,古代帝王披着神秘的神权面纱,拥有了天帝元子和民之父母的双重地位和身份,理所当然是人间最高权力的执掌者。

图 2-1　山东武梁祠北斗帝车石刻画像(引自《金石索》)

(二) 敬天礼地的国家大典

1. 敬天礼地

正因为天地神灵被认为是古代帝王的保护神,历代祭祀天地之神规格最高,在各种祭祀礼仪活动中也是最隆重的。礼书称在南郊祭祀天神,在北郊祭祀地神,并且明确说明祭祀天地神灵的时间,冬至圜丘祭祀天神,夏至方丘祭祀地神。为什么会有这样的区别呢?主要因为中国古代的地理观念是天圆地方,这是古代朴素的自然观在祭祀建筑设计理念上的体现。祭祀天帝神灵之礼规制严格,等级分明,不许僭越。周代只有周天子才拥有祭祀天地神灵的特权。唐代制度规定:"王者父天母地,兄日姊月,星辰昆弟,五岳视三公,四渎视诸侯,其余山川视伯子男。"可见,古代帝王往往集神权、君权、父权于一身。在祭祀天帝的隆重仪式上,圜丘祭祀天帝用的是"燔燎"。也就是将祭祀用的牺牲、玉璧、丝帛等置于高高的柴垛上,点燃后烟火自然升腾,皇天在上,接受帝王虔诚的祭祀,这叫作"禋祀"。古代在祭祀地神的礼仪中,方丘代表大地,处于水泽之中,象征四海环绕。祭祀之后,挖掘坑穴将牺牲、玉帛等祭祀品深埋入内,以期望大地之神享用,从而祈求大地神祇赐福帝王,江山永固。

天属阳,地属阴,故古代祭天必在南郊,祭地则在城北。古代冬至节祭祀天神的仪式一般在都城南郊举行,以便迎接节长日(昼长夜短)的到来。《史记·封禅书》:"冬至日,礼天于南郊,迎长日之至。"再如周代祭天的正祭是每年冬至之日在国都南郊圜丘举行。"圜丘祀天与方丘祭地",都在郊外,即"郊祀"。圜同圆,古人认为天圆地方,圜丘是一座圆形的祭坛,圆形正是天的象征。祭祀之前,天子与百官都要斋戒并省视献神的牺牲和祭器。祭祀之日,清晨天子率百官于良辰吉时来到郊外。天子身穿大裘,内着衮服,头戴前后垂有十二旒的冕,腰间插大圭,手持镇圭,面向西方立于圜丘东南侧。这时鼓乐齐鸣,报知天地降临享祭。接着天子牵着献给天地的牺牲,把它宰杀。这些牺牲同玉圭、缯帛及各种青铜礼器祭品被放在柴垛上,由天子亲自点燃积柴,让烟火高高升腾云霄之上,使天帝嗅到祭品的美味,这就是"燔燎"。随后在乐声中迎"尸"登坛受祭。"尸"是天帝的化身,代表天帝接受祭享。"尸"高高坐于坛上,面前陈放着玉璧、鼎、樽等各种盛放祭品的玉器和青铜礼器,并依次接受牺牲的鲜血、酒等祭献。后代祭天礼仪多依周礼制定,但以神主或神位牌代替了尸。可见,祭天大典自古以来都极为隆重。

原始宗教认为天人相通,上天主宰人世间的祸福命运,天命不可违抗。古人认为冰雹、水旱、日食、月食、彗星等异常现象的出现,是上天不满人间的所作所为而对人世的惩罚,所以人们对天必须顶礼膜拜,才能祈求平安。古人认为,皇帝是天神的代言人,即天子,他的权力虽然至高无上,但也必须听命于天。实际上历代王朝统治者都依仗天的神威维护自己的统治,都举行隆重的祭天仪式,并把它列为国家的宗教祭祀活动之一。

2. 封禅大典

对古代帝王来说,泰山祭天祀地的封禅大典是非常隆重的国家大典,这是标志皇权合法性的重要礼仪。在泰山之巅筑坛祭天称为"封";在泰山下的梁父山上辟场祭地称为"禅",合称"封禅"。春秋战国时期,齐、鲁一带的方士和儒生认为,天下最重要的大山有五座,称为五岳。泰山是东岳,东方主生,是万物之始、阴阳交合之地。同时认为五岳中泰山最高,居五岳之首。既然泰山最高,自然离天最近,所以应当登泰山之巅,封禅祭祀天地。方士和儒生为了寻找封神的历史根据,杜撰了一套上古三皇五帝都曾封禅的传说,《史记·封禅记》记载,管仲甚至言之凿凿地传扬上古"封泰山禅梁父者有七十二家而夷吾所记者十有二焉"。经过方士和儒生的编造和鼓吹,泰山封禅竟成了历代帝王祭祀天神、地祇活动中最隆重的典礼,并被列为国家大典。帝王一定是受命于天,且国泰民安才有资格封禅"天下第一山"——泰山。因此,绵延几千年的泰山封禅已经不再是简单的山神崇拜,而是包含着对泰山神灵的极端崇拜和有着宏大政治背景的文化奇观。封禅的实际意义是什么?这个问题或许能帮助我们更好地认识封禅起源。汉代班固《白虎通义》说:"王者受命,易姓而起,必升封泰山。何?教告之义也。始受命之时,改制应天,天下太平,物成封禅,以告太平也。"《五经通义》曰:"天命以为王,使理群生,告太平于天,报群神之功。"这似乎纯粹出于政治目的,表示帝王权力受命于天,向天告太平,对天帝佑护之功表示答谢,当然更要报告帝王的政绩如何显赫。封禅的具体仪式富有象征性。班固说:"故升封者,增高也;下禅梁父之基,广厚也;刻石纪号者,著己之功绩以自效也。天以高为尊,地以厚为德,故增泰山之高以报天,附梁父之址以报地,明天地之所命,功成事遂,有益于天地,若高者加高,厚者加厚矣。"[①]《礼记正义》亦云:"祭天则燔柴也,天谓日也;祭地,瘗者,祭月也。"原来封禅的种种目的与象征,都包含着一层更为深层的意思:沟通天人

[①] 《白虎通义》。

之际，协调天、地、神、人之间的关系，使之达到内在精神意志与外在行为的和谐统一。

图 2-2　玉皇天帝（[清]佚名：《绘图三教源流搜神大全》，上海古籍出版社 2012 年版。）

3. 天佑帝王

历代统治者为了宣扬"君权神授"，以巩固政治统治，都十分重视祭天大典，把祭天祀地列入国家大典。《梦粱录》卷六："十一月仲冬，正当小雪，大雪气候。大抵杭都风俗,举行典礼,四方则之为师,最是冬至岁节,士庶所重,如馈送节仪,及举杯相庆,祭祀宗祠加于常节……此日宰臣以下,行朝贺礼。士夫庶人互相为庆。太庙行荐黍之典,朝廷命宰执祀于圜丘。官放公私僦金三日。车驾诣攒官朝享。"在北宋东京(即开封)冬至节祭天的皇家大典最为隆重。《梦粱录·冬至》卷十《驾诣郊坛行礼》中有详细描述。"三更。驾诣南郊坛行礼……礼直官奏请驾登坛,前导官皆躬侧,引至坛止。惟大礼使登之。先正北一位拜跪酒。殿中监东向一拜,进爵盏。再拜兴,复诣正东一位,绕登坛而宫架声止。则坛上乐作。降坛则宫架乐复作。武舞上复归小次。跪酒毕,中书舍人读册,左右两人举册而跪读。降坛得归小次……"北宋冬至皇帝祭天大典烦琐而隆重,由此可见一斑。明、清两代冬至节仍有祭天大典,一般是在北京南郊天坛举行。天坛是明永乐十八年(1420年)建筑的。天坛中央为祈年殿、皇穹宇和圜丘,东北为"牺牲所",西南为斋宫。祭天前一天,皇帝移驾斋宫,进行沐浴。为了表达对天的虔诚之意,冬至节在圜丘举行祭天大典,所用牛、羊、猪、鹿是在"牺牲所"专门饲养的。

清代皇帝祭天时,必须穿祭服,请神牌,太常寺堂官奏请行礼。此时典仪官要唱"燔柴迎帝神"。在东南方燔柴炉升火,西南方悬望灯,乐队齐鸣。祭天仪式极为烦琐、复杂。《帝京岁时纪胜·冬至》:"长至南郊大祀,次旦百官进表朝贺,为国大典。"又《燕京岁时记·冬至》:"冬至郊天令节,百官呈递贺表。"直到20世纪初,袁世凯还在做"天佑帝王"的美梦。辛亥革命后1914年的冬至,袁世凯还上演了一场祭祀天帝的闹剧。12月14日,袁世凯下令恢复清朝祭天制度。23日冬至,袁世凯来到天坛,身着皇帝祭服,按照封建皇帝祭祀天帝的礼仪登坛顶礼膜拜。这些倒行逆施的丑恶行径充分暴露了袁世凯复辟帝制的心迹,但天并没有保佑他,民主共和的观念已经深入民心,民众愤怒地掀翻他的皇帝宝座,击碎了他的皇帝美梦。

(三) 天佑下民:天地神灵信仰与民俗节日

常言道:"风行于上,俗成于下",上行下效。天地神灵信仰作为古代民间普遍的信仰文化,渗透于民间社会生活之中,不但深深地影响了传统民风民俗,也以民间文学、舞蹈、雕塑、绘画等艺术形式加以表达,并特别集中地表现在民间节日生活中。

1. 社日与民间祭地习俗

社日是古代祭祀社神、祈求丰年的宗教祭祀性节日。社，主管土地之神。《说文解字》："社，地主也，从示土。"传说社神是共工之子勾龙的化身。《左传·昭公二十九》："共工氏有子曰勾龙"，杜注"能平水土"。祀之为社神。清翟灏《通俗编·神鬼》："今凡社神，俱呼土地。又有附会名人为土地神的，如三国时钟山（今南京）土地神蒋子文，汉末祢衡为杭州瓜山土地神，一些衙门奉萧何、曾参为土地神，南宋名将岳飞为临安（今杭州）太学的土地神。"土地神一般为管理一方土地之神，小到作为街巷里弄保护神；但也有大土地神，如道教抽象化的大土地神"后土皇地祇"；民间也有所谓"总土地"，如唐代大文豪韩愈死后被奉为"总土地"。土地神形象大多银须白发，长袍幞头，慈眉善目。各地多有土地庙，塑有土地神，并塑有其配偶土地奶奶形象，平时民间多供奉土地神，在其诞辰虔诚祭祀。古时有大社、王社、国社、侯社、民社、置社之分。《礼记·祭法》："王为群姓立社，曰大社。王自为立社，曰王社。诸侯为百姓立社，曰国社。诸侯自为立社，曰侯社。大夫以下成群立社，曰置社。"社日又有春社日、秋社日之别。立春后第五个戊日为春社日；立秋后第五个戊日为秋社日。汉以前只有春社，汉以后始有秋社。社日又名"五戊"。因其分别在仲春、仲秋后的上戊日，又名"上戊"。古人于社日春祈丰年，秋报神功，故又名"祈报"。中国古代以农立国，对土地神的祭祀与崇拜特别隆重与虔诚。

俗谓农历二月二日为土地诞辰。《荆楚岁时记》："社日，四邻并结宗会，宰牲牢，为屋于树下。先祭神，然后享其胙。"《吴君岁华纪丽》："二月二日为土地诞辰日，城中庙宇，各有青祠，牲乐以酬。乡村土谷神祠，农民亦合家具壶浆以祝，神麌俗称社公、社婆，古称社公、社母。民间传说社公不食宿水，故社日必有雨。曰社公雨。"土地神，即古代社神，是原始自然崇拜之一。《公羊传·庄公二十五年》："鼓用牲于社。"何休注："社者，土地之主也。"但土地神或社神生辰各地不一，有的地方定在二月二，有的地方定在六月六，有的定在七月七，但以二月二居多。《清嘉录》卷二《土地公公生日》："（二月）二日，为土地神诞，俗称土地公公。大小官廨，皆有其祠，官府谒祭，吏胥奉香火者，各牲乐以酬。村农亦家户壶聚，以祝神属，俗称田公田婆。"胡朴安《中华全国风俗志》记江苏仪征此俗："二月初二，土地神诞辰。纸扎铺剪纸为袍，而粉绘之,人家买以供。大街小巷,供当方土地,张灯于神前……县署祠旁搭草台,演土地戏。"又云江苏风俗:"习俗相传二月二日,为土地神之生诞,阜宁农人,认为土地是管理禾苗之人,我辈希望禾苗盛旺,应该致敬,祈伊暗中默佑,免受风雹螟蝗之灾。阜宁人对于土地之供奉,颇为郑重,大村庄均筹集公款,起造土地祠宇。小村庄无钱力起造祠宇者,则用精瓦缸一只,将缸之近口处,敲成长方形洞口,覆之于地,将土地牌位供之于内。"这说明对土地神的崇拜各地非常普遍,但祭祀方式多种多样,中国人相信心诚则灵,敬神不拘一格。例如,上述土地庙宇规格不一,正如俗云:"土地老爷本姓张,有钱住大屋,没钱顶破缸。"在民众心目中,土地神要求不高,却尽职尽责。

民间多将立春后第五个戊日,即春分视为社日,祭祀土地神、五谷神。民国《静海县志·岁时》:"春社,以立春后第五戊日,乡间祭土神,雹神,祈农也。"祭毕,乡民聚餐,吃社饭,喝社酒,这是古代村庄居民在祀土地神时共食的遗风。在祭土地神前后,历代朝廷都祭神农,皇帝还要举行躬耕仪式,以示重农,充分显示古代社会以农立国的特点。

2. 冬至节与民间祭天习俗

冬至节,又名冬节、大冬、亚岁、小年、履长节等,曹植《冬至献袜履表》:"亚岁迎祥,履长纳庆。"冬至节有送寒衣、吃饺子等习俗,但节日的主要活动是祭天。

冬至节祭天在我国各地民间都很流行,在民间有食馄饨、饺子、圆子等俗以礼天。冬至节夜晚满族习俗在院内铺席,摆供桌挂"天地儿"(神像),杀猪祭祀。同时祭祀祖先,在院内立祖先竿子,竿顶为葫芦状,下有"刁斗"。祭祀毕,众人吃白肉,腊肠和猪尿脬则丢在"刁斗"上,任鸟来吃。汉族也有冬至祭天活动。《中华全国风俗志》上篇卷八《广东》:"今南人喜祀雷神者,谓之天神。祀天神必养大豕,目曰神牲。"这里所谓天神,实际上包括天上日、月、星、辰、雷公、电母等自然神在内。另外,我国民间还有把正月初九视为天诞日的习俗。《清嘉录》:"俗以七日为人日,八日为谷日,九日为天日,十日为地日。"因此,旧时有农历正月初九祭祀老天和玉皇大帝的习俗。旧俗以正月初九为"天日",又为玉皇大帝诞辰,禁止屠宰,道观则设醮祭祀。《中华全国风俗志·吴中岁时记》:"正月初九日,为玉皇诞辰。元妙观道侣设道场弥罗宝阁,名曰斋天。"

中国古代以农为本,以农立国,所以,中国的民俗节日大多起源于农业,祭祀天地的节日、民俗活动也与农业生产有关。天地神灵信仰对节日文化的产生和发展也产生了普遍而深远的影响。民间祭祀天地神灵的习俗,虽然各地祭拜天神时间不一,形式多样,但崇拜天神,祈求天公赐福、年丰人寿、四季平安的心理是一致的。不过,天佑下民只是普通民众的美好愿望而已。

二、亲亲纽带:嫡长子继承制、分封制、宗庙祭祀制度、丧服制度与祠堂

中国古代以血缘关系为纽带的宗法制度和最复杂完备的亲属等级制度,是世界其他国家和民族无法比拟的。以称谓为例,中国亲属等级称谓有350种,罗马有122种,近代夏威夷有39种,其他民族大致只有20—25种。中国完备的宗法制度内容庞杂,归纳起来包括以血缘关系为纽带的嫡长子继承制、宗庙祭祀制度、祠堂制度等一系列具体的制度,如果不理解祖先崇拜,就很难解释中国古代制度文化的伦理特征,特别是发达完备的宗法制度和封国制因何长盛不衰。深入理解祖先崇拜以及宗法制的关系,能够更好地理解中国古代的政治文化特征:政治组织与血缘组织合一,以及中国封建时代的政治权力分配是基于血缘关系的原始政治的分配原则。

(一)嫡长子继承制和分封制度

嫡长子继承制和分封制都是在宗法血缘原则下进行的,自夏代打破"天下为公,选贤任能",开创"家天下"的局面,按照"尊尊亲亲"的原则,亲亲即立弟,尊尊即立嫡,或兄终弟及或父死子继,逐渐建立了王位继承制度。我国周代逐渐形成了嫡长子继承制。嫡长子继承制择立太子的标准是:"立嫡以长不以贤,立子以贵不以长。"[1]也就是说,在后妃所生的诸子中,必须确定嫡母所生的诸子的优先继承地位,而且要确定嫡母所生的长子作为首位继承人;如

---

[1] 《公羊传·隐公元年》。

果嫡母没有生子,则在众多庶母所生的诸子中选择,这时其优先考虑的是庶母的家世和本人的素质,而不考虑其是否年长。嫡长子继承最高权位,也就意味着继承天下的所有的土地、人民和财富。在周朝为了处理好嫡长子和诸弟之间的关系,嫡长子继承最高权力和地位的同时,又分别将若干土地连同土地上的民众分封给诸弟,并赐予他们在自己封地内对土地和民众的统治特权和宗主地位,这在政治上就是"授民授疆土",在宗法上就是"别子为祖",二者合一,便是分封制度。分封制是在宗法血缘原则下进行的,对巩固嫡长子继承制度,维护嫡长子的最高统治权和天下共主的政治地位具有重要意义。在政治"家天下"制度下,最高权位的继承标准主要是血缘关系远近,嫡长子继承制和分封制度影响深远,被尊为正统与合法,其实质是政治权力分配基于血缘关系亲疏,目的是维护专制统治和家族制度。

(二) **严格的宗庙祭祀制度**

宗庙祭祀制度是祖先崇拜的产物。宗庙,简单地说就是古代天子、诸侯、卿大夫、士所修建的祭祀祖宗的建筑。古代"国之大事,在祀与戎",立宗庙祭祀祖先是古代帝王、贵族政治生活中的大事,有一系列复杂的制度,如庙数、庙号、昭穆制度等,是古代维护宗法制度和等级关系的重要制度。

宗法之宗,意思是供奉神主之位的庙宇,其原始意义为"尊祖庙也"。宗庙制度以血缘亲疏来辨别同宗子孙的尊卑等级关系,以维护宗族的团结,所以,十分强调"尊祖敬宗"。而实现这一目的的最好形式就是隆重庄严的宗庙祭祀制度。商朝也有隆重繁复的祭祀祖先的典礼仪式,但是不像西周以及后世那样具有严格的宗法意义。西周时代,祭祀祖先是大宗的特权,小宗无此权利。所谓"支子不祭,祭必告于宗子"[①]。"庶子不祭祖者,明其宗也。"大宗的尊贵地位以及重大责任,通过隆重庄严的宗庙祭祀制度鲜明地体现出来,从而达到别亲疏、明等级、组织凝聚族人的目的。在宗法制度下,君主是天下大宗,所以,帝王主持的宗庙祭祀,规格最高,极其隆重,制度极为严密。我国周代以前天子宗庙为五庙。周代增设文武二世庙宇,演变为七庙,因此,历史上有天子七庙之说。根据《礼记·王制》:"天子七庙,三昭三穆,与太祖之庙而七。"

---

① 《礼记·曲礼下》。

其排列次序,太祖庙居中,以下逐代分列左右,昭辈居左,穆辈居右,左昭右穆。简单地说,昭穆就是我国古代的宗庙祭祀制度中关于宗庙、墓地或神主的辈次排列的次序安排原则。古人在室内座次以东向为上,其次才是南向、北向和西向。故以始祖居中,东向;二世、四世、六世位于始祖的左方,朝南,称昭;三世、五世、七世位于右方,朝北,称穆。

周代严格的宗庙祭祀制度,对于维系以血缘家族为中心的宗法制度和巩固政权意义重大。这一传统制度为后世统治者所承袭,"七庙"逐渐成为王室或国家的象征。在王宫建筑格局上也形成了"左祖右社"的布局。"左祖"指宗庙,是宗法的标志,"右社"指社稷,是国土的象征。它们共同喻示王朝的血缘统系和对全国土地、臣民的毋庸置疑的占有。

(三) 丧服(五服)制度及其深远影响

为了弄清复杂的丧服制度,首先要了解宗族的构成、尊卑秩序和继统原则。一个宗族包括同一高祖父以下四代子孙所构成的子孙集团。其尊卑秩序是族人尊奉宗主,小宗服从大宗。其继统的基本原则是完全排除女性子孙的权利,按照嫡长子继承制,嫡长子称宗子,同一宗族集团又称九族。中国封建社会是由父系家族组成的社会,以父宗为重。其亲属范围包括自高祖以下的男系后裔及其配偶,即自高祖至玄孙的九个世代,通常称为本宗九族。在此范围内的亲属,包括直系亲属和旁系亲属,为有服亲属,死为服丧。亲者服重,疏者服轻,依次递减。九族中,纵向有高祖父母、曾祖父母、祖父母、父母、己身、子、孙、曾孙、玄孙;横向有己身、兄弟、堂兄弟、再堂兄弟、三堂兄弟、姊妹、堂姊妹、再堂姊妹、三堂姊妹。围绕着纵横向的九族,形成了九族与五服的家族结构图。往上数,上辈中有叔伯父母、堂伯父母、再堂伯父母、祖伯父母、堂伯祖父母、曾祖伯父母、姑、堂姑、再堂姑、祖姑、堂祖姑、曾祖姑等。往下数,下辈中有侄妇、堂侄妇、再堂侄妇、侄女、堂侄女、再堂侄女、侄孙妇、堂侄孙妇、侄孙女、堂侄孙女、曾侄孙妇、曾侄孙女等。这是一幅完整的九族五服图。

丧服制度,又称五服制度,是指居丧期间的服饰制度,由于居丧者和死者血缘关系的不同,所穿的丧服有区别,居丧的期限也是不同的。《礼记·丧服小记》分丧服为五等,又叫"五服"。五服由重至轻依次是:斩缞(cuī)、缁缞(zī cuī)、大功、小功、缌(sī)麻。五服分别适用于与死者亲疏关系远近的各种亲属,每一种服制都有严格的居丧时间、居丧服饰等规定。按丧服制度来穿孝、戴孝,叫"尊礼成服"。

随着时代的发展,五服制度也在演变,古代五服的具体应用大致如下:

1.斩缞,是不缝缉的意思。凡诸侯为天子、臣为君、男子及未嫁女为父母、媳对公婆、承重孙对祖父母、妻对夫,都要穿斩缞,是最重的孝服。居丧期三年。

2.缁缞,是用本色粗生麻布制成的。自此制以下的孝衣,凡剪断处均可以收边;下摆贴边都在缝边际。孙子、孙女为其祖父、祖母穿孝服;重子、重女为其曾祖父、曾祖母穿孝服;为高祖父、高祖母穿孝服均遵"缁缞"的礼制。居丧期有三年、一年、五月、三月四种,其中,一年服又分"杖期"和"不杖期","杖"即居丧期间用杖和不用杖。

3.大功,是用熟麻布制作的,质料比"缁缞"用料稍细。为堂兄弟、未嫁的堂姐妹、已嫁的姑及姐妹,以及已嫁女为伯叔父、兄弟服丧都要穿这种"大功"丧服。居丧期为九个月。

4.小功,是轻于"大功"的丧服,是用较细的熟麻布制作的。这种丧服是为从祖父母、堂伯叔父母、未嫁祖姑及堂姑、已嫁堂姐妹、兄弟之妻、从堂兄弟、未嫁从堂姐妹和为外祖父母、母舅、母姨等服丧而穿的。居丧期五个月。

5.缌麻,是用稍细的熟布做成的。凡为曾祖父母、族伯父母、族兄弟姐妹、未嫁族姐妹和外姓中为表兄弟、岳父母穿孝都用这个档次。居丧期为三个月。

五服之外,古代还有一种更轻的服丧方式,叫"袒免"。在史籍中记载:朋友之间,如果亲自前去奔丧,在灵堂或殡葬时也要披麻。如果在他乡,"袒免"就可以了。袒,是袒露左肩;免,指不戴冠,用布带缚髻。

丧服制度和其他制度一样,在内容和形式上随着社会的发展演变而变化,但为父母守孝的斩缞观念基本是一贯的,在民间影响很大,是中国传统宗法血亲观念的重要体现。《论语·阳货》:"子生三年,然后免于父母之怀",意思是说,父母死后,为人子女要服丧三年以报答父母养育之恩。按照严格的居丧礼制,古代官员在重丧期间要辞官守孝,又称"丁忧"、"尊礼守制",否则,会受到严厉惩处。在现实生活中,为父母披麻戴孝、守丧三年的服丧习俗,在二十世纪中后期某些偏僻的农村这些风俗依然存在。

丧服制度影响深远,深深地影响我国民俗、法律、婚姻等。西晋定律第一次把"五服制度"纳入法典之中,作为判断是否构成犯罪及衡量罪行轻重的标准,这就是"准五服以制罪"原则,它不仅适用于亲属间相互侵犯、伤害的情形,也用于确定赡养、继承等民事权利义务关系。"五服制罪"原则的确立,使得儒家的礼仪制度与法律的适用完全结合在一起,是自汉代开"礼律融合"之先河以来,封建法律儒家化的又一次重大发展,它不仅体现了晋律"礼律并重"的特点,也是中国封建法律伦理化特征的集中表现。自西晋定律直至明清,"五服制罪"一直是封建法律的重要组成部分,并在实践中不断地充实与完善。历史上一人犯罪株连五族,甚至九族、十族的事件屡见不鲜。在婚姻制度中出五服就不再是亲属关系,可以结婚。在民间一般情况下,家里有婚丧嫁娶之事,都是五服之内的人参加。出了五服,就没有亲缘关系,就可不参加了,除非私人交好,那属于朋友关系和情义,已经超越了宗族观念的范围。

(四) 祠堂——朝拜祖先的圣地

祠堂,是宗族建立的祭祀祖先的处所,又称为"宗祠",是族人心灵朝拜的圣地。祠堂的历史悠久,是中国民众祖先祭祀和祖先崇拜的表现。祠堂在汉代就已经出现,汉初公卿贵人在坟茔墓地或者生者活动过的地方建造祠堂,以纪念死去的亲人或先贤。宗族所建的祭祀列祖列宗的祠堂,亦叫宗祠,较早可以追溯到唐初和五代时期。我国大规模建造祠堂始于南宋,这与宋儒"敬宗收族"的倡议有关,宗族祠堂制度的形成和实施,是对宗法制度的补充。明清时期,宗祠十分普遍,是乡村最重要的建筑,也是儒教礼仪活动的圣地。宗祠中设有祖先牌位。祠堂正厅一般分四龛,奉高、曾、祖、父考妣四代祖先神主牌位,以左为上。龛前设供桌,置香炉等于其上。祠堂里的祭器不用时应妥善存放,不得亵渎神灵移作他用。对任何家族和家庭来说,祭器都是神圣的神器,至为重要,正如《礼记·曲礼》强调的那样:"君子虽贫不鬻祭器,虽寒不鬻祭服。"

祠堂最重要的功能是祭祀祖先。钱大昕《潜研堂文集·钱氏祠堂记》曰:"祠堂之设,以祀其先祖。"宗族祠堂祭祀祖先虽然只是民间家族礼仪,却十分烦琐而隆重,不少文化底蕴深厚的封建家族,甚至仿照国家宗庙祭祀礼仪制定本家族宗祠祭祀仪式。大型宗祠祭祖活动,一般由德高望重的族中长者主持,长幼有序,尊卑有等,营造出"祭祖如祖在"的肃穆气氛。祭祖敬宗的目的是表达对祖先的感激和敬慕,同时,加强宗族成员间的血缘关系,凝聚团结,更从中升华出爱家、爱国的美好情感。当然,盲目的祖先崇拜心理也是人们自我封闭的一个重要根源。

三、尊师重道:束脩、释菜、释奠之礼

中华民族尊师重道,学生尊师,要遵从严格的礼仪,同时,不可违背师法,甚至不但老师生前要敬重,在老师死后还要临吊有加,继承师法。这里我们简单介绍束脩、释菜、释奠之礼。

(一) 束脩礼

古代学生与教师初见面时,必先奉赠礼物,表示敬意,所送礼物叫"束脩"。《论语·述而》:"子曰:'自行束脩以上,吾未尝无诲焉。'"五代王定保《唐摭言·两监》:"龙朔二年九月,敕学生在学,各以长幼为序。初入学,皆行束脩之礼。"束脩的致送,表示学生对教师的尊敬。教师在接受此项礼物时,还须奉行相当的礼节,即束脩礼。

(二) 释菜礼

"释菜"又称"择菜",也是学生入学后祭祀先师之礼。《庄子》记载,孔子周游列国被困于陈蔡之间,"颜回释菜于户外"。颜回虽然身处困境之际,依然尊师学艺,不忘初心。释菜礼,用菜蔬敬献给老师,表明自己诚心诚意学习的心迹。清代顺治时期形成定制,月朔释菜,用酒、芹、枣、栗为祭祀品。相传芹菜代表青年学子,韭菜花象征才华,红枣代表立志成才,栗子代表对师长和学问要有敬畏之心。

(三) 释奠礼

春秋或四季仲月学生祭祀先圣先师的祭祀典礼,称释奠礼。先圣为周公,先师为孔子,还有四圣:颜回、曾参、子思、孟子以及十哲,即孔子弟子及诸贤人配祭。清代几位皇帝提倡师道尊严,皇帝本人所行的释奠礼十分隆重。例如,康熙皇帝释奠礼行三跪九拜之礼,雍正皇帝行二跪六拜之礼,乾隆皇帝三上

香,行二跪九拜之礼。

尊师是中华民族的优良传统,不仅君与师并称,甚至有"师徒情同父子"、"一日为师,终身为师"之说。中国素有"九族之亲",据说加上学生一族就是"十族"。"天佑下民,作之君,作之师",意思是为民立君以治之,立师以教之。可见,师在人们心目中有着十分崇高的地位。

四、天高皇帝近:尊君卑臣、贵贱有等的朝礼

人们都熟悉一句俗话:"天高皇帝远!"但其实我们更多感受的是"县官不如现管",尽管人们相信举头三尺有神明,但神权是虚无缥缈的,王权、皇权才是时时刻刻悬在人们头顶的利剑。所以,与其说天高皇帝远,不如说天高皇帝近更符合古代专制社会常理人情。人们对皇权顶礼膜拜,敬若神明,为维护皇权的至高无上,围绕尊君卑臣、贵贱有等制定了极其烦琐的礼仪规范。

（一）朝礼

古代帝王临朝的典礼。上朝的礼仪简称"朝仪"。汉代叔孙通所制定的朝仪对后世影响较大。《史记·刘敬叔孙通列传》和《汉书·叔孙通传》均记载叔孙通制定汉朝朝仪事情。叔孙通是薛邑人,秦朝时以文章博学被征召,在博士中等待任用。后去秦先后投靠项梁、楚怀王。汉高帝二年(前205年),汉王刘邦攻陷彭城,叔孙通又投靠了汉王。起初,汉王由于厌恶儒生,非常轻视他。"儒服,汉王憎之,乃变其服,服短衣,楚制,汉王喜。"(《汉书·叔孙通传》)可见,叔孙通是一个头脑灵活的变通之士,汉王随任命叔孙通做博士,称为稷嗣君。

汉高帝五年(前202年),诸侯在定陶拥戴汉王做皇帝。高帝登上最高政治宝座后,全部废除秦朝烦琐的礼仪规则,力求简便易行。但跟随刘邦南征北战的开国功臣大多出身低微,不晓得遵从礼法。臣子们醉酒争功,互相谩骂攻击,甚至咆哮朝堂,拔剑击柱,汉高帝刘邦对此十分担忧。叔孙通深知皇帝心思,自告奋勇制定朝廷的礼仪。叔孙通向皇帝建议道:"那些儒生,虽然难以指望和他们一同进取天下,却可以和他们保守成业。"叔孙通曰:"臣愿征鲁诸

生,与臣弟子共起朝仪。"①叔孙通奉命去征召鲁地儒生30多人。鲁地有些儒生不愿意参加,他们认为叔孙通叛离古道,频繁更换服侍新主,辱没了他们的名节。叔孙通则耻笑他们说:"若真鄙儒也,不知时变。"叔孙通和他从鲁地征召来的30多名儒生,加上皇帝身边有学术修养的近臣和叔孙通的弟子共计100多人在野外以绳索、茅草进行实地演练。刘邦初次观摩后十分满意,便命令推广到朝廷群臣进行演练,准备在汉高帝七年(前200年)十月份长乐宫落成典礼上举行朝会时正式实施推行。

汉高帝七年(前200年),长乐宫落成。诸侯、臣子们都参加朝会。根据《史记》记载,当时朝会仪式盛况如下:天亮之前,谒者主持典礼,引导所有人员按次序进入大殿门,庭中排列着战车、骑兵、步兵和侍卫官员,配备武器,竖立旗帜。然后传令快步走。殿下郎中紧紧夹立台阶之上,共有几百人之众。功臣列侯、众将军、军官按次序排列在西侧,面向东方向;文官从丞相以下排列在东方,面向西方向。大道上设置九个傧相,从上向下传令。这时,皇帝乘坐辇车出宫,众官员举着旗子传呼警戒,引导诸侯王以下至六百石级的官员按次序朝拜皇帝。从诸侯王以下无不震恐肃敬。等到典礼完毕,再举行正式宴会。凡陪坐在殿上的官员都俯伏着,低垂着头,按官位高低次序起立给皇帝敬酒祝福。斟酒九次,谒者宣告"结束宴会"。御史执行纪律,对凡是不遵从仪式的都被推出去接受惩罚。在整个朝会过程中和接下来的宴会上,没有敢肆意大呼小叫违犯礼法的。这次朝会才真正让刘邦找到做皇帝的感觉,当时,汉高帝非常高兴地说:"我今天才知道做皇帝的尊贵呢!"于是,任命叔孙通做太常,专职礼仪,赏赐黄金五百斤。叔孙通首先为汉朝制定朝仪,对后世影响很大。此后,儒生和儒学和儒家礼法成为稳定封建统治的文化工具。

总体上说,古代朝仪可以分两类:第一,常朝礼。是帝王和大臣在朝堂上办理政务之礼,主要涉及听朝之场所、听朝之时间,以及与听朝相关的仪式和特殊规定,这就是文献中常说的"朝仪"、"朝礼",多指常朝礼仪。唐代规定如果无故缺席不到,扣除一季俸禄,由御史负责点班;百官朝参,要穿戴规定的朝服,不按规定穿戴礼仪,将被扣除一月俸禄;其他禁例还很多,如笑语喧哗、执

---

① 《史记·刘敬叔孙通列传》,卷九十九。

笏不端、行立迟缓、立班不正、赴拜失仪、无故离位、穿班穿仗、廊下饮食、行坐失仪等，凡违反者皆扣除一月俸禄。黄仁宇在《万历十五年》描述的明朝一次常朝情景："宫门在钟鼓声中徐徐打开，百官进入宫门，在殿前广场整队，文官位东面西，武官位西面东。负责纠察的御史开始点名，并且记下咳嗽、吐痰等以至牙笏坠地、步履不稳重等等属于违礼范围的官员的姓名，听候参处。一切就绪后，皇帝驾到，鸣鞭①，百官在赞礼官的口令下转身，向皇帝叩头如仪。鸿胪寺的官员高唱退休及派赴各省任职官员姓名，被唱到的官员又另行向皇帝谢恩，然后，四品以上官员鱼贯进入大殿，各有关部门的负责官员向皇帝汇报政务并请示，皇帝则提出问题或做必要的答复。这套早朝节目在日出时开始，而在日出后不久结束，每天如此，极少例外。"但清制，逢五视朝，即在初五、十五、二十五上朝，一月三次。文武百官对上朝礼严格遵守，不敢丝毫违犯。当天早早起床，早做准备以免失误。第二，大朝仪。是皇帝在元正、冬至等节日大会文武百官、王国诸侯和外国使臣的朝会，皇帝受群臣朝贺，所以称为"大朝礼"或"朝贺之礼"、"朝贺"。常朝与大朝仪的区别是，常朝是为治理国政而设，朝贺的场所则不处理国家政务，但大朝贺礼仪规格皆高于常朝。据《清史稿》"志六十三礼七（嘉礼一）"记载，清朝的朝会仪式如下：

顺治八年，定元旦、冬至、万寿圣节为三大节。康熙八年，定正朝会乐章，三大节并设。大朝行礼致庆，王以下各官、外藩王子、使臣咸列班次，所司陈卤簿、乐悬如制。太和殿东具黄案。质明，王、贝勒、贝子集太和门，不入八分公以下官集午门外。礼部奉表置亭内，校尉舁行至午门外陈两旁，奉表入太和殿列案上。鸿胪卿引王、贝勒等立丹陛②。鸣赞官引群臣暨进表官入两掖门，序立丹墀。朝鲜、蒙古诸臣自西掖门入，立西班末。纠仪御史立西檐下东乡者二人，丹陛、丹墀东西相向者各四人，东西班末八人，鸣赞官立殿檐者四人，陛、墀皆如之。丹陛南阶三级，銮仪卫官六人司鸣鞭。钦天监报时，皇帝出御中和

---

① 皇帝仪仗中的一种，挥动鞭发出响声，使人肃静，是我国古代宫廷举行"朝会"（朝廷举行重大典礼时接受群臣朝拜）时礼仪中的一个环节，称为"鸣鞭"，俗称"响净鞭"。"净鞭"也叫"静鞭"，用黄丝编织而成，鞭梢涂蜡，打在地上很响，目的是警告臣下：皇上即将驾到，重要典礼就要开始，大家要立即安静，所以叫"净鞭"或"静鞭"。"鸣鞭"或"响净鞭"是我国封建时代君主专制威权的表现之一。

② "丹"者红也，"陛"原指宫殿前的台阶。古时宫殿前的台阶多饰红色，故名"丹陛"。

殿,执事官行礼毕,赴外朝视事。驾出,前导、后扈如仪。午门鸣钟鼓,中和乐作,御太和殿,乐止。内大臣分立前后,侍卫又次其后护守之。起居注官立西旁金柱后,大学士、学士、讲、读学士、正、少、詹事立东檐下。御史、副金都御史立西檐下,銮仪卫官赞鸣鞭,鸣赞官赞排班,王公百官就拜位立跪。宣表官奉表出,至殿下正中北向跪,大学士二人展表,宣表官宣讫,置原案,丹陛乐作,群臣皆三跪九叩。退,就立原次。鸿胪寺官引朝鲜等使臣,理藩院官引蒙古使臣就拜次,三跪九叩,丹陛乐作,礼毕,乐止,退立如初。赐坐,群臣暨外臣皆就立处一跪三叩,序坐。赐茶毕,复鸣鞭三,中和乐作,驾还宫。乐止,群臣退。

大朝仪极其烦琐,时间较长,群臣思归,以至于在明朝一次大朝仪时,发生了严重的踩踏死伤事故。正德十一年(1516年)明武宗接受元旦朝贺,自晨至暮,散朝以至夜色降临,饥困交加的群臣奔赴而出,竟然拥挤推搡,颠仆者甚多,相互践踏,乱作一团,其中一位叫赵朗的将军竟在禁门被人活活踩死。朝礼本为显示皇权至高无上的威严,但元会上朝竟至造成踩踏死伤事故,这真是历史的讽刺。

(二) 登基礼与告天仪式

登基是古代帝王在建国或继承皇统时所举行的国家大典,又称即位、登极、践祚(祚,皇位),用于表明其权力源于天帝祖宗所授予,为君主至高无上的权力寻求理论根据和合法性。历史上,从秦到清末为止,2000多年间有400位皇帝登基,他们登上最高权力宝座时,通常都要举行极为隆重的登基大典。

就开国皇帝的登基礼而言,尽管大局初定但多数皇帝也会举行极为隆重的告天仪式,以宣扬君权神授的政治理念。由于资料缺失我们不知秦始皇、刘邦登基礼仪详情。西汉高帝五年(前202年),经楚汉相争,刘邦逐鹿中原,夺得天下,诸侯、将相拥立刘邦做皇帝。刘邦虽然辞让再三最终在汜水之北岸即皇帝位。东汉开国之君刘秀登基,史称"四上尊号"。刘秀在更始军与赤眉军的争战中,坐山观虎斗,坐收渔利。刘秀手下将官先后三次进劝其称帝,都被刘秀推辞。公元25年6月,当刘秀大军行至鄗县(今河北省柏乡县西北),儒生疆华从关中捧《赤伏符》来献,符文曰:"刘秀发兵捕不道,四夷云集龙斗野;四七之际火为主。"意思是自汉高祖建国至今已经过去了280年,根据五德终始说,汉属火德,汉室中兴有主,天命刘秀扫平群雄即皇帝位。既然是天命不可违,刘秀也不再推辞。于是,刘秀命人观星择日,破土动工,修设坛场①,设坛告天,紧锣密鼓地举行隆重的即位大典,在鄗②南千秋亭五城陌正式称帝。坛场上,燔燎③告天祭祀,烟火缭绕,钟鼓齐鸣,刘秀在群臣礼拜下登基。接着,建元建武,改鄗为高邑,宣布大赦天下。以后历代君王登基仪式虽无定制,但多举行燔燎告天之礼,如三国蜀国皇帝刘备、晋武帝司马炎、宋武帝刘裕、齐高帝萧道成、梁武帝萧衍、陈武帝陈霸先等。明太祖朱元璋登基仪式很隆重。当时,朱元璋令在南京钟山之阳④设坛,祭祀天地,祝告上天。丞相率百官祝贺舞蹈,三呼万岁。仪式卤簿⑤导从到太庙拜祭四世先祖,告祀社稷。然后,朱元璋换上衮服⑥冕旒⑦,于奉天殿行登基仪式。大乐鼓吹,鸣鞭以肃整大典秩序,标志百官行礼开始。百官上表祝贺,捧表展读;群臣四拜三舞蹈,拱手加额,三呼万岁,出笏俯伏,再随音乐四拜。贺礼毕,皇帝册拜皇后,册立皇太子,并以即位诏告天下,建元"洪武"。

　　嗣位之君的登基大典,往往是在前任皇帝新逝之时进行,显得匆忙但却不失隆重。至于禅让⑧即位的皇帝,其登基仪式就是禅让礼。通常,把最高皇权

---

① 古代举行祭祀、誓师等大典用土和石筑的高台,如天坛、地坛、登坛拜将。
② 古县名。春秋属晋,战国属赵。故城在今河北省柏乡县北鄗,常山县,光武帝刘秀即位之地。
③ 亦作"燔尞"。烧柴祭天。
④ 山的南面或水的北面,多用于地名。
⑤ 卤簿:皇帝的车驾、侍卫和仪仗。蔡邕《独断》中记述:"天子出车驾次第,谓之卤簿。"汉应劭《汉官仪》解释:"天子出车驾次第谓之卤,兵卫以甲盾居外为前导,皆谓之簿,故曰卤簿。"卤簿的"卤"在古代是"橹"的通假字,意思是"大盾"。从盾的防护意义引申为对帝王的防护保卫措施,包括武器装备和护卫人员的有组织的行动,即"车驾次第"加上"兵卫以甲盾居外为前导"。卤簿的"簿"就是册簿的意思,即把"车驾次第"和保卫人员即装备的规模、数量、等级形成文字的制度典籍。
⑥ 衮服简称"衮",古代皇帝及上公的礼服。与冕冠合称为"衮冕",是古代最尊贵的礼服之一。是皇帝在祭天地、宗庙及正旦、冬至、圣节等重大庆典活动时穿用的礼服。中国传统的衮衣主体分上衣与下裳两部分,衣裳以龙、日、月、星辰、山、华虫、宗彝、藻、火、粉米、黼、黻十二章纹为饰,另有蔽膝、革带、大带、绶等配饰。
⑦ 冕的顶部叫"綖板",綖板前圆后方,比喻天圆地方,表示博大之意;綖板涂黑漆,以示庄重。板前后系垂旒,表示帝王不视非,不视邪,是非分明。板下有玉衡,连接于冠上两边凹槽内;衡两端有孔,两边垂挂丝绳直到耳旁,至耳处系着一块美玉,好像塞住了耳朵,即所谓"充耳",寓意帝王不听谗言,求大德不计小过,有所闻,有所不闻,从而衍化出一个成语"充耳不闻"。
⑧ "禅"(shàn),中国统治者最高权力更替交接的一种方式,指在位君主生前便将统治权让给他人。形式上,禅让是在位君主自愿进行的,是为了让更贤能的人统治国家,实际是政治权力角逐下的无奈之举。

禅让给自己的同姓血亲,被称为"内禅",让位者通常称"太上皇",这样不会导致朝代更替,所以,这种禅让通常会隆重而且表面上充满欢庆的气氛,但实际上,内禅也是皇族内部权力角逐的结果,例如,唐朝玄武门之变后,唐高祖禅让帝位于李世民。与内禅相比,外禅是指将权力让给异姓,这会导致朝代更替,更多是一种政治的无奈。例如,西汉末年,孺子刘婴无奈将权力禅让给新朝的王莽;220 年,东汉献帝刘协禅让给魏文帝曹丕;265 年,魏元帝曹奂又禅让给西晋武帝司马炎等。

在众多帝王登基、朝代兴衰更替中,娃娃皇帝的登基大典,给人们的印象更像是演出一幕幕政治傀儡闹剧。溥仪在《我的前半生》中回忆:这个大典被我哭得大煞风景。大典是在太和殿举行的。在大典之前,照章要先在中和殿接受领侍卫内大臣们的叩拜,然后再到太和殿受文武百官朝贺。我被他们折腾了半天,加上那天天气奇冷,因此,当他们把我抬到太和殿,放到又高又大的宝座上的时候,早超过了我的耐性限度。我父亲单膝侧身跪在宝座下面,双手扶我,不叫我乱动,我却挣扎着哭喊:"我不挨这儿!我要回家!我不挨这儿!我要回家!"父亲急得满头是汗。文武百官的三跪九叩,没完没了,我的哭叫也越来越响。我父亲只好哄我说:"别哭,别哭,快完了,快完了。"溥仪父亲在此"登基大典"场合下说"快完了",当时被文武百官认为是不祥之兆,意味着大清政权很快就要完结。不久,辛亥革命的炮声把宣统登基大典上的不祥征兆变成现实。

(三) 三跪九叩和跪拜礼

在中国传统礼仪中,跪拜礼和三跪九叩的礼仪是影响深远的基本礼节。跪拜礼的形成与上古人们的生活方式密切相关。中国汉代以前没有坐具,是席地而坐。何谓"坐"呢?古人双膝跪地,把臀部靠在脚后跟上,这是其本义,后泛指以臀部着物而止息:席地而坐。《正字通》[①]朱子谓"两膝著地,以尻著膝而稍安者为坐,伸腰及股而势危者为跪,因跪而益致其恭,以头著地为拜。"古人认为不跪不叫拜,则拜必跪,合称"跪拜"。最初跪拜只是初民们互相致

[①] 明末清初时流行于民间的口碑最好的一部字典,是官修《康熙字典》编纂时的参考蓝本之一。

意的方式,是一种由坐姿派生出来的表示尊重的动作,进入阶级社会后才由原来的生活礼仪演变成一种表示臣服和等级差别的重礼,并日益烦琐化、规范化,需要根据行礼的不同场合和施礼、受礼者的身份地位,使用不同的拜法。

跪拜礼在我国早期文献《周礼·春官·大祝》中有记载,并把跪拜礼分为九种,合称九拜,即稽首礼、顿首、空首、振动、吉拜、凶拜、奇拜、褒拜和肃拜。其中,稽首礼是九拜中最重要的礼节,行稽首礼时要求极为严格,双膝下跪,拱手至地,处于膝前,头缓缓至地,处于手前。因为头至地稽留多时,所以称稽首礼。跪拜礼是针对天、地、君(皇帝)、亲(父)、师的最高礼仪。跪拜是尊敬到极点的象征,下跪表示内心诚服。三跪九叩是大礼,表示内心非常尊敬和诚心,是最隆重的礼节。

随着专制权力的不断集中和强化,宫廷跪拜礼有一个历史发展过程。在王权专制和分封制时代,周王对臣下,从诸侯到士都行揖礼①,在席上,对臣下行跪拜礼。汉皇帝对丞相:如果乘车,丞相迎接,皇帝就下车,这时,礼赞官唱道:"皇帝为丞相车站立。"之后,皇帝才上车。如果皇帝御坐,见丞相礼节是皇帝起座,这时,礼赞官唱道:"皇帝为丞相站立。"然后,重新坐下。汉晋之际,皇权旁落,皇帝见大臣的礼节是比照父兄之礼。不仅跪拜,还亲自割牲、执酱、执爵,用今天的话就是皇帝对臣下把酒执盏,十分恭敬。这种状况到宋代随着北宋专制皇权的强化发生了很大变化,大臣在朝堂上不仅没有了以往的殊荣,甚至被撤销了坐具。"艺祖继位之一日,宰执范质等犹坐。艺祖(宋太祖赵匡胤)曰:'吾目昏,可自持文书来看。'质等起,近呈罢欲复位。已密令中使去其座矣,遂为故事。"明清时期,我国皇权专制已达到登峰造极的程度,明朝洪武中定制:百官于奉天门外,行五跪三叩礼;清朝定鼎中原后,康熙八年(1669年)制:帝御太和殿,群臣皆三跪九叩。这样,以三跪九叩的拜天之礼,取代了明朝的五跪三叩之礼。清朝朝会大典、重大祭祀活动行三跪九叩首,行礼时需下跪三次,每次三叩首。乾隆年间,在一次宫廷举行的鹿鸣宴会上,主

---

① "作揖"(zuò yī),即中国人见面时的行礼形式,它相比外国人的握手有更卫生、优美、自主的优点。作揖的方法大致是:男性作揖时右手握拳,再由左手手掌将右拳包覆,拳眼(食指弯曲处)应朝向自己,两臂微微下垂;如果是习武之人,左手则应该为掌,贴于右手拳面,其余相同;女性则左右相反。

考以下各官员及贡生等,都要向皇帝不断地谢恩,诸如皇帝赐茶要他们叩首谢恩,将茶饮毕,又要谢恩;到御前祝酒,还要三跪九叩。有人统计,整个宴会期间,官员们要向皇帝下跪33次,叩首99次。这哪里是皇帝赐宴,简直就是现实皇权权威的公开演练!这哪里是享用宫廷美味,简直是活受罪!

(四) 中西礼仪之争与文化信仰的差异

考察历史上中西礼仪之争事件,不难发现中西文化之争表面上体现为礼仪之别,实质上是中西方深层文化观念和文化信仰的差别。

古人广泛应用且习以为常的跪拜礼,到清朝发生了严重的冲突。以欧洲国家为主的外国使节不愿向中国皇帝行跪拜礼,这一下子打破了"天朝大国没有不跪之臣"的大国美梦。乾隆五十七年(1792年)英国国王乔治三世派遣马嘎尔尼使华,翌年,马嘎尔尼在热河觐见乾隆帝,中英两国君主之间互致国书,实为中国历史上"国际通聘"之始,是东方外交史上的一件大事。这一事件标志着英国进入海外发现和殖民扩张的新时代和英国产业革命要求在亚洲开辟市场的新动向,同时标志着在殖民主义加紧入侵面前,清政府消极防御,国势由盛而衰的重大转折点。

1793年英国马嘎尔尼使团来华。英国迫切希望能打破清朝的闭关锁国政策,消除英国对华贸易受到的限制,争取能在北京派驻常任使节,但他们深知,直接提出这样的要求英国使臣是不可能进入北京的,更不会得到重视,所以找了一个非常冠冕堂皇的理由——向乾隆皇帝祝寿。由于外国船只能停靠广州,英国人又找了一个很得体的借口:英国国王的礼物"体积过大,机器灵巧,从广州长途跋涉至北京,恐怕路上招致损伤",因此,特使的船只能在离北京最近的天津港口上岸。他们通过东印度公司人员正式将信件递交给两广总督郭世勋,但不等中国方面批准,船队就从万山群岛北上。这一招果然有效,郭世勋明知这样做不符合惯例,但事关向皇帝祝寿大事,岂敢怠慢?所以立即上奏。乾隆得讯后,果然龙颜大悦,于1792年十月二十日下达圣旨:"阅其情词,极为恭顺恳挚,自应准其所请,以遂其航海向化之诚,即在天津进口赴京。"并命令浙、闽、江苏、山东督抚,"如遇该国贡船到口,即将该贡使及贡物等项派委妥员,迅速护送进京,毋得稍有迟误"。至此,马嘎尔尼一行被清朝方面正式当作专程来向皇帝祝寿的"贡使"了,他们的船队成了"贡船",所带物品成了"贡物",中国官员在载运使节团的船和车上插上"英国特使进贡"字样的旗子。二十五日,乾隆认为沿途及天津已对英使颁赏牛羊米面等物,到热河后还要与其他贡使一并赐宴,所以指示征瑞"其自天津登陆时不必再加筵宴"。"盖款接远人之道,固不可稍事苟简,致阻向化之诚。然加之体恤则可,若过为优待,隆其礼节,转使外夷不知天朝体统尊严,为其轻忽。征瑞于应接款待之间,务宜加倍留心,不卑不亢,以符体制而示柔远,此为最要。"

问题是清政府要求马嘎尔尼使团行三跪九叩大礼,而马嘎尔尼则要求用觐见英王的礼仪,行单腿下跪、吻手礼。双方僵持不下,最终没有达到各自的目的,结果以英国使团行单腿下跪之礼草草收场。对这样的结果,乾隆皇帝很是不快,当马嘎尔尼向乾隆抛出他们此行真实的目的——派使臣常驻北京;开放宁波、舟山群岛、天津为贸易口岸等要求的时候,乾隆皇帝一口拒绝,他说:"天朝物产丰盈,无所不有,原不借外夷货物以通有无。"乾隆警告他们不要再到浙江、天津贸易,否则必遭"驱逐出洋"。在天朝上国的闭关政策面前,马嘎尔尼碰了一鼻子灰,不得不离开北京,返回伦敦。后来马嘎尔尼说过一句意味深长的话:"清政府好比是一艘破烂不堪的头等战舰,它之所以在过去一百五十年中没有沉没,仅仅是由于有一班幸运、能干而警觉的军官们的支撑,而它胜过邻船的地方,只在它的体积和外表。但是,一旦一个没有才干的人在甲板上指挥,那就不会再有纪律和安全了。"

清朝定制除了对天子行三跪九叩之礼外,朝贡之国觐见之时亦须尊此礼。然而,因为各国礼仪习俗不一,偶有拒绝行此大礼的抗议。随着中国国力日衰,仍然在做着大国威仪旧梦的清政府终于被日益迫近的枪炮声警醒,此时,环顾四周,才发现自己已经远远落后于世界。特别是鸦片战争的惨败,中国沦为半封建半殖民地社会。西方列强以坚船利炮打开中国国门,在各通商口岸设置领事,而且还在北京设常驻公使,并再次围绕面君的三跪九叩之礼展开激烈争论。同治十二年(1873年),同治帝在中南海紫光阁首次接见各国公使,接受五鞠躬礼节,此后,清帝接见各国使节都依照规定行鞠躬礼,放弃原来各国公使面君时要行三跪九叩的礼节要求。这是清朝国力衰败的迹象,也与西学东渐的影响有关。

中西礼仪之争究其原因:一方面清朝素来以天朝上国自居,因此,时有

"礼仪之争"。清朝自视为"天国",中国皇帝要求的"三跪九叩"礼仪在传教士的眼内属于"世俗之礼",理应得到尊重。另一方面,中外"礼仪之争",其实质是中外文化与信仰的碰撞和冲突。世界上绝大多数民族的文化传统中,都用"五体投地"的跪拜来表示尊敬的最高形式,但西方基督教国家的君主只代表世俗政权,君主之上还有一个上帝,所以,欧洲人包括国王和皇帝都对上帝顶礼膜拜,"面君"只需行鞠躬和屈膝礼即可。而在中国人的信仰世界里,虽然上有天命,但皇帝是"真龙天子",是天帝在人间的代言人,故而,臣下面君必须行三跪九叩之礼。跪拜礼绝不是简单的礼仪,跪是对权威的认可,接受跪拜是尊长的权利,跪拜含有"臣服"、"屈从"之意。晚清革命者在报纸上写道:"叩头也,请安也,长跪也,唱喏也,恳恩也,极人世可怜之状,不可告人之事,而吾各级社会中,居然行之大庭,视同典礼。"这是中国的奴隶仪式。晚清统治者紧抱跪拜礼不放也在于以此显示天朝神威,认为行"三跪九叩"觐见理所当然,也正因如此。

辛亥革命推翻了封建帝制和皇权,同时否定了维护这一制度的跪拜礼,从此,"民主"、"共和"的思想观念深入民心。中华民国一成立,孙中山先生马上宣布取消跪拜礼,而代之以鞠躬礼。后来,经过临时参议院议决,由袁世凯于1912年8月17日公布民国《礼制》,鞠躬礼作为文明礼从此推广流行。

第三章 土生土长的本土固有宗教
——道教与中国文化

【导读】

道教是中国的文化特产,是我国现有五大宗教中本土固有的宗教。道教已有1800年以上的历史,而其源头可追溯更远。考察道教发展史不难发现,与其他宗教相比,道教文化更能体现古代中国人的思想信仰、文化心理、民族性格与生活习俗等特质。道教深深根植于中国传统文化的土壤之中,对中国传统文化影响尤为深远。

一提起道教,人们都会用"本土"、"土生土长"、"固有"等字眼来概括,这是有一定道理的,因为道教无论从其产生的文化渊源,还是从其对中国传统文化的深远影响来看,都充分体现了它与中国传统文化的血肉联系。从文化渊源上说,道教不仅广泛吸收了中国原始宗教与巫术,包括春秋战国时期产生的神仙方术、阴阳五行学说,而且大量吸纳了中国早期道家思想成分中的神秘意蕴、哲学思想与养生理论。从文化影响来看,道教对中国科技、文化、艺术、政治、民俗文化等都产生了深远的影响。有些影响甚至延续至今,道教自其产生之日起至今,其社会地位虽时起时落,但却始终传承不绝,对中国传统文化的影响极为深远,并且其本身就是中国传统文化的重要组成部分。所以,要了解中国文化,必须研究道教。

一、道教的产生与历史演变

道教的产生历史悠久,可以追溯到春秋战国时期的神仙崇拜,甚至更远。

第三章　土生土长的本土固有宗教

神仙是中国古代道家和方士所幻想出的一种超出人世,长生不死的人。神仙说最早出现于战国末期,在秦至西汉中期,东海神仙的传说在方士们的推演下,引起了当时社会上许多人的向往与渴求,甚至连雄才大略的一代帝王秦始皇、汉武帝也痴迷地加入到寻觅仙迹的行列之中。一时间仙风缭绕,人们信崇神仙方术,并认为通过吃不死药或修炼,便可成仙。"既已,齐人徐福等上书,言海中有三神山,名曰蓬莱、方丈、瀛洲,仙人居之。请得斋戒,与童男女求之。于是遣徐福发童男女数千人,入海求仙人。"(《史记·秦始皇本纪第六》)在秦始皇的派遣下,方士徐福等多次前往东海寻求长生不死之药。后来,徐福等骗术暴露,秦始皇虽极为震怒,但他认为这次寻仙失败只能说明个别方士的别有用心,欺瞒皇上,并不足以令人怀疑仙人的存在。于是汉武帝又步其后尘,且后来居上,在方士们的蛊惑之下以并不亚于秦始皇的热心和渴望再探仙踪。当时有一方士李少君声称善祠灶、谷道、返老还童等神仙大法,因此深得武帝宠信。其实,李少君故意隐瞒年龄和籍贯等个人真实信息,使皇宫上下,相信他就是真神仙"一宫尽骇,以少君为神,数百岁人也"(《史记·孝武本纪第十二》)。又"少君言于上曰:'祠灶则致物,致物而丹沙可化为黄金,黄金成,以为饮食器,则益寿,益寿而海中蓬莱仙者可见,见之以封禅则不死,黄帝是也。臣尝游海上,见安期生,食巨枣,大如瓜。安期生仙者,通蓬莱中,合则见人,不合则隐。'于是天子始亲祠灶,而遣方士入海求蓬莱安期生之属,而事化丹沙诸药齐(剂)为黄金矣"。在方士们的蛊惑怂恿下,汉武帝甚至赶到东莱山会神仙,并相信方士所言,封泰山即可白日飞升。由于汉武帝痴迷神仙,上行下效,社会上方士如云,有的声称能浮海求仙,有的声称能入山觅不死之药,还有的声称能候神、避鬼、望气、炼丹、祠灶等等,甚至有的谎诈并自称仙人,他们纷纷献上长生不死之药,一时间社会上仙风弥漫,遮天蔽日。

不过,西汉时期,虽然仙气很重,社会上信奉神仙者不少,但其神仙信仰还处于较低的阶段,并没有形成一种宗教。方士们一般单独活动,还没有形成明显的宗教组织,最多只是有师徒弟子的传承关系。只是到了东汉以后,随着图谶神学的兴起,社会上一些方士便以图谶求得统治者的青睐。随着社会危机的加深,朝野上下,人心浮动,受到政治、经济、军事种种激荡,社会极为混乱不安,各种神仙方术在社会上迅速蔓延,普遍传开,并深入到社会各个阶层。由于外来宗教的刺激,各种神仙方术思想与道家思想中绝对神秘主义与逃避现实的思想因素一拍即合,最终形成了包括社会各阶层,特别是游侠、方士和不满现实的知识分子的宗教组织,以寻求精神家园。一些方士开始编纂道教经典,组织信徒,以张道陵创立的"五斗米道"和张角的"太平道"为标志,逐渐形成了中国的本土宗教——道教。

东汉末年,民间形成的道教有多支,以"太平道"和"五斗米道"影响较大,但此时我国的宗教发展水平仍处于初级阶段。魏晋南北朝时期是道教的发展和成熟期,这时出现了许多道派、道教著作和著名的道教人士,道教理论也得到发展,构建了与佛、儒鼎立的神学体系。唐朝崇道,道教空前发展,组织和宫观的建设规模扩大。这时道教在理论上也不断吸收佛教哲学和儒学理论的精华,"三教融合"的结果使道教的教理和教义进一步发展成熟。此时的黄白外丹术极为兴盛。北宋时期,统治者依然重视道教,道教队伍膨胀迅速,影响广泛,而且内丹学理论此期趋于成熟。宋金时期,道教分化为清修的北派全真道和重视符的南派正一道。全真派在元朝因道主丘处机见重于统治者而盛行。明清时期,道教逐渐失去统治者的扶持,继而走向衰落,道教进一步世俗化、民间化。近代与民国时期,取缔帝制,政府不再直接用行政手段支持宗教,宗教信仰成为人们自由的选择。随着现代新文化运动的兴起,文化革新日新月异,特别是"五四"新文化运动以来,文化界提倡科学与民主,反对迷信与专制,道教作为中国传统文化的一部分,受到了全面的冲击。但道教作为中国传统文化的重要组成部分,靠着惯性和其对中国传统文化的强大影响,仍在民间延续。

二、道教的基本信仰和主要教义

道教最基本的信仰是"道","道"无所不包,无所不在。道教认为空虚无形的"道"化生出最初的元气物质,元气分为阴阳,阳气轻清上升为天,阴气重浊下凝为地,阴阳的冲和交感产生了万事万物,人为万物之灵长,与天地相合为三。老子曰:"道生一,一生二,二生三,三生万物。"(《道德经》第42章)又说:"天下万物生于有,有生于无。"(《道德经》第40章)道教认为宇宙是神创造的,神是万物主宰,主要尊神有太上老君、"三清"、"四御"及真武大帝、王母娘娘、玉皇大帝、八仙等。他们都是宇宙大道的神格体现,故须尊崇而拜之。道教是多神教,有各种不同等级的神灵。道教还认为"我命在我不在天",通过清修、炼养可以长生久视,通过符、斋醮可以求福避灾疫鬼神,并且道教认为除了"人"居住的现实世界外,还有神仙居住的世外桃源般的仙境。神仙居住的地方分为十大洞天,三十六小洞天和七十二福地。天外有天,最高天为三清境,三清境之下还有三十二重天。

道教信仰追求的最高目标是长生不死,得道成仙;其次是治病健身,驱除邪祟,以求福康。同时内以治身,外以救世,强调"功(内修之真功)行(积德之真行)两全",所以和世界其他宗教不同,它追求的是今生的幸福与快乐,而不是死后的乐园,它不但关心个人命运的升华,也关注社会人群的福祉。道教的主要教义是:尊道贵德,崇神敬仙;生道合一,追求长生不死;性命双修,形神抱一;功德成神,功行两全。在道教教义中,主张以现实生命为起点,性命双修,形神相守,使生命不断优化,最后脱胎换骨,羽化成仙。道教并不着重追求来世灵魂升华,死后进入西方极乐世界,而是关注今生的生命质量,特别是生命的无限延续,长生不老,永享生命的快乐幸福。因此,道教是重生的宗教,养生文化极为发达。它以长生成仙为信仰目标,以修身养性为现实利益,是一种既重眼前利益又重长远追求的宗教,特别符合中国人实用功利的信仰追求。作为中国固有宗教的道教,与世界其他宗教分裂灵魂与肉体、划分此岸与彼岸的神学体系的最大区别,首先就在于道教是一种现世的宗教,其信仰目标并非到彼岸做尊神,而是今生"羽化成仙",在现实享受荣华富贵。道教专门设有功名禄位神——文昌帝君,以满足道教徒们对利禄功名的现实追求,这是道教重世重生极为有力的证明。

三、道家不等于道教:老子与道教

道教与道家虽然有着千丝万缕的联系,但道教与道家并不是一码事。人们之所以容易混淆,不外乎有两点:一是老子既是道家学派的创始人,又是道教教徒顶礼膜拜的尊神,被尊为道教始祖、太上老君;二是道教吸纳了道家哲学的理论成分,特别是道家富有神秘玄虚内容的思想成分和价值追求,甚至道家经典《道德经》、《庄子》(《南华真经》)也被道教奉为经典。这些都容易让人们混淆道教与道家的区别。其实,道家对道教有很大影响,但道家并不等于道教。很简单,道家是哲学派别,是春秋战国学派林立、百家争鸣中的一派;道教则是秦汉时期逐渐发展起来的一种宗教。作为哲学派别的道家学派有自己的核心概念,有着较完整较系统的理论体系,以及强烈的社会关怀意识。而作为道教的宗教派别,它有自己的信奉尊神、宗教信仰、宗教组织、宗教禁忌等内容。当然,为了进一步理清道家与道教的区别与联系,我们首先应了解道家鼻祖人物老子及其与道教的关系。

老子,姓李,名耳,字伯阳,号老聃,生卒年不可考,相传为楚国苦县(今河南鹿邑)厉乡曲仁里人。曾做过周收藏史,相当于今天国家图书馆馆长或国家档案局局长的职务。由于职守关系,他熟悉历代各种典章制度,学识渊博而睿智,其代表作是有名的《道德经》。老子是道家学派的创始人,是我国春秋时期著名的哲学家、思想家。相传老子因战乱离家西行,过函谷关时应关长尹喜之求,作《道德经》五千言。其实,经学者研究考证,传世的老子《道德经》不是出于一时一人之手,而是由其门人追记老子遗说,到战国时由楚人环渊(又叫关尹)纂集而成的。《史记·孟子荀卿列传第四十》:"环渊,楚人。皆学黄老道德之术,因发明序其指意,故慎到著十二论,环渊著上下篇……"这里说的楚人环渊学黄老之术,著上下篇,可能就是指《道德经》上下篇。所以,《老子》这本书文字多半由环渊撰写,其精神主旨则是老子的。1973年湖南长沙马王堆三号汉墓出土的帛书《老子》甲、乙两种写本,对研究道家学说的时代背景和思想渊源,具有十分重要的参考价值。

《老子》第一次提出了"道"的概念:"道可道,非常道;名可名,非常名。""道"是道家哲学体系的核心概念,它是天地万物的本原,微妙玄虚,具有不确定性和无限包容性,难以用语言形容,常用"一"、"大"、"无"、"玄"等代表。老子用一个超绝一切的虚无本体"道",冲破了传统神学思想的束缚,挑战并取代了商周以来绝对的人格神——天的威严和至高无上的地位。

道教产生后,将老子提出的"道"作为教义的核心加以崇拜和信仰,并予以神学解释。道教认为道是灵而有性的神异之物,为宇宙的创世主和主宰者。"道"在道教这里已从哲学意义上被彻底神化。五斗米道创立之初,老子便被加上"太上老君"尊号,以后许多道士又假借其名,根据老子所著《道德经》等编写道教经典,完善道教教义,后经唐宋统治者的不断加封,老子不仅成了道教教主,人间神仙,其《道德经》亦被奉为道教经典,老子也被神格化了。相传当年老子故乡苦县交通不便,老子用鞭赶牛,鞭断为两截,太清宫和老君台各留一截。道教既奉老子为道教始祖和尊神,故将此物演变为发簪,横插在道士发髻上,以示尊崇。

　　隋唐时期皇室实行儒、佛、道并重政策,尤其李唐王朝特别重视道教,以老子李耳为同姓始祖,故敬崇老君,道教因之大盛。唐玄宗最为崇道,遍立道观,一再追加老君尊号,还封庄子为南华真人,《庄子》为《南华真经》。唐玄宗礼遇道士,亲自为《道德经》作注,并把它视为诸经之首。唐武宗更是醉心符咒炼丹,造作望仙楼观,宠信道教有加,并于会昌五年(845年)下令灭佛,尊崇道教。现在,《道德经》作为重要的哲学著作,被译成多种文字在海内外广为流传,成为全世界人民共同的文化遗产。

四、道教产生的文化渊源

　　从道教的基本信仰、主要教义来看,它并没有什么玄虚高深的理论。但作为一种固有的宗教,它与中国古代文化的关系十分密切,它深深根植在中国传统文化的土壤之中,这一点从其所产生的文化渊源上充分体现出来。

　　第一,道教产生于上古原始宗教和民间巫术。

　　道家与道教都推崇"道",而作为天地之先的"道"源于中国上古神话开天辟地的故事。创世神话告诉人们,宇宙最初处于混沌状态,天地混一,混沌一旦凿开七窍,就分化出天地阴阳,这就是盘古开天辟地的创世神话。道家将这一神话提炼为"道"的理念,道教则将"道"继而神格化为至高无上的尊神元始天尊。在道教形成过程中,人们崇拜的神祇大多演化为道教尊神,如人们崇拜的天帝演化为道教的玉皇大帝,大地之神演化为后土皇地祇,又称后土娘娘,天、地、水三神演化为三官大帝,等等,这些原始先民崇拜的自然神灵,最终成为俗道共同信仰、顶礼膜拜的尊神。另外,道教用于消灾避邪、预言吉凶的许多方法,如斋醮科仪、符咒等,多取自上古至汉代的祭祀礼仪和民间巫术文化,只是道教使之教团化和规范化,把它们纳入道教神学体系之中。

第二,来源于战国至秦汉的神仙信仰与方术。

春秋战国时期,在荆楚和燕齐地区尤其流行神仙信仰。神仙有神通广大、逍遥自在、长生不死的特点,使饱受战乱之苦的人们十分向往。那种"不食五谷,吸风饮露,乘云气,御飞龙"(《庄子·逍遥游》)的神仙生活,对苦难深重的世俗之人具有巨大的吸引力,秦皇汉武莫不痴迷,何况一般世俗之人!神仙本是道家人生追求的精神境界,到道教这里演化为"羽化成仙"的核心教义,神仙方术也成为道教炼丹术的前驱,方仙道是道教方士的雏形。

第三,来源于先秦老庄哲学和秦汉黄老道家学说。

道家不等于道教,但二者关系密切。老子、庄子特别是老子,是道家学派的创始人和奠基者,他本来并不是宗教家,但却被道教抬到至尊神的地位,《道德经》《庄子》本是哲学著作,却被道教奉为宗教经典教义;老庄道家学派是哲学派别,而不是宗教,但他们的思想为道教提供了理论基石。不但老庄哲学中的神秘成分和绝对主义成为道教发挥神仙教义的起点,而且道教哲学与民间信仰、神仙方术相结合,使道教得以摆脱民间信仰的粗俗状态而成为有理论体系的宗教形式。

至于流行于战国秦汉时期的黄老道家与黄老崇拜,则直接引发了早期民间道教的产生。追本溯源,道教之"道"的信仰源于道家哲学,而神仙信仰则与黄帝有关。总之,道家为道教产生准备了理论前提,从这个意义上说,没有道家,就没有道教。如果我们把道家看作是一个大的道文化体系,道教便是其中一个走向宗教神秘化的分支。

第四,来源于儒学、阴阳五行思想、古代医学卫生、天文知识及其他技术知识。

作为本土固有宗教,道教不能不受中国主流学派儒学的影响,其实,道教的道德信条就主要吸收了儒学的忠、孝、仁、义、礼、智、信等行为规范,再加上道教特有的敬神修仙内容而已。道教认为积德行善,功德成神。正如葛洪所言:"欲求仙者,要当以忠孝和顺仁信为本。若德行不修,而但务方术,皆不得长生也。"(《抱朴子·对俗》)另外,道教的炼养理论取自于以《周易》为代表的阴阳哲学和五行思想。道教的导引、服气、辟谷等道术,皆来自古代养生长寿之道的传统;道教的医学则深受古医经《黄帝内经》的影响。此外,古代天文、地理、化学等知识,皆为道教不同程度地吸收利用。

综上所述,道教丰厚的文化积淀渊源极为深远,内容庞杂,但道教深深根植于中国传统文化土壤的特点十分突出,也正是在这个意义上人们很容易达成共识:道教是中国土生土长的本土固有宗教。道教把中国远古信仰、早期哲学、医疗科学知识等统统收入自己的口袋,并努力使之理论化、教团化、规范化。另外,道教也把古代中国人最深刻的生死忧患和普遍的生活理想置于核心位置,并予以高度关注。道教为人们设计了超越生命和逢凶化吉的幸福之路,这就是中国民众虔诚于自己的宗教和共同信仰——道教的根本原因。

五、道教与中国传统文化

道教作为中国的本土固有宗教,一方面,其产生与发展深受中国古代传统文化的影响;另一方面,道教也深刻而广泛地影响中国传统文化,中国传统文化的方方面面无不受道教文化浸染。具体地说,道教对中国古代政治、哲学、科技、医药、文学、艺术等都有很大影响,而有些影响甚至延续至今。

(一) 道教与中国古代哲学

中国早期哲学是古代孕育道教的理论摇篮,同时道教宗教哲学的发展也对中国哲学产生深刻影响。在"三教合流"的氛围中,道教不断吸纳儒学与佛教理论成分的精华,逐渐发展完善了自己的理论体系。例如,全真内丹学既发展了道教哲学,也推动了道家哲学的发展。其最大的贡献是突破了生命的价值、生命的结构和生命的优化,既注重精神生命的提升,又注重生理生命的养护,所谓"性命双修",发挥出整套养生长寿之道和身心自我调适的方法。显然,道教在生命信仰、生命哲学和生命科学三个方面都积累了深邃的智慧和丰富的知识,弥补了儒家哲学和佛家哲学的不足,是一笔宝贵的精神财富。

(二) 道教与中国传统政治

道教虽然产生于民间,但在中国历史上是少有的具有独立教团和合法地位的大型宗教。在中国封建专制皇权之下,宗教从来就是神化皇权和皇权专制的工具,所以,道教对中国古代政治发生过重要影响。早期作为民间宗教,道教天生与下层农民阶级有着不解之缘。道教曾被作为农民起义的工具影响长达三四百年之久。直到南北朝以后,道教才逐渐被统治阶级改造和利用,作为统治工具逐渐官方化(唐宋时期最盛)。北魏拓跋焘为笼络中原人民,步入"正统",自称黄帝后代,崇道禁佛,甚至把道教抬到国教的地位。唐朝统治者为了抬高自己的出身门第,认李耳为始祖,用道教神化皇权统治。宋朝真宗则制造三次"天书下降",以"天神授命"来神化赵宋王朝,来掩饰黄袍加身,欺人孤寡之嫌。宋徽宗更是自封"教主道君皇帝",制造所谓"天神授命"的闹剧。甚至在大兵压境、大敌当前之际,他还在祈求神灵护国退敌,以致误国误民。元朝统治者为在中原站稳脚跟,巩固统治地位,也大力扶持道教。太祖亲自诏见丘处机,并封之为"国师",掌天下道教,借道教势力统治中原,稳定全国。明朝借道士之语神化朱元璋的身世,以朱元璋母亲吞丹受孕,感天生子的传说,神化明太祖身世,神化皇权,迷惑百姓,巩固封建专制皇权。直至清朝以后,道教才不被统治者重视,地位逐渐没落,特别是民国之后,社会革新,思想解放,政府不再以道教神权来神化世俗政权,道教更是与政治无缘,道教自此流于民间,举步维艰。

(三) 道教与中国传统道德

道教道德以儒家伦理道德为主要内容,如前所述它强调忠孝仁义是成仙的基本条件,道教对中国传统主流社会道德有重要影响。首先,道教受佛教轮回思想的启发,主善恶"承负"说,认为先辈行善或有过,后代蒙受其福报或承担其灾祸。其次,道教推行道德教化的途径和方法是通过神灵崇拜和仙灵赏罚,其道德教化的实效性比单纯的儒家说教意义更大。再次道教推崇道家柔弱不争、先人后己、清静无为等道德信条,利用道家"使民无知无欲",从而达到"为无为,则无不治"的目的,发挥了道家"我无为,而民自化;我好静,而民自正;我无事,而民自富;我无欲,而民自朴"的思想,激励人们急流勇退,返璞归真,对社会上损人利己、恃强凌弱的邪气是一种抵制。最后,道教把健康长寿纳入道德规范,提出"孝寿"的理念,丰富了传统道德的理论内涵。

(四) 道教与中国古代科技

道教由于其特殊的信仰和追求,包含了相当丰富的科技内容。所以,道教在我国科技史上占有非常重要的地位。与儒家、佛教不同,道教信仰还追求羽化成仙,永享人生乐趣。在古代中国,儒家作为主流文化,关注的是现世社会和秩序。孔子曰"未知生,焉知死"、"子不语怪力乱神",儒家主张人生立德,立言,立功,荣宗耀祖,为国效忠,这样就完成了生命的价值,所以,并不特别关注个人生死问题。佛教讲究超越,把人生看成是苦难的,生死只是"轮回"的一个阶段而已,所以佛教徒可以解脱生死。但是只有道教把人生看成是美好的,把人生的乐趣定位在享受与快乐上,所以道教因"贪生"而蔑视有生必死的自然规律,为追求永生,道教全力探寻衰老病死的原因和长寿延年的秘诀。他们虽然没有制成不死之药,却大大推动了中国古代科技的发展。道教的炼丹术,发展了制药化学、分析化学、实验化学,是近代化学的先驱,同时推动了铸造术、炼金术的发展与进步。炼丹术最大贡献是发明了火药,它大大促进了社会文明与进步。道教的养生思想,使道教搜集了大量的疗疾药方,发明了延年益寿的健身术,如"五禽戏"及内丹术中的清修、行气、吐纳、导引等,是现代气功的直接基础。道士们为了炼仙丹,做了无数实验,写了许多炼造金丹的书籍,正是这些炼丹实践经验,翻开了中国古代化学以及医学中重要的一页。为追求长寿,许多道士精通医术,如华佗发明了"麻沸散",葛洪辑写了《肘后备急方》,陶弘景编写了《名医别录》、《本草集注》等,他们的杰出贡献极大地促进了中国医学的发展。其中,贡献最大的是唐代医家孙思邈的《千金方》,它将道教中的养生疗疾成果由秘而显,走出道教洞天福地,为平民大众服务。

总之,中国古代科技与道教关系十分密切,这是一个十分有趣的现象。本来宗教以主神信仰为目标,描绘与承诺的是虚无世界,而科学是建立在理性基础上的,探寻的是客观事物之间内在的必然联系(规律性),二者无论从思维方式、价值追求到思想理论,都是相互对立、水火不容的。但在古代中国道教文化中,以追求长生久视为目标的道教却找到二者联手的契机,这是一个值得关注与研究的现象。

（五）道教与古代文学艺术

道教对文学艺术的影响，也是人们关注与研究的重要课题。中国的文学艺术，受佛、道二教的影响很大，从创作思想、艺术构思，到题材情节、语言文字，都渗透着佛、道二教的智慧、情趣和风貌，其中道教有其特殊的地位和作用。道教的神仙信仰和仙界构想，刺激了作家的广阔的想象力，丰富了文学创作中的浪漫主义色彩。以小说与诗歌为例，从六朝至宋、明，许多小说与诗歌作品都深受道教的影响。例如，六朝出现了许多志怪小说，其中不少作品是专为道教而作的，如《汉武帝内传》、《海内十训记》、《洞冥记》；有些作品则与道教的思想内容关系十分密切，如《搜神记》、《后搜神记》等。六朝以来，有许多小说直接取材于道教神仙故事。再如唐代的《枕中记》、宋代的《太平广记》、明代的《四游记》。《四游记》中除《西游记》以佛教为题材外，其余《东游记》、《南游记》、《北游记》均描写道教神仙，如八仙、灵官大帝、真武大帝等等，我们所熟悉的《封神演义》也取材于道教神仙故事。再者，道教对我国诗歌影响也很大，中国涌现出不少颇具仙风道骨的诗仙和超凡脱俗的诗歌作品，唐代的李白就是其中的代表人物。李白诗云："五岳寻仙不辞远，一生好入名山游"，并自号谪仙人，写了许多与道教有关的诗作，且信道虔诚，颇具仙风道骨。另外，李贺、李商隐、苏轼等人的作品也有较多道教思想体现。诗歌中一方面有道教富于幻想的风格，另一方面又有浓厚的道教思想寓于其中。在绘画和音乐舞蹈艺术方面，道教的渗透形成了我国独具特色的道释画，成为一个单独门类。它发展了中国人物画、山水画传统，刻意表现人物的仙家风度。魏晋顾恺之的《洛神赋图》、唐代阎立本的《十二真君像》、吴道子的《八十七神仙卷》，五代阮郜的《阆苑女仙图》，元代泉州清源山的老君石雕像，山西芮城永乐宫壁画，皆为道教艺术精品，表现了仙道的风骨，对中国造型艺术做出了重要贡献。在音乐舞蹈方面，道教文化影响巨大。道教音乐是祖国民族音乐的重要组成部分，令人超尘拔俗，无限遐想。唐代《霓裳羽衣舞歌》，受道教羽化飞升的影响，其风格婉转飘逸，淡丽典雅。道士司马承祯制作《玄真道典》、道士李会元制作《大罗天曲》、贺知章制作《紫清上圣道曲》，皆清雅不俗。明、清以来，民间"道情"艺术，就是道曲民间化的成果。民国年间无锡华彦钧（瞎子阿炳）创作《二泉映月》等曲，体现了道教音乐与现实生活相结合而产生的无比艺术魅力。

在建筑艺术方面,道教客观上一方面吸收佛教寺院建筑艺术,另一方面保留中国传统宫殿建筑风格,围绕着敬神祀仙的主题,形成道教独有的建筑艺术传统。其主体建筑巍峨崇高,突出对太上老君、三清四御、道祖天师的供奉,配以山门、配殿及道院,错落有致;而各地宫观因所祀主神和地理环境差异显得各具特色。总之,道教建筑皆清雅不俗、气韵生动、精美壮观;且多借山川之美,广植苍松翠柏、奇花异木,形成极富神秘韵味的美景。

(六) 道教与中国民俗

道教深深根植于中国民间传统信仰之中,其对中国民俗影响尤为深刻,有些影响甚至延续至今。首先,在信仰方面,许多道教诸神,同时也是民间俗神,为民众虔诚地祭祀与崇拜。例如,城隍、财神、灶神、门神、钟馗等,既是道教的尊神,也是民间崇拜的神灵,对他们的崇拜和信仰,几乎遍及全国各个地区、各个民族,可谓家喻户晓,尽人皆知。中国的老百姓不管是不是道教信徒,都对这些尊神很恭敬,祭祀也颇为虔诚。其次,不少传统节日渗入道教的内容。在我国的传统节日中,道教对民俗的影响更为明显。在这些传统节日里,从喜庆、娱乐到饮食、祭祀,集中体现了中国民间风俗和传统文化的特点。例如,春节是中国人最为隆重的节日,春节人们贴门神、灶马,迎赵公元帅,十分热闹。这种习俗从宋代一直延续到近现代,有些甚至延续至今。门神、灶马等均与道教有关。最后,道教节日为民俗活动提供了丰富的内容和固定的场地及时间。道教在发展的过程中形成了自己的宗教节日。正月初九玉皇节,二月十五老君诞辰,正月十五、七月十五、十月十五"三元节",正月十九丘祖诞辰(北京称燕九节)等,这些道教节日往往又成为民俗节庆日。以遍布各地的道教宫观为中心,举行丰富多彩的庙会、游艺等多项活动,使宫观成为民俗文化交流的重要平台,发挥着文化传播与交流的重要作用。

六、道教标识符号:阴阳双鱼图的文化含义

我们在各地道观建筑和道士们的衣冠、器物用度上,经常能够看到道教的标识图案——阴阳太极图,无疑,它是道教文化的重要标志图案。但实际上,

阴阳太极图不仅仅被用于道教,其他场合也随处可见,从孔庙大成殿梁柱,到楼观台、三茅宫和白云观的标记物;从道士的道袍,到卜卦的卦摊;从中医、气功、武术、中国传统文化的书刊封面、会徽会标,到韩国国旗图案、新加坡空军机徽,等等。这种广为人知的太极图,其形状如阴阳两鱼互纠在一起,因而被惯称为"阴阳鱼太极图"。阴阳太极图精妙地表达了中国古代太极和阴阳、八卦的关系。简单地说,这个图的总体就是太极;一黑一白(阴阳鱼),就是阴阳两仪;白鱼的黑眼,黑鱼的白眼,表达阴中有阳,阳中有阴,黑白多少就是阴阳消长。如果把它分成八份,则乾坤定位于上下,坎离分列东西,震巽艮兑随阴阳升降分列于四角,这就是八卦。

事实上阴阳鱼太极图并非像我们想象的那样,只是道教的文化标志,细究起来,道教刚产生时并没有以阴阳太极图作为标识。秦、汉以前,儒、道不像后世那样泾渭分明。其实,道教阴阳太极思想既精确地表达了道家与道教的天人宇宙观,也总体上综合了古代中国人的自然观、人生观和社会历史观。可以这样说,道教阴阳太极思想是中国传统文化的思想渊源,但追本溯源来自《周易》的阴阳、八卦思想和《书经》洪范五行思想的融合,阴阳太极图的出现是上古流传下来的先天八卦图、河图和洛书、太极图等各自发展并不断融合的结果。南宋学者开始把阴阳图和太极图结合起来,明代学者最终定名为太极图,并一直沿用至今。缘于对阴阳太极图思想上和心理上的认同感,道教接受了它并把它作为本教的重要标志,太极阴阳图糅合了儒、道、阴阳等思想精华,从另一方面说明道教兼收并蓄的精神。[①] 这里我们重点介绍太极阴阳图的文化含义。

(一) 阴阳图表达了道教的宇宙生成论

混沌初开,始定阴阳。自古以来,人类对于自然与自我来源的问题,即宇宙本原问题就充满了无限的好奇,孜孜不倦地进行探索,如天地是如何产生的?我是谁?我从哪里来?正是有了人类的不断探索才有了后来的哲学、宗教、艺术等所谓的文化现象。道家与道教对于这类问题的探索和回答,代表了古代中国人的天地宇宙观和传统文化思想。在周、秦以前,并不是用宇宙概念

[①] 参见朱玉周:《黑龙江史志》2008 年第 5 期。

而是以天地概念来解释世界本原问题。在《易经》里,认为精气(或元气)为宇宙万物的生成之源。《系辞上》曰:"精气为物,游魂为变,是故鬼神之情状,与天地相似,故不为。"也就是说,宇宙万物统一于精气,精气为宇宙万物之本原。精气存在于天地未分而呈混沌状态的宇宙之中,这种混沌状态在中国古代哲学中又被称为"太极"、"太一"、"太初"、"道"、"大"、"无"等,这些概念都是用以描述天地未分(或者称阴阳未分)混沌状态的现象,在儒、道未分的理论上称它为天地未分之先,后来按照八卦的法则,称它为一画未生之前,六凿(六爻)未动之初,道家老子称之为"道"、"大"。《道德经》曰:"有物混成,先天地生。寂兮寥兮,独立而不改,可以为天下母,吾不知其名,字之曰道,强为之名曰大。""道生一,一生二,二生三,三生万物。万物负阴而抱阳,冲气以为和。"道是独一无二的,老子称之为"一",是混沌的宇宙原质。道渐趋划分为阴阳二气,即一生二,也就是天地。道在混沌未开时本来就具备阴阳二气,阴阳二气是万物生成的基本元素。道生一,一生二,阴阳变化产生三,这里三不是实指,而是多的意思,有了阴阳,万事万物就产生了。道产生阴阳二气,阴阳二气相交而成为一种和谐的状态,这种调和的状态便产生出千差万别的事物。庄子以最富哲学幽默感的寓言故事:开天辟地、混沌之死等对宇宙生成之初的混沌状态进行描述。这就是道家对宇宙生成问题的回答。道教作为宗教,同样不能回避创世问题。道教既然把老子、庄子等道家学派的代表人物视为开山鼻祖,在创世纪这一问题上当然借鉴了道家的宇宙生成论,同时糅合了阴阳家、儒家等对宇宙人生的理论,并且形象地体现在道教的标识性图案阴阳太极图之中。

(二) 太极阴阳图是阴阳五行理论的最好图解

早期道教采纳了阴阳五行说,作为自己宗教理论的核心内容之一,这在太极阴阳图中表达得十分明白。阴阳五行说是春秋战国时期产生的朴素唯物主义自然观,阴阳本义是指日照的向背,春秋战国时期,思想家们借用这一概念来解释自然界中相互对立,彼此消长的物质及其属性,并且已经认识到阴阳的相互作用对于万事万物的产生、发展的重要意义。《庄子·天道》说:"静而与阴同德,动而与阳同波。"《管子·乘马》说:"春秋冬夏,阴阳之推移也;时之短长,阴阳之利用也;日月之易,阴阳之化也。"阴阳学派以阴阳五行观念为基础,夹杂一些宗教、巫术和迷信,用以解释他们日常所接触到的一切自然现象和社会现象,形成唯心主义神学思想体系。

《礼记·月令》用五行相生说来解释四季的更替变化,要求人们不误农时,按照天地自然生成的四季变化来安排农事活动,这具有朴素唯物主义的因素。但是,阴阳五行相生说把阴阳五行理论与社会上一切人事强行进行荒唐的比附、组合,解释吉祥祸福、成败得失,这就演变为神学。用阴阳的对立和相互作用来说明自然现象变化的原因,就是阴阳学说。五行学说用金、木、火、水、土五种物质来说明各种事物的构成,上古思想家以这五种物质作为构成万事万物的基本元素,试图说明自然界多样性的统一。当时阴阳五行有五行相生说和五行相胜(克)说两派,这就是五行相生相克理论。这一理论认为木生火、火生土、土生金、金生水、水生木;水克火、火克金、金克木、木克土、土克水。五行相生相克,既相互排斥,又相互促进,包含了古代朴素的辩证思想。这样,以阴阳说来解释宇宙的起源,五行说来解释宇宙的结构及其发展变化,尽管两者难免会带有主观臆断和迷信的色彩,但他们以积极的态度探索自然,其中不乏天才的思想因素,孕育了中国古代科学思想的萌芽。战国时期,形成了一个专门研究阴阳五行的学派,历史上称他们为阴阳家。阴阳五行的消长流变,是自然、社会万事万物运动发展的统一的终极原因和基本方式,这是阴阳家的思想核心。阴阳家们"深观阴阳消息"(《史记·孟子荀卿列传》),认为阴盛则阳衰,阳盛则阴衰,矛盾双方互为消长,一生一灭,运用阴阳消长模式来论证社会人事,是阴阳家的一大创造。《易传》:"一阴一阳之谓道。"阴阳之道不仅规范了宇宙秩序,而且也规范了人际关系。《易传》就用于比附上下、男女、君臣、夫妻等关系。把阴阳与五行理论结合起来,用于解释社会人事和历史发展,这是阴阳家的一大创造,代表人物是齐国人邹衍。邹衍用五行相胜说来解释朝代的变更,创立了"五德终始说"。

"五德终始说",又称五德转移。邹衍认为,阴阳五行在时间上按照一定的次序循环演进,并且各有符瑞与之相对应,体现出严格的规律性。"五德之次,从所不胜,故'虞土'、'夏木'、'殷金'、'周火'"(《淮南子·齐俗篇》),并声称黄帝时代,天显示出蚯蚓的符瑞,蚯蚓生活在土里,故虞舜属土德。禹的时代,天显示出草木之形,所以,夏属木德。商汤时代,天显示出金属所制的刀形,故商属金德。文王时,在周的祖庙里发现火赤鸟衔丹书,所以,周属火德。按照这种规律,将来代替周代为王的一定是水德,后来,秦始皇采用了五德终始理论,把秦朝规定为水德,以后历代王朝多沿用这一理论作为王朝兴衰的理论根据。五德终始说,把王朝的更替和五行做荒谬的比附,并认为是无限循环的,这显然是神学的历史循环论。而太极阴阳图即是阴阳五行理论的最好图解。

(三)《周易》、八卦、易图学与道教的太极阴阳图

《周易》本来是一部关于占卜记录的古代典籍。古代巫师们积累了大量的筮辞,经过筛选、整理、编排,形成了流行至今的《周易》。《周易》由卦象、卦辞、爻辞三部分组成。司马迁《报任少卿书》中说:"文王拘而演周易。"这种说法并不可靠,其实,《周易》是西周前期巫师们集体创作的结晶。其内容虽然是占卜的记录,但它以当时人们的生活实践和社会实践来解释占卜的卦爻,因而,含有一些比较科学的思想因素,特别是其将天、地、人熔于一炉的宏观思维方式和朴素的辩证法思想很有价值。书中所谓的八卦,其实是从自然中选取了天、地、雷、火、风、泽、水、山八种自然物,作为生成万物的根源,而天地二者又是总根源,这就是古代先哲关于宇宙万物生成的一种十分朴素的唯物主义观念。《周易》把世界上千变万化复杂纷纭的事物抽象为阴、阳两个基本范畴,认为世界是由阴阳交感而产生和发展的,而一切事物的发展变化又有它自身的历史过程,当它发展到一定的极限,就会发生物极必反的现象,转化到它的对立面去,这是一种朴素的辩证法思想。

历代学者对《周易》的研究中,有一个易图学,对道教的太极阴阳图影响最直接。易图学是宋代开始兴起的用图像阐明易理的学术思潮。宋代以前,有许多关于河图、洛书的传说。河图、洛书到底是什么样子,谁都说不清,也无法说得清,其实,黄河里不可能出河图,洛河里同样也无法出洛书,河中得天书文图的说法,只不过是为帝王受命于天所编造的谎言而已。北宋创立的易图,从朱熹《周易本义》在卷首附了黑白点的河图、洛书等九幅易图开始繁荣,有的采用前人的,有的是自己创作或改造的,其数量之多可以用数以百计形容,但其中最有影响的是黑白点的河图、洛书、先天图和宋初周氏太极图。在以后的易图中出现了阴阳鱼图,就是我们今天所说的太极图。周氏太极图的作者是宋初哲学家周敦颐。周敦颐为这张图写了一篇解说,名曰《太极图说》。以

周敦颐自己的解释,太极图阐释的乃是《周易》最根本的道理。即无极生太极,太极生阴阳五行,阴阳五行生人和万物,五行的本性构成了人和物的本性。人和物之间的相互感应产生了运动,从而分出了善恶。圣人以仁义中正作为做人的标准,而排除欲望使心灵宁静,是达到仁义中正的最佳途径。宋代的周敦颐用太极图形象地表达了汉代以来的宇宙生成论,为儒家成圣求仁的理论建立了哲学根据。有些道士利用周氏太极图来炼丹,也就是用《周易》最根本的法则来炼丹。

明朝初年的赵谦,字㧑谦,初名古则,更名谦,浙江余姚人。在他的《六书本义》中,首次公布了阴阳鱼图。依照他个人的解释,这就是传说中伏羲时代龙马身负河图,跃出黄河,并命名为"天地自然河图"。大约明末以来,阴阳鱼图逐渐被称为太极图。时至今日,多数人只知道阴阳鱼图就是太极图,他们既不知道阴阳鱼图的本名"天地自然河图",也搞不清在宋代已经有太极图,即周氏太极图。至于阴阳鱼图的意义除了赵谦本人的解释外,清代初年的胡渭在他的《易图明辨》中也做了精妙的解说:他称"天地自然河图"为"天地自然之图"、"古太极图"或"太极真图",此图的整体就是太极,两边白黑回互,白为阳,黑为阴,阴胜于北而阳来相薄,阳胜于南而阴来相迎。乾正南,全白,纯阳,为三奇;坤正北,全黑,纯阴,为三偶。其他离东坎西,卦画的奇偶,与黑白的多少,依次相对应,这是天工呢,还是人巧呢?这样的奇妙!这样的自然而然!如果不是窥到了造化阴阳的奥秘,是作不出这样奇妙之图的。一部《周易参同契》这样描述阴阳鱼图:幽深,却又显著;简约,却又包罗万象,炼丹家怎能不视为至宝,怎肯轻易出示于人。胡渭《易图明辨》对图的解说的确精妙,但他同时认为阴阳鱼图是炼丹家的创造,这实在是个误解。后来道教对周氏太极图、阴阳鱼图等进行改造而成为无极图,不但为道教炼丹术,也为宗教创世说提供理论根据,久而久之,阴阳太极图逐渐成为道教标志性图案。太极阴阳图结构完美,图中以黑白半圆类似鱼形的图案代表阴阳(两仪),两个"鱼眼"则表示阳中有阴、阴中有阳。图中的八卦图案,主要来源于《周易》。阴阳太极图形象化地表达了阴阳轮转、相反相成是万物生成变化根源的哲理。太极图形展现了一种互相转化,相对统一的形式美、和谐美。它以后又发展成中国民族图案所特有的"美"的结构,如"喜相逢"、"鸾凤和鸣"、"龙凤呈祥"等,都是以这种一上一下、一正一反的形式组成了生动优美的吉祥图案,极受民间喜爱。

综上所述,道教作为本土宗教深深根植于中国传统文化的土壤之中,对中国文化影响尤为深刻。用鲁迅先生的话说:"中国文化的根柢全在道教……以此读史,有许多问题可迎刃而解。""人们往往憎和尚,憎尼姑,憎回教徒,憎耶稣教徒,而不憎道士。懂得此者,懂中国之大半。"①对于中国道教对中国文化的影响,许地山也有类似的看法。他说:"从我国人日常生活底习惯和宗教信仰看来,道底成分比儒多。我们简直可以说,支配中国一般人底理想与生活底,乃是道教底思想。"②由此可见,两位文化大师对道教及其与中国传统文化关系的认识极为深刻。

七、道教"三元节"与中国传统民俗文化

道教节日"三元节"是道教文化与世俗生活的融合的结果。中国民间的上元节、中元节、下元节,合称道教"三元节"。三元节与道教的"三官"信仰有什么关系呢?道教是中国土生土长的固有宗教,道教的产生可溯源到春秋战国时期的神仙鬼神崇拜与信仰,甚至更远。"三官"又称"三元",该信仰是道教信仰的重要内容之一。"三官"又称三元,是道教所奉的神,即天官、地官、水官。不过,中国上古就有祭天、祭地、祭水的礼仪。《仪礼·觐礼》曰:"祭天燔柴,祭山丘陵升,祭川沉,祭地瘗。"据史料记载,道教至少在汉代末年就有了"三官"的信仰。东汉时张道陵创立原始道教五斗米道,就以祭祀天、地、水三官,上三官手书作为道教徒祈祷治病的方法。《典略》载张道陵"作三通,其一上之天,著山上,其一埋之地,其一沉之水。谓之三官手书"。《后汉书·刘焉传》注中也有太平道创始人自称"天公将军"的张角作天官书为信徒治病的记载。这说明"三官"信仰至少在东汉末年的原始道教中就已经存在。

道教认为天官赐福,上元一品;地官赦罪,中元二品;水官解厄,下元一品。

---

① 鲁迅:《小杂感》。
② 许地山:《道家思想与道教》。

道教将正月十五、七月十五、十月十五的月圆之夜分别定为上元天官、中元地官、下元水官的诞辰,形成道教的三元节。赵翼《陔余丛考》卷三十五:"其以正月、七月、十月之望(十五日)为三元日,则自元魏始。"[①]卷四:"三元斋:正月十五日天官为上元、七月十五地官为中元、十月十五水官为下元,皆法身自忏愆罪焉。"

虽然道教的"三官"信仰汉代已经存在,但"三官"与"三元"的结合是在魏晋南北朝时期。"三元节"是道教"三官"信仰在中国民俗节日文化中的反映,充分说明道教文化对中国传统民俗产生深远影响。

(一) 上元节:天官赐福

上元节就是元宵节,又名正月十五、元夕节、灯节。秦始皇名政,因避讳,又称正月十五为端月十五。该日为满月,即"望"日,象征团圆、美满,认为正月十五是最吉利的日子,进行祭天,象征合家团圆,祈求丰年。上元节是一个宗教性节日,所祭祀神祇很多,并且在这个节日中既有道教风俗又有佛教影响,同时也是儒家祭祀天的吉日良辰。上元节文化异常丰富,有观灯、造灯、驱傩、吃元宵、求子等许多节日活动,非常热闹。上元节是一个古老的节日,它的历史可能源于远古人类在过节时以火把驱邪的仪式。上元节最早祭祀太一神(太阳神,道教称"太乙真君")。民间传说,汉武帝时,宫女在正月十五元宵节不能回家尽孝,十分悲苦,欲投井自尽。东方朔为成全宫女,谎称正月十六火神君奉玉帝旨意,要火烧长安。武帝欲求解救之策。东方朔献计说火神最爱吃汤圆,以此上供即可躲过此劫。武帝采纳了东方朔建议,正月十六晚上皇宫张灯结彩,做汤圆、挂红灯,皇帝、后妃、文武百官上街观灯,汉武帝与民同乐,以避灾祸,宫女趁机与家人观灯、团圆,于是形成了元宵节。当然,关于节日的神话传说不是信史,但汉代时元宵节有了重大发展却是事实。传说元宵节是道教节俗遗规,其实,根据历史材料我们知道,在道教之前,元宵节已经形成。道教形成于东汉末年,而早在西汉时期,早期元宵节民俗已经形成。

我们知道,汉武帝是历史上有名的信奉神仙的皇帝,他相信泰一(又称泰乙、太一)是天神中最尊者,并在长安东南建泰一庙,每遇大事必祭泰一神,以

[①] 《唐六典·祠部郎中》。

求保佑。正月十五是新年后第一个月圆之夜,所以祭典就更为隆重,张灯结彩,通宵达旦。《史记·乐书》汉家常以正月上辛祠太一甘泉,以昏时夜祀,于明而终。由于祭祀仪式是夜里进行的,自然是打着火把,后来逐渐演变为"元宵节"。另外,汉朝因平定"诸吕之乱"正是在正月十五大功告成,为了纪念这一重大的政治胜利,皇帝"与民同乐",更扩大了元宵节的影响。再加之东汉时期佛教传入,统治阶级提倡在上元之夜"燃灯敬佛",佛教文化的灯笼随之渗入元宵节,使这一节日融合了外来宗教文化的因素。但是事实上,还是道教对元宵节节俗影响最大。道家认为道教敬奉三官大帝,正月十五是道教天官大帝的圣诞日,主祭天官大帝(太乙真君),所以元宵节道教又称"上元节"。民间年画中的"天官赐福"就是人们对天官大帝信仰的艺术体现。

北宋时期,也是上元节有重大发展的时期,《东京梦华录》卷六《元宵》:"正月十五日元宵,大内前自岁前冬至后,开封府绞缚山棚,立木正对宣德楼,游人已集御街两廊下。奇术异能,歌舞百戏,鳞鳞相切,乐声嘈杂十馀里,击丸蹴鞠,踏索上竿……更有猴呈百戏,鱼跳刀门,使唤蜂蝶,追呼蝼蚁。其馀卖药、卖卦,沙书地谜,奇巧百端……"人们月夜观灯、游戏、歌舞、杂技、美食,上元之夜,一片欢腾。如今,上元节的宗教色彩已不为一般人所知,而演变为一个中华民族合家团圆、欢乐的节日,深受人们喜爱。

(二) 中元节:地官赦罪

农历七月十五日,是道教中元节。道教是中国土生土长的固有宗教,道教的产生可溯源到春秋战国时期的神仙鬼神崇拜与信仰,甚至更远。"地官"赦罪信仰是道教"三官"信仰的重要内容之一。

道教认为农历七月十五是地官大帝诞辰,必须虔诚祭祀。《中华道教大辞典》:"道家以七月十五日为中元,定为地官大帝诞辰。"地官名为中元一品赦罪之官,清虚大帝隶属上清境。地官总主五帝五岳诸神仙鬼魂。每逢七月十五中元节地官赦罪之辰,将打开地狱之门,定人间善恶,为人赦罪。检查、考核天上地上神仙、鬼神表现,以便定罪免刑。东汉《老子章句》引《道经》:"七月十五日,中元之日,地官核句搜选众人,分别善恶……于其日夜讲诵是经。十方大圣,齐咏灵篇。囚徒饿鬼,当时解脱。"又《修行记》:"七月中元日,地官降下,定人间善恶。道士于是日夜诵经,饿鬼囚徒,亦得解脱。"该日也是地狱之门开启之日,祖先、鬼魂都会从地狱中出来,不但已故祖先到人间看望子孙后代、回家团圆,其他孤魂野鬼降下,也纷纷出动兴风作浪,危害人间,或进行捣乱,给人们带来灾异。所以七月十五被民间称为"鬼节",进行祭祖和其他一系列的祭祀活动。

可见,所谓地官赦罪信仰乃是远古时期的鬼魂信仰与道教信仰相结合的产物,是关于地狱生活的具体化。人们中元节祭祀地官,祈求其惩恶扬善,主持正义;为祖灵献祭、烧纸钱,特别有意思的是,人们"斋孤",还会给孤魂、野鬼一些安慰,既是向祖先表达孝心、纪念故人、表达哀思,也是为了活人的生活安宁。所以说,作为中国本土宗教的道教,与世界其他宗教分裂灵魂与肉体、划分此岸与彼岸的学说体系的最大区别,就在于它是一种现世的宗教,因此在禁欲、绝亲等关乎世俗人伦方面,总是留有充分的余地,而不像西方、印度、中东宗教那样绝对。道教作为本土宗教尤其讲究孝道,这正是道教地官赦罪信仰演化为中元节孝亲祭祖节俗并得以扎根民间、争取信徒、具有较强生命力的重要原因。中元节祭祖祀鬼节俗正是道教"地官"赦罪信仰在民俗中的演化。道教在唐朝极受推崇,中国自魏晋以来,社会风尚尊崇门阀望族。为了抬高自己的门第,李氏皇室视道教的始祖老子李耳为先祖,因此道教中元节习俗在唐朝因政治影响颇为兴盛,甚至借助国家政令,促使本来在民间已有的道教信仰更为深刻地影响民众节日生活。据《唐会要》:"武德三年(620年)五月,晋州人吉善,行于羊角山,见一老叟,乘白马朱鬣,仪容甚伟,曰:'谓吾语唐天子,吾汝祖也。今年平贼后,子孙享国千岁。'高祖疑之,乃立庙于其地。"到唐高宗乾封元年(666年)三月,又"追号老子为太上玄元皇帝,置紫云仙鹤万年观于兖州,天下诸州置观一所,各度七人"[1],正式承认唐王室乃是老子的远脉子孙。崇老信仙的唐玄宗则三次为老子加尊号:"天宝二年正月十五,加太上玄元皇帝号为大圣祖玄元皇帝;八载六月十五日,加号为大圣祖大道玄元皇帝;十三载二月七日,加号大圣高上大道金阙玄元皇帝。"[2]唐玄宗还利用政治威势推崇道教,无疑推进了道教信仰的化民成俗。据史料记载,开元二十二年

---

[1] 《旧唐书·高宗本纪》。
[2] 《唐会要》卷50《尊崇道教》。

(734年)十月,玄宗敕令:十月十四、十五是下元斋日,官民禁屠并要求素食,"自今以后,两都及天下诸州,每年正月、七月、十月元日起,十三至十五,兼宜禁断"①。由此可见,中元节俗当时已渗入民俗生活。唐王朝的一系列崇道措施,使早已存在民间的道教中元节达到鼎盛时期。唐朝诗人李商隐描写当时中元节诗曰:"绛节飘飘宫国来,中元朝拜上清回。"

孟元老《东京梦华录·中元节》载:"中元前一日,即卖楝叶。享祀时铺衬桌面。又卖麻谷窠儿。亦是系在桌子脚上乃告祖先秋成之意……禁中亦出车马诣道者院谒坟。本院官给祠部十道。设大会。焚钱山。祭军阵亡。设孤魂之道场。"由此可见,北宋东京的七月望是官民僧道都十分重视、以"祀先赈孤"为主题的综合性节日。吴自牧《梦粱录·解制日》卷四:"七月十五日,一应大小僧尼寺院,设斋解制,谓之法岁周圆之日……其日又值中元地官赦罪之辰,诸宫观设普度醮,与士庶祭祓宗亲。贵家有力者,于家设醮饭僧悼,或祓孤魂。僧寺亦于此日建盂兰盆会,率施主钱米与之。荐亡家市卖冥衣,亦有卖转明菜花、花油饼、馂馅、沙馅、乳糕、丰糕之类,卖麻谷窠儿者,以此祭祖宗,寓预报秋成之意。鸡冠花供养祖宗者,谓之洗手花。此日都城之人,有就家享祀者,或往坟所拜扫者。禁中车马出攒宫,以尽朝陵之礼,及往诸王妃嫔等坟行祭享之诚。后殿赐钱,差内侍往龙山,放江灯万盏,州府委佐官就浙江税务厅设斛,以享江海鬼神。"说明南宋杭州的中元节已十分隆重,从官府到庶民之家,从宫观寺院到民间都很重视。寺院宫观要普作法事,设道坛祭亡灵,显贵之家请僧人到家荐亡悼先,官府也要祭祀江海鬼神。

到了宋代,中元节已糅合了道佛及民间信仰多种因素,祭祀祖先、追荐亡灵、宣扬孝道为主要内容并兼有礼仪性、娱乐性的综合性民间节日,宋代中元节俗对后世影响甚大。

(三) 下元节:水官解厄

农历十月十五日,道教又称"下元节",是道教"三元节"之一。《中华道教大辞典》下元:"《唐六典》,十月十五日,水官大帝诞辰为下元。"《铸鼎余闻》卷一:"上元、中元、下元,皆大庆之日也。"下元节是纪念水官大帝诞辰的节

---

① 《册府元龟》卷53《帝王部·尚黄老一》。

日。水官大帝的主要职责是管理水域,为人间解厄赐福。《梦粱录》卷六:"十月十五日,水官解厄之日,宫观士庶,设斋建醮,或解厄,或荐亡"。又《历代神仙通鉴》卷四:"敕下元为五气三品水官,来往洞元风泽之气,晨浩之精,金灵长乐之宫,总主九江、四渎、三河、五海、十二溪真圣神君,每至亥月十五,水官考籍。"

下元节是水神的诞辰,必须隆重纪念。从民俗资料中看,我国各地都有祭祀水官大帝、过下元节的风俗。唐宋时期,道教地位很高,"三元节"尤其隆重,甚至影响国家政治生活。例如,下元节不能杀生,不能判极刑。《陔余丛考》卷三五《册府元龟》:"唐开元二十二年十月敕曰,道家三元,诚有科戒,令月十四、十五日是下元斋日,都内人应有屠杀,令河尹李适之勾当总与赎取,并令百姓是日停宰杀、渔猎等。自今以后,两都及天下诸州,每年正月、七月、十月元日起,十三至十五,兼宜禁判。"《宋史·方伎传》也称:"上言三元日,上元天官,中元地官,下元水官,各主录人之善录,皆不可以断极刑事。"说明当时"三元节"的禁忌十分严格,甚至影响到政治、法律和经济生活。

下元节民间还有一项重要的活动,即祭祀炉神老君诞辰。金属制作匠人、矿工等都视下元节为自己的节日。所谓金属制作匠人,包括金匠、银匠、铜匠、铁匠、锡匠、补锅匠、煤窑工等,他们都视老君为本行业的祖师爷和保护神。这种行业信仰,一说源于道教信仰,老君为道教始祖,道教尤善炼丹术,而金属制作匠人的工作离不开炉子,匠人们在追溯始祖和行业保护神时,又有高攀心理,就把老君视为祖师爷;一说源于道教传播和《西游记》故事中老君用八卦炉烧炼齐天大圣孙悟空的故事。传说当然不是信史,但两种传说都证实了矿工、匠人奉老君为祖师爷和行业神的事实。研究发现,这种传说和信仰是从明代开始的,它反映了明代中后期在我国封建社会内已孕育了资本主义生产关系的萌芽,矿业、手工业和商业有了较大发展,但仍比较落后,各行各业都迫切需要自己的保护神的历史状况。

实际上,道教三官信仰源于原始的自然崇拜,即天、地、水诸神的崇拜。后来,天神逐渐成为统治阶级用于解释"君权神授"的理论统治工具,再加上我国古代以农业立国,天、地、水神的地位逐渐上升。道教产生以后,把民间信仰与道教信仰糅合起来,把天、地、水三神人格化。民间认为天、地、水能主宰人间祸福,也能主宰鬼神升转,权力很大。后来,道教又把"三官"与"三元"结合起来,把"三官"称为"三元",形成了"三元节"。

八、道教文化圣典与胜迹

(一) 道教文化圣典

道教经过1000多年的文化积淀,也和佛教一样有自己的一套丛书——道藏。道藏内容十分丰富,涉及历史、宗教、修炼、医药、体育(气功)、针灸、艺术等许多内容,李约瑟博士的《中国科技史》,多取材于道藏资料。所以,《道藏》与中国文化的关系十分密切,引起了学者们的高度关注。

最早出现的道藏典籍是南北朝时陆静修编的《三洞经书目录》,唐玄宗时已有3744卷。唐朝崇道,把道教抬到很高的地位,唐玄宗时,精通道教经典还可以参加科举考试,也可以做官。宋朝的皇帝也宠信道教,宋真宗时,曾用六年时间编成4359卷的《宝文统录》,并派道士张君房增编《道藏》4565卷,采用千字文编号,天禧三年(1019年)缮写七部,称《大宋天宫宝藏》。宋徽宗崇宁中(1102—1106年)重加校补,增至5387卷,称为《崇宁重校道藏》。政和中(1111—1118年)设经局,又增至5881卷,开始雕版印行,称为《政和万寿道藏》。这是我国木刻道藏之始。比佛藏印行晚150年。道藏在金元都有雕刻本。金朝道藏又增至6455卷,元朝增加为7800余卷,称为《玄都宝藏》。元朝时道藏因蒙受火灾损失很大,本来火劫之前,道藏已增加到7800多卷,但经过这次火烧,经与版基本都被烧光了。现在所见的道藏是明代的,原本收藏在北京白云观,现在收藏于北京图书馆。明朝有几个皇帝特别崇信道教,特别是万历皇帝。明英宗正统十年(1445年)印行《正统道藏》,共5305卷(480函)。神宗万历十五年(1587年),刻印《万历续道藏》,增加了180卷(32函)。由于道藏这部书与中国文化有密切关系,已经引起中外学者的高度关注。如今,中国学者以集体的力量对道藏进行整理研究,并取得可喜成果。他们为1473种著作中的每一部书做了摘要,指出了书的内容、时代、作者等。为了便于学术界人士检索,重新按科学体系分了类,编制了作者、书名索引。这些工作为我国文献研究整理做出了很大贡献。

（二）道教宫观名胜

上清宫。在河南省鹿邑县。鹿邑原为楚国故地，相传为老子故里，东汉桓帝时开始修建道观，宫内尚存唐玄宗所书《道德经注碑》。

嵩山中岳庙。位于河南省登封县。北魏道士成公兴、寇谦之曾在嵩山修道，使嵩山成为道教名山。中岳庙供奉中岳山神，唐宋时期兴盛，清代重修，其规模可拟皇室大殿，雄伟壮观。

延庆观。在河南开封市。原名重阳观，是为纪念道教全真派一代宗师王重阳而兴建的。因丘处机、马钰等"全真七弟子"尊师嘱而建立道观，即为重阳观。金末观毁，元初重修，扩建，观内殿宇宏丽，盛极一时，元帝忽必烈赐名大朝元万寿宫。万寿宫元末毁于兵火，仅存玉皇阁一座。明洪武六年（1373年）恢复道观，更名延庆观。观内现存元代建筑玉皇阁，造型奇特，蒙古包与楼阁式兼容的风格，体现了蒙汉文化的巧妙结合，国内罕见。

白云观。位于北京西便门外。号称全真道天下第一丛林。原称天长观、太极宫。丘处机居此，以后改为长春宫。丘祖羽化后，其"遗蜕"葬于处顺堂。明代扩建并改称白云观。白云观为北京全真道中心，收藏大量珍贵文物，如唐石刻老子像、宋玄武檀香炉、元丘处机雪山应聘图、老子骑青牛青铜像等。

重阳万寿宫。在陕西户县祖庵镇。为王重阳"遗蜕"埋葬处。初称灵虚观，丘处机改为重阳宫，元至元中改称重阳万寿宫，为全真道三大祖庭之一。

楼观台。在陕西周至县终南山麓。传说，周代函谷关令尹喜在此修道，老聃去周西行，在此为尹喜解说《道德经》五千言。魏、晋期间，此地为道教楼观派重镇，元代以后为全真道著名道场。

龙虎山天师府和上清宫。上清宫在江西贵溪县，是天师道祖庭，据传，张道陵的第四代孙张盛移居于此地，建立传坛。后成为历代天师供祀神仙的道院，几建几废。天师府全称"嗣汉天师府"，是历代天师及家庭的住宅府第，现保存完好。

道教著名宫观还有很多，如苏州玄妙观、四川成都青羊宫、沈阳太清宫、西安八仙宫、上海城隍庙、杭州抱林道院，香港有青松观、圆玄学院、蓬瀛仙馆等，台湾地区有指南宫、高雄道德院等。

除宫观之外,道教名山甚多,有"十大洞天,三十六小洞天,七十二福地"之称。道教认为,高山深洞都是神仙修炼和居住的地方,所以,天下名山几乎都被列为洞天福地,现在道观比较集中的名山还有以下几处:

青城山。在四川省都江堰市。是张道陵创立五斗米道后讲道收徒的地方。山上有上清宫、天师洞、丈人宫等多处道教建筑。天师洞位于青城山腰第三混元顶峭壁间,为青城山主庙,三面环山,一面临涧。相传张天师(张道陵)曾在此修道而得名,洞中有"天师"张道陵及其三十代孙"虚靖天师"像。现存殿宇建于清末,规模宏伟,雕刻精致,其主殿三皇殿,重檐回廊,其中供有唐朝石刻三皇(伏羲、神农、轩辕)造像,殿内所存历代名石,碑刻中最著名的有唐玄宗手诏碑、岳飞手书的诸葛亮前后出师表等,附近还有三岛石、洗心池、上天梯、一线天、天然图画等名胜。2000年,青城山—都江堰作为一个整体,被列入《世界文化与自然双重遗产名录》。

泰山。东岳泰山位于山东泰安。是五岳之首,历史上一些皇帝于此举行祭天的封禅大典。泰山有岱庙和碧霞祠,山下岱庙奉祀东岳大帝。山顶碧霞祠供奉碧霞元君。历代君王、名臣、文人、雅士在此留下大量诗文碑刻,使泰山文化内涵极为丰富。1987年,泰山被列入《世界文化与自然双重遗产名录》。

华山。在陕西省华阴市。古称西岳,道教称为"第四小洞天"。山上道教宫观甚多。北麓谷口的玉泉院,相传是北宋著名道士陈抟隐居之地。此外还有镇岳宫、东道院、群仙观、玉女庙、雷祖殿等。

罗浮山。在广东省博罗县境内。道教称为"第七洞天",相传为东晋道士葛洪修道炼丹之地,山上宏大的冲虚观,即为当年葛洪创立的宫观之一。此外,还有葛洪的洗药池、炼丹灶等古迹。

茅山。在江苏省句容市。南朝道士陶弘景即在此炼丹修道,撰写道书。隋唐时期道教建筑多达20余处。清代尚有许多重要宫观。抗日战争期间,多被日军焚毁。现有宫观多是后来修复的。

崂山。在山东省青岛市。宋元以后形成道教圣地,山中多为道观,只有一座佛寺。崂山道士因蒲松龄所著《聊斋志异》的描写而闻名天下。

武当山。在湖北省丹江口市。旧称"太和山",唐代已有建筑,明代大为发展。道教以青龙、白虎、朱雀、玄武为四方守护神。玄武又称真武,即民间所供真武大帝。道教认为玄武是黄帝脱胎转世，生为净乐国王子，入太和山修炼成仙，被玉帝封为玄武，守护北方，非玄武不能担当此任，改太和山为武当山。明永乐皇帝发迹北京，自称玄武转世，即位后大修武当山，山顶有全国最大的铜殿，据说，殿中真武铜像酷似永乐皇帝。著名的武当拳即发迹于此。

图 3-1　道教始祖老子（［清］佚名：《绘图三教源流搜神大全》，上海古籍出版社 2012 年版。）

第四章　千年祭孔　至圣先师

——儒教与中国文化

【导读】

古代统治者以及读书人对孔子敬若神明。儒学的神学化发展直接推动儒教的产生,并使其具有浓厚的宗教色彩和准宗教的性质。孔子是中国文化的先驱,古人用"天不生仲尼,万古如长夜。"的诗句来赞美孔子对中国文化的重大贡献。祭孔大典,既是中国古代政治生活中的大事,也是为纪念伟大的思想家、教育家、儒家学派的创始人孔子对人类文化的杰出贡献而举办的祭祀活动。在中国历史上,由于统治阶级的需要,孔子曾被抬上"至圣先师、万世师表"的至尊地位,隆重的祭孔大典一直延续了2000多年。从古代国家政治意识和民间生活两个层面看,崇儒祭孔活动不仅是国家政治生活中的大事,也充分影响和融入民间生活,各种各样的祭孔仪式,表达了对儒教的顶礼膜拜和对民族文化的无限敬畏。

历史上儒教与道教、佛教经常并称为"儒释道"三教。儒教信奉天、地、君、亲、师,是一种特殊形态的宗教。那么,人们不禁要问:儒教也是宗教吗?对这个问题的正确认识意义重大,它关系到人们如何认识中国传统文化的性质,而只有正确认识中国传统文化的性质,才能充分利用和发展传统文化的精华,为文化建设服务。为了搞清这个问题,我们先从孔子的伟大贡献及其"至圣先师、万世师表"的至尊地位说起。

一、孔子的伟大贡献及其"至圣先师、万世师表"的至尊地位

（一）彪炳史册

1. 孔子其人

孔子（前551—前479年），儒家学派的创始人，名丘，字仲尼，春秋时期鲁国人，殷商王族后裔，其先祖原为宋国贵族，后来逃难到鲁国。不过，到孔子这一辈，早已失去了贵族的名分和地位。虽然孔子的父亲叔梁纥是鲁国大夫，但是遵照当时的宗法礼制，孔子的身份和地位顶多属于"士"阶层，这种身份在当时其实还算不上什么"贵二代"。加之孔子不幸幼年丧父，家道中衰，孤儿寡母，清苦度日，难怪史书上称孔子出身"贫且贱"，但是孔子自幼聪慧，勤学苦炼，兢兢业业。孔子曾做过管理仓库的"委吏"和看管牛羊的"乘田"，他管理仓库账目清晰，做"乘田"牛肥马壮，业绩都很显著。所以孔子很快就升任鲁国的中都宰，再升任为司空、司寇摄相事之职。当孔子在鲁国仕途受挫后，他率领弟子，游说列国，宣传自己的政治主张。游说失败后，孔子晚年又回到他的母亲之国——鲁国，从事讲学著书等文化活动。孔子的言论，主要被记载在《史记·孔子世家》和《论语》中。《论语》由他的弟子们整理而成，《论语》是研究孔子思想的主要依据，也是中国文化元典之一。孔子之伟大就在于他"知其不可为而为之"知难而进的可贵精神，当他的政治抱负无法实施后，就将匡时济世的政治理想寄托于后世。孔子晚年一面整理文化典籍，一面广收弟子，有教无类，大规模地开展文化传承和教育活动，相传其弟子三千，其中精通"六艺"的弟子就多达七十二人。孔子享年73岁，被安葬于曲阜城北泗水之滨，就是今天的孔林所在地，孔子作为"文圣"永远被后世瞻仰和缅怀。

2. 彪炳史册

孔子首创私人讲学之风，主张"有教无类"，他首次打破了贵族垄断学校教育的局面，有利于文化的普及，这也是学术下移、庶人议政历史趋势的必然

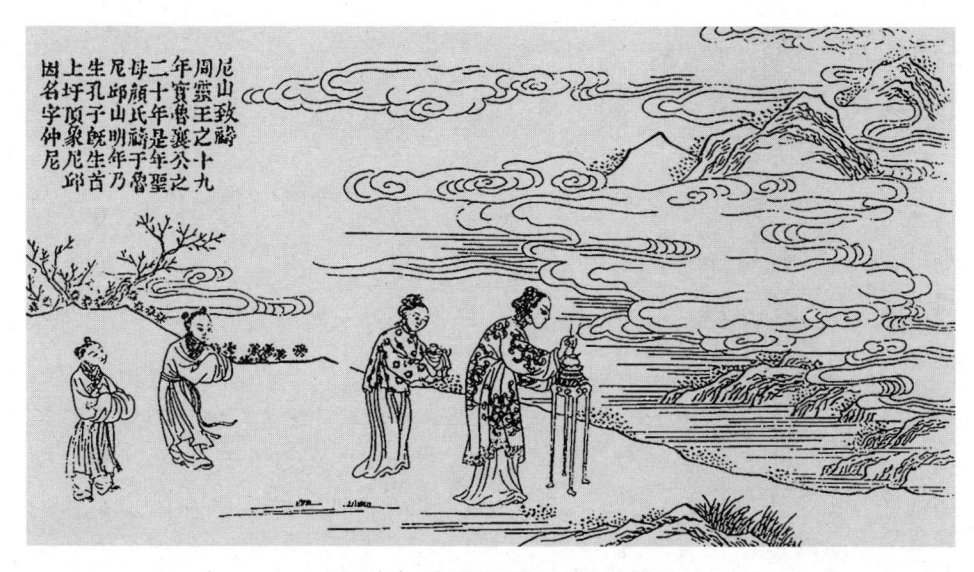

图4-1　孔子圣迹图：尼山致祷

结果。在教学实践中,孔子重视启发学生学习的自觉性、主动性,强调实事求是的学习态度。他说:"知之为知之,不知为不知,是知也。"①"知之者不如好之者,好之者不如乐之者。"②在教学方法上,强调学习与复习,学与思的关系。他总结道:"温故而知新。""学而时习之。""学而不思则罔,思而不学则殆。"这无疑是科学的学习方法。孔子还主张"因材施教"和启发式教育,"不愤不启,不悱不发"③。子曰:"中人以上,可以语上也;中人以下,不可以语上也。"④孔子一生培养了许多各具专长的学生,这无疑是"因材施教"的结果。在培养目标上,孔子倡导"仕而优则学,学而优则仕"⑤这就打破了商周以来在任官制度上的世卿世禄制,在中国教育史和选官制度变革方面,都具有划时代的进步意义。孔子心胸坦荡,志在高远,当政治理想受挫,仕途无望后,孔子转而致力于文化教育事业,并整理文化典籍,薪火相传。孔子搜集、删订或改编

---

① 《论语·为政》。
② 《论语·雍也》。
③ 《论语·述而》。
④ 《论语·雍也》。
⑤ 《论语·卫灵公》。

了《诗》、《书》、《礼》、《乐》、《易》、《春秋》作为教材。这些文献现在仍是研究古代典章制度和社会政治、经济、文化状况的宝贵资料,几千年来可谓中国文化的圣典。孔子具有主动的社会担当和浓郁的责任意识,对中国古代文化遗产的整理和传承贡献很大。

孔子非常崇拜周公的政治,主张以"德"治国。子曰:"道之以政,齐之以刑,民免而无耻;道之以德,齐之以礼,有耻且格。"①在孔子看来,从政的人如果真正能以"德"治国,就犹如天上的北极星受众星拱卫一样,必将得到人民的拥护。孔子一生积极"用世",他曾大声疾呼:"苟有用我者,期月已可也,三年有成。"为了济世,孔子亲率弟子周游列国,"斥乎齐,逐乎宋、卫,困于陈蔡之间"。郑人取笑其"累累然若丧家之狗",而孔子欣然笑曰:"形状,末也。而谓似若丧家之狗,然哉!然哉!"由此可见其幽默风趣的性格和乐观通达的品性。

在思想方面,孔子创立了以"仁"为核心的儒家学说。孔子认为要实现"以德治国"的政治理想,必须提倡"仁",即通过人的内心修养,达到"仁"的道德境界。"仁"是孔子思想的核心,他从各种不同的角度对"仁"进行解说。"仁者爱人","克己复礼为仁"②。"克己复礼"的意思,是要克制自己,使自己的行为符合礼的规范和要求,一切非礼的视、听、言、动都必须加以克制,这样才能达到仁德的境界。如果做到了这一步,统治阶级的内部矛盾就可以得到缓和,民众也因受到统治阶级的所谓"恩惠"而消解其反抗的意识。孔子生活在"礼崩乐坏"的春秋战国时代,诸侯争霸,竞于实力,其残酷程度真可谓"争地以战,杀人盈野;争城以战,杀人盈城",尽管孔子具有伟大的政治抱负,但是其"仁道"的政治理想在当时也是难以实现的。

(二)至圣先师、万世师表

孔子倡导的"仁"学,是以调整阶级关系为出发点的,"仁"通过"礼"的规范,从而达到和谐社会,维护社会统治秩序的目的。因而,自汉"独尊儒术"以来,孔子学说被视为中国2000多年来封建思想与文化的正统,儒家经典被用

---

① 《论语·为政》。
② 《论语·颜渊》。

作教材,并被作为科举选官的指定考试内容。孔子则由一个普通凡人被高高抬上"圣人"的祭坛,被赋予"神人"的神圣地位:至圣先师、万世师表。

孔子是儒家学派的创始人,由于孔子的思想有利于统治阶级的政治秩序的巩固与稳定,为了维护统治,历代统治阶级不仅把儒学视为国学,而且从汉代开始还通过不断册封、祭祀来神化孔子,以提升孔子的至尊地位。汉平帝封孔子为"褒成宣尼公",北魏封孔子为"文圣尼父",唐代封他为"文宣王",宋代则封他为"至圣文宣王",不仅如此,孔子后裔也在宋代被封为世袭衍圣公。由于宋朝统治者采取"三教并举"的文教政策,孔子进一步被神化,并且孔子和道教的老子、佛教的释迦牟尼佛同时受到朝拜与尊崇。如今,开封市曹门外三教堂街,现存清朝"三教堂"遗址,教堂内供奉着儒、道、佛三教的鼻祖——孔子、老子和释迦牟尼,融儒、释、道三教文化于一堂,因而得名"三教堂"(清朝在宋"三槐堂"遗址建"三教堂"),这一文化现象颇为耐人寻味。宋朝以后,随着封建专制主义中央集权制的高度发展,孔子的地位也达到了登峰造极的地步。明嘉靖九年(1530年)朝廷追封孔子为"至圣先师"。清朝,孔子的封号被加为"大成至圣文宣先师",并追封孔子先世五代为王,把孔子的地位推上了顶峰。历代帝王给孔子益封爵,赠谥号,甚至用至尊的天子礼乐祭祀孔子以显优崇,祭孔典礼更加隆重,礼仪更为烦琐,并逐渐趋于定型。从古代国家政治意识和民间社会生活两个层面来看,祭孔活动不仅是古代国家政治生活中的大事,同时也影响到民间习俗与信仰,因此,两千多年以来,中国民间也以各种各样的形式祭祀孔子,对孔圣人顶礼膜拜。

二、孔庙与千年祭孔的盛典礼仪

(一) 曲阜孔庙

1. 孔庙与官方祭孔

孔庙(又称"文庙"),是人们历代祭祀孔子的庙宇。孔庙是中国现存规模仅次于故宫的古建筑群,堪称中国古代大型祠庙建筑的典范。历史上,祭孔活动从孔子去世第二年开始,历经汉代一直延续下来,其祭祀的规模与规格不断提升,到明、清时期已达顶峰,祭孔仪式被称为"国之大典"。随着儒家思想在世界范围内的传播,历史上海内外孔庙(文庙)曾发展到3000多处(目前尚存1300多处),世界各地特别是汉字文化圈内诸国长期保持着祭孔的习俗。

中国曲阜孔庙于1984年恢复了民间祭孔活动,并于2007年9月28日成功地举办了以"同祭先师,共创和谐"为主题的祭孔大典,场面十分隆重。祭孔大典中的乐舞表演,是继承了上古时代汉民族祭祀天地和庆祝丰收与战功的原始舞蹈形式,集礼、乐、舞于一体,这是唯一保存下来的汉民族舞蹈,2005年还被列入《国家首批非物质文化遗产名录》。曲阜孔庙是祭祀孔子的本庙,位于今山东省曲阜市南门内,是分布在中国、朝鲜、日本、越南、印度尼西亚、新加坡、美国等国家的2000多座孔子庙宇的先河与范本。据说,历史上祭祀孔子,始于孔子死后一年,即公元前478年,鲁哀公为了悼念孔子,把他的"故居"加以改建而成庙宇,内藏孔子生前所用衣冠、琴、车和书,岁时祭祀。其实,最初孔庙仅"庙屋三间",汉代以后,随着孔子的社会地位日益提高,最后达到至尊至上,登峰造极的地步。曲阜的孔庙也不断得到扩建,发展成为拥有各种建筑100余座,460余间,占地面积约95000平方米的庞大建筑群。1994年,驰名中外的曲阜三孔(孔庙、孔府、孔林)被列入《世界文化遗产名录》。孔庙主要建筑有大成殿、奎文阁、杏坛和十三碑亭。曲阜孔庙主体建筑大成殿,公元1104年,宋徽宗赵佶取《孟子》:"孔子之谓集大成"语义,下诏更名为"大成殿"。大成殿面阔九间,重檐歇山顶,黄色琉璃瓦。殿高248米,长4569米,宽2485米,坐落在21米高的殿基上,为孔庙内最高建筑,是中国三大古殿之一。殿内正中雕龙贴金的巨龛上的孔子像,头戴十二旒之冕,身穿十二章华服,手执玉圭,脚蹬云履,正襟危坐,面容"温而厉,威而不猛",前有"至圣先师孔子神位",左右有配享于孔庙的被称为"四配"、"十二哲"的孔子弟子及其思想继承人的塑像,令人肃然起敬。大成殿前的杏坛,传说为孔子讲学之处,坛旁有一棵古桧,称"先师手植桧"。宋初孔庙正殿北移,利用殿基"除地为坛,环植以杏",称为杏坛,以示纪念。孔庙三大主殿建筑之一的奎文阁,始建于宋天禧二年(1018年),是中国古代著名楼阁之一。因古代以奎星为文官之首,主文章,后人把孔子视为天上奎星,故以此命名。奎文阁原名"藏书楼",

金章宗在明昌二年(1191年)扩建时,改今名。大成门前东西两侧院内有十三碑亭,亭中矗立着唐、宋、元、明、清各代的各类御碑53方,充分体现了孔子在封建社会的崇高地位。

孔庙的总体建筑给人以庄严肃穆的气氛,培养谒庙者敬畏的心理和崇敬的情感;孔庙的主体贯穿在一条中轴线上,左右对称,布局严谨。前后九进院落,前三进是引导性庭院,只有一些尺度很小的门坊,院内遍植成行的松柏,浓荫蔽日,营造出令人清心涤念的氛围。而在高耸挺拔的苍松翠柏间开辟出一条幽深的甬道,既使人感到孔庙历史的悠久,又烘托出孔子思想的深奥。一座座门坊之上高高的额匾,极力赞颂着孔子的功绩,给人以强烈的印象,令人景仰之情油然而生。第四进以后的庭院,建筑雄伟,黄瓦红墙与绿树交相辉映,既喻示着孔子思想的博大精深,也喻示着孔子的丰功伟绩,而供奉儒家贤达分布于两侧的"四配"、"十二哲"等孔子弟子及其思想继承人的塑像,又喻示了儒家思想的薪火相传、源远流长。

曲阜孔庙之盛不可备说。由于孔子是历代读书人崇拜、朝圣的对象,故新中国成立以前,孔庙遍及全国,大多是明清两代州县以上祭祀的遗迹。由于保护不力,现存孔庙较少,且破坏严重。

历史上有不少封建帝王亲自到曲阜孔庙祭祀孔子。第一个到孔庙拜祭的皇帝是始于沛县的汉高祖刘邦。高祖十二年(前195年)十二月,"自淮南还,过鲁,以太牢(猪、牛、羊三牲)祭祀孔子"。(《史记·高祖本纪》)由此开创了历代皇帝祭祀孔子的先例。仅汉400余年的历史中,就有汉光武帝刘秀于建武五年(29年)过阙里,命大司空宋弘祭祀孔子;还有汉明帝刘庄、汉安帝刘祜等皇帝到曲阜祭祀孔子。所以,后来有"汉四百年命脉,全在此举"的说法。正因为如此,后世帝王效仿者络绎不绝,以期通过祭孔的虔诚与隆重,博得圣人庇护与保佑,求得"尚资神化,祚我皇元""阐我皇风,四海永清"的统治目的。历史上非常耐人寻味的是,入主中原的少数民族政权,为了取得"正统"地位,其祭孔规模、修建孔庙的工程之浩大,都远远超出了前代汉民族政权在这方面的所作所为。如北魏太和十九年(495年),孝文帝"行幸鲁城,亲祠孔子庙"。(《魏书·高祖纪》)到了东魏孝静帝兴和元年(539年),不仅修葺了曲阜旧庙,还"雕塑圣容,旁立十子",使孔庙供奉的不再是一个简单的木质神位,而是可以观瞻的孔子塑像。清朝乾隆皇帝是到曲阜祭孔次数最多的皇帝,前后共四次。皇帝祭孔,礼仪十分讲究。皇帝本人要身着祭服,在大成殿孔子像前率群臣行三跪九叩之礼,至虔至诚,鼓乐之声,不绝于耳,仪式隆重而盛大。

2. 上行下效与民间祭孔

孔庙,是古代官方祭孔的地方,平民无权涉足。但随着儒教思想意识的传播,老百姓也深受影响。在普通民众心中,孔子逐渐成为与财神等神灵一样的民间俗神而受到顶礼膜拜。古代中国民众的信仰实用而多样,对于这些民间自发的祭孔活动,在正统的道学家看来,将孔子与其他俗神并列简直是亵渎圣贤。如明朝正统三年(1438年),朝廷就下令禁止各地在佛、道寺观中祭祀孔子,但这种禁令又能起到什么实效呢?信仰问题不是一道行政命令所能解决的,即使是皇帝御旨也难以奏效。因为在中国老百姓的信仰体系中,对神灵的祭祀一向采取非常灵活的态度和方式。在民间的传说中,孔子是天上的奎星下凡,其出生也颇有神话色彩,"生有异禀",落地不凡。传说孔子母亲颜氏在生孔子之前,曾到尼山拜神求子。回家后,果见麒麟口衔帛书。据《圣迹图》载:"孔子生,见麟吐玉书。"传说中的麒麟是一种神兽;与龙、凤、龟一起称为"四灵",象征吉祥。故"麒麟送子"指圣明之世,此童子长大后乃经世良才,辅国贤臣,这就是麒麟送子的故事。还有的民间传说,孔子奇才,但出生时相貌丑陋,顶如反盂,中间低而四边高,面有"七露",双眼露筋、双鼻露孔、双耳露轮、嘴露齿,等等。孔子的母亲颜氏以为生下的是个怪物,惊慌之下将其弃于山洞中,哪知,老虎用乳汁为他哺乳,鹰鸟用翅膀为他打扇。后来颜氏觉得此子神异,才把他抱回哺养,故有"凤生虎养鹰打扇"之说。至今,尼山的一个山洞名为"夫子洞",又名"坤灵洞",相传就是当年孔子被遗之洞。可见,孔子被神化了,是百姓心中的一尊神。祭孔,走过两千年的风风雨雨,归根结底大概还是百姓心中有孔子。

有人说,祭孔是封建仪式,是迷信,是封建帝王政治宣传的需要,是汉以降的统治者"独尊儒术"的必然结果,目的是为了维护封建统治,这样的解释虽有一定道理,但对信仰问题这样解释似乎又过于简单化了,尚难以令人信服。也有人说,孔子被神化了,祭孔是一种宗教仪式,并以此断定儒教也是一种宗教,仔细分析起来,这种观点也不无道理。归根到底,各种形式的崇儒拜孔,都是对自己民族文化的认同与敬畏的表达。

(二) 各地文庙

除了曲阜孔庙外,全国各地的孔庙按性质分为两类:家庙和学庙。孔子家庙在江南指南宗孔庙,孔子学庙包括都城孔庙、地方文庙和书院文庙。

1. 南宗孔庙(家庙)

前面说过,孔子后代祭祀孔子以及国家祭孔大典主要在曲阜孔庙。北宋灭亡后,中原政治重心南移。南宋在杭州建立政权时,孔子的嫡系后裔也随之南迁,并在暂时安居地建立了祭祀祖先的祠堂,即南宗孔氏家庙。据史载,北宋末年,宋都汴京(今河南开封)陷入金兵之手,北宋溃败南逃,金兵乘势攻占山东等地,曲阜孔林遭受兵祸,孔子第47代孙孔若古和孔若钧兄弟俩,随宋高宗南下避难。到达临安后,孔若古和儿子孔端友,带着孔子及其夫人的一对灵牌(相传为孔子弟子子贡所雕)前往衢州。考虑到一时难以实现光复中原的愿望,暂时无法回到曲阜故里祭祀祖先,就以衢州府学的孔庙为家庙。宋高宗于宝祐元年(1253年)敕建南宗孔氏家庙,后来被称为"东南阙里"。衢州孔氏家庙有"南宗圣地"之称。

2. 孔子学庙

全国祭祀孔子的学庙包括都城孔庙、地方文庙和书院文庙。第一类:都城孔庙,是指都城的国家高等学校——国学(太学或国子监)中的孔庙。例如,汉代和唐代的太学孔庙,明代和清代的国子监孔庙等,中国古代都城中设有国学,教授官僚和贵族子弟。我国自古就有尊师重教的优良传统,《礼记·文王世子》规定:"凡学,春官释奠于其先师。秋冬亦如之,凡始立学者,必设奠于先圣先师。""天子视学,命有司行事,兴秩节,祭先圣、先师焉",祭祀先圣先师的目的,是让学生学习礼仪。西汉以前把周公旦奉为先圣,以学生的授业之师为先师。汉武帝"罢黜百家,独尊儒术"以后,开始以孔子为先圣,与周公同享祭祀。汉代开始在太学中兴建孔庙,经过长期的发展,逐渐形成了各个时代的都城孔庙和国学建筑群,保存至今的有北京国子监孔庙。第二类:地方文庙。指地方孔庙,又称孔子庙、夫子庙、学庙、先生庙、宣圣庙,是建于各地的官办学校(或书院)中的孔庙,它们因学校而设,因为孔庙设在学校当中,故有"学庙"

之称,是地方官员、乡绅和民众祭祀孔子的地方。随着隋唐科举制度的推广,从唐代开始,地方官办学校中都必须建立孔庙,因为庙和学建在一起,庙与学不可分,故也称为庙学。它涵盖了孔子庙和学校,并且主要指地方官学,故庙学之称被后世沿袭。庙学因朝代而有不同的称谓,一般有府、州、县三级,其布局分为孔庙、教学、住宿等功能区,其中,孔庙是师生心中的信仰圣地。第三类:书院文庙,是指书院中所建的孔庙。书院始于唐代,最初是官方修书、校书、藏书的场所。宋代开始,私人书院兴盛,历史上著名的书院有白鹿洞书院、岳麓书院、石鼓书院和嵩阳书院。祭祀孔子是书院的重要活动内容,为此,一般书院都建有文庙。即使比较小的书院也会建一座礼殿祭祀孔子,而官办的大型书院都建有一定形制和规模的文庙。

(三) 祭孔盛典

祭孔是祭祀孔子的简称,指祭祀圣人孔子及其弟子以及儒家历代先贤、先哲的典礼。在封建专制社会,祭祀孔子被称为"国之大典",祭祀孔子在中国已经有2400多年的历史。祭祀孔子的目的,不仅是纪念孔子的丰功伟绩,同时也是尊崇为儒家思想发展作出重大贡献的先师、先圣,尊崇儒家传统文化。

祭孔既是国家大典,祭孔仪式当然十分隆重,具体表现在礼器、乐器精美齐全,乐舞典雅,祭文统一规范,行礼虔诚,表达了对孔子的崇高敬意。首先,礼、乐精美。祭祀孔子的礼器是指装酒和盛放食物的祭祀物品,常见的祭器有樽、豆、爵、勺等,铜制、竹制、木制样样具备,功能齐全,使我们不难想象祭祀孔子的隆重与庄严。祭孔大典所用的乐器,宫悬四面,八音齐全,中和雅致,包括金、石、土、革、丝、木、匏、竹8类105件乐器。周礼规定,乐队排列方式,在四面设乐队的叫悬宫,只有周天子有权享用;三面设乐队的,诸侯可以享用;两面设乐队的,大夫可以享用;只有一面设乐队的,士可以享用。从孔子作为士的身份来看,祭孔大典中演奏音乐的乐器宫悬四面,八音齐全,显然,其礼仪规格级别是堪比天子礼遇,这显然是孔子生前所未曾预料到的。

祭孔乐舞历史悠久,规格级别极高。祭孔乐舞的源头可以追溯到4000年前,传说中的尧舜禹时代的《韶乐》歌舞。祭孔乐舞同属于古代祭祀礼仪的重要组成部分,其平和的曲调、文雅的颂歌、古朴的舞蹈、虔诚的礼仪,展示了古代雅乐的传统艺术特色,体现了古代儒家礼乐教化的精髓,具有丰富的文化内涵和极高的艺术价值。祭孔乐舞以颂扬孔子生前的丰功伟绩为主,是礼、乐、歌、舞四位一体的综合艺术,其音乐源于孔子推崇的"韶乐",舞源于"夏"舞,诗源于唐代牛弘、蔡徵的创作。乐曲八音齐全,古朴纯正,典雅悠扬,金声玉振。乐舞融歌、乐、舞为一体,颂词四字一句,歌颂圣贤之德,古朴典雅,音乐契合韶乐雅韵,舞蹈表达谦逊礼让,完全符合孔子对韶乐"尽善尽美"的评价。特别值得关注的是,祭孔典礼中的乐舞规格不断升级。古代的佾舞具有严格的等级限制,《周礼》明确规定:"天子八佾,诸侯六,大夫四,士二"。"佾",指古代乐舞的行列,八佾就是八行八列六十四人,用于拜祭帝王祖先,属于祭祀礼仪中的最高规格。历史上祭祀孔子使用的乐舞始于汉元和二年(85年),最初为四佾;唐朝封孔子为文宣王后用六佾;明代洪武十五年(1382年),明太祖朱元璋废除祭孔乐舞中的"舞乐",只设"文乐";成化九年(1473年)时祭孔乐舞已改六佾为八佾;后来嘉靖九年(1530年)又将祭孔礼降为六佾,并沿用至明末。清代光绪之前,祭孔乐舞或用六佾或用八佾,这主要根据当时皇帝对儒家文化和孔子的推崇程度而定。光绪三十二年(1906年)升祭礼释奠礼为大祀,在曲阜和北京孔庙祭祀孔子,均用八佾之舞,其他各地方文庙祭祀孔子均用六佾舞,此制一直沿用到1948年。

祭孔大典中的颂歌祭文最早出现在隋代,以后各代沿袭了这一制度,唐代以后,随着祭孔礼仪日益规范化,祭文也统一为四字一句,主要秉承孔子所编的《诗经》中四字一句的风格,歌词稍有不同,其内容主要歌颂孔子的丰功伟绩。自明代至民国,其迎神曲《昭和之章》歌词为:

    大哉孔子,先知先觉。
    与天地参,万世之师。
    祥征麟绂,韵答金丝。
    日月既揭,乾坤清夷。

初献曲《雍和之章》为:

    永怀明德,玉振金声。
    生民未有,展也大成。
    俎豆千古,春秋上丁。
    清酒既载,其香始升。

亚献曲《熙和之章》为：
>式礼莫愆，升堂再献。
>响协鼗镛，诚孚叠觯。
>肃肃雍雍，誉髦斯彦。
>礼陶乐淑，相观而善。

终献曲《渊和之章》为：
>自古在昔，生民有作。
>皮弁祭菜，于论思乐。
>惟天牖民，惟圣时若。
>彝伦攸叙，至今木铎。

撤馔曲《昌和之章》为：
>先师有言，祭则受福。
>四海黉宫，畴敢不肃。
>礼成告撤，毋疏毋渎。
>乐所自生，中原有菽。

送神曲《德和之章》为：
>凫绎峨峨，洙泗洋洋。
>景行行止，流泽无疆。
>聿昭祀事，祀事孔明。
>以化蒸民，以育郊庠。

祭孔颂词四字一句，古朴典雅，与《诗经·雅颂》如出一辙。每一句都有典故，大多出自《论语》、《诗经》、《大学》、《周礼》和《商书》等儒家经典。科举时代，祭孔大典中，由主祭人恭颂祭文，现代祭孔典礼继承了这一传统。2007年，时逢中华文化先圣孔子诞辰2558周年，祭孔大典在孔子故里曲阜举行，时中共山东省委副书记、代省长姜大明恭读祭文：

>清风送爽，海晏河清。国泰民安，举国欢腾。
>海右山东，岱南魁星。圣诞吉日，鼓乐奏鸣。
>黄河讴歌，泰山挺松。飞泉漱液，嘉卉吐红。
>日月增光，齐鲁夸荣。西振河源，东澹海瀛。

第四章 千年祭孔 至圣先师

北动玄土,南耀朱岭。环球华裔,额首隆庆。
侨胞同胞,根连脉通。亚非欧美,百校名孔。
奥林匹克,喜临京城。五洲四海,睹我雄风。
大同非梦,人类有情。圣哲先导,万邦风从。
我辈协力,盛世太平。风发飙扬,矗拂云中。
天地人和,万物繁盛。与时偕进,和谐化生。
天和雨顺,地和物丰。家和事兴,国和人定。
仁者爱人,和而不同。忠孝首善,修齐治平。
为政以德,气正风清。见利思义,躬行自省。
政通人和,德道常青。农工商旅,百业同兴。
教科文卫,人本民生。生态环保,天人一行。
原隰郁茂,甽渎流清。芳草绿堤,粳谷盈丰。
城如蜃楼,货殖纵横。翰墨奋藻,学子书英。
大国崛起,自强不陵。一飞冲天,华夏振兴。
励精图治,众志成城。万代功业,待我后生!
伏惟尚飨!

恭读完祭文,现场人员三鞠躬,表达对这位中华民族文圣的深深敬意。2014年9月24日,习近平在纪念孔子诞辰2565周年国际学术研讨会暨国际儒学联合会第五届会员大会开幕会上的讲话中肯定了以"儒学:世界和平与发展"为主题,体现了关注世界前途、人类命运的人文情怀,是一个很有现实意义的研究主题。习近平指出:"包括儒家思想在内的中国优秀传统文化中蕴藏着解决当代人类面临的难题的重要启示,比如,关于道法自然、天人合一的思想,关于天下为公、大同世界的思想,关于自强不息、厚德载物的思想,关于以民为本、安民富民乐民的思想,关于为政以德、政者正也的思想,关于苟日新日日新又日新、革故鼎新、与时俱进的思想,关于脚踏实地、实事求是的思想,关于经世致用、知行合一、躬行实践的思想,关于集思广益、博施众利、群策群力的思想,关于仁者爱人、以德立人的思想,关于以诚待人、讲信修睦的思想,关于清廉从政、勤勉奉公的思想,关于俭约自守、力戒奢华的思想,关于中和、泰和、求同存异、和而不同、和谐相处的思想,关于安不忘危、存不忘亡、治不忘乱、居安思危的思想，等等。中国优秀传统文化的丰富哲学思想、人文精神、教化思想、道德理念等，可以为人们认识和改造世界提供有益启迪，可以为治国理政提供有益启示，也可以为道德建设提供有益启发。对传统文化中适合于调理社会关系和鼓励人们向上向善的内容，我们要结合时代条件加以继承和发扬，赋予其新的涵义。"习近平鼓励学界研究包括儒学在内的中国优秀传统文化，让中国优秀传统文化同世界各国优秀文化一道造福人类。

（四）国内现存文庙

1. 北京文庙

北京文庙保存完好。北京国子监坐落于北京市安定门内国子监街（旧称成贤街），是元、明、清三代国家最高学府所在地。按照"左庙右学"的规制，在其东侧仅一墙之隔就是孔庙。孔庙始建于元代大德六年（1302年），至今已有700多年历史，占地2万平方米，院内有198座元、明、清三代进士题名碑，院内还有14座明、清两代碑亭。

北京孔庙始建于元代。元初，世祖忽必烈定都大都后，为笼络汉人，命承袭历代旧典，遣宣抚王楫于金枢密院旧址建"宣圣庙"以祭祀孔子。元成宗大德二年（1298年），中书左丞相哈剌哈孙奏请建立庙学。大德六年（1302年），正式选地建庙，到大德十年（1306年）建成。次年，诏命加谥孔子为"大成至圣文宣王"，此诏书石碑，现仍立于大成门前。至顺二年（1331年）诏令孔庙配享皇宫规制，于四隅建角楼。元末战乱，孔庙荒废。明永乐九年（1411年）重修，嘉靖九年（1530年）改革礼制，增建崇圣祠。清乾隆二年（1737年）高宗谕改各殿顶为黄琉璃瓦，崇圣祠用绿琉璃瓦。光绪三十二年（1906年）将祭孔礼仪升为大祀，并对孔庙进行了大规模修缮，将原来七间三进的大成殿改为九间五进，工程持续到民国五年（1916年）方告竣工。民国十七年（1928年），孔庙始对各界开放。中华人民共和国成立后，孔庙由首都博物馆使用，主要陈列和收藏北京历史文物，首都博物馆后迁到北京复兴门外大街16号。

2. 平遥文庙

平遥文庙位于平遥县城内东南隅，始建于唐贞观初年，其大成殿为金大定三年（1163年）重建，至今保持原貌，是中国现存各级文庙中历史最久的殿宇，也是全国文庙中仅存的金代建筑。在1957年地震后，施工人员揭瓦维修时发现,殿脊梁下记有"维大金大定三年岁次癸未四月日辛酉重建"的墨迹,充分证明其建筑年代。中国1300多年科举史上硕果所存的平遥文庙有"小故宫"之称,规模宏大,规制齐全。魁星楼位于文庙外城墙上的东南角,登上此楼,有"手可摘星辰"之感,平遥古城尽收眼底。据说,当年凡中状元者都要从东门的城楼登上云路,然后再登上魁星楼、文昌阁,经过云路坊(凌空而架,像云中虹桥),再跨进棂星门,经过泮桥(也称状元桥),再到大成殿祭拜孔子。平遥文庙乃中国之最,是中国现存最早的文庙,中国保存最完整的文庙建筑群,中国最大的孔子及儒学先贤塑像群。

3. 曲阜孔庙(见第四章"五、孔子与东方圣诞节")

4. 苏州文庙

苏州文庙位于现江苏省苏州市人民路。苏州文庙是北宋名臣范仲淹于景祐二年(1035年)创建的,迄今已有970多年历史。范仲淹出任苏州知州的次年,在南园遗址上设学立庙。范仲淹聘请当时著名教育家胡瑗为教授,因为办学有方,一时名闻天下,成为各地州、县学效仿的楷模。此后历经扩建,到明清两代,府学文庙的规模很大,占地面积近200亩。有江南府学之冠的赞誉。现有面积仅为当时的1/6,目前保留下来的重要建筑有棂星门、戟门、大成殿、崇圣祠、七星池、明伦堂。另有数十棵古银杏及廉石、文天祥石刻等文物点缀其间。苏州文庙现被用作苏州市碑刻博物馆,馆内的"天文图"、"地理图"、"帝王绍运图"和"平江图"碑,简称为"天、地、人、城"四大宋碑,均为南宋刻石。苏州文庙府学旧制伟岸,至清代乾隆时东临卧龙街(今市人民路),西倚东大街,南枕新市路,北至书院巷,占地面积约10万平方米,其中府学占地面积约6万平方米,文庙占地面积约4万平方米,就占地面积而言,在当时是仅次于曲阜孔庙的全国第二大孔庙。

从宋代到清代,苏州文庙府学布局日臻完善,形成了以两条中轴线为标志的两大建筑群体。左路是以大成殿为中心的孔庙建筑群。南北向,五进院:黉门至洗马桥院庭、洗马桥至棂星门院庭、棂星门至戟门院庭、戟门至大成殿院庭、大成殿至崇圣祠院庭。左右建筑配例对称,前后建筑井然森布。右路是以明伦堂为中心的府学建筑群,南北向,五进院:泮宫至礼门院庭、礼门至仪门院庭、仪门至明伦堂院庭、明伦堂至敬一亭院庭、敬一亭至藏经阁院庭。左右前后亭台楼阁错落有序,校舍、池塘、假山、小溪、花木拱卫其间,形成了布局严谨、殿宇宏丽、气势磅礴的建筑特色。

5. 南京夫子庙

南京夫子庙始建于宋,位于市中心偏南,秦淮河北岸的贡院街旁。人们通常所说的夫子庙,实际包括夫子庙、学宫和贡院三大建筑群。夫子庙是供奉和祭祀孔子的庙宇。它作为古城南京秦淮名胜蜚声中外,是国内外游人向往的游览胜地。夫子庙建于景祐元年(1034年),在东晋学宫基础上扩建而成。六朝时代,夫子庙地区已相当繁华,乌衣巷、朱雀街、桃叶渡等处,都是当时高门大族所居。在明代,夫子庙作为国子监科举考场,考生云集,名震秦淮。夫子庙的建筑富有明清色彩,它以大成殿为中心,从照壁至卫山南北成一条中轴线,左右建筑对称配列,占地约26300平方米。四周围以高墙,配以门坊、角楼。南京夫子庙无论是历史意义、人文价值,还是社会影响都非常巨大,作为南京地区的特色文化空间,它将进一步发扬光大,并传承下去。

三、儒学的神秘化与宗教色彩

儒教到底是不是宗教?这是学术界讨论比较热烈的问题。概括地说,中国历史上的儒教之争共有三次:从明末清初利玛窦否认儒教是宗教,到19世纪末20世纪初的儒教之争,再到20世纪70年代末80年代初任继愈先生重提儒教是宗教,每次都引起人们极大的讨论热情。因为这个问题的讨论,不仅牵涉如何认识宗教的本质,而且对建立独立的中国宗教学有着特别重要的意义。在中国古典史籍中,常有"三教"并称的现象。所谓"三教",实际上指的是儒教、佛教与道教。佛教、道教是宗教,学术界早有一致的意见。而一提到儒教也是宗教问题,学者们则是意见纷呈,莫衷一是。有些学者认为,儒教与佛、道二教一样,同属宗教;有的学者则认为,儒教与佛、道二教不同,"儒教"之"教"是指儒学之"教化",是教化之"教",而不是宗教之"教"。儒教注重务实,而且纵观古今,儒教从没有设立作为社会特殊阶层的专职祭司。儒家的种种仪礼,均由官吏、族长或家长作为主祭人而主持。笔者认为,首先,儒教与儒学不同,儒学和其他诸子百家一样,是一种学说,而儒教具有明显的政治性和伦理性,同时具有浓厚的宗教色彩,至少从社会功能的意义上,具有准宗教的作用。任继愈先生认为,儒教是宗教,是中华民族土生土长的宗教。他明确指出:"我们还应注意正统的儒教的研究。过去认为'儒'不是教,只是一种学说,儒教是不是宗教,国内外都有不同的看法。我们认为儒具有一些宗教的特征,如祭天地、拜孔子、敬祖先,这些东西都带有一些宗教的内容和性质。所以,经过多年的探索,我们认为,儒也是一种宗教,是中国的一种特殊形态的宗教,至少它影响到中国社会千家万户,以前都信奉天、地、君、亲、师,这既是封建意识,但也与宗教有关系的。"[①]

其实,讨论儒学的宗教性质,首先要弄清儒学与儒教的区别与联系,其次要弄清宗教本身的定义与标准问题。解决了这些问题,围绕儒教是教非教所提出的一系列问题便迎刃而解了。例如,儒教出世入世的问题,儒者是否信神？孔子是人是神？孔子对待鬼神的态度如何？儒教有没有自己的彼岸世界？儒教有没有自己的组织？谁是教徒？等等。

正像我们前面所讨论的道家与道教的关系一样,儒学与儒教有十分密切的联系,但儒教与儒学特别是先秦儒学并不能简单地画等号,它们之间既有联系,又有区别。儒学是孔子创立的,是孔子在春秋战国"社会大变革时代"、"百家争鸣"的社会背景下创立的一个学术派别。当时各种社会矛盾错综复杂,激烈的政治斗争以及经济与文化的繁荣,对各个阶级、阶层都产生了深远的影响。人们对当时社会大变革中的许多问题,表明自己的政治态度,积极提出自己的社会主张、愿望和要求。当时的各个学派,人们总称之为诸子百家。各派各家都著书立说,议论政治,既互相批判,又互相影响,在学术思想领域内出现了"百家争鸣"的局面,儒家学派是当时的显学之一,对于当时的社会变革及文化发展,起了促进作用。儒家学派是孔子创立的,孔子死后儒家学派一分为八：有子张之儒、子思之儒、颜氏之儒、孟氏之儒、漆雕氏之儒、仲良氏之儒、孙氏之儒、乐正之儒。这一时期形成的儒家学术思想,成为以后中国儒学

[①] 王力等：《中国古代文化史讲座·宗教和宗教研究》,中央广播电视大学出版社1984年版,第158—159页。

思想文化的主要源头,也是后世儒教重要的思想资料。

虽然秦统一中国后实行了"焚书坑儒"的文化专制政策,对儒学的发展无疑是致命的打击,但是由于秦的短命,再加上儒学顺应时代的潮流进行自我革新与调整,汉朝之后特别自汉武帝接受董仲舒"罢黜百家,独尊儒术"的建议以来,儒学在中国封建社会一直作为官学居于统治地位,已是不争的事实。同时在这一过程中,儒学的"天"、"天道"、"天命"范畴逐渐被神化,儒学从此具备了浓厚的宗教色彩。

儒家的"天命"思想渊源于夏、商、周三代的"天神"观念。在夏商统治者那里,神权服务于王权,"上帝"、"天"的观念,是至高无上的主宰,一切的观念、权力,包括王权都来自天的赐予,即"王权神授"。因此,王族本身与天就有某种神秘的血缘关系。"我生不有命在天"①,所以夏启对有扈氏声称"今予惟恭行天之罚"②。以替天行道为号召,扫除障碍,巩固王权,盘庚迁殷又以"天"的名义严厉告诫民众随同迁都,不然就斩尽杀绝。夏商统治者十分谨慎地敬畏天命,但为何上天一改初衷,"旻天大降丧于殷"③,说明上天已不再青睐殷王这位昔日的天之骄子而令其"侯于周服"④,对这一问题的严肃思考,引导周人得出"天命靡常"的结论。为了得到"靡常"天命的长久垂青,不仅要求统治者要"小心翼翼,昭事上帝,聿怀多福"⑤,而且要"敬德保民"才能永葆天之骄子的地位。这比以前简单的天命观有所进步了。总之,在三代时期,天是宇宙万物和人间的主宰,万物生化、军国大事、王朝更替,一切都是"天"的意志与安排,人们只能"顺应天命"。显然三代"天命"的思想具备原始宗教的色彩。

而儒家的创始人孔子在中国文化史上的最大贡献是对"人"的发现和重视,他主张统治者"节用而爱民,使民以时"⑥。"博施于民而能济众",才能达

---

① 《尚书·西伯戡黎》。
② 《尚书·甘誓》。
③ 《尚书·多士》。
④ 《诗经·大雅·文王》。
⑤ 《诗经·大雅·大明》。
⑥ 《论语·学而》。

到"仁"、"圣"的境界。孔子认为从政者要做到"因民之所利而利之"①。孔子的"爱人"思想继承与发展了西周以来"敬德保民"的思潮,在一定程度上反映了对人的重视。孔子虽然相信天命,但是对鬼神都持存疑态度,所谓"子不语怪力乱神"②、"敬鬼神而远之",都是这种思想的反映。这种思想倾向在当时确实具有一定的反宗教或者非宗教的意义。但是,孔子思想从"天"转向"人的发现并重视人",且不相信鬼神,这并不意味着孔子已经抛弃了"天",彻底打倒了"天",也不意味着先秦儒学不具备任何宗教色彩,这与孔子的政治立场是分不开的。在孔子看来,天命在天上就是"上帝之命",在人间就是周天子之命,至于鬼神则不是"正宗",登不了大雅之堂,敬而远之即可,而对"怪力乱神"就更不屑一顾了。实际上,孔子并没有完全打倒"天",不仅如此,后世整个儒家学说始终都是以"天"、"天道"、"天命"、"天理"作为最高的哲学范畴的。所谓"奉天承运"、"天命之谓性","天"一直都是儒家政治伦理、人伦道德和哲学思想的核心与本原,所以传统儒学本身就具备浓厚的宗教色彩。后来,传统儒学本身所具备的宗教色彩在汉代董仲舒那里得到了淋漓尽致的发挥,使儒学发生重大变化,把儒学进一步神化、宗教化为儒教了。

有的学者认为,如果说先秦儒家有意无意地在做淡化"天"的宗教色彩的工作,自觉不自觉地把眼光由"天"转向"人",把人的思想从"天"的僵化的束缚中解脱出来的话,那么,董仲舒"道之大原出于天,天不变,道亦不变"的思想提出,尤其是"天人感应"理论的泛化,则把"天"进一步神格化、人格化了,这时,儒家的"天"则被宗教化了。更有甚者,董仲舒还把世间的一切,包括政治制度、伦理纲常等,统统归结于"天",所谓"王者法天意"、"人受命于天"、"王道之三纲,可求于天",等等,把先秦儒家所建立的一整套正在逐步脱离宗教的政治伦理学,又重新神学化、宗教化了。由于佛教、道教兴起,以及"三教合流"使儒学更具宗教意蕴,经过魏晋南北朝以来的碰撞与融合,到了宋代,作为三教融合的理学更具浓厚的宗教色彩。由于儒学大量吸收了佛、道二教有关思维方法、思想内容,甚至修养方法,宋明理学把佛、道二教的许多思想内

---

① 《论语·尧曰》。
② 《论语·述而》。

化了,从而使自己越来越远离先秦儒学的本来面目,已经具备了准宗教的性格。如宋明理学主张"存天理,灭人欲",即具有强烈的宗教主义性质,而理学家们竭力提倡的主观内省,则在先秦"吾日三省吾身"基础上,更是有所借鉴,有所发展。理学"主静"、"居静","半日读书、半日坐禅"等修养方法,无疑具有浓厚的宗教式的面壁修行的色彩,所以,我们应当把先秦儒学、后世儒学的学术发展与研究和董仲舒之后被神化、政治化的儒教从思想上区别开来,从而更好地认识儒教的宗教色彩。

四、宗教的判断标准是理解儒教宗教性质的关键

儒教是否具有宗教性呢？宗教的定义以及宗教的判断标准是我们理解儒教是教非教的关键。但迄今,我们所接触到的宗教学是西方学者所建立的,真正独立的中国宗教学的建立将会对我们解决这一问题意义重大,使我们不再仅仅只是以基督教、伊斯兰教等西方宗教为参照来理解儒教,儒教的许多问题将会迎刃而解。

那么,如何理解宗教？宗教的判断标准又是什么呢？根据《辞海》的解释,宗教是社会意识形态之一。相信并崇拜超自然神灵,是自然力量和社会力量在人们意识中的歪曲、虚幻的反映。宗教产生于史前社会的后期,最初是做梦的现象引起了灵魂的观念。先民们在梦中见到死去的亲属,并觉得自我可以脱离肉体而独立活动,由此推及其他自然事物,从而产生"万物有灵"的观念。当时社会生产力极为低下,人们还无法控制自然力量,幻想以祈祷、祭献或巫术来影响主宰自然界的神灵,从而形成最初形式的宗教仪式。阶级社会出现以后,阶级压迫给人们带来了较之自然灾害更加深重的痛苦。当人们不理解其社会根源时,便产生祸福命运由神操纵的观念。同时,一切剥削阶级都竭力支持宗教,宣扬人生痛苦的原因是人们自己犯了罪,只有忍耐、顺从才能来世得福,借以麻痹民众的反抗和斗争意志。在人类历史上,由于各种政权形式的出现、交错与更替,便陆续出现了各种不同内容、形式的宗教和天界体系:由拜物教到多神教继而一神教;由氏族图腾崇拜到民族神和民族宗教,最后又

第四章　千年祭孔　至圣先师

出现了佛教、基督教、伊斯兰教等世界性宗教。可见宗教形式多种多样,内容各异,所以宗教的判断标准也并非唯一的。

我们应按照历史唯物主义和辩证唯物主义的世界观和方法论,对宗教学这个历史现象和社会意识现象进行科学研究。按照这种认识,回头再来看儒教许多问题就清楚多了。如有人用出世、入世作为衡量一种学说与流派是不是宗教的重要标准,并因儒教具有较强的入世精神而否认其宗教性。其实,这种标准本身也不是绝对和僵化的。作为中国佛教代表的禅宗,就明确主张淡泊入世与出世的界限,认为"佛法在世间,离世无佛法"。反对脱离世俗,隐遁潜修,提倡既出世亦入世。反之,儒家始终提倡积极入世,从孔子"苟有用我者,期月已可也,三年有成"的宏伟志向与抱负,到范仲淹"先天下之忧而忧,后天下之乐而乐"的忧患意识,这种入世精神,确实与大多宗教主张离世脱俗很不相同,但这并不意味着儒家丝毫没有宗教的品格和功能。再如关于信仰问题,作为中国本土的儒学信仰天、地、君、亲、师(圣),敬天仪式是皇家的专利,民间对"天"的信仰则无固定仪式,且表现为多种解释,敬祖是各家各族分别进行的仪式行为,对于敬圣祭孔,儒生们则投入了极大热情,一拜就是2000多年。这是中国儒教信仰的特点,其信仰的"天"不仅是自然界众神之首,而且是政治、道德的立法者、代言者;它是"无声无息"的,人们只能顺从"天意"。有意思的是,其实,不但佛教起初是不信仰神灵的,而且基督教的上帝也是无形无象的。奥古斯丁(Aurelius Augustinus,354—430年)神父说,上帝按自己的形象造人,但上帝并不具备人的形象。我们如果留心观察基督教的教堂,就不难发现其中只有圣母像、耶稣像而无上帝像。伊斯兰教所信仰的真主安拉,从来就是无形无像的,伊斯兰教也不崇拜偶像。由此我们可以这样认为,宗教的本质只有一个就是对神的信仰,而神是超自然的化身。至于这种化身是何种形象,以及以此为信仰派生出的宗教观念、设施、仪式等,则因各民族历史文化、时代的不同而显示出很大差别,理解这一点是我们认识宗教标准问题的关键所在。实际上,儒学的宗教色彩在中国历史上早已被许多思想家所认识。他们十分明确地指明理学是"儒表佛里",并称心学为"阳儒阴释",表面是儒学骨子里是佛学。有的学者干脆一针见血地表明没有佛学就没有宋明理学。明清之际的大思想家顾炎武说:"今之所谓理学,禅学也。"绝非虚诞之论。宋学之所号召者,曰儒学;而其所以号召者,则实为佛学。所有这些论点,足以再次说明儒教是一种特殊形态的宗教,具有明显的准宗教性。

五、孔子与东方"圣诞节"

目前不少人对西方"圣诞节"耳熟能详,但对东方"圣诞节"却知之甚少。相传农历八月二十七日为至圣先师孔子诞辰,是日有享祀祭拜活动,相沿成俗。孔子诞辰亦称孔子圣诞、圣节、圣诞节、孔子生日等。由于封建专制统治的需要,历代帝王不断给孔子益封爵,赠谥号,甚至用至尊的天子礼乐祭祀孔子以显其优崇,使祭孔典礼更加隆重,礼仪更为烦琐,并逐渐趋于定型。太学、孔府四时祭祀孔子形成一套严格的制度,历时之久、仪式之隆重令人惊叹。根据《圣门志·序》记载:"孔子倡明道术于周之季,历二千余祀。"[1]又孔府祭祀孔子:"岁以四仲上丁行礼祭,用太牢,衍圣公主祭。曲阜县官以羊豕各一,助祭乐舞祭,具如太学启圣公与先师日祭,天下庙祠凡一千五百六十余处。每岁春秋二祭,用牛六,猪二万七千有奇,兔二万七千有奇,币帛二万七千六百余匹……今我夫子乡万世之祭祀,每岁杀牲不下六万二千六百有奇。"[2]根据这一记载,当年官方与孔庙祭祀先师规模之宏大,由此可见一斑。

古代祭孔活动不仅是国家政治生活中的大事,同时也影响到民间习俗与信仰,中国古代民间也以各种各样的形式祭祀孔子,对孔圣人顶礼膜拜。孔子为儒家思想的创立者,在儒家思想占主导地位的各代都被敬若神明,被尊为"大成至圣先师",地位极其显赫。各地多修文庙享祀孔子,香火颇盛。至孔子圣诞节,则孔府有家祭,国家有国祭,学校及一般文人学士亦至文庙敬香礼拜,或在先师画像、主位前焚香肃拜,此俗近世犹存。河北《遵化县志》:"八月十七,先师孔子圣诞。城乡塾斋各设位私祭。"又《南皮县志》:"(八月)二十七日,士人以先师孔子圣诞,行释菜礼。悬像或设主,师生以次肃拜……"

---

[1] (明)吕元善:《圣门志·序》,《丛书集成初编》,中华书局1985年版。
[2] (明)吕元善:《圣门志·序》,《丛书集成初编》,中华书局1985年版。

第四章 千年祭孔 至圣先师

每逢孔子诞辰,孔庙都要举行盛大的祭孔仪式,主要由孔府主持祭礼活动。作为圣人之家的孔府,每年有包括八月二十七日圣诞节在内的大大小小50余次家祭,故有一套祭孔的组织。有赞礼生约80名,乐舞生120名,这些人主要在祭孔时参加活动,平时减免徭役。大型家祭由衍圣公主祭。祭祀在半夜子时开始,祭祀礼仪与祭天大典相似,只是规模较小,所奏乐章不同,称"大成殿释典礼",祭祀规格很高。清朝雍正四年(1726年),定于农历八月二十七日为孔子诞辰,全体官民军士斋戒一日。民国时期,国家的祭孔大典,仅在圣诞节等特定的几个时日举行,由中央政府派员主祭,下设祭品,并由中央政府送花圈;祭祀时间也不在半夜,而在早晨7:00;不穿古代祭服,而穿长袍马褂;不行跪拜礼,而行鞠躬礼。1934年7月,国民党南京政府通令全国,规定每年8月27日(或9月28日)孔诞日为国定纪念日,各机关学校一律举行孔诞纪念大会。据资料表明,现中国台湾当局每逢9月28日孔诞日,都要在台湾孔庙举行祭孔大典。

传统祭孔形式有国家大典、家祭,有立学祀典,也有平民拜祭。不过,祭祀先圣先师的立学之礼,并未实指祭祀的对象,历史上,周公、孔子、颜回等都曾作为至圣先师受祭。学校祀拜至圣先师周公、孔子之礼,始于东汉明帝永平二年(59年),这实际上是把孔子作为一个教育家来尊崇。南北朝时期,太学内已立有宣尼庙,规定祭祀时设轩悬之乐,用六佾之舞,牲牢器具,依上公之例。每年春秋二仲月,行释奠礼,即设荐俎馔酌而祭;每月初一,国子监祭酒率博士以下及学生拜孔祭颜(回)。各地郡学也都立有孔、颜之庙。唐太宗贞观四年(630年),诏令天下州、县立庙,实行全国规模的祭孔,孔子由此成为读书人必须朝拜的对象。子曰:"学而优则仕",随着科举选官制的确立与巩固,孔子更是成为读书人顶礼膜拜的神明。明朝嘉靖时,世宗废除前朝所封孔子王号,称为"至圣先师",取消了塑像,降低了原用天子之礼的祀典规格,这是封建皇权高度集中的必然结果。清代,盛京即建有孔庙,定都北京后,以京师国子监为太学,立文庙。祀礼规格略有上升,用上祀之礼、奠帛、读祝文、三献奠爵,行三跪九拜之礼。在孔子故里(曲阜阙里)春、秋祭祀与太学相同,其庙制、祭器、乐器及礼仪也都以北京太学为标准。

旧时纪念、祭拜孔子的节俗活动,亦称"大成会"、"圣人会"。相传孔子诞生于八月二十七日,后世人们多于是日举行纪念、祭拜孔子的活动。作为古代著名教育家的孔子首先被学校与私塾师生所敬仰、礼拜。乡学私塾祭祀或在文庙或在学堂,比较简单。"八月廿七日为至圣先师诞辰,禁止屠宰,祭文庙。各书室设供,师生瞻拜。"①"八月二十七,先师孔子圣诞。城乡塾斋各设位私祭,福胙始散。"②河北《南皮县志》:"(八月)二十七日,士人以先师孔子圣诞,行释菜礼。悬像或设主,师生依次肃拜,奠献毕,敬神撤像主,则跪而焚之,乃烊神馔享馀余。"③孔子圣诞又有孔府的家祭和国家的国祭,其规模声势都要比学塾之祭宏大、壮观得多。祭孔之举至今仍在中国港台地区同胞及海外华人中盛行。八月二十七日圣诞节的祭孔几乎是举国进行的盛大活动,小到家学私塾,中到乡村庠校,大到孔府及国家祀典。不管是官吏还是文人士子、学校师生无不对其顶礼膜拜。

最早的祭孔之礼虽十分简朴却极富教化之义。祭祀孔子之礼"礼之轻者"称"释菜礼"。"释菜礼",原是祭祀门神之礼,后被演变为享祀先师的礼仪,也是入学拜师之礼。祭品不用牲牢币帛,只是"左栗右枣"等果蔬而已,但其重在宣化教育。明人尹直为句容县儒学所撰《重建文庙记》说得十分明白:"学必有庙,以祀孔子,以行释奠释菜之礼,以示不忘其学之所自也。"④孔子被尊奉为教育界的祖师,其庙宇也建在了学校,除学生初入学的祭祀外,每逢岁节及圣诞节都在此举行祭祀活动。根据《津门杂记》卷中"与祭"条:"文庙至圣先师。每年春秋两丁,除官项照例备办祭品,阖学人等按月出资,添备大小彩灯,随班执事与祭,以崇祀典。"同卷"洒扫会"云:"文庙朔望行香,除官长照例展谒外,阖学人等立会出资,掣签值月。每朔望前,派庙丁洒扫殿宇,值月者亲焚香烛于各神位前,以昭诚敬。"《晋祠志·祭赛·祀至圣》记山西太原一带祭祀孔子云:"(八月)二十七日为至圣先师孔子圣诞。士大夫陈设脯醴致祭于文昌宫。其各馆师弟均于是日祀之。"据大清《礼部则例》:"八月二十七日,遇先师诞辰,大内至王公百官均致斋一日,各衙门不理刑名,民间禁止屠宰,前

---

① (清)潘荣陛:《帝京岁时纪胜·先师诞》,北京出版社1961年版,第27页。
② (清)何崧泰修,史朴纂:《遵化通志》,清光绪十二年(1886年)刻本。
③ 古代献祭品的一种。沈括《梦溪笔谈·辨证》:"祭礼有腥、焊、熟三献。"
④ 转引自李乔:《中国行业神崇拜》,中国文联出版社1985年版,第379页。

期缮绿头牌具奏,得旨,并出示九门及礼部前,是孔子诞辰之期,已垂功令,有官职者,届期均应致祭。"①孔府祭祀和国祭,比之乡学私塾当然要隆重得多,其政治宣化的目的性也再明白不过了。

图 4-2　儒教始祖孔子([清]佚名:《绘图三教源流搜神大全》,上海古籍出版社 2012 年版。)

① 参见(清)陆以湉:《冷庐杂识·卷二》引文,中华书局 2007 年版。

第五章　入乡随俗　佛教改版

——佛教与中国文化

【导读】

　　与道教是一种土生土长的宗教不同,佛教是"进口货",是一种外来宗教。但是,佛教自传入中国之后,由于受到中国古代政治、经济以及宗法伦理等传统文化的影响,不断与中国本土文化融合,逐渐走上了中国化道路。佛教的中国化过程,也是佛教不断为中国文化吸收与改造并影响中国文化的过程,所以说,中国化佛教是中国传统文化的重要组成部分。面对西方文化的中国化问题,佛教文化的中国化历程为我们提供了有益的启示。

　　按照文化交流的一般规律,落后的文化向先进的文化学习,而且表现出互相馈赠的特点。关于佛教的中国化问题,即中外文化冲突与融合问题,学术界存在不少争议和分歧:究竟是佛教战胜中国,还是中国征服佛教?这个问题人们众说纷纭,对此暂且不做评论,为了历史地说明佛教中国化问题,我们这里先从千年古刹白马寺说起。

一、古刹背后的历史

　　洛阳城东约12公里处,坐落着一座千年古刹——白马寺。这里古柏苍劲,殿阁峥嵘,宝塔高耸,给人以庄严、肃穆、神圣之感。白马寺被称作"中国第一古刹",是与古印度佛教传入中国的历史密切相关的。

按照普遍接受的观点,白马寺初创于东汉永平十一年(68年),距今已有1900多年的历史。关于它的创建,或详或略地见于《理惑论》、《后汉纪》、《高僧传》、《水经注》、《洛阳伽蓝记》、《魏书》等文献中。相传汉明帝夜寝南宫,梦见金人,身长丈六,飞绕殿庭,项佩白光。次晨,汉明帝询问众位大臣,傅毅博学多才,说明帝所梦为西方天竺得道之神,号称佛,于是明帝信以为真。于永平七年(64年)派遣蔡愔、秦景等十多人出使天竺,拜取佛法。行至大月氏国(今阿富汗一带),正好遇到在当地传教的天竺高僧摄摩腾、竺法兰。永平十年(67年),汉使与梵僧用白马驮载佛经、佛像,跋山涉水,回到洛阳。汉明帝礼请二位高僧暂时下榻于鸿胪寺(古代主要负责外交事务的官署)。翌年,汉明帝敕命于洛阳城西雍门外三里御道之北修建僧院,这就是著名的白马寺。《事物纪原》有:"自西域以白马驮经来,初止鸿胪寺,遂取寺名,置白马寺,即佛僧之始也。"以后,"寺"便成为我国僧院的泛称。白马寺也被后世佛门弟子尊为"祖庭"(祖师之庭院)和释源(佛教的发源地)。寺内现存的不少碑刻和法器上都还留有"释源"、"祖庭"、"奈园一区,实为祖庭"等字样。《洛阳伽蓝记》有白马寺乃"佛入中国之始"的记载,民间俗语更有"东土寺古属白马"的说法。可见,汉明帝"永平求法"的确是我国佛教史上的盛事,为此而建的白马寺,在我国佛教史上也占有重要地位。但"永平求法"是不是佛教史上第一次"西天取经"尚存争议。如前所述,既然在此之前,博士傅毅对佛教已有所知晓,可以推测,佛教传入中原的时间至少早于永平十年(67年)。据有关史料记载,佛教早在两汉之际就已东渐。虽然对于印度佛教传入中国的确切时间,佛教界、学术界众说纷纭,但比较一致的观点认为,佛教于汉哀帝元寿元年(前2年)已正式传入中国。

二、佛教的起源、传播概况和基本教义

(一) 佛教起源

佛教起源于印度次大陆(为了与现在印度这个国家相区别),包括今巴基斯坦、尼泊尔一带。佛教的创始人是释迦牟尼。释迦是族姓,牟尼直译是"圣

人"、"能人"的意思,这是佛教徒对他的尊称,他本名乔达摩·悉达多。释迦牟尼活动时间几乎与孔子同时代,他是公元前6世纪古代印度北部(今尼泊尔南部)迦毗罗卫国净饭王的王子。相传王子和常人不同,是自其母亲右肋而降生的。虽然他贵为王子,衣食无忧,并娶妻生子,但却常常感悟、思考有关人生与宇宙的大问题,并感到世人的苦难艰辛,有一天,王子竟在巡视国内期间有所感触,于是放弃未来国王宝座,入山修行,终于大彻大悟,领略了世间真理,遂四处说法,意欲普度众生脱离苦海,最终创立了佛教。后来凡佛教徒修炼成佛者皆可称佛。"释迦牟尼"意思是先知先觉的圣人。释迦反对有神,反对崇拜神,但是,后来随着佛教的壮大,佛本身成了佛教徒顶礼膜拜的偶像,这样佛本身也成了神,成了佛教徒心目中比一切神都更加神圣的神,这大概是它的创始者所不曾预料到的吧。

公元前6—前5世纪,悉苏那伽王朝统治时期,北印度诸王国,特别是摩羯陀,阶级之间的矛盾十分尖锐,社会矛盾也达到了无以复加的地步。富有的奴隶主阶层婆罗门、刹帝利高等种姓、王公贵族穷奢极欲,养尊处优,而奴隶等低贱种姓者生活在水深火热之中。两个高等种姓婆罗门、刹帝利之间也争权夺利,明争暗斗。刹帝利先后建立军事王朝,将婆罗门置于政权之外。由此,种姓制度所谓大梵天所立、永世长存的观念信仰受到挑战,即使高等种姓中也有人对现行制度不满。于是,在这样的社会背景下人们在抑郁、彷徨、绝望地上下求索中,遁世苦行、游方为僧之风盛极一时,种种异端学说和宗派乃至无神论思想体系相继出现,佛教便应运而生。

(二) 佛教传入中国

佛教传播的地区沿着印度恒河流域——印度的中部、东部逐渐扩大。释迦牟尼逝世以后,他所创立的宗教开始分化,后来分成18个部(有的记载说20个部)。佛教大致沿着南北轴线传播。向南的一支传播到现在的印度南部斯里兰卡(过去叫锡兰),以及影响到现在的泰国、缅甸、柬埔寨等地;向北的一支又分化为两个大支系:一支是"藏传佛教",以中国西藏地区为主,也传到甘肃、内蒙古、四川、云南的一部分地区;另一支则经过中亚细亚到中国新疆,通过河西走廊传入中国内地,其传播时代相当于中国的汉朝。西汉末年,佛教开始传入中国。当时,大月氏使臣伊存来到长安,口授佛经于博士弟子景庐

（造纸术发明较晚，佛教经义主要靠口耳相传），东汉明帝"永平求法"是佛教大规模传入中国的开始。西域高僧摄摩腰、竺法兰寓居白马寺讲说佛法，并翻译《四十二章经》，这是第一部佛经。在洛阳翻译佛经，汉人严浮调从安世高学经，也参与佛经翻译。至此，佛教教义开始在中国流传，佛教的中国化丰富并发展了佛教文化。

据史料记载，两汉之际，佛教东渐，开始了中国文化史上第一次大规模的中外文化碰撞与融合，并影响深远。至于佛教究竟何时传入中国，佛教界学术界众说纷纭，但比较一致的看法，认为佛教于汉哀帝元寿元年（公元前2年）已正式传入中国。由此可知，佛教在西汉末年已经传入中国，但当时并未产生太大影响。

公元7世纪，藏传佛教传入中国，中国西藏是大乘佛教极为盛行的地区。公元7世纪，西藏社会正处于动荡时期，松赞干布统一西藏各部后，巩固统一，加强教化。此时，佛教相继从尼泊尔传入中国西藏。但是，藏传佛教初为小乘，长期不能为民众接受，萨满教和氏族原始崇拜在民间依然盛行。至公元9世纪，大乘佛教开始在中国西藏民众中传播。公元8世纪印度僧人莲华生把大乘佛教传入西藏。莲华生为其信徒广泛实施法术仪礼、咒术和占卜，使藏传大乘佛教不断本土化。他们竭力宣扬：虔诚信仰佛教的众生得以进入西方极乐世界，而不善者将堕入阴森恐怖的地狱。此类说教，有助于佛教的传播，同时也得到政治支持。然而，反佛教阻力极大，主要来自部落贵族。公元10世纪初，佛教遭到贬斥。直到公元925年，佛教徒刺杀朗达玛。11世纪，佛教新教派密宗在西藏盛行。

（三）早期佛教基本教义及其经典传播

早期佛教最基本的教义，可以概括为"苦、集、灭、道"四个字，在佛教中也称"四谛"、"四圣谛"。"谛"是真实不虚的意思，"四谛"即佛教的四个最基本的道理或真理。

苦谛。即"人生皆苦"，"一切皆苦"，生、老、病、死一切皆苦。求之不得是苦，得之不安也是苦；没有工作是苦，有工作劳累也是苦；无家可归是苦，有家拖累也是苦；无官做是苦，有官做明争暗斗也是苦，等等。在佛教看来，人生本身就是一个无边苦海。佛教对人生持一种悲观的态度，认为世俗生活就是苦难,人在世间流转生存,必须忍受这种痛苦。而且这种"痛苦"并非一朝一夕、一生一世就可结束。真可谓"苦海无边",佛教称"三世轮回",通常人永远在三世(前世、现世、来世)中轮转,在"六道"(地狱道、畜生道、饿鬼道、阿修罗道、人间道、天上道)中往复。

集谛。指痛苦的根源。"集"是"招聚"、"集合",意思是"招致"苦难的原因。原始佛教认为,人们由于贪、嗔、痴、慢、疑、不正见这"六根本烦恼"。其中最根本的烦恼是"贪"、"嗔"、"痴",又称"三毒"。除此之外,人生在世还有行为(身)、言语(口)、思想(意)"三业"所造成的因果报应,使自己陷入无休止的生死轮回之中。

灭谛。指消除苦难,获得解脱。"灭"并不是要人去死,而是指人的意识应当处于寂静、沉潜的状态,不为一切外部事物的诱惑而触动,心如止水,波澜不惊,这叫"断灭"一切私心杂念。佛教修行的目的,就是要断灭引起苦难的心理和欲望的根源,抛弃一切欲望,让心灵处于绝对寂静的境界之上,从而达到解脱轮回与苦难的"涅槃"状态。

道谛。即摆脱痛苦、脱离苦海的方法。"道"是道路、方法、途径的意思。佛教认为,人生虽是"苦短",但前途也并非一片黑暗,这就是所谓的"苦海无边,回头是岸"。人们只要依照佛法修行,就能走出生死苦海,"放下屠刀,立地成佛",达到"涅槃"彼岸,进入一种"常乐我净"的境界,永沐西方极乐世界的佛光。

何谓涅槃?涅槃是佛教哲学中的一个核心概念,但并无明确的定义,而是仁者见仁,智者见智,有多种解释。有的教徒认为"毁身灭智,捐形绝虑"谓涅槃;有的教徒认为摆脱世俗束缚谓涅槃;有的教徒认为涅槃生可证得;有的教徒认为涅槃死后始可企及。总之,涅槃意味着生死相继的终结,按照印度传统观念,一切有生命的生物皆"生死相继"。这种所谓"生死相继"佛教徒称为"轮回"。所谓"轮回",即一切有生命者永在诸道辗转沉浮,经受无边之苦。按佛教教义,人死后并不能摆脱尘世之苦,因为生死相继,只有经历漫长的生死相继,修得阿罗汉果位,悟得真谛,才能真正摆脱无尽的生死轮回之苦。众生死后不仅可以转生为人身,而且可以转生为其他形体,如畜生、草木、天神等,而转世为人是生死轮回的最高形态,因为人身始可入于涅槃这一理想境界。信徒们认为佛陀在转生为乔达摩·悉达多之前,同样经历了漫长的生死轮回:曾生于人世,托生为不同种姓和不同职业者;亦生于天界,转化为天神,乃至大梵天。然而,佛陀是世人中第一个得大觉悟者,从而得以摆脱生死轮回。佛陀故去便是入于涅槃,因此,佛教徒通常把佛陀逝世称为"涅槃"。

佛教虽然宣称人生皆苦,但现实生活中人们却有许多世俗美好的追求和向往。古代士人常说人生"三不朽",即"立德、立功、立言",追求的是名望、地位和光宗耀祖。一般人期待"洞房花烛夜,金榜题名时"、"长命百岁,岁岁平安"等现实生活的幸福与欢乐。但这一切在佛教徒眼里都是虚幻,犹如"镜中花,水中月"一样虚无缥缈。深受佛教影响的人常发出看破红尘之慨叹:"人生如梦,一樽还酹江月","世事无常",一切都是白驹过隙,过眼烟云。传说中点过秋香的唐伯虎就曾有同感,并写过一首《一世歌》:

人生七十古来稀,前除幼年后除老。
中间光阴不多时,又有炎霜与烦恼。
过了中秋月不明,过了清明花不好。
花前月下得高歌,急须满把金樽倒。
世上钱多赚不尽,朝里官多做不了。
官大钱多心转忧,落得自家头白早。
春夏秋冬弹指间,钟送黄昏鸡报晓。
请君细点眼前人,一年一度埋荒草。
草里高低多少坟,一年一半无人扫。

可见,古人对"酒"、"色"、"财"、"气"的批判也表现了这种对世俗欲望的怀疑。同样,读过《红楼梦》的人都记得《好了歌》:

世人都晓神仙好,惟有功名忘不了!
古今将相在何方?荒冢一堆草没了。
世人都晓神仙好,只有金银忘不了!
终朝只恨聚无多,及到多时眼闭了。
世人都晓神仙好,只有姣妻忘不了!
君生日日说恩情,君死又随人去了。
世人都晓神仙好,只有儿孙忘不了!

痴心父母古来多,孝顺儿孙谁见了?

跛足道人一语道破天机:"可知世上万般,好便是了,了便是好。若不了,便不好;若好,须是了。我这歌儿,便是《好了歌》。""功名"、"金银"、"姣妻"、"美子"都是人生欲望,有欲望便是苦难之根,只有依照佛法修行,去除欲望,方能获得人生解脱。印度佛教原始教义,比较注重个人的解脱,但随着时代的发展,逐渐由注重个人解脱发展为强调"普度众生",并逐渐分化为大乘佛教、小乘佛教,有宗和空宗。到了公元12世纪左右,由于无法适应当时印度的社会要求,加上伊斯兰教诸王的入侵,异域文化的冲击,佛教在古代印度逐渐溃灭。此后,世界佛教中心东移中国。

古印度虽为佛教发源地,佛教在印度只是盛极一时,就佛教原始经典而言,印度次大陆保存的佛教资料并不是很多,而中国的汉译本、藏译本保存佛教思想资料反而最多。这是因为中国汉代已发明了造纸术,而印度很晚才懂得造纸术。在此之前,佛教在印度的传播单靠口耳相传,许多佛经书写或刻在贝叶上,因此,人们把那时从天竺取回的佛经叫"贝叶经"。这当然不如中国人写在纸上易于传播与保存。特别是藏传佛教经典,是用以狼毒花为原材料的藏纸书写的,纸质良好,千年不被虫蚀,更易于保存。公元4世纪,中国有个法显和尚到印度取经归来,写了《佛国记》,书中即讲到,印度佛经写本很少,都是靠背诵,口耳相传,因此不易保存。中国汉译本、藏译本佛经保存了大量在印度至今已找不到的佛教资料,如敦煌的唐人写本,到现在已有1000多年的历史。世界上英国、法国、苏联和中国保存的佛经里以唐人写经最多,但唐人写经的许多精华都在国外。佛教经典的全集叫《大藏经》,即宝藏之意,著名《中华大藏经》所搜集的佛教著作有4200多种,23000多卷,是现在世界上最全的一部《大藏经》(汉文部分)。这是世界佛教史上的盛事,为佛教的研究提供了必不可少的资料。该书从某种意义上说明了佛教在中国传播发展的盛况。

三、佛教与中国传统文化的冲突与融合

宗教的创立和流行,是世界所有民族共有的文化现象。在古代和中世纪,

第五章 入乡随俗 佛教改版

世界许多其他民族都曾以宗教作为支撑社会统治秩序的首要精神支柱。但在中国古代社会，由于宗法皇权的势力强大，宗教、神权始终依赖于皇权，是皇权统治的工具。在这一框架下，作为外来宗教的佛教为了适应本土文化，求取生存与发展，只能"入乡随俗"。

"三纲五常"的伦理观念和"皇权至上"的政治思想，是中华文化观念的核心。但原本在佛教的世界里，却漠视世俗人伦关系和世俗皇权的威严——如佛教教义主张无君无父，一不敬王者，二不拜父母，三不受礼教约束，"口不言先王之法言，身不服先王之法服，不知君臣之义、父子之情"①。显然，这与"百善孝为先"、"皇权至上"的中国传统伦理、政治观念是相违背的。佛教徒置佛教价值于个人、家庭、国家价值之上，认为佛教世界高于世俗世界。如果真是这样，宗教权力至少可以与世俗皇权并驾齐驱，甚至占有社会等级与价值的优先位置，宗教徒可以不跪皇帝、不尊敬父母，漠视世俗一切，但不能不尊重佛、法、僧三宝。② 在这点上，恰恰是注重血亲人伦关系、皇权至上的中国传统文化所不能容忍接受的，这也是最初两种异质文化激烈交锋的焦点。东晋高僧慧远曾写了《沙门不敬王者论》来为佛教辩护。慧远自称"方外"，依照佛理"情无取舍"，出家的佛教徒不必服从皇权、礼敬父母，应当"遁世以求其志，变俗以达其道"。慧远为维护佛教，发展佛教，曾与当朝权臣桓玄发生一场激烈论辩。在桓玄看来，父母养育之恩，家庭的血缘伦理，君主的尊严与权威，是天经地义的。世俗社会的一切制度由来已久，是维护社会秩序的保证，即使出家人也要照样绝对服从世俗皇权。但是慧远却坚持"沙门不敬王者"。一次，晋安帝途经庐山时，后来做了镇南将军的何无忌曾苦苦相劝慧远接驾，但慧远称疾拒不下山接驾。桓玄曾以"震主之威"致书慧远，劝其还俗致仕，慧远坚决回绝。有一次，桓玄径直入山，以挑衅口吻劈头便问："不敢毁伤，何以剪削？"慧远即刻回敬："立身行孝。"因为《孝经》讲："身体发肤，受之父母，不敢毁伤，孝之始也。"桓玄以此语攻诘慧远。慧远也引《孝经》回敬桓玄："立身行孝，扬

---

① 韩愈：《论佛骨表》，《韩昌黎文集校注》卷2。
② 在佛教中，称"佛、法、僧"为三宝，佛宝指圆成佛道的本师释迦牟尼佛；法宝指佛的一切教法，包括三藏十二部经、八万四千法门；僧宝指依佛教法如实修行、弘扬佛法、度化众生的出家沙门。三宝后指佛教。

名于后世,孝之终也。"由此可见,尽管慧远有十分出色的雄辩之才,却最终未能挣脱"忠孝"的道德规范。

中国伦理政治型文化模式中的宗教,在禁欲、绝亲、不敬王者等关乎世俗政治人伦等大局方面,并不像印度、中东、西方宗教那样绝对。作为外来宗教的佛教,正是由于在尽孝、尽忠这一伦理的两大端上有所修正,方获得国人的宽容与理解,佛教才得以在中国生根、发芽。例如,按照佛教教义,佛法在诸天之上,但中国化的佛教宗派则允许祭天大礼存在;佛教鼓励出家,本与孝道相悖,但中国化的佛教、宗派也讲尽孝,其轮回观念竟演化为父母死后作超度的佛事。汉译佛教经典甚至伪造《父母恩重经》阐发孝道,宣扬忠君。佛教与中国文化融为一体,这不能不归功于佛教入华后的"入乡随俗"之举。佛教由"绝亲"发展到后来自觉维护"孝道",甚至为此设立佛教盛大节日——盂兰盆会,祭祀历代祖先,宣扬信佛可以解除生亡倒悬之苦。盂兰盆会实为中国化的"孝亲节",深受提倡孝道的中国人喜爱。难怪当玄奘历尽艰险从印度取经归来,受到长安民众的夹道欢迎。"闻者自然奔凑,观礼盈衢,更相登践","始自朱雀街内,终届弘福寺门,数十里间,都人仕子,内外官僚,列道两旁,瞻仰而立,人物阗闉。"并非这些"都人仕子,内外官僚"都领悟了玄奘法相宗的高深理论,而是因为佛教本身此时已化雅为俗,更接近中国本土文化,普遍为民众所接受。特别是佛教入华后,逐渐在"孝道"、"忠君"、"入世"以及功德度人等方面有所发展,并增添了许多南亚原始佛教所没有的人生实务,至此其宗教的原版性发生了重大变化。

佛教传入中国初期,并未产生太大影响,东晋之前并没有形成一种社会力量,统治阶级中个别的人信奉佛教,也是为了去灾得福,求得个人幸福。虽然佛教与中国传统文化的冲突是难免的,但是基本上没有产生政治冲突。东晋时期,佛教开始盛行,并形成一股强大的社会力量,日益受到统治者的重视。自此,佛教与中国传统文化关系时有冲突,也不断调和,佛教与中国统治阶级的政治关系日益密切,成为统治阶级进行专制统治的工具,与此同时,彼此也逐渐产生矛盾,发生冲突。这里我们以中国历史上"三武一宗"灭佛事件为例,说明佛教与中国传统文化和政治的冲突与融合。"三武灭佛"又称"法难"、"三武之祸",是北魏太武帝灭佛、北周武帝灭佛、唐武宗灭佛这三次历史事件的合称。因三位帝王在位时的谥号或庙号都带有个"武"字,在佛教史中称"三武之厄"。公元955年,五代时期后周的周世宗又下诏废天下无敕额之寺院,毁铜像,收钟磬钹铎之类铸钱。"三武灭佛"加上周世宗灭佛,历史上合称"三武一宗灭佛"。

(一) 北魏太武帝灭佛

北朝各代帝王一般都重视扶植、利用佛教,例如,北魏拓跋氏道武帝、明元帝、文成帝、孝文帝和宣武帝都信奉并扶植佛教,但是也不幸发生了中国历史上首次佛教法难——北魏太武帝灭佛事件。北魏元明帝的嗣子太武帝拓跋焘"锐志武功",为充实兵源,接受道士寇谦之、司徒崔浩的建议,于太延四年(438年)诏令50岁以下沙门,一律还俗,后又下令禁止官民私养沙门。太平真君七年(446年),在长安一寺院发现私藏兵器、酿具和官民私藏的大量财物,时值内乱之际,太武帝怀疑僧人与内乱有关,遂下令尽杀长安和各地僧人,并焚毁经像。当时,太子拓跋晃监国秉政,一向笃信佛法,再三上表,向太武帝劝阻,但都未被采纳。太子拓跋晃有意延迟宣布命令,使各地僧人得以闻风藏匿,佛像、经论亦多得密藏;然而魏国境内的寺院塔庙却无一幸免于难,史称"太武法难"。废佛后不久,寇谦之病死,崔浩后来也因撰《魏史》,书中蔑视胡族而遭腰斩,其族人被诛者百余人。废佛后六年,太武帝驾崩,文成帝即位,下诏复兴佛教,佛教才又逐渐恢复发展。这表明了最高专制皇权在兴佛灭佛方面的巨大作用,又表明了佛教和专制统治虽然有适应的一面,也有矛盾的一面。

(二) 北周武帝灭佛

北周也重视崇奉和利用佛教,但是,北周武帝尊崇儒学,相信谶纬[①],对佛、道二教,尤其是佛教持淡漠的态度。他召集众人讨论儒、释、道的优劣,前后七次,各家相持不下。又下令群臣辩论佛、道二教的先后、深浅、同异,意在借以贬低、废斥佛教。但是各教是非优劣难以定夺。建德三年(574年)武帝又令道士张宾和沙门智玄辩论,还是互不能屈。北周武帝于是下令佛、道二教

---

① 所谓的"谶纬",其实是"谶"与"纬"的合称。"谶"是秦汉间的巫师、方士编造的预言吉凶的隐语、预言,作为上天的启示,向人们昭示未来的吉凶祸福、治乱兴衰。"纬"即纬书,是汉代儒生假托古代圣人制造的依附于"经"的各种著作。"谶纬"之学也就是对未来的一种政治预言。

一并废斥,沙门、道士200余万人还俗,没收之财物散发给臣下,寺观塔庙分给王公。此后三年进军北齐,下令毁灭北齐境内的佛寺,约300万沙门被迫还俗,4万余所庙宇改作宅第,灭毁经像,没收财物,这就是北周武帝灭佛事件。北周武帝灭佛,时间较长,涉及面广,触动深刻。当时有人称赞说:"帝独运远略罢之(指灭佛),强国富民之上策。"灭佛事实上也起到了"民役稍希,租调年增,兵师日盛。东平齐国,西定妖戎,国安民乐"的效果。正因为北周的灭佛运动,才使它国力大大增强,为北周灭齐乃至北周统一北方都奠定了坚实的基础。在佛、道二教极度兴盛的南北朝时期,周武帝独树一帜,毁佛断道,但并不屠杀僧侣,显示其统治的高度灵活性。纵然周武帝个人十分认可甚至是推崇宗教思想,但当宗教的发展与国家政权的运作发生冲突时,他还是选择了维护国家政权。对比同一时期,即北齐、江左政权的各位封建君主,这显示了周武帝统治政策之变化。

(三) 唐武宗灭佛

1. 唐武宗灭佛的历史背景

唐武宗会昌二年到五年(842—845年),唐朝武宗命令拆毁寺庙,史称"会昌法难"。"会昌法难"的历史背景是:元和十四年(819年),唐宪宗敕迎佛骨(即所谓舍利)于凤翔法门寺。先在宫中供养三天,然后送京城各寺,供僧俗礼敬,从而再次掀起全国性的宗教狂热。是时,"王公士民瞻奉舍施,唯恐弗及。有竭产充施者,有燃香臂顶供养者"①。对此,韩愈从儒家立场出发,予以坚决反对。他上表认为,佛教只是夷狄之法,非中国所固有,只是在东汉时才传入中国,因而不合先王之道。又说,佛教的流行使"乱亡相继,运祚不长"。对封建统治有害而无益。他着重指出,"佛本夷狄之人,与中国言语不通,衣服殊制。口不言先王之法言,身不服先王之法服,不知君臣之义,父子之情",故不宜敬奉。于是他断然提出:"以此骨付之有司,投诸水火,永绝根本,断天下之疑,绝后世之惑。"②并表示,"佛如有灵,能作祸祟,凡有殃咎,宜加臣身"。此表正与宪宗的奉佛心意相抵触,且历数了前代奉佛之君的运祚不长,

---

① 《资治通鉴》卷二四。
② 《谏迎佛骨表》,《韩昌黎全集》卷三九。

因而招致宪宗的盛怒,欲处韩愈以极刑。后经裴度、崔群等人的说情,最后被贬为潮州刺史。韩愈反佛是在佛教势力达于鼎盛的情况下进行的,具有比唐初傅奕反佛更为深刻的影响。史称韩愈"素不喜佛",信奉孔孟之道。他有感于"安史之乱"后藩镇力量强大,中央政权削弱,又有感于儒学的衰微和佛、道的蔓延,曾写下《原道》、《原性》、《原人》等论文。他在这些论文中提出,只有大力扶植名教,提倡忠君孝亲的孔孟之道,限制佛、道的传播,才能有效地巩固中央集权的统治。他在《原道》中指出:"今其法曰:必弃而君臣,去而父子,禁而相生养之道,以求其所谓清净寂灭者";"今也欲治其心,而外天下国家,灭其天常,子焉而不父其父,臣焉而不君其君,民焉而不事其事";"今也举夷狄之法,而加之先王之教之上,几何其不胥而为夷也。"意思是说,佛教背弃纲常名教,有碍国计民生,不合中国文化传统,务必予以排斥。为了达到排斥废除佛教的目的,韩愈提出了儒家的"道统"来与佛教各宗派的传法世系相对抗。他自认为其道统之说得自儒学真传,以继承和发扬从尧舜到孟子的道统为历史使命,要效法孟子辟杨、墨的精神来辟佛、道。正是基于此,他特别推崇《大学》的理论体系。《大学》将治国平天下列为头等大事,并与个人的道德修养联系起来,而佛教提倡出世,既违背封建伦常,又否认国家至上观念,所以佛教是不可容忍的。韩愈反佛的出发点和立论根据,是为了强化中央政权的政治经济利益,确立儒家文化的正统地位,比傅奕涉及的社会和思想问题要深刻得多。为了实现他的儒家政治理想,他在《原道》中提出:"然则,如之何而可也?曰:不塞不流,不止不行。人其人(此处"人"乃"民"),火其书,庐其居。明先王之道以道之。鳏(guān)、寡、孤、独、废、疾者有养也,其亦庶乎其可也"。试图以行政手段彻底废除佛教。这一思想为此后唐武宗的灭佛提供了重要依据。而他所提出的儒学独尊和儒家"道统",则对宋代理学的形成有明显影响。宪宗在唐中期还算是个有作为的皇帝。此后朝政腐败,朋党斗争,国势日衰,而唐穆宗、唐敬宗、唐文宗照例提倡佛教,僧尼之数继续上升,寺院经济持续发展,这大大削弱了政府的经济实力,加重了国家的负担。

2. 武宗灭佛的经过与历史影响

唐武宗继位后,在整顿朝纲、收复失地、稳定边疆的同时,决定废除佛教。唐武宗在废佛敕书中写道:"洎于九州山原,两京城阙,僧徒日广,佛寺日崇。

劳人力于土木之功,夺人利于金宝之饰;遗君亲于师资之际,违配偶于戒律之间。坏法害人,无逾此道。且一夫不田,有受其饥者;一妇不蚕,有受其寒者。今天下僧尼不可胜数,皆待农而食,待蚕而衣。寺宇招提,莫知纪极,皆云构藻饰,僭拟宫居。晋、宋、梁、齐,物力凋瘵,风俗浇诈,莫不由是而致也。"武宗认为,废佛是"惩千古之蠹源,成百王之典法,济人利众"①。这是武宗决心灭佛的主要原因。其实,唐武宗尚未即位时,已偏好道术。即位后,即召道士赵归真等81人入宫,于三殿修"金道场",并亲临三殿,受法。在日益偏信道教的同时,武宗开始了对佛教的整顿。而赵归真因曾遭京师诸僧的诮谤,常感"痛切心骨,何日忘之"②,这时便利用武宗对道教的偏信,于宫中"每对,必排毁释氏"③。他向武宗荐引了道士邓元起、刘玄靖等人,以声气相求,同谋毁佛。道教徒的鼓动,加强了唐武宗灭佛的决心。"安史之乱"后,唐朝国力迅速衰退,以往那种对外来文化兼收并蓄、完全开放的勇气和信心丧失殆尽。佛教作为异族宗教,自然也就在被排斥之列。会昌三年(843年)四月,朝廷"命杀天下摩尼师,剃发令著袈裟作沙门形而杀之"④。会昌四年(844年)三月,以赵归真为"左右街道门教授先生",而"时帝志学神仙,师归真。归真乘宠,每对,排毁释氏,言非中国之教,蠹耗生灵,尽宜除去。帝颇信之"⑤。唐武宗灭佛,实始于会昌初年,而至会昌末年达到高潮。

其实,早在会昌二年(842年),武宗已令僧尼中的犯罪者和违戒者还俗,并没收其全部财产,"充入两税徭役"⑥。会昌四年(844年)七月,敕令毁拆天下凡房屋不满200间,没有敕额的一切寺院、兰若、佛堂等,命其僧尼全部还俗。会昌五年(845年)三月,敕令不许天下寺院建置庄园,又令勘检所有寺院及其所属僧尼、奴婢、财产之数,为彻底灭佛做好准备。同年四月,即在全国范围内展开全面毁佛运动。僧尼不论有牒或无牒,皆令还俗。一切寺庙全部摧毁,所有废寺的铜像、钟磬悉交盐铁使销熔铸钱,铁交本州铸为农具。八月,下

---

① 《武宗本纪》,《旧唐书》卷18。
② 《宋高僧传》卷17。
③ 《佛祖历代通载》。
④ 圆仁:《入唐求法巡礼行记》卷3。
⑤ 《武宗本纪》,《旧唐书》卷18。
⑥ 《武宗本纪》,《旧唐书》卷18。

诏宣布灭佛结果："天下所拆寺四千六百余所,还俗僧尼二十六万五百人,收充两税户;拆招提、兰若四万余所,收膏腴上田数千万顷,收奴婢为两税户十五万人。"①同时还"勒大秦穆护、祆三千余人还俗",以使"不杂中华之风"。

会昌灭佛给佛教以沉重打击。据日僧圆仁目击记述,山东、河北一带的寺院,到处是"僧房破落,佛像露坐","寺舍破落,不多净吃;圣迹陵迟,无人修治"②的景象。在江南地区,也是"刹宇颓废,积有年所"③的状况。其后不久,唐末农民战争爆发,对佛教又是一次冲击。由于寺院经济被削夺,僧尼被迫还俗,寺庙遭毁,经籍散佚,致使佛教宗派失去繁荣的客观条件。因此,佛教需要新的权势者的倡导,采取新的生存和发展形式。

(四) 五代后周世宗灭佛

世宗为了贯彻以儒教为主的统治政策,以佛教寺院僧尼乃构成国家财政上的负荷为理由,下诏禁止私自出家;订立严苛的出家条件,并规定必须在国家公认的戒坛受戒,否则无效;不许创建寺院或兰若,违反的僧尼,课以严刑;未受敕额的寺院,一律废毁;民间的佛像、铜器,限50日内交由官司铸钱,如果私藏5斤以上的,一律处死。当时总计废毁寺院30336所,大量的佛像及钟、磬等法器被铸成通钱,世称"一宗法难"。民间相传世宗下诏毁坏佛像时,镇州有一尊铜制观音菩萨极为灵验,因此无人敢去毁损。世宗乃亲自前往该寺,用斧头砍毁菩萨胸部。显德六年(959年),世宗在北征途中,胸部突发痛疽而身亡,当然这只是传言而并非历史事实,只能说明周世宗灭佛决心和力度之大。

在这几次灭佛事件中,后周世宗灭佛是最有影响的一次。其实五代十国时期,北方政权都前后采取过一些禁佛的措施,但其中周世宗灭佛则是比较大的一次。从现有的资料记载来看,周世宗此次灭佛,并没有大量屠杀僧尼、焚毁佛经,而是带有一种整顿佛教的性质,还保留着很多寺院与僧尼。但由于整个中国佛教的发展已经走向了勉强维持的阶段,经过这次打击之后,就更显得萧条衰落了。在这一背景之下,三教之争就更趋于缓和,且规模都比较小。综

---

① 《武宗本纪》,《旧唐书》卷18。
② 圆仁:《入唐求法巡礼行记》卷4。
③ 《修龙宫寺碑》,《金石萃编》卷108。

上所述,"三武一宗灭佛"事件是中国历史上最高统治者亲自发动的破坏佛教或整顿佛教的有力措施。前三次性质相同,都是从根本上摧毁佛教,其中,又以第三次最为有力,且是带有全国性的措施,给佛教的打击最为沉重。至于第四次则和前三次灭佛事件不同,带有整顿的性质,但是,原来仅得以维持的佛教,经此挫折也就更趋向衰微了。"三武一宗"灭佛事件是中外文化冲突与融合的历史见证。

四、中国佛教的宗派形成与佛教中国化

佛教传入中国之后,尽管受到本土文化的排拒,但其传播态势渐盛。为了适应社会各阶层的精神需要,以求更大的发展空间,出现了不同的理论体系和修行体系。其实,早在魏晋南北朝时期,已经出现了师徒之间的传承体系和研究不同佛教经卷的各种学派,如涅槃学派、成实学派、地论学派和摄论学派等。到了隋唐时期,某些大寺院,为了维系自己的社会地位和声誉,吸引更多的信徒各自依据某一经典加以发挥改造,逐渐形成不同的派系,呈现出百花争艳的景象,有的派系甚至成为中国化佛教最有特色的代表,至此,中国佛教发展达到鼎盛时期。下面我们简介我国佛教主要宗派:

1. 三论宗 以研习鸠摩罗什(343—413年)传译的《中论》、《百论》、《十二门论》而得名。此派尊鸠摩罗什为初祖,经弟子世代传承,到隋唐的吉藏而集大成。其基本教义是主张万物虚幻,但世俗人却认为是真实存在的,而修道者则认为是空无实体的,这就是"真"、"俗"二谛。既然一切"非有非无",则一切"不生不灭,不长不断,不一不异,不来不去",这就是"八不"。三论宗以"真"、"俗"二谛为总纲,揭破一切虚妄不实,彻底破除三毒(贪、嗔、痴)迷惑,以建立一切无所得的中道正观。这一宗其实是印度中观系统的流派,龙树、提婆学说的直接继承者,隋末的吉藏系统地阐发了这一理论。唐贞观八年(公元625年)这一派经朝鲜僧人传入日本。

2. 瑜伽宗 由印度弥勒、无著、世亲创立的宗派,依弥勒讲说、记录整理的《瑜伽师地论》为根本教典而建立的宗派,故名瑜伽宗。我国玄奘法师传译此

宗,并糅译十师解释世亲的《唯识三十颂》之作为《成唯识论》,故此宗又称法相唯识宗,亦称慈恩宗。它的宗旨是广泛分别万有性相皆不离识。阐释诸法因缘体用,瑜伽宗以五法三自性,八识二无我为总纲,以转识成智转依为宗旨。此宗为我国玄奘法师传译成立,是印度无著、世亲学说的直接继承者。

3.**天台宗(法华宗)** 以罗什翻译的《法华经》、《大智度论》、《中论》等为经典,吸收了古代印度和中国古代各派思想,重新加以系统地组织而形成的思想体系。因为创始人智𫖮(538—597年)住在浙江天台山,故名天台宗,又因智𫖮以《法华经》为教义依据,故又名"法华宗"。智𫖮生于南北朝时期,陈太建七年(公元575年)入天台山修行,创建国清寺。智𫖮主张诸法实相,万物互通,一心具有三千世界,即千差万别的事物都反映了真如法性的本质,因而万物皆由心生。到唐代,天台派名僧湛然,提出"无情有性",即草木山石也有佛性。湛然传道邃、行满。天台宗后由日本僧人最澄传入日本。12世纪初,日本僧人日莲又据《法华经》创立日莲正宗,现在活跃于日本社会的创价学会,就是日莲正宗的分支。

4.**华严宗(贤首宗)** 因其依据的经典为《华严经》,故名"华严宗"。其始祖被认为是隋末唐初的杜顺,杜顺长期以长安终南山华严寺为道场宣讲教义,死后被葬于寺中,今其塔仍存。但这一派其实直到三祖法藏才正式形成。法藏又被称为"贤首国师",所以,这一派又叫"贤首宗"。其教义主张心是世界万物的本源,客观世界只在主观世界感觉到时才存在,此宗以五教来判摄整个佛教,以六相、十玄、三观为中心思想,着重阐明法界缘起的道理和观行的方法。唐开元年间,经新罗僧人传入日本,创立日本华严宗。

天台宗和华严宗的宗义虽然依据《法华经》、《华严经》,而实际上为中国所独创。天台宗的一心三观、圆融三谛学说;华严宗的法界缘起,一切无碍学说都大大发展了印度传来的大乘佛教思想,展示了中国独创的佛教精神。

5.**禅宗** 禅,本意是思维修养、静虑精心,为印度佛教的一种修炼方法。传入中国后逐渐形成一个宗派,产生一整套理论体系和修行体系,成为佛教中国化的最典型的产物。禅宗主张"教外别传",不立文字,识心见性,以心传心,因而不用背诵经卷,只要坐禅修行即可。禅宗虽有单传心印,不立文字之说,实际上禅宗以《楞伽》、《金刚》和以后出现的《六祖坛经》以及许多语录为依据的。相传此派的禅法由五世纪初的菩提达摩从印度传来,所以以他为祖师,并以历代传承的袈裟和法钵为信物。八世纪时,禅宗分为南北二宗:北宗神秀(约606—706年)一派主张渐修,盛极一时,但不久便衰微;南宗慧能(638—713年)一派主张顿悟,后世称慧能为六祖,弘传佛法甚盛。从唐至宋,南宗的禅师辈出,成为禅宗主流,后来又分为"五家七宗",后来的禅宗只有临济、曹洞两派流传不绝。

6. 净土宗(莲宗) 净土宗是依据《无量寿经》、《观无量寿经》等经典,提倡观佛、念佛以求生西方阿弥陀佛极乐净土为宗旨而形成的宗派,故名净土宗。因传说西方净土的七宝池中长满莲花,凡往生西方净土的人,先投生莲花之中,当莲花开放,此人便生活在净土中。东晋名僧慧远是其创始人,他曾自结莲社,组织人们专修净土,因此又叫"莲宗"。这一派以北朝东魏的昙鸾为初祖。净土宗修行不一定要通达佛经,深研教义,也不一定要静坐专修,只要心愿具足,一心默念"南无阿弥陀佛",始终不怠,临命终时,就能往生净土。由于净土宗简单易行,不拘形式,因此,净土宗在中国得到特别广泛的流行。

7. 律宗(南山宗) 是以研习和传持戒律为主的一个宗派,其依据的经典是昙无德部《四分律》而加以大乘教义的解释,在中国形成了一个"律宗"学派。它的实际创始人和重要代表人物是唐朝的道宣,因道宣住在终南山,所以又叫"南山宗"。道宣著述甚丰,弟子众多。著名弟子有弘景等人,弘景弟子就是鉴真,鉴真东渡日本传戒,创立日本律宗。

8. 法相宗(慈恩宗) 其理论在于深入辨析一切事物(法)的种种表现(相)及其产生的原因,故名"法相宗";又因创始人为玄奘及其弟子窥基,他们师徒居住在长安慈恩寺,故又称"慈恩宗"。法相宗主张万法唯识(主观精神),心外无境(客观世界),因此又叫"唯识宗"。它依据是《瑜伽师地论》和玄奘所著的《成唯识论》两部经典。法相宗传习佛法的特点,是通过繁琐的心理分析来论证客观万物是人的精神的派生物;同时又主张并非一切众生都有佛性,这当然不会受到都想成佛的众生的欢迎,所以,历时不久便衰微,几成绝响,直到近代才又受到人们的重视。

9. 密宗 密宗又称密教,其研习经典主要为《大日经》、《金刚顶经》、《胎藏界》等多部,一说因其自称受大日如来佛秘密传授教旨,故称"密宗";一说因此宗密法奥妙,不经灌顶,不经传授,不得任意传习和显示别人,因此称为"密宗"。这一派在中国的形成始于唐代来华的三位印度僧人善无畏、金刚智和不空。三人在华传法,甚受朝廷礼敬,以不空尤甚,曾为唐玄宗、肃宗、代宗三代国师。不空的弟子甚多,以千万计,其中以惠郎、惠果的成绩最佳。惠果以长安青龙寺为道场,唐代诗人贾岛曾出家于此,"鸟宿池边树,僧敲月下门",诗中即是此地。日本僧人空海就学于惠果,回国后创立了日本真言宗。

10. 喇嘛教　"喇嘛教"就是西藏地区流传的佛教,因此,称为"藏传佛教"。"喇嘛"是藏语译音,意思是"上师",是藏族人民对有地位、有学问的和尚的尊称。藏传佛教主要以印度传入的密教经典为主,吸收了苯教的某些仪式和神祇信仰,形成了具有我国西藏特色的"藏密",大致流行于青海、内蒙古地区以及蒙藏附近的国家。由于修行方式、传承体系各不相同,到 11 世纪中叶,形成了宁玛派、噶当派、噶举派和萨迦派。15 世纪初又创立了格鲁派(黄教),各派都有严密的寺院组织和学经制度。在元朝和清朝政府的支持下,萨迦派和格鲁派先后执掌西藏政教大权。明嘉靖二十一年(公元 1542 年),格鲁派采用活佛转世制度解决法位传承问题,即活佛圆寂前指定从某一方位寻找一个他转世降生的男孩子,作为其来世真身的灵童。后来因为同时出生的男孩不止一个,清乾隆时期,改为"活佛转世金瓶掣签制度",凡"达赖"、"班禅"及大活佛的法位继承人,都以此法最后决断。

"达赖"和"班禅"是黄教两大活佛转世系统的称号。达赖的称号始于三世达赖喇嘛锁南嘉措,前两世都是后世追认的。明嘉靖二十二年(公元 1543 年)锁南嘉措作为前世黄教首领根敦嘉措的转世灵童,被迎进哲蚌寺(在拉萨市),年仅三岁。锁南嘉措十分聪慧,十二岁便能宣讲佛经,从而在西藏获得很高的声望。明朝万历五年,锁南嘉措应蒙古族土默特部首领俺答汗的邀请,前往蒙古地区传法。次年,俺答汗为了感谢他教化众生的恩德,尊锁南嘉措为"圣识一切瓦齐尔达赖喇嘛",达赖喇嘛的称号从此开始。"圣识一切"是汉语,赞美锁南嘉措佛学无所不知;"瓦齐尔达赖"是蒙语,意思是大海;"喇嘛"是藏语,意思是"上师"。合起来意思就是"对佛学无所不知的、坚不可摧的、像大海一样的伟大的和尚"。锁南嘉措虽然被尊为达赖喇嘛,但是,并没有经过中央政府的正式册封。一直到清朝顺治九年(公元 1652 年),五世达赖罗桑嘉措入京觐见皇帝,朝廷为罗桑嘉措修建黄寺,并正式册封他为"西天大善自在佛所领天下释教普通瓦赤喇怛喇达赖喇嘛"。此后,历代达赖喇嘛都要经过中央政府正式册封,才算合法。

班禅的称号比达赖略晚。清顺治二年(公元1645年),领兵在藏的蒙古族和硕特部首领固始汗,为了分散和削弱达赖五世罗桑嘉措的政教权力,尊扎什伦布寺(在日喀则市)的寺主罗桑却吉坚赞为"班禅博克多",这是班禅称号的正式开始。从此扎什伦布寺也开始采用"活佛转世金瓶掣签制度",以解决活佛传承问题。其实,罗桑却吉坚赞是四世班禅,前三世是后来追认的。康熙五十二年(公元1713年),清政府正式册封五世班禅为"班禅额尔德尼",规定其转世跟达赖一样,须经中央政府批准。"班"是梵语"班弟达"的简称,意思是学问高深的学者;"禅"是藏语"大"的译音;"额尔德尼"为满语,意思是"珍宝"。合起来意思是"学问高深,如同珍宝一样的大学者"。

纵观佛教各宗各派,隋唐是其兴起和极盛时期,会昌法难(公元844年)后,除禅宗外,是诸宗衰微时代。稍后有天台宗、贤首宗复兴和禅宗的大发展,但终不及初唐、中唐盛况。而汉地原有佛教则不及宋时兴盛,只有南禅影响较大,明清时代,汉地佛教发展缓慢,仅存余续。自元代起,西藏佛教传入内地,到了清代,统治阶级为了笼络西藏、蒙古等少数民族的贵族阶层,安定边疆,转而重视喇嘛教,喇嘛教虽受朝廷崇奉,有了一定发展,但未能普及民间。

五、佛教节日和佛教文化的世俗化发展

在少数人才能有机会受到学校正式教育的古代社会,信众们佛教观念的传播,往往并非来自经典,而是通过以通俗的文本、传说、仪式、绘画世俗形式,作为其主要的传播途径,其中民间佛教节日的形成,就是中国文化对佛教文化吸纳和改造的结果。

浴佛节、盂兰盆会、佛成道日(腊八节)本来是佛教节日,但随着佛教文化与中国传统文化的融合,轮回信仰与观音、弥勒等佛教信仰不断深入民间,遂成为中国古代民间的普遍信仰,浴佛节、盂兰盆会、佛成道日(腊八节)也成为

民间普遍接受的节日,是中国传统文化的重要组成部分。

(一) 浴佛节

浴佛节是旧时民间宗教性节日。俗传农历四月初八为佛祖释迦牟尼生日,亦称"佛祖诞"、"佛生日"、"释迦诞"、"佛祖诞辰"等,汉译佛经根据南传《本生经》换算为我国农历的二月八日或四月八日,通用四月八日,但实际上因时因地而有不同的说法。南朝曾以二月八日为佛诞,宗懔《荆楚岁时记》:"二月八日,释氏下生之日。"宋代则南北各异,宋赞宁《僧史略·卷上》:"今东京(开封)以腊月八日浴佛,言佛生日。"腊月八日其实是佛成道日。北宋时,圆照禅师指出应从《摩诃刹头经》之说:"佛告大众,十方众佛皆用四月八日夜半子时生。所以者何? 为春夏之际,殃罪悉毕,万物普生,毒气未行,不寒不热,时气和适"。从此改定四月八日。元代《敕修百丈清规》亦定四月八日为释迦诞辰。明、清时期再无更易。

不过,历史上浴佛节日期并不固定,因时因地而异。还有二月八、三月三、腊日之说。《续高僧传·卷二二》:"唐代宗琬以二月八日大圣诞沐之辰,追惟旧绪,敬崇浴具,每年此日开讲设斋,大会道俗。"光绪十年(1884年),山东《曹县志》:"三月三日少数民族地区亦有浴佛之俗。在藏族地区,是日各喇嘛教寺院进行除尘保洁的宗教活动,喇嘛们诵《沐浴经》,然后为佛像拂去尘埃,继而以水灌洗。"傣族地区则在新年(傣历六月五日),即傣族腊历的元旦,相当于农历四月中旬举行浴佛活动,人们互相泼水祝福,称"泼水节"。旧时浴佛节有多项佛事宗教活动,如浴佛、龙华会、结缘豆、放生会等。

1. 浴佛

亦称"灌佛"。为纪念释迦牟尼诞辰而举行的宗教仪式。浴佛之俗起因于佛祖诞生时的情景。据《过去现在因果经》卷一云:"摩耶夫人在迦毗罗卫城郊蓝毗尼园的无忧树下,生下了悉达太子。太子落地便能行走,举目四顾,一手指天,一手指地,自称天上地下,唯我独尊。当时,天雨香花,九龙吐水,为太子沐浴。"这便是浴佛节沐佛的传说依据。

我国此俗最早可追溯至东汉。《后汉书·陶谦传》:"(笮融)大起浮屠寺……每浴佛,辄多设饭饮,布席于路,其有就食及观者且万余人。"《三国志·吴志·刘繇传》亦记载了此事。唐朝韩鄂《岁华纪丽》四月八日"浴释迦"

引南朝梁宗懔《荆楚岁时记》:"荆楚以四月八日诸寺各设会,香汤浴佛,共作龙华会,以为弥勒下生之征也。"南宋时,京师临安(今杭州)此俗更盛。周密《武林旧事》:"四月八日为佛诞日,诸寺院各有浴佛会,僧尼辈竞以小盆贮铜像,浸以糖水,覆以花棚,铙钹交迎,遍往邸第富室,以小勺浇灌,以求施利。"可见,浴佛的仪式最晚在东汉传入我国,六朝时流行于朝野,一般用以祈福。其后,浴佛的时间、风俗虽因时因地而异,但节日活动均比较盛大,浴佛习俗自汉开始,历代流行,一直延续到近世。

旧时在佛诞日这天,寺院僧人常举行浴佛会,用水清洗佛像,诵《万寿无疆长寿经》等。诸寺各设会坛,用五香水浴佛,作"龙华会"。民间还有阖家聚食,馈赠亲友乌饭之俗,以求佛祖保佑,故是日亦称"乌饭节"。宋僧赞宁《僧史略·卷上》:"问:浴佛表何?通曰:像佛生时,龙喷香雨浴佛身也。"浴佛的仪式一般在佛殿或露天净地举行。在灌佛盘中的莲花上,安置释迦太子"一手指天,一手指地"的金像(或铜像),然后"为众香汤,置净器中。先作方坛,敷妙床座,于上置佛,以诸香汤次第浴之。用香汤毕,复以净水淋洗其像。人各取少许洗像之水置自头上,烧种种香以供养。初于像上下水之时,应颂以偈:我今灌沐诸如来,净智功德庄严聚;五浊众生令离垢,愿证如来净洁身"[①]。宋人金盈之《醉翁续录》更详细地记述了当时浴佛盛况:"浴佛之日,僧尼道流云集相国寺,是会独甚。常年平明,合都士庶妇女骈集,四方扶老挚幼交观者莫不蔬素,众僧环列既定,乃出金盘,广四尺余,置于佛殿之前,仍以漫天紫幕覆之于上,其紫幕皆销金为龙凤花木之形。又置小方座,前陈经案,次设香盘。四隅立金频伽,蹬道阑槛,无不悉具。盛陈锦绣毡褥,精巧奇绝,冠于一时。良久,敲锣击鼓,灯烛相映,罗列香花,迎拥一佛子,外饰以金。一手指天,一手指地,其中不知何物为之,唯高二尺许,置于金盘中。众僧举扬佛事,其声振地。士女瞻敬,以祈恩福。或见佛子于金盘中周行七步,观者愕然。今之药傀儡者,盖得其遗意。既而揭去紫幕,则见九龙饰以金宝,间以五彩,从高巽水,水入盘中,香气袭人。须臾,盘盈水止,大德僧以次举长柄金杓,挹水灌浴佛子。浴佛既毕,观者并求浴佛水饮漱也。"因宋代统治者采取佛、道并重的宗教政

[①] 《浴像功德经》。

策,大相国寺又是名副其实的国家寺院,因此,浴佛节显得更为隆重。

浴佛、灌佛所用的香汤即为浴佛水。宋孟元老《东京梦华录》:"四月八日佛生日,十大禅院各有浴佛斋会,煎香药糖水相遗,名曰浴佛水。"香汤是一种笼统的说法,香药糖水更具体一些。浴佛所用的香水多种多样,相当讲究。民国《铁岭县志·岁时》:"四月八日'佛诞节'。诸佛寺设斋,以五色香水浴佛,作'龙华会'。以都梁香为青色,郁金香为赤色,丘隆香为白色,附子香为黄色,安息香为黑色,以灌佛顶,一般好佛者为之。"历史上浴佛水还有一种名为五色香汤,《高僧传·摩诃刹头》云:"四月八日浴佛,以都梁香为青色水,郁金香为赤色水,丘隆香为白色水,附之香为黄色水,女息香为黑色水,以灌佛顶。"《浴像功德经》列香汤处方:"牛头旃檀、紫檀、多摩罗香、甘松、白檀、郁金、龙脑、沉香、麝香、丁香。"显然,浴佛、灌佛所用的香汤实为中草药水,应该具有清热解毒的药用功效,所以,民间有所谓饮浴佛水医治百病的说法,大概正源于此。

2. 龙华会

古代寺院僧人在农历四月八日举行的法会。这是浴佛节为纪念弥勒佛诞生专门举行的。佛教认为,现在佛释迦牟尼曾经授记,未来佛弥勒佛上生四千年(合人间五十六亿七千万年)后,仍然下生此土,补登佛位。弥勒下生后,在龙华树下得道成佛。其后,遵释迦牟尼所嘱,在华林园龙华树下说法超度众生。初会说法,九十六亿人得阿罗汉;第二会说法,九十四亿人得阿罗汉;第三会说法,九十二亿人得阿罗汉,这就是佛教说的龙华三会。后来佛家逐渐形成了龙华会仪式。据史料记载,此俗南朝时期已有,南朝梁宗懔《荆楚岁时记》谓:"四月八日,诸寺各设斋,以五香水浴佛,作龙华会。"为弥勒下生之征。唐刘长卿游支硎寺诗曰:"支公去已久,寂寞龙华会。"近代胡朴安《中华全国风俗志》亦记述近世杭州龙华会风俗:"四月初八日,俗传为释迦佛诞日。僧尼各建龙华会,以盆坐铜佛,浸以糖水,覆以花亭,铙鼓迎往富家,以小勺浇佛,提唱偈诵,布施财物。"这是把龙华会与浴佛合办的仪式。

3. 舍缘豆与结缘豆

舍缘豆与结缘豆,是旧时寺院于民间四月八日浴佛节的信仰风俗,即一种念佛舍豆以结善缘的活动。结缘原本佛家语,一般指与佛结法缘,以求超度。

寺院僧人或民间妇女将缘豆遍赠香客或行人,谓之舍缘豆。俗云如此可结佛缘或来生之缘。所谓缘豆,亦称结缘豆,实为青豆或黄豆,是平时僧人或民间妇女念佛选出用以结缘的,故名。寺院和民间舍缘豆的情形大致相同。《燕京岁时记》引《日下旧闻考》:"京师僧人念佛号者,辄以豆计其数。至四月八日佛诞生之辰,煮豆微撒以盐,邀人于路请食之,以为结缘。"又潘荣陛《帝京岁时纪胜》:"(四月)八日为浴佛会。街衢寺院搭苦棚座,施茶水盐豆,以黄布帛为悬旌,书曰:'普结良缘'。"民间则为结来世缘,或广义的善缘。河北《涿州志》:"民间妇女以菽豆计数念佛。是日,煮熟置盘盂内,供之佛前,分给众人食之,谓之结缘。"还有用此法为老人结寿缘的。《红楼梦》第七十一回即记云:"喜鸾和四姐儿洗了手,点上香,捧上一升豆子来。两个姑子先念了佛偈,然后方一个一个的拣在一个笸箩里,每拣一个,念一声佛。"贾母说:"明日煮熟了,令人在十字街结寿缘。"《红楼梦》虽是小说,其内容和情节却又是一定时代民俗生活的反映。明刘侗、于奕正《帝京景物略》记载颇为详细:"(四月)八日,舍豆儿,曰结缘,十八日,亦舍。先是拈豆念佛,一豆,佛号一声,有念豆至石者。至日熟豆,人遍舍之,其人亦一念佛,啖一豆也。"又清富察敦崇《燕京岁时记·舍缘豆》:"四月八日,都人之好善者,取青黄豆数升,宣佛号而拈之。拈毕煮熟,散之市人,谓之舍缘豆。预结来世缘也。"《津门杂记》也记载舍缘豆与结缘豆的民俗:"十二月初八日,作佛会,清晨有施豆者,先于夜间,跪佛前,每拈一豆,念佛一声,曰结缘豆。"可见,不同时期各地结缘豆的时间略有差异,但情形大致相同。

4. 放生会

传统信仰放生可积善得道,故过去朝野士庶多于特定时间、地点举行盛大放生活动,尤以佛祖诞辰四月八日放生会更为隆重。放生活动由佛门戒律"不杀生"衍化而来,又与儒家重生之德相符。史载放生之举始于隋代天台宗创始人智𫖮。放生会至晚在宋代已很普遍。宋周密《武林旧事》曰:"是日(四月八日)西湖作放生会,舟楫甚盛,略如春时小舟,竞买龟鱼螺蚌放生。"清赵翼《陔余丛考》卷三十三亦称当时杭州郡人数万会集西湖放生池,纵鱼鸟以百万计。胡朴安《中华全国风俗志》记江苏南京、吴中此俗:"四月初八日,俗传为佛祖生日。是日富家出赀买鱼鳖及鸟鱼放生,谓是日救生一命,能较平时作十万功德。"《清嘉录》卷四对苏州放生做了记载："居人持斋礼忏,结众为放生会。或小舟置龟鱼螺蚌,口诵往生咒放之,竟日不绝。"《点石斋画报》有一幅《西湖放生记》绘画,是西湖旧日节日放生活动情景的真实写照。我国少数民族地区也过四月八日,但是他们不是放生,而是爱牛,如壮族、土家族、布依族、毛南族等都在四月八日过牛王节、牛神节、牧童节或开秧节。该日不使用耕牛,让牛休息好,给牛粮食吃,人也吃"牛王粑"。因为牛是从事耕作的重要畜力,也应当像人一样劳逸结合。可能牛王节也是受了浴佛节放生信仰的影响而产生的。佛教放生活动客观上促进了古代环境保护和生态平衡。

5. 斋会

又名吃斋会、善会,由僧家召集,请善男信女在四月八日赴会,念佛经,吃斋。与会者俗称"善会"。由于参加斋会要吃饭,必须先交斋饭钱,称"会印钱"。饭菜有面条、蔬菜和酒等。在浴佛节期间,人们除了讨浴佛水外,还由斋会施舍圣水。前面我们已经提到,早在北宋东京时期,四月八日浴佛节,十大禅院在浴佛斋会上已有浴佛水习俗。此种浴佛水掺有香药,应该是一种防病的中草药,自然与前述的浴佛不同。《武林旧事》卷三也有类似记载："四月八日为佛诞日,诸寺院各有浴佛会,僧尼辈竞以小盆贮铜像,浸以糖水,覆以花棚,铙钹交锭,遍往邸第富室,以小句浇灌,以求施利。"可见,宋代浴佛节斋会盛况。浴佛节饮食也极富宗教色彩,有阿弥饭、乌米饭等。《清嘉录》卷四:"市肆者青精饭为糕式,居人买以供佛,名曰'阿弥饭',亦名'乌米糕'。"青精饭(阿弥饭、乌米糕)最初只是道家和民间的一种斋戒修养或禁火食品。道教徒山居修炼时,一般即服食这种饭,据传食之可以令人童颜不老。唐陆龟蒙《道室书事》诗云："乌饭新炊笔霍香,道家斋日以为常。"杜甫亦诗云："岂无青精饭,使我颜色好。"皮日休也有诗云："半月始斋青精饭。"道家对青精饭及其灵异解释说："彭祖云,大宛有青精先生,青灵真人。霍山道士邓伯元者,受青精饭法,能冥中夜书。寒食禁火吃熟食,青精饭亦是其中之一。"宋陈元靓《岁时广记》引《零陵总记》云："杨桐叶细冬青,临水生者尤茂。居人遇寒食,采其叶染饭,色青而有光,食之资阳气,谓之杨桐饭。"后来被佛教接受,在农历四月八日浴佛节做青精饭供佛,并招待来寺庙的香客和施主。《本草纲目》载:"(乌米饭)乃仙家服食之法,而今之释家多于四月八日造之,以供佛耳。"《燕都游览志》亦云:"四月八日,梵寺食乌饭,朝廷赐群臣食。"民间也有以此供奉祖先的。《岳阳风土记》云:"岳州四月八日取羊桐叶渐米为饭,以祀神乃先祖。"

6. 浴佛节庙会求子

浴佛节庙会求子也是过去很重要的民俗活动。《日下旧闻考》卷一四七《风俗》:"四月八日,燕京高梁桥碧霞元君庙,俗传是日降神,倾城妇女往乞灵祈生子,西湖、玉泉、碧云、香山游人相接。"东北也有类似风俗。《关东山民间风俗》称:"四月八日、四月二十四日为娘娘庙会","庙会上最兴隆的买卖是'小人'。""小人有泥塑的、有纸扎的。看庙会的妇女几乎都买一对带回家,以求生子生女"①。山东聊城有观音庙,神案前有许多小泥娃娃,有坐者、舞者,皆男娃,塑有突出的"小鸡"。四月八日这天,不孕妇女拜观音后,必取一泥娃娃,以红绒绳套住脖子,号称"拴娃娃",同时回家后摘下"小鸡",以水服下,认为这样便能怀孕生子。一旦生子,必定回观音庙还愿。贵州花溪苗族过四月八日,在山坡上举行隆重的"射背牌"会,参加者万余人。由老人主持,念词。女子将背牌挂起来,男方把马刀插在地上,先向天空射三箭,然后再向背牌射三箭。射中后,女子将背牌送给男子留念。男子则以一把伞、一只鸡、一对耳环回赠。双方把礼物视为最珍贵的东西,待他们死后,男子以背牌蒙面,女子以伞随葬。据说这一遗风是从伏羲、女娲传说来的。当时鉴于婚姻禁忌,兄妹不婚,妹妹提出要射中三箭方可婚配,于是射箭,成婚后兄妹生育了人类。以此后来有了背牌射箭丧葬风俗。这实际上是一种祈求生育子女的交媾巫术。

(二) 中外节日文化的交融:盂兰盆会②

农历七月十五,是佛教盂兰盆会。佛教设盂兰盆会,意在解脱饿鬼倒悬之苦,度人七世父母,实为中国佛教的"孝亲节"。

我们知道,儒家"孝道"伦理观念是中华传统文化观念的核心内容,但外来佛教文化的原始教义中却漠视世俗人伦关系,如魏晋时期高僧慧远强调佛

---

① 金宝忱:《关东民间风俗》,吉林民俗学会编印1985年,第44页。
② 参阅马福贞论文:《"七月望"节俗的历史渊源和形态特点》,《郑州大学学报》2008年3月。

法是"不变之宗",著《沙门不敬王者论》,维护原始佛教对伦理政治的超越性。佛教原始教义主张无君无父,一不敬王者,二不拜父母,三不受礼教约束,正如唐朝韩愈所言:"夫佛本夷狄之人,与中国言语不通,衣服殊制。口不言先王之法言,身不服先王之法服,不知君臣之义、父子之情"。显然,这与"百善孝为先"的中国传统伦理道德是相违背的。在这点上,恰是注重血亲人伦关系、皇权至上的中国传统文化所不能容纳忍受的,这也是最初两种异质文化激烈交锋的焦点。《孝经·开宗明义章第一》:"身体发肤,受之父母,不敢毁伤,孝之始也。立身行道,扬名于后世,以显父母,孝之终也。夫孝,始于事亲,中于事君,终于立身。"佛教最终未能挣脱中国传统"忠孝"的伦理道德规范,在中国伦理型文化模式下,中国化佛教在禁欲、绝亲、不敬王者等关乎世俗人伦大局方面并不那么绝对,而是入乡随俗,有所改版。中国化佛教正是由于在尽孝、尽忠这一伦理的两大端上有所修正,方获得民众的宽容与理解,并得以在中国本土生根、发芽。佛教鼓励出家,本与孝道相悖,但中国化的佛教宗派也讲尽孝,到魏晋南北朝时期其轮回观念竟演化为父母死后作超度的佛事。汉译佛典《父母恩重经》、《盂兰盆经》大力阐发孝道,宣扬出家是可以超度父母亡灵、保佑在世父母的幸福安康。古老的秋尝节俗在魏晋南朝时期,因中外文化的激荡融合逐渐演化为一个新节日:七月十五盂兰盆会。盂兰盆会本是佛教的佛腊节(佛历以七月十五为岁末,十六为岁首),在传统秋尝节俗的基础上,渗入佛教目连救母脱饿鬼道的传说并形成极富中国伦理文化特色的佛教"孝亲节"。

魏晋南北朝时期,虽然儒学衰微,"高人乐遗世,学者习庶玄",社会环境有利于佛教的发展,但统治阶级"以孝治国"的宗旨是一贯的。当时,竺法护、法显等高僧辈出,汉译佛经大量出现,中国化的佛教宗派天台宗创立,石窟开凿成风,寺院林立。正如杜牧诗云:"南朝四百八十寺,多少楼台烟雨中。"南朝"菩萨皇帝"梁武帝萧衍提出"三教同源"之说,认为三教可以相互辉映,并称儒释道三教始祖孔子、释迦牟尼、老子为"三圣"。他广建佛寺,四次舍身同泰寺为"寺奴",不仅大力推动了佛教的广泛流播,而且直接促成了佛教盂兰盆会的民间化节日形成。据《佛祖统记》载,大同四年(538年),梁武帝驾幸同泰寺,设盂兰盆斋。其后民间普遍举行。梁宗懔《荆楚岁时记·七月十五》

最早记录了这一新节日:"七月十五日,僧尼道俗悉营盆供诸佛。"又记载各地寺庙"广为华饰乃至刻木割竹,饴蜡剪彩,模花叶之形,极工妙之巧"。可见当时七月半盂兰盆会之盛况。《颜氏家训·终制篇》曰:"若报罔极之德,霜露之非,有时斋供,及七月半盂兰盆,望于汝也。"这里已言及斋供祀亲,使祖祢于冥间免于冻馁;盂兰盆借助佛众,求佛解脱亡亲冥间痛苦。《岁时广记》引《岁时杂记》:"律院多依经教作盂兰盆斋,人家大率即享祭父母、祖先。"《燕京岁时记》引《释氏要览》曰:"盂兰盆乃天竺国语,犹华言解倒悬也。"《荆楚岁时记》引《盂兰盆经》曰:"目连见其母在饿鬼中,即以钵盛往饷其母。食入口,化成火炭,遂不得食。目连大叫,弛还拜佛。佛言:'汝母罪重,非一人奈何。当须十方众僧威神之力。至七月十五日,当为七世父母厄难中者,具百味五果,以著盆中,供养十方大德。佛敕另众僧皆为施主,祝愿七代父母,行禅定意,然后受食。'是日,目连母得脱一切饿鬼之苦。目连拜佛:'未来世佛弟子行孝顺者,亦应奉盂兰盆供养。'佛言:'大善。'"又《盂兰盆经》云:"善男子,若有比丘、比丘尼、国王、太子、王子、大臣、宰相、三公、百官、万民、庶人行教慈者,皆应为所生现在父母、过去七世父母,于七月十五日佛欢喜日、僧自恣日,以百味饮食安盂兰盆中,施十方自恣僧。"由此可见,佛教与中国文化融为一体,这不能不归功于佛教入华后的"入乡随俗"之举。佛教由"绝亲"发展到后来自觉维护儒家"孝道",甚至为此设立佛教盛大节日盂兰盆会,宣扬信佛可以超度历代祖先、解生亡倒悬之苦,实以孝为基础,深受提倡孝道的中国人喜爱。佛教在推行盂兰盆会时已结合中国伦理文化的特点,大量渗入儒家孝道观念,为后世民间七月半以祀祖取代供佛提供了理论根据。

　　唐宋时期盂兰盆会仍很兴盛,皇家每年送盂兰盆于各官寺,献供种种杂物,并有音乐仪仗及送盆官人随行;民间施主也到各寺献盆献供。《旧唐书·王缙传》:"代宗七月望日于内道场造盂兰盆,饰以金翠,所费百万。"顾铁卿《清嘉录·盂兰盆会》卷七引孙思邈《千金月令》:"七月十五,营盆供寺,为盂兰会。"宋代盂兰盆会不仅施僧,而且以盆施鬼,寺僧则募钱米荐之,还有以盂兰盆占卜的。陆游《老学庵笔记》卷七:"故都残暑,不过七月中旬,俗以(七月)望日具素馔享先,织行作盆盎状,贮纸钱承以竹,焚之,视盆倒所向,以占气候。谓向北则冬寒,向南则冬温,向东则寒温得中,谓之盂兰盆。盖俚俗老妪辈之言也。"当时还以盆的倒向占气候,又有"盂兰盆倒则寒来"之谚语,当然这在今天看来毫无科学依据,但它至少反映了佛教盂兰盆节在民间影响之盛。又孟元老《东京梦华录·中元节》载:"又以竹竿斫成三脚,高三五尺。上织灯窝之状,谓之盂兰盆。挂搭衣服冥钱在上焚之。"后世七月望佛寺作盂兰盆会,供养佛祖及僧众,民间则祭奠先人,并有"放焰口"、"放河灯"等习俗。《帝京景物略》卷二:"十五日,诸寺建盂兰盆会,夜于水次放灯,曰放河灯。"《酌中志》卷二十:"十五日中元,甜食房进供佛波罗蜜,两苑做法事,放河灯。京都寺院,咸做盂兰盆(会),追荐道场,亦放河灯于临河去处也。"明程先贞《中元夜过北海子观放水灯》记载更详:"屯氏犹然是旧河,一湾古水不扬波。灯牵荇带迎秋入,供设兰盆抵暮过。鬼物吟风亲酒食,鱼龙倚月狎笙歌。千年遗迹今谁在,节序催人感慨多。"实际上,后来放河灯已非单纯的照冥救孤,而是渗透了娱乐的意义,而且后者的比重越来越大,晚近更是如此。《帝京岁时纪胜·河灯》载:"中元祭扫,尤胜清明。绿树阴浓,青禾畅茂,蝉鸣鸟语,兴助人游。庵观寺院,设盂兰会,传为目连救母日也。街巷搭苫高台、鬼王棚座,看演经文,施放焰口,以济孤魂。锦纸扎糊法船,长至七八十尺者,临池焚化,点燃河灯,谓以慈航普度。如清明仪,异请都城隍像出巡,祭厉鬼。闻世祖朝,曾召戒衲木陈玉林居万善殿。每岁中元建盂兰道场,自十三日至十五日放河灯,使小内监持荷叶燃烛其中,罗列两岸,以数千计。又用琉璃作荷花灯数千盏,随波上下……都中小儿亦于是夕执长柄荷叶,燃烛于内,青光荧荧,如磷火燃。又以青蒿缚香烬数百,燃为星星灯。镂瓜皮,掏莲蓬,俱可为灯,各具一质。结伴呼群,遨游于天街经坛灯月之下,名门灯会,更尽乃归。"可见当时宫廷与民间盂兰盆节放河灯游乐的盛况。

近代北京盂兰盆节放河灯之俗依然,在注重祀祖的同时更趋娱乐性。"夜晚的佛事活动是烧法船、点河灯、放焰口,以及为施主超度亲人亡灵。黄昏以后,寺僧与居士便将一条用彩纸和秫秸扎糊的数丈长的法船以及用木片、瓜皮等制作的各色河灯点燃后置于后海中,随波荡漾,灿若繁星,此谓之'慈航普度',那景象真是'绕城秋水河灯满,今夜中元似上元'。"放河灯之俗近代南方民间仍然盛行。《中国风俗·安徽》下篇卷五:"七月十五日,俗谓鬼节,僧道沿街搭台念经,谓之盂兰盆会,谓广施佛力,以追荐孤魂,而为饿鬼施食。"我国各民族活动的日期虽有不同,且内容各异,但大都既有佛教遗风,又是娱乐活动,佛教本身已化雅为俗,且本土化并为普通民众所接受。

(三) 佛成道日(腊八节)

腊八节,又称"佛成道日"、"饭僧节"等名称。时间是腊月初八,故得名。腊八节是中国传统民俗节日,也是佛教十分重要的节日之一,主要纪念释迦牟尼成佛,腊八节还有冻金人驹、挂腊八穗等风俗。

腊八节历史渊源甚早,在中国古代很早就有腊(蜡)祭风俗,是一种岁末驱除邪祟的活动。起初这种风俗只见于岁末,所以古代腊八因岁末不同而不同,周代以现在农历的十月为岁末,所以腊日在孟冬;汉以后以十二月为岁末,故腊日在十二月。可见古时腊日并无固定日期,但至晚在南北朝时期,腊日固定在十二月初;后世腊八节即由此而来,它本是一种古代岁末祭祀诸神的日子。《荆楚岁时记》云:"十二月八日为腊日谚语:'腊鼓鸣,春草生。'村人并击细腰鼓,戴胡公头及金刚力士以逐疫,沐浴袚除罪障。"除击鼓驱疫、腊祭以外,古代腊日还流行食豆咬鬼等习俗,这种习俗后来和佛教传说相结合,形成食腊八粥的风俗。佛家以十二月初八为释迦牟尼佛成道日。传说乔达摩·悉达多在成佛之前,曾在山林中苦修六年,因每天进食甚少而饿得奄奄一息。牧女尸迦罗越(意"善生")以金碗盛乳糜(奶粥)送给他吃,使他得以不死,又经静修,于十二月初八在菩提树下大彻大悟,得道成佛。佛教徒于此日吃"腊八粥",纪念释迦牟尼成佛。后来,佛门僧众视乳糜为良药,称其"粥名良药,佛所称扬;义冠三种功标十利"。每逢佛成道日,寺院做乳糜与僧徒及施主食用,纪念释迦牟尼成佛。吴自牧《梦粱录·十二月》:"此月八日……大刹等寺,俱设五味粥……供僧或馈送檀施贵宅等家。"明李时珍《本草纲目》"赤豆条"载:共工氏有七个不肖之子,"死为疫鬼,故于是日作小豆粥",以袚除瘟神疫鬼。实际上后代食"腊八粥",含有纪念佛成道及驱鬼逐疫的双重意义。

古代关于佛成道日食腊八粥的风俗记载初见于唐代。唐代李福有《腊八粥》诗,宋人笔记中载有寺院及人家做腊八粥故事。据载,当时的做法是在粥中加核桃仁、松子仁、栗子之类,名"五味粥"、"七宝粥"。明陈耀文《天中记》载:"宋时东京十二月初八日,都城诸大寺作浴佛会,并造七宝五味粥,谓之'腊八粥'。"至清代,腊八粥以黄米、白米、江米、小米、菱角、粟米、红豆、去皮枣泥等和水煮成,另加核桃、杏仁、瓜子仁、花生仁、榛子仁、松子仁,再加上白糖、红糖及葡萄干等物。在宫廷,皇家要赐文武百官、侍从宫女腊八粥,又向寺院发放米、果等供僧侣造粥,寺院又多有造粥施民者。清顾禄《清嘉录》云:"八日为腊八,居民以菜果入米煮粥,谓之'腊八粥'。或有馈自僧尼者,名曰'佛粥'。"清制:每年雍和宫举行大熬粥一次,而宫中又有专门练习熬粥的僧人,于火候素有经验。照例至十二月初五、初六,派大员赴雍和宫监熬粥。粥成,初八日进粥内廷,分赏王公大臣。而京中名寺,如龙泉寺、白云寺、柏林寺亦熬粥分送施主,施主回赠银两。居民家五更即煮粥,先以祀祖供佛,后馈亲友。送粥时必以腌大白菜为副。举家食粥,家畜如猫、犬、鸡皆饲以粥,墙壁树木,以粥抹之。据说这样来年树木茂盛,果实累累,家畜兴旺,这是古代驱疫习俗遗风。吃过腊八粥,即表示旧年将尽,新年即将来临,穷人的漫漫严冬就要熬到头了,所以,俗谓腊八粥为"送信儿的腊八粥"。腊月是严寒的季节,对贫穷者是一个严重的威胁。因此,古代多在腊八节济贫,一般有三种形式:官府、寺院、百姓济贫。山东民间流传着这样的传说:唐王到河南视察,碰到一群穷鬼,祈求施舍。后来民间就把腊八节作为济贫日。当天有乞丐上门,必须以粥相送。

腊八粥是腊八节重要的节日食品,有关风俗涉及了广泛的社会生活,诗人也多诵腊八粥。例如,李福《腊八粥诗》曰:"腊月八日粥,传自梵王国。七宝美调和,五味香掺入。用以供伊蒲,藉之作功德。僧尼多好事,踵事增华饰。此风未汰除,歉岁尚沿袭。今晨或馈遗,啜之不能食。吾家住城南,饥民两寺集。男女叫号喧,老少街衢塞。失足命须臾,当风肤迸裂。怯者蒙面走,一路吞声泣。问尔泣何为,答言我无得。此景观见之,令我心凄恻。荒政有十二……胥吏弊何敦。所以经费艰,安能按户给?吾佛好施舍,君子贵周急。愿言借粟多,苍生免菜色。此志虚莫偿,嗟叹复何益。安得布地金,凭仗大慈力。倦然对是粥,跂望丞民粒。"作者在这首诗中对腊八粥的来源、做法、佛寺施粥、民间疾苦、荒政之弊等,都一一做了深刻的描述,是古代腊八节的生动写照。

(四) 泼水节

中国云南西双版纳傣族信仰小乘佛教,他们的新年俗称泼水节。泼水节又名"浴佛节",傣语称为"比迈"(意为新年),中国西双版纳德宏地区的傣族又称此节日为"尚罕"和"尚键",两名称均源于梵语,意为周转、变更和转移,指太阳已经在黄道十二宫运转一周开始向新的一年过渡。例如,阿昌、德昂、布朗、佤等民族欢度这一节日。再如柬埔寨、泰国、缅甸、老挝等国也过泼水节。

泼水节源于印度,是古婆罗门教的一种仪式,后为佛教所吸收,在公元12世纪末至13世纪初经缅甸随佛教传入中国云南傣族地区。随着佛教在傣族地区影响的加深,泼水节成为一种民族习俗流传下来,至今已有数百年历史。在泼水节流传的过程中,傣族人民逐渐将之与自己的民族神话传说结合起来,并赋予了泼水节更为神奇的文化意蕴和民族色彩。泼水表示辞旧迎新,洗去一年的污垢,祝福人们平安。据小乘佛教上部座的传说,四月十五日是佛祖释迦牟尼的诞辰,也是他的成道日和涅槃日。傣族人民按照傣历岁时,以四月中旬的三至五日作为新年。届时,傣族德宏地区的人们要走村串寨,泼水狂欢。泼水节这天,人们纷纷沐浴更衣,青年男女更是把自己精心打扮一番,兴高采烈地带着采集的红花绿叶涌入佛寺。在寺院里,他们用树枝和鲜花做成花塔,又在寺院围墙四周用沙土堆成宝塔,高三四尺,塔顶插上缠着彩纸的竹枝,每户都要插上几个,据说这是为家中死去的亲人祈祷。然后,大家围塔而坐,聆听和尚诵经。根据佛教"龙喷香雨浴佛身"的传说,中午时分,姑娘们各挑一担澄碧的浸泡着鲜花的清水,倒进木头做的龙身里,水从龙口中流出恰好溅射到佛身上,为佛洗尘,这就是浴佛。这时,人们纷纷用佛沐浴过的香水清洗双眼,祈求佛祖保佑。接着,老人们用手或树枝洒水,彼此洗尘,互相祝福。年轻人也为老人洗尘,表示祝贺。然后便是青年男女走上街头,提着水桶,端着脸盆,互相追逐嬉戏,你泼我洒,一边泼水,一边载歌载舞,越泼越高兴,越泼越激烈,这时,泼水声、欢笑声、锣鼓声响成一片,达到泼水节高潮。泼水节是傣族人民的民族节日,为傣族人民带来了欢乐。

六、民间佛教诸神信仰

中国民间佛教诸神信仰十分普遍。主要有释迦牟尼佛(如来佛)、阿弥陀佛、观音菩萨、弥勒佛、燃灯佛、药师佛、欢喜佛、观音菩萨、四大天王、八大金刚、十八罗汉等。

（一）释迦牟尼佛（如来佛）

释迦牟尼为佛教的创始人，姓乔达摩，名悉达多，民间称其为如来佛。（详见第八章：三、释迦牟尼圣迹）

（二）阿弥陀佛

阿弥陀佛意思是"无量寿佛"或"无量光佛"，是西方极乐世界的教主，在大乘佛教中具有极高的地位。阿弥陀佛在民间信仰广泛，过去有"户户弥勒，家家观音"之说。汉传佛教净土宗独尊其为西方极乐世界教主，宣说不分男女老幼，上智下愚，只要专心致志念阿弥陀佛名号，临终时，阿弥陀佛就会手托莲台，前来接引，往生西方极乐世界，所以，阿弥陀佛又被称为接引佛。净土宗独创的这种简便易行的修行方法，深受民众欢迎，在中国民间广泛流行。

（三）四大菩萨

菩萨是"菩提萨埵"的简称，梵语译音，意思是求道觉悟者。菩萨是佛位继承人，又称"法王子"。中国民间普遍信仰文殊菩萨、观音菩萨、普贤菩萨、地藏菩萨四位法力高深，分别代表智、悲、行、愿的大智慧。（详情参阅本章：九、佛教名胜古迹（一）），我们这里仅简单介绍中国民众崇信的观音菩萨。观音作为一个佛法无边的菩萨，千百年来在中国民间一直被传颂，被信仰，是国人心目中最受欢迎的神灵之一。观音相貌端庄慈祥，经常手持净瓶杨柳，具有无量的智慧和神通，大慈大悲，普救人间疾苦。据说，当人们遇到灾难时，只要念其名号，便前往救度，所以称观世音。观音菩萨为佛教大乘菩萨之一，本译为观世音，因为避讳唐太宗李世民之"世"字，简称观音。佛经说，观音为普度众生，显现三十二种变化，其道场在东海普陀山。人们心目中的观音，总是大慈大悲，救人于危难之中，中国画中其形象多为慈眉善目、体态优雅的女神，以至观音有"东方维纳斯"的美誉。

佛教传入中国后，菩萨成为中国人最崇敬的神灵之一。观音传入中国大约是魏晋时期，观音菩萨是随着魏晋时期净土宗的盛行而日益深入人心的。净土宗的信仰是西方极乐世界。但是，中国民众信仰观音菩萨并非照搬照抄，而是使其本土化、中国化，把它改造成中国菩萨。观音入主中国初期，还是以伟丈夫、男菩萨的形象高坐佛教神坛,甘肃敦煌莫高窟的壁画和南北朝时的雕像,观音皆作男身。在中国,唐朝以前观音像大都为男相,印度的观音菩萨也有很多是男相的。唐宋以后,观音逐渐变为慈眉善目、柔美秀丽的女菩萨,为中国民众普遍信仰和礼拜。

（四）弥勒佛

弥勒佛是中国民间普遍信奉、广为流行的一尊佛。民间传说弥勒佛蒙释迦牟尼佛授记,将继承释迦牟尼而在人间成佛,所以称未来佛。汉地佛寺中所供笑口常开的胖弥勒佛,乃是弥勒化身的五代契此和尚（布袋和尚）的形象。民间信仰认为,若摸摸弥勒佛的大胖肚子就可消灾除病,保佑平安。后来又衍生出五子闹弥勒的塑像艺术形象。中国自五代以来,弥勒一直以汉化高僧的形象闻名于世,加之又被供奉于寺庙的天王殿中,更使大众对他的认同达到了极致。弥勒佛布袋上书"皆大欢喜"四字,非常符合民众日常生活诉求,能够表达中国人中庸和隐忍的处世哲学,消解生活中的怨怒忧愤。

（五）燃灯佛

燃灯佛,又称定光如来、燃灯古佛。燃灯佛出世时身边一切光明如灯,故又名燃灯太子。佛教有过去、现在和未来"纵三世佛"之说。过去世庄严劫一千佛,称燃灯诸佛；现在世贤劫一千佛,称释迦诸佛；未来世星宿劫一千佛,称弥勒诸佛。《瑞应本起经》记载,释迦牟尼为菩萨时,名叫瑞童。有一次,他看到有人卖五茎青莲花,就买五枝献给燃灯佛。又有一次,他跟燃灯佛外出弘法时路遇泥泞,他脱下衣服铺在地上,请师父从上面走过。因此,燃灯佛慧眼识才,就对瑞童授记说:"事后九十一劫,名贤劫,汝当做佛,号释迦文如来。"由此来看,燃灯佛是释迦牟尼的师父。所以,燃灯佛在佛界辈分高、法力大,在民间信仰中影响很大。

（六）药师佛

药师佛,又称药师琉璃光如来、药师琉璃光王佛、大衣王、十二愿王、衣王善逝和消灾延寿药师佛等。药师佛与释迦牟尼佛、阿弥陀佛并称"横三世佛"（即三宝佛）,同为东方净琉璃世界教主。药师佛成佛时曾立下十二大誓愿,愿令众生诸根完具,除一切众生疾苦,治无名痼疾,解脱厄难。民间信仰认为只要念其名号,诵其咒语,药师佛如来就能够医治百病、延年益寿,为其消除一切疾病烦恼的根源,因此,药师佛信仰流传甚广。在中国被供奉在各大寺院的大雄宝殿上,位于释迦牟尼左侧的就是药师佛。药师佛的艺术形象,一是左手执药器(又名无价珠),右手结三界印,身披袈裟打坐于莲台上。也有螺发型,左手持药壶,右手结施无畏印,日光、月光二菩萨服侍左右,并称为"药师三尊"或"东方三圣"。

（七）欢喜佛

欢喜佛,也称"欢喜天"、"欢喜金刚",其艺术形象大多为男女裸身相抱交媾的佛像。佛教一般在性方面比较保守,但是密宗却独树一帜,性方面比较开放。在绘画和雕刻艺术中,有大量性生活的描述。欢喜佛为密宗所独有,只有在藏传佛教(喇嘛教)寺庙中才有供奉。密宗认为阴阳两性的结合是宇宙万物产生的原因,也是宗教最后的解脱,欢喜佛正是这种佛理的艺术再现和阐释。据印度密宗传说,从前崇尚婆罗门教的国王毗那夜迦十分残忍,疯狂杀戮佛教徒。释迦牟尼派观世音化为美女与之交媾,醉心女色的国王毗那夜迦终为美女所征服,从而皈依佛教,成为佛坛上众金刚的主尊。

在佛教的密宗中,彼岸的超验智慧"般若"代表女性的创造活力,而另一种修炼方式"方便"则代表男性的创造活力,分别以女阴的象征物莲花和男性的象征物金刚杵为象征,通过艺术想象的阴阳合一的形象和真实的男女交欢的瑜伽方式,亲证"般若"和"方便"融为一体的极乐涅槃境界,这就是欢喜佛的宗教寓意。

中国密宗认为欢喜佛是一种修炼的"调心工具"和培植佛性的"机缘",对欢喜佛的鉴视习以为常,见怪不怪,欲念之心自然消除了,从而达到了"以欲治欲"的目的。密宗认为在特殊情况下可以不受某些戒律的限制和约束,比如可以利用女性做修法的伴侣,称为"明妃"。明妃在修炼中的作用以佛经的解释是"先以欲勾之,后令入佛智"。清朝年间,宫廷中常设置欢喜佛,皇帝借此为由与嫔妃交欢,增加宫闱生活的乐趣。

（八）四大天王

四大天王,通常也称为"四天王"、"护世四天王",是佛教的著名天神。他们的形象在印度原本是菩萨,被中国化后逐渐成为穿甲披胄的武将,通常列于净土佛寺的天王殿两侧。相传四大天王作为佛教的护法神住在须弥山的四座山峰之上。第一，东方持国天王多罗陀，住在须弥山黄金锤，守护东胜神洲。密典谓东方持国天王多罗陀全身赤色或青色，手持刀与宝珠。汉传佛寺所塑其形象一般身为白色，手持琵琶。所谓持国，意思是慈悲为怀，保护众生，护持国土，故名。持琵琶，说明其是主乐神，表明他要用音乐引导众生皈依佛教。他是"二十诸天"中的第四天王。第二，南方增长天王毗琉璃，住在须弥山琉璃锤，守护南瞻部洲。汉地寺院所塑多身为青色，手持宝剑。他是"二十诸天"中的第五天王。第三，西方广目天王留博叉，住在须弥山白云锤，守护西牛贺洲。汉地寺院所塑多身为红色，手缠绕赤龙或赤索。"广目"意思是能以净天眼随时观察世界，护持人民。他是"二十诸天"中的第六天王。第四，北方多闻天王毗沙门，住在须弥山水晶锤，守护北俱芦洲。汉地寺院所塑多身为绿色，左手托银鼠，右手持宝伞；或左手托宝塔，在中国神话中被演绎为"托塔天王"。他是"二十诸天"中的第三天王。四大天王在我国也被称为"风调雨顺"，中国佛教认为南方增长天王毗琉璃手持宝剑，司风；东方持国天王多罗陀手拿琵琶，司调；北方多闻天王毗沙门手持雨伞，司雨；西方广目天王留博叉手缠金龙，司顺。

（九）八大金刚

八大金刚也称八大金刚明王，是我国民间较有影响的佛教神灵。有关八大金刚，佛教有两种说法：一是指在不动明王、降三世明王、军荼利明王、大威德明王与金刚夜叉明王、秽积金刚明王、无能胜金刚明王和马头明王，即八大金刚；二是根据《大妙金刚经》等传述为降三世明王（金刚手菩萨所现）、大威德金刚明王（妙吉祥菩萨所现）、大笑金刚明王（军荼利明王、虚空藏菩萨所现）、大轮金刚明王（慈氏菩萨所现）、马头金刚明王（观自在菩萨所现）、无能胜明王（地藏菩萨所现）、不动尊金刚明王（除盖障菩萨所现）与步掷金刚明王（普贤菩萨所现）。八大金刚各具神力，是护法功臣。

（十）十八罗汉

罗汉，阿罗汉的简称，梵名"Arhat"，最早是从印度传入中国的。十八罗汉是指佛教传说中十八位永住世间、护持正法的阿罗汉，由十六罗汉加二尊者而来。他们都是历史人物，均为释迦牟尼的弟子。十六罗汉主要流行于唐代，至唐末，开始出现十八罗汉，到宋代时，则盛行十八罗汉了。十八罗汉的出现，可能与中国文化中对十八的传统偏好有关。"十八"是一个吉数,中国文化中的许多数量表达都用"十八",如"十八世"、"十八侯"、"十八般武艺"、"十八学士"等。佛教中也有许多"十八",如《十八部论》、"十八界"、"十八变"、"十八层地狱"等,"十六罗汉"变为"十八罗汉"显然与这种"十八"情结有关。关于十八罗汉的说法各不相同,一般为:坐鹿罗汉,端坐神鹿、若有所思、泰然自若、清高自赏。欢喜罗汉,妖魔除尽、玉宇澄清、扬手欢庆、心花怒放。举钵罗汉,诺迦跋哩陀尊者原是一位化缘和尚。他化缘的方法与众不同,是高举铁钵向人乞食,成道后,世人称其为"举钵罗汉"。托塔罗汉,手托七层宝塔、佛法通灵、威而不怒、道行超群。静坐罗汉,清净修心、神态自若、安详瑞庆、进彼极乐。过江罗汉,身负经卷、东渡传经、跋山涉水、普度众生。骑象罗汉,骑象轩昂、颂经朗朗、心怀众生、目及四方。笑狮罗汉,尊者经常将小狮子带在身边,所以世人称他为"笑狮罗汉"。开心罗汉,开心见佛、各显神通、相互比摩、佛力无穷。探手罗汉,安悠自在、呵欠伸腰、神志灵通、自得其乐。沉思罗汉,沉思冥想,在沉思中悟通一切,趋凡脱俗。在沉思中能知人所不知,在行功时能行人所不能行。他的沉思,就是获取智慧与行动。挖耳罗汉,闲逸自得、怡神通窍、横生妙趣、意味盎然。布袋罗汉,无量寿佛、乾坤宝袋、欢喜如意、其乐陶陶。因揭陀相传是印度一位捉蛇人,他捉蛇是为了方便行人免被蛇咬。他捉蛇后拔去其毒牙而放生于深山,因发善心而修成正果,他的布袋原是载蛇的袋。芭蕉罗汉,悠闲隐逸、傲视太虚、仙风道骨、超脱凡尘。相传他喜在芭蕉下修行,故名芭蕉罗汉。长眉罗汉,传说他生下来就有两条长长的白眉毛。原来他前世也是一位和尚,因为修行到老,眉毛都脱落了,脱剃两条长眉毛,仍然修不成正果,死后再转世为人。看门罗汉,威武挺拔、警觉凝视、禅杖在握、勇炽邪魔。降龙罗汉,是在清朝由乾隆皇帝钦定的。伏虎罗汉,传说伏虎尊者所住的寺庙外,经常有猛虎因肚子饿长哮,伏虎尊者把自己的饭食分给这只老虎,时间一长了猛虎就被他降服了,常和他一起玩耍,故又称他为"伏虎罗汉"。相传罗汉本为小乘佛教追求的终极目标,但是在佛祖释迦牟尼的规劝和鼓励下,所有罗汉纷纷回小向大,即回转小乘,趋向大乘,"往世不涅槃",帮助维护大乘佛教,于是在大乘佛教里罗汉们也有了他们新的地位和作为。

七、中国化佛教使中国传统文化更加丰满

佛教不断中国化的过程,也是不断为中国文化吸收和改造的过程。经过佛教与中国文化的激荡融合,中国化佛教成为中国文化的重要组成部分,中国文化在完成与异域佛教文化的融合之后,使之更加成熟与丰满,更富有生机与活力。佛教自传入中国后,对中国古代文化产生巨大而深远的影响,它的影响主要表现在政治、哲学和艺术等方面,并广泛涉及文学、语言等各个领域。

(一) 佛教与中国政治

佛教与中国政治的关系十分复杂。中国佛教渊源于印度佛教,原始印度佛教对政治的态度具有超越和依附政治的双重倾向。佛教创始人释迦牟尼从人生和世间"一切皆苦"的基本观念出发,以追求超脱世俗、了断生死的个人解脱为最高境界。一方面,早期佛教视富贵如浮云,目权贵如粪土,认为政治是妨碍个人解脱的羁绊和枷锁,具有摆脱和超越政治的倾向;另一方面,佛教没有统治阶级的支持,就难以生存、流传与发展,所以,佛教又有争取统治阶级支持和依靠统治阶级的问题,这样也就有一个肯定和赞颂世俗国家政权最高统治者和"王法"的问题。部派佛教时期,上座部的《毗尼母经》就明确地提出佛法与王法二法不可违:"有二法不可违,一佛法不可违,二转轮圣王法不可违。"所谓二法不可违,其核心是王法不可违,也就是在佛法与王法的关系上,佛法要服从王法,天道神权要服从世俗王权。佛教甚至还有专门的"护国经",讲述护国之道。例如,《佛说仁王般若波罗蜜经》说:不论国土大小,如有灾难,"一切国王为是难故,讲读般若波罗蜜,七难即灭,七福即生,万姓安乐,帝王欢喜……若未来世有诸国王护持三宝(佛、法、僧)者,我使五大力菩萨往护其国,一、金刚吼菩萨,手持千宝相轮往护彼国;二、龙王吼菩萨,手持金轮灯往护彼国;三、无畏十力吼菩萨,手持金刚杵往护彼国;四、雷电吼菩萨,手持千宝罗网往护彼国;五、无量力吼菩萨,手持五千剑轮往护彼国"。宣扬只要国王信奉佛教,一旦有难,就会受各种大力菩萨的保护。佛教通常还以持国、增长、广目和多闻"四大天王"为护国天王。

第五章 入乡随俗 佛教改版

大乘佛教兴起以后,其学说和以前的小乘佛教学说有所不同,它宣传佛祖慈悲救世,普度一切众生,把出世和入世融合起来。大乘佛教中观派奠基人龙树①深受当时甘蔗王②的支持,曾作《宝行王正论》和《劝戒王颂》,专门对甘蔗王讲述如何治理国家,对待臣民,如何信奉三宝,支持佛法,不亲近崇奉外道。这种专门对统治者的说教表达了大乘佛教的政治观点。后来,印度笈多王朝③一度并不重视佛教,佛教作《王法正理论》,要求国王给予外护,常与沙门咨询政事,反映了大乘佛教瑜伽行派对王权的依赖。后来,大乘佛教逐渐融合于密教之中,密教与王朝互相支持。到13世纪初因印度的伊斯兰教统治者大肆摧毁佛教,佛教在这里行将灭绝。印度佛教大小乘经典是混杂在一起传入中国的。印度佛教的避世、厌世和出世的态度,要求国王外护的依赖思想以及护法(王法)、护国主张,都为中国僧人所接受和奉行。在中国历史上,佛教著名人物与现实政治的关系,大体上有两种类型:一类因主张与世俗同化,或强调化俗的方便,都积极参与现实政治,此类为多数;另一类因人生失意而遁入佛门,或以守道清高相标榜,离开都市繁华,幽居山林古刹(shā),厌恶都市的文明、繁华和政治,此类为少数。佛教与中国政治的关系不仅仅局限于著名佛教僧人的政治态度和政治主张,佛教还以它的政治观念和哲学思想整体地、间接地作用于现实政治。在中国古代专制社会里,阐发修、齐、治、平的儒家思想,是官方的正统思想。儒家学者也摄取佛家的某些心性学说(心性论也可称为心性学,是关于心性的理论或学说)。中国哲学虽然是围绕天人之际展开的,但是天人之际的核心不是天,而是人。而人的问题实质上就是心性问题。所以心性问题一直是中国哲学,特别是儒家哲学的一项基本理论。对于心性的不同理解和说明,是儒学内部派别分歧的重要表现,甚至可以说是儒学内部派别划分的主要标志。从心性论的历史演变,可以清楚地检阅儒学发展

---

① 龙树菩萨,又译龙猛、龙胜,在印度佛教史上被誉为"第二代释迦",大约活跃于公元150—250年,他首先开创空性的中观学说,肇大乘佛教思想之先河。

② 甘蔗王,又称宝行王。音译梵名作懿摩弥、懿师摩、声摩、伊摩。乃中印度阿逾之日种最初之王。又称善生王。佛教中,以此王为释迦族之祖。亦即释尊四姓之一。玄奘和义净翻译为"引正王"。

③ 笈多王朝(Gupta Dynasty,约320—540年)。中世纪统一印度的第一个封建王朝。疆域包括印度北部、中部及西部部分地区。首都为华氏城(今巴特那)。

的历史轨迹。中国佛教心性论是佛教哲学与中国固有哲学思想旨趣最为契合之点,也是中国佛教理论的核心内容,在中国佛教哲学思想中占有最重要的地位。但是儒家往往对佛教持批评的态度,尤其是对佛教无父无君的观念攻击最为猛烈。佛教与儒家的辩论,也比较集中地体现了中国佛教的政治观点。①佛教对中国西藏地区政治治理影响较大。历史上西藏佛教盛行,这里是政教合一的地区。班禅喇嘛和达赖喇嘛居于教界领袖地位。班禅喇嘛是阿弥陀佛的化身,达赖喇嘛则是观音菩萨的化身,班禅喇嘛被尊为达赖喇嘛的教父。然而世俗政权却掌握在达赖喇嘛手中。达赖喇嘛的卓锡之地为圣城拉萨的布达拉宫,班禅喇嘛的卓锡之地为日喀则的扎什伦布寺。

(二) 佛教与中国哲学

佛教对中国哲学的影响是显而易见的。中国古代哲学大致概括为这样几个发展阶段,即先秦诸子学、两汉经学、魏晋玄学、隋唐佛学、宋明理学。自佛教传入中国以后,中国古代哲学就与佛教结下了不解之缘。不了解佛学,就很难对魏晋以后的中国哲学有全面深入的理解。佛教哲学的基本观点是否认客观现实世界的存在,并营造一个与现实世界相对立的"西方极乐世界"。佛教各派都从不同角度、用不同证据来论证客观世界的虚幻性,同时又千方百计地论证主观精神世界的绝对性,因此,佛教哲学属于唯心主义的思想体系。只不过禅宗所主张的"佛向性中作,莫向身外求",是进一步否定了佛教所设想的"西方极乐世界",只承认主观精神世界的绝对存在罢了。这样,禅宗把佛教哲学的客观唯心主义转化为主观唯心主义。在这个过程中,儒、佛、道三家,既互相排斥又互相吸收,在唯心主义的思想体系中结为一体。隋唐时期,佛学是当时社会的主要思想。如果谈论隋唐哲学时把佛学排除在外,那么,隋唐哲学就会变得异常单薄。宋代以后,中国哲学各流派无不从佛教哲学中吸取营养,使中国哲学更加精致、思辨与丰满。宋明理学,从表面上看,它是属于"新儒家",但实为"阳儒阴释"、"儒表佛里",表面上是儒家,骨子里是佛学。程颐、朱熹的程朱理学借用了华严宗的某些命题;陆九渊和王守仁的陆王心学则吸

---

① 参见方立天:《中国佛教文化》,载《方立天文集》第3卷,中国人民大学出版社1986年版,第190页。

收了禅宗的某些思想。特别应当指出的是,中国古代无神论和唯物主义思想也在批判佛教哲学的斗争中不断成长和发展起来,到明清之际的王夫之发展到较高水平。所以说,汉唐以后的中国哲学史,根本就离不开佛教思想史,而且成为中国哲学史的重要组成部分之一。

（三）佛教与中国文学艺术

佛教与中国文学结缘,书写了中国文学史上的新篇章。以诗为例,从魏晋的玄言诗,到南北朝的山水诗,从唐诗到宋词,无不受佛教的深刻影响。作为两晋山水诗集大成者谢灵运,本身就是一个对佛教义理颇有造诣的佛教徒。唐宋的几位大诗人也多涉足佛教。特别是唐宋以后,主张"以禅入诗",讲究诗歌创作要"物象超然"、"意境空蒙",认为"说禅作诗,本无差别"。李白有"冥坐寂不动,大千入毫发"之感慨,杜甫有"身许双峰寺,门求七祖禅"之咏叹,而白居易先是儒道双修,继而皈依佛门,以"香山居士"自许。王维崇佛更甚,其禅理诗在中国诗歌史上占有举足轻重的地位。宋代张汝勤以诗表明主张:"学诗如学禅,所贵在观妙。肺肝剧雕镂,乃自凿其窍。冥心游象外,何物可供眺。空山散云雾,仰避日初照。旷观宇宙间,璀璨同辉曜。但以此理参,而自诗料理。持以问观空,无言但一笑。"大力主张以禅入诗,不仅如此,中国诗歌史上还留下了不少诗人与僧人交游酬唱中的名作佳话,也涌现出不少和尚诗人——诗僧。比较著名的如唐代诗僧寒山、皎然、齐己、贯休,都有诗集留传于后世。宋代重显、文莹、祖可、惠洪及至清代八指头陀、近代苏曼殊等,都在中国文学史上占有重要地位。

佛教对中国古代艺术的影响,表现在书法、绘画、石刻等诸多艺术门类。以石窟艺术为例,仅从中国西部自西而东绵延千里的艺术画廊便可知晓。克孜尔石窟、敦煌石窟、大同云冈石窟,一直到洛阳龙门石窟,组成一道亮丽的艺术风景线。古印度的佛教艺术主要就是石窟壁画和雕塑,以犍陀罗(今巴基斯坦白沙瓦一带)和阿旃陀(在今印度德干高原)的石窟艺术为代表,均为公元前3世纪到公元前1世纪作品,前者以雕塑著称,后者以壁画闻名。中国的石窟艺术正是它们的继承和发展,其传播的路线就是我们常说的"丝绸之路"。中国的石窟艺术引人注目,特别是历时几千年的敦煌佛教艺术更是驰名中外。敦煌地接东西,是丝绸之路上的重镇,也是西域与中原两种佛教艺术的交汇处。敦煌十六国和北魏早期壁画中,两种风格共存,而以前者为主。诸如新疆本生故事画的主体形象、人物造型特征、明暗晕染法以及龟兹服装服饰等,都与西域佛教艺术有诸多相同之处。北魏晚期的敦煌壁画,则明显受到始于大同云冈石窟,形成于洛阳龙门石窟的中原佛教艺术的影响,为顾、陆一派"秀骨清像"风格所统一。在佛菩萨形象中,在故事画中,出现了大量中原汉装或南朝名士的形象,出现了眉目舒朗、清癯潇洒的精神风貌,与原有的西域式风格形成鲜明对比。至于敦煌北周壁画中那种"面短而艳",肌肉丰腴,广额丰颐的新形象,则又是受张僧繇画风的影响所致。中原佛教艺术在敦煌石窟引发的变化,标志着石窟艺术突破了西域佛教艺术的规范,形成了中国式佛教石窟艺术体系。再如以绘画艺术为主流的唐代美术,开创了一个空前繁荣的新局面。中国绘画中的重要画种,这一时期都有飞跃。佛教壁画向世俗化发展,是这一时期画坛的重要成就。以吴道子画派(吴家样)和周月方画派(周家样)为代表的初唐和中晚期唐画风,不仅在民族艺术方面成绩显著,而且都以创作"满壁风动"的寺观壁画而载誉史册。许多学者认为,中国古代的绘画、书法之道与佛理禅趣多遥相契合。正因为如此,佛教传入之后,诗歌、书法、绘画的发展变化,常常与佛教的发展息息相关。

(四) 佛教与中国语言

佛教对中国语言的影响也是十分明显的,极大地丰富了汉语的语汇。由于佛教的流传,使佛语、佛典、佛偈大量渗入社会生活,并逐渐成为人们常用的成语、俗语和惯用语。我们今天常说的"想入非非"、"我不入地狱谁入地狱"等口头禅,都是从佛经上来的。例如,成语"一尘不染",佛家把色、声、香、味、触、法叫作"六尘",如果在修行时能摒除一切私心杂念,佛语就叫"一尘不染",演变为成语意思是非常清洁。再如"五体投地",是佛教敬礼的姿势,指双膝、双肘和头颅都着地。又如"当头一棒"现在意义是警告,其来源是佛教禅宗支派临济宗(在今河北省正定县)的一种拜师方式。这一派的创始人义玄在拜师时向师父请教佛理,三问三被打,于是大为醒悟,以后相沿成法,对初习禅法者,常常给当头一棒或大喝一声,要对方立即回答问题,以考验他对佛理的理解程度。此外,如"苦海无边,回头是岸"、"放下屠刀,立地成佛",还有"头头是道"、"心心相印"、"清规戒律"、"现身说法"、"恍然大悟"、"火烧眉毛"、"菩萨心肠",等等,都来自佛经、佛语和佛教故事。至于从佛教生活衍化出来的语言就更丰富了,如"丈二和尚——摸不着头脑"、"和尚打伞——无发(法)无天"、"无事不登三宝殿"、"跑了和尚跑不了庙"、"庙小菩萨大"、"临时抱佛脚"、"不见真佛不烧香",等等。总之,作为外来宗教的佛教之所以深深根植于中国本土文化,并得以延续的主要原因,是佛教的巨大适应性、应变性。佛教入乡随俗,逐渐适应了中国的政治、经济、文化环境。另外,中国化的佛教在中国传统社会从未占据正统地位,尤其是在传入之初和宋代以来,佛教势力衰微,其调和色彩更浓了。佛教的中国化过程,也是佛教不断为中国文化吸收与改造的过程,所以说,中国化佛教是中国文化的重要组成部分。

八、佛教文物

(一) 一部金版《大藏经》

所谓《大藏经》,是以佛教经典为主,也包括了印度、中国等佛教著述在内的大型丛书。它是佛教发展的成果,也是佛教思想和佛教史的集中体现,因而是佛教文化的代表作之一。中国从宋开宝四年(971年)开始刻印《大藏经》,因最早在四川成都刻成,因此又叫蜀版《大藏经》。后来传入日本和朝鲜,以后陆续翻刻,出现了藏文、蒙文、日文、西夏文等多种文字版的《大藏经》。但现存最早最完整的版本是金代在山西解州(今属运城市)雕印的《大藏经》,刻印于金皇统八年(1148年)到大定十三年(1173年),共收佛典6900余部,后藏于山西赵城(今属洪洞县)广胜寺。1933年被发现。

(二) 一座石经山

在北京市房山区云居寺,以石刻佛经闻名于世,故名"石经山"。据史书记载,石刻佛经始于隋代静琬和尚。静琬和尚从北魏灭佛事件吸取教训,发誓以石刻经,永久保存,于是就在今北京市房山云居寺附近凿石为洞,四壁刻经,又取石块刻写经文,藏于洞中。当时的隋炀帝及诸大臣都给予财力支持。到了唐代,静琬和尚继续刻经,死后他的弟子继承了他的事业;唐末五代,虽曾一度中绝;辽金时又转盛直到清康熙时才告结束,历时达千年之久,刻经达1000

余部,经板有 15000 余块,分藏于九个山洞和一些地穴内。除少量损坏外,大都保存完好,是中国佛教史上最宝贵的文化遗产之一。

(三) 一枚佛指灵骨

1987年6月在陕西扶风县法门寺塔基地宫内发现,这是迄今世界佛教史上重要的发现之一。所谓佛指灵骨,是指释迦牟尼的真身遗骨。据佛教传说,释迦牟尼死后,笃信佛教的阿育王把佛的遗骨分成八万四千块,葬于世界各地八万四千处。因此,建造佛塔八万四千座。据说法门寺塔内即葬佛指一节。唐代帝王曾多次从寺内迎佛骨进宫内供奉,韩愈为此还向唐宪宗呈交了《谏迎佛骨表》。明代帝王后妃也曾到寺内进香,因此还演绎出一个戏剧曲目《法门寺》。据《扶风县志》记载,明朝万历年间曾在修塔时打开过地宫,发现有佛骨。但真情如何,一直是个谜。1981年原塔塌毁,决定重建。1987年在清理塔基时发现地宫,共取出四枚佛骨,其中一枚置于四重宝函和棺椁内,外刻"奉为皇帝敬造释迦牟尼真身宝函"字样,证明这一枚为真身灵骨,其余三枚为影身(即复制品),同时出土大批唐代金银器和丝织品,均属唐代宫廷用品,亦证明唐代帝王奉迎佛骨是历史事实。

九、佛教名胜古迹

佛教追求超凡脱俗的人生信仰,因此,寺庙选址大多集中于风景秀丽、青山幽谷的山林中。俗话说:"天下名山僧占多。"宋代赵抃《次韵范师道龙图三首》诗云:"可惜湖山天下好,十分风景属僧家。"千百年来,各阶层的人们为了信佛、拜佛、敬佛和护佛的需要,不惜花费大量的人力、物力和财力,人工开凿了无数的石窟、佛像、佛塔和佛寺,留下许多有价值的佛教名胜古迹,形成了不少堪称文化奇迹、举世闻名的自然人文景观,正如唐代大诗人孟浩然的《与诸子登岘山》诗云:"江山留胜迹,我辈复登临。"当今倡导文化旅游,提升旅游品位,登览佛教名山大川无疑也是人生一大乐趣。

(一) 佛教四大名山

四大名山,即五台山、峨眉山、九华山、普陀山。佛教四大名山是怎样形成的？据说这与中国人虔诚信奉四大菩萨有关。所谓菩萨，是指能利众生、可于未来成佛的修行者，但实际上佛教徒把他们当佛来供养。中国佛教属于大乘佛教，而大乘佛教尊崇四大菩萨，即文殊菩萨、普贤菩萨、地藏菩萨和观音菩萨。大乘佛教认为，文殊菩萨有"大智"，普贤菩萨有"大行"，地藏菩萨有"大愿"，观音菩萨有"大慈"。他们曾分别在中国境内的四个地方显灵说法，因此形成佛教四大名山。

五台山。位于山西省五台县，相传是文殊菩萨显灵说法的道场，从东汉时开始在山中建寺，到南北朝时全山寺庙已达200余所，隋、唐时增至360余所。宋以后数量大为缩减，元、明以后，喇嘛教渗入，到清代尚存留122所，现在仅存49所。规模大小各不相同，但都有专门供奉文殊菩萨的"文殊殿"。山中最著名的文殊骑狮像有9米之高。原太平兴国寺相传为杨家将杨五郎出家之地，菩萨顶则是大清康熙和乾隆皇帝朝山拜佛时的住所，也是清初五台山大喇嘛的居处。

峨眉山。位于四川省峨眉山市，相传是普贤菩萨显灵说法的道场，历代修建的寺庙达100余所，现存10余处。山中有普贤菩萨骑象的铜像，高7.3米，重6万2千斤，是宋代遗物，是峨眉山的镇山之宝。

九华山。位于安徽省青阳县。九华山佛寺的形成与朝鲜人有关。据载，新罗的金乔觉于唐高宗时来华拜佛，入九子山（即今九华山）修行，活到99岁坐化，死后尸体不腐。因其相貌酷似地藏菩萨，人们以为地藏显灵，把他的尸体藏在塔中供养。此后，九华山的佛寺日益增多，最多时达200余所。山中"肉身宝殿"供奉的就是金乔觉的尸体。

普陀山。位于浙江省舟山市。普陀山的兴起与日本人有关。据传，五代后梁时，有日本僧人惠萼入五台山朝圣，得观音像一尊由南方乘船回国，途经梅山（即今普陀山）附近，恰遇大风掀起海浪，海中万物纷呈，船不敢前行，惠萼以为观音显灵不肯离去，遂下船上岸，在山上建"不肯离去观音院"一所，因佛经中说观音菩萨住"普陀罗迦"，梅山因此改为普陀山。普陀山从宋代开始大兴土木，到清末已有三大寺、八十八庵和其他小寺庙，寺内都供观音像，最高的达8.8米。

（二）佛教四大石窟艺术

佛教四大石窟艺术宝库指云冈石窟艺术、敦煌石窟艺术、龙门石窟艺术和麦积山石窟艺术。

云冈石窟艺术。山西省大同云冈石窟始建于北魏和平元年（460年），现存主要洞窟53个，造像10万余尊，主要是5世纪末期的作品。其中，昙曜五洞开凿得最早，有明显的犍陀罗艺术特征：鼻直而高，唇薄肩阔，衣服短瘦，衣纹左右对称。但佛像上的舟形佛光，阴刻花纹，都是中国传统的风格。云冈石窟造像艺术的另一个特点是造像雄伟，大佛很多，一般大佛均在13米以上，最大的一尊是第五窟中央的坐佛，高达17米。

龙门石窟艺术。河南省洛阳市龙门石窟始于北魏太和十八年（494年），其特点是大佛较少，古人题字、碑刻及洞壁浮雕丰富多彩。现存窟龛2100多个，大小造像10万余尊。造像的少部分属于北朝，大部分属于唐朝。其中，古阳洞和宾阳洞是北魏后期的代表作品。其特点是面部秀润，表情温和，唇厚肩窄，衣服较为宽松，衣纹飘动流畅，使雕像更接近于现实生活。

敦煌石窟艺术。甘肃省敦煌石窟约始凿于前秦建元二年（366年），是一个由建筑、绘画、雕塑组成的综合性艺术宝库，壁画面积4500余平方米，其面积若按两米高排列，可构成长达25公里的艺术画廊。敦煌千佛洞绵亘于1.5千米长的岩壁上，至今还保存着480个石窟。这里石质松脆，不宜雕刻，所以石窟内的艺术品多是精美、细致的大型壁画和塑像。壁画内容多为佛教的神话故事，丰富多彩。1900年（一说1899年），在莫高窟第17窟发现了藏经洞，内藏从4世纪到10世纪的各种珍贵文书、文物五六万件，是研究中国文化极为宝贵的资料。可惜，三分之二以上的敦煌遗书被外国人掠夺。洞内的这些珍贵文物和艺术珍品引起国内外学者的极大兴趣，并由此形成了享誉中外的"敦煌学"。

麦积山石窟艺术。甘肃麦积山，又名麦积崖，因其形"如农家麦积之状"，即形状酷似农家麦秸垛而得名。麦积山位于秦岭西段北麓，层峦叠翠，自古就有"秦地林泉之冠"的称谓。周围群峰环抱，麦积一峰崛起，山高142米。据史料记载，麦积山石窟始建于十六国后秦（384—417年），著名禅僧玄高、昙弘聚集僧人300名在此禅修。北魏、西魏、西周三朝，大兴崖阁，造像万千，隋、唐、五代、宋、元、明、清都曾不断开凿或重修。洞窟开凿在悬崖绝壁上，"密如蜂房"，栈道"凌空穿云"，现存窟龛221个，泥塑、石刻造像7000多件，壁画千余平方米,北朝崖阁8座,素有"东方雕塑陈列馆"之称。麦积山石窟泥塑造像以突出的人格化、世俗化和形神兼备、动静相生的独特风格著称,其人文景观和自然景观的完美结合,使之成为中国佛教名胜之一,对研究中国佛教艺术史提供了重要的实证资料。

(三) **著名佛像雕刻艺术**

十大坐佛。我国依山而凿的单独石刻大佛,20米以上的大型坐佛已知的有十个:乐山大佛,在四川省乐山市,高71米,为中国第一大佛,脚面长达19.92米,上可坐百余人,唐代开凿,历时90年始成。太原西山大佛,在山西省太原市西,高约63米,环列126根石柱刻《华严经》,北齐天保二年(551年)开凿,历时25年,是中国开凿最早的大佛。只是后来周围草木丛生,毁坏严重。可惜雕像头部残缺,并不完整。甘谷大佛,在甘肃省甘谷县,高38米,唐宋时开凿。屏山大佛,在四川省屏山县,高37米,建造年代不详。荣县大佛,在四川省荣县,高36.67米,宋代开凿。浚县大佛,在河南省浚县,高27米,南北朝时开凿。潼南大佛,在重庆市潼南县,高27米,宋末时开凿。彬县大佛、石门大佛,在重庆的江津市,高23米,明代开凿。资阳大佛,在四川省资阳市,高21米,唐宋时开凿。值得关注的是,全国十大坐佛,蜀地独占其六。

四大卧佛。多为岩石开凿,也有木胎泥塑。一在重庆市潼南县马龙山,全长54米,其中露相36米,隐相18米,约1930年左右开凿。二在甘肃省张掖市,长34.5米,木胎泥塑,西夏时的作品。现有大殿保护。三在重庆市大足区,长31米,岩石雕刻,宋代作品。四在四川省安岳县,长23米,也是岩石雕刻,营造较晚,大约是民国时所造。

两大木佛。一是河北省承德市普宁寺大佛,高22.23米,是一尊千手千眼观音像,用松、柏、榆、杉、椴五种木材雕刻而成,是我国最大的一尊雕刻佛像。二是北京市雍和宫大佛,有18米(地下还有8米),为弥勒佛站像,用整块白檀木雕刻而成。是七世达赖从尼泊尔购来木料,经三年时间运到北京,乾隆皇帝花费8万两白银雕塑而成。

两大铜佛。一是西藏日喀则市扎什伦布寺未来佛,全高26.2米,座高3.8米,净高22.4米,肩头宽阔,1914年到1916年铸造,耗铜23万斤,是我国最大的一尊铜佛。二是河北正定县隆兴寺铜菩萨像,为千手千眼观音菩萨,全高22米,底座为石造,高2米,宋开宝四年(971年)铸造,是现存铜铸大佛之一。

图 5-1　佛教始祖释迦牟尼([清]佚名:《绘图三教源流搜神大全》,上海古籍出版社 2012 年版。)

第六章 "舶"来的宗教

——伊斯兰教与中外文化交流与传播

【导读】

历史上,与佛教、基督教不同,伊斯兰教以商业贸易叩开了中国的大门。古代穆斯林商人不仅通过商贸活动向中国传入了伊斯兰教,而且与中国土著居民友好交往,和平相处,亲如一家。本章虽以回族伊斯兰教及其文化信仰为例进行了说明和论述,但在中国,还有维吾尔、哈萨克、撒拉等几个信仰伊斯兰教的少数民族,他们和谐相处,团结发展。可以说,中国化的伊斯兰教文化是中国文化的重要组成部分,回汉民族的文化交流、民族团结有着光荣的历史,更有着灿烂辉煌的明天。

作为世界三大宗教之一的伊斯兰教(Islam)在世界上有着广泛的影响,全世界近1/5的人口信奉伊斯兰教(大约10亿—12亿),40多个国家定伊斯兰教为国教。在中国,伊斯兰教是回族、维吾尔族等几个少数民族的群众普遍信仰的宗教,约有2100多万人,分布于西北和全国各地。伊斯兰教不仅是一种信仰,而且是一种生活方式和文化体系。中国伊斯兰教文化是伊斯兰教文化和中国传统文化融合的结晶,是中国传统文化的重要组成部分。为了论述方便,本章主要以回族伊斯兰教及其文化信仰为例进行说明与论述。人类宗教现象非常复杂,各式各样的宗教都有厚重的历史文化传统,也有着复杂的现实处境。20世纪90年代之后,由于国际社会和世界某些地区热点问题经常与伊斯兰教相关。因此,伊斯兰教引起了人们的普遍关注。但我们这里主要偏重于从文化的视角来考察并介绍伊斯兰教的历史文化,并不涉及现在国际社会某些热点问题。

一、商贸叩门：伊斯兰教传入中国

伊斯兰教何时传入中国虽然众说纷纭，但大部分学者认为是唐高宗永徽二年（651年），由部分阿拉伯和波斯商人传入中国。据史料记载，公元651年8月25日，第三任哈里奥斯曼向中国正式派来第一个使节团，谒见唐高宗并介绍伊斯兰教信仰，此次来华被视为伊斯兰教正式传入中国的标志。学者们在伊斯兰教传入中国的时间问题上还存在争论，为了弄清这个问题，我们先来明了各重要年代中西时间对应关系。公元571年——陈宣帝太建三年——穆罕默德诞生；公元610年——隋炀帝大业六年——穆罕默德宣布为圣；公元622年——唐高祖武德五年——穆罕默德迁都麦地那；公元628年——唐太宗贞观二年——穆罕默德迁都第七年；公元632年——唐太宗贞观六年——穆罕默德卒；公元651年——唐高宗永徽二年——伊斯兰教传入中国。

不管学者们在伊斯兰教传入中国的时间问题上争论多么激烈，伊斯兰教以商贸叩开中国大门却是公认的事实。实际上，在伊斯兰教传入中国的过程中，阿拉伯（大食）、波斯商人贡献很大。我们知道，在中国商贸史上，自从汉代张骞凿通西域以后，中西陆地交通颇盛。三国以后历代王朝与西域各国也时有来往。唐王朝建立后，中西陆路交通更为顺畅，丝绸之路长年驼铃叮当，外国商旅络绎不绝。当时敦煌地区是东西方经济、文化交流的要冲。穆斯林商贾也来往穿梭于长安与西域的中转站。他们从敦煌出发，沿丝绸之路可经三条路线到达西方：北路越过天山，沿草原西行，过突厥至东罗马；中路从高昌（吐鲁番）西行，经龟兹、疏勒，越过葱岭，进入波斯，到达地中海沿岸；南路从鄯善到于阗、叶城，翻过葱岭，进入印度。这三条道路都"总凑敦煌，是其咽喉之地"，由于商贸发达，公元6至8世纪的唐都长安成为一个世界性的大都市，其鸿胪寺接待70多个国家的使节。长安城内外商户多达4000余户，而以波斯、阿拉伯商人最多。他们不仅使外来商品源源不断地输入长安，外国奢侈品和奇珍异宝充斥宫廷，而且外域宗教信仰包括伊斯兰教在内也随大批波斯与阿拉伯商人传入中国，并流行于民间。

(一) 唐朝时期

唐代伊斯兰教由陆路传入中国，先有商贾之便，后借军事之利，遂日益繁盛，遍及长安、洛阳、开封、山西和汉北、山东一带。但由于751年，唐帝国和大食(阿拉伯)在怛罗斯城(今哈萨克斯坦东南部江布尔城)发生军事冲突，唐军大败。至唐玄宗时，两下敕令，禁止互市，与西域经济绝交、封锁交通，于是中西陆路来往渐绝。波斯、大食商人不得不选择海路与东方进行贸易活动，遂成为海上贸易的霸主，伊斯兰教也随之传入中国东南沿海地区。

穆斯林由海路来中国经商，大多由波斯湾出发，经印度洋绕马来半岛，最后抵达广州。当时广州为唐朝通商大埠，万客云集，繁盛异常。政府专门设置市舶司以管理外商贸易活动。阿拉伯游历家伊本赛德(lbnnzied)曾记述，唐僖宗时黄巢攻陷广州，对穆斯林、基督教徒及其他外教教徒大开杀戒，屠杀竟多达十多万人，可想当时穆斯林旅居广州者数目之众。其他地区如安南的交州、福建的泉州、江南的扬州，均为阿拉伯商人等通商之地。据《新唐书·田神功传》记载："刘展反，邓景山引神功助讨，自淄、青、济、淮众不整入扬州，遂大掠居人资产……杀商胡波斯数千人。"《邓景山传》中也有类似的记载："神功兵至扬州，大掠居人，发冢墓。大食、波斯贾胡死者数千人。"唐文宗大和八年(834年)谕示："其岭南、福建及扬州番客宜委节度观察使，常加存问。除舶脚、收市、进奉外，任其来往通商，自为交易，不得重加税率。"由此可见，唐末大批阿拉伯穆斯林由海上商路来到中国之情形。

(二) 宋朝时期

由于唐朝末年中西陆路交通禁绝，贸易几乎中辍。宋代立国，国威不振，积贫积弱，外患频仍。契丹、西夏屡年来犯，当局只好以禁绝互市作为抵制之策。当时，阿拉伯内部不时发生内乱，政治极不稳定，再加上中亚细亚一带亦不宁静，陆路商贸遂完全阻隔。但宋代中国与阿拉伯海上交通却极为繁盛。北宋末年，广州、泉州、两浙都设有市舶司，并置专任官员进行管理。宋时关税收入颇为丰富，因此国家奖励海上互市，并且重要洋货均收归国家专卖。南宋高宗绍兴七年(1137年)上谕曰："市舶之利最厚，若措置合宜，所得动以百万计。岂不胜取之于民。朕所以留意于此，庶几可以少宽民力尔。"又绍兴十六年(1146年)上谕曰:"市舶之利,颇助国用。宜循旧法,以招徕远人阜通货贿。"宋朝一代,财政困难,市舶司的收入成为政府财政的重要财源。当时海上贸易最为活跃的是阿拉伯商人。西从摩洛哥,东到日本、朝鲜,茫茫海域,均为穆斯林贸易的势力范围。如宋时南海商业发达,而以穆斯林香料贸易占显著地位。当时经营的品种有乳香、龙涎香、苏合香油、蔷薇香、木香、没药、金颜香等,这些均为伊斯兰商人的大宗贸易。宋代人士几以香料为日常生活必需品,而乳香之销售尤广。《粤海关志》卷三云:"明、杭、广州市舶司博到乳香计三十五万四千四百四十九斤。三司三年出卖计八十九万七百一十九贯三百五文。熙宁九年三十二万七千六百六贯一百四十七文,熙宁十年三十一万三千三百七十四贯二百四文,元丰元年二十五万三千七百三十八贯九百五十四文。"《宋会要》中还记载:"绍兴三年诏广南东路提举市舶司官:'今后遵守祖宗旧制,将中国所有之物如乳香药及民间常使香货,并多数博买。内乳香一色客算尤广,所差官自当体围招诱博买……'"由此可见,宋代穆斯林商人对于中国宋代海上贸易繁盛的贡献之大。穆斯林实为当时海上贸易霸主,当时出现了如罗辛、花茶、蒲希密等大富商,宋政府对他们颇为优待。这些大商贾在中国久客不归,在各重要城市如广州、长安等地修建大清真寺。虽然穆斯林商贾因商贸而将伊斯兰教传入中国,并无任何政治背景与目的,且传教方式大抵由商贾之间习惯感化,主要在穆斯林中传授,并无专门宣传,但穆斯林的商贸足迹踏到哪里,伊斯兰教文化就如影随形地传播到哪里,至宋代,中国内地中原一带一些交通便利的内陆城镇也成为伊斯兰商贾的聚居地。如北宋时期,东京附近的名镇朱仙镇已有不少穆斯林来此经商定居。后来,以阿拉伯后裔的赛氏家族和被称作"马客"的陕西人为代表的大批中外穆斯林商贾挺进中原,进入当时这座中原商业重镇——朱仙镇,进行商品贸易活动,并在此修建了东寺、西寺、南寺、北寺、中心寺和两个女寺共七座清真寺。其中以北寺保存最为完好,这就是今天我们仍能见到的朱仙镇清真寺。据《朱仙镇志》记载,清真寺始建于北宋,明朝1531年重建。这是宋代伊斯兰教随中外穆斯林商贾传入中原的最好证据。

　　回顾伊斯兰教传入中国的历史,不难发现,其以商贸叩开中国大门的特点极为明显,特别是唐宋时期最为突出。当然,伊斯兰教传入中国除商贸途径外,还有战争等其他因素。南宋末年,成吉思汗西征,大批穆斯林工匠被带到中国,成为回族的重要来源,也是伊斯兰教传入中国的主要渠道之一。总之,唐宋时期,是伊斯兰教以商贸途径传入中国的重要时期,元明时期则因政治而兴盛,清代为经济政治上衰落时期,伊斯兰教的传播因此受到阻碍,民国以后,伊斯兰教主要是从思想文化上有较大发展的时期。

二、伊斯兰教传播与中外文化交流

伊斯兰教在中国的传播对中国文化产生了很大影响,大批穆斯林商人的活动促进了中外文化交流,他们为世界文化繁荣做出重要贡献。

第一,伊斯兰教在中国的传播丰富了中国的民族成分,促进了回族的形成和各民族间的融合。前面已经谈到,唐宋时期,来华的阿拉伯商人逐渐增多,其中不少人就侨居在中国的京城和沿海重要商贸城市。由于信仰伊斯兰教,需要经常做礼拜,就比较集中地居住在一起,形成所谓"番坊",并于坊中建清真寺,在附近建公共墓地。这些人久居中国,其后裔就成了中国的穆斯林。到公元13世纪,成吉思汗领兵西征,西域地区信仰伊斯兰教的群众和一部分伊朗人、阿拉伯人被迫东迁到中国内地。这些人主要充当元军士兵,战时作战,平时屯田。后来在中国定居,与当地居民结婚生育,繁衍后代,逐渐形成了回族。他们主要分布在河西走廊一带;河南、山东、陕西、云南也有不少。目前,在全国所有民族中,回族人口数量居第三位。他们与汉族杂居,使用汉语,与汉文化关系十分密切,但又保持伊斯兰教的许多习俗,并因普遍信仰伊斯兰教而与信仰伊斯兰教的其他少数民族发生了一定的文化联系,在全国各族大团结中起到重要作用。回族中的许多优秀人物对中华民族的历史做出了卓越的贡献,我们熟知的明代大航海家郑和就是云南回族人。

第二,促进中阿文化交流。随着中阿经济贸易的发展,中阿人民间的文化交流也随之加强,其中重要的如天文、历法、数学、医学等。在医学方面,阿拉伯地区的药物大量输入中国。根据《宋史·大食传》记载,当时大食使臣向宋赠送的"方物"中,香药占了很大比重。在赵汝适的《诸蕃志》中有更加具体的记载,从大食输入中国的药物有乳香、没药、血碣、金颜香、苏合、香油、栀子花、蔷薇水、丁香、豆蔻、没食子、木香、阿魏、芦荟、珊瑚、琉璃、珍珠、象牙、龙涎香等,已直接为中国药物学界所采用,对中国药物学的发展起了积极作用。另外,阿维森纳所发明的丸衣方法,也很快传到了中国。这种用金银箔为丸衣的方法,在中国得到推广,再发展到用朱砂、青黛、矾红、麝香等为丸衣,最后创制了"蜡丸"。与此同时,中国的医药对阿拉伯医药也产生了积极影响。首先,中国药材大量输入阿拉伯各国,其中牛黄大约是12世纪以前,由阿拉伯人经海路传入欧洲各国。其次,中国的脉学等亦对阿拉伯的医学产生影响。阿拉伯名医阿维森纳的《医典》,其中所列举的医术,有很多是从中国医学中获得的。如脉象名称、糖尿病的尿甜等,皆深受中国医学影响。再如历法,回历从元代到清初沿用长达400余年,实际上它是阿拉伯地区使用的太阳历。又如我们常用的阿拉伯数字,书写和计算都比较方便。第三,促进东西文化交流。阿拉伯地处欧亚大陆之间,是东西方商业贸易和文化交流的桥梁,中国的造纸术、炼丹术、指南针、印刷术、火药等发明创造,都是由阿拉伯商人带回阿拉伯,然后才传到欧洲去的。这些交流活动,虽然都是通过商贸活动进行的,但与伊斯兰教的流传密切相关。这种文化交流的结果,扩大了中国文化的对外影响,也丰富了中国文化的历史内涵。

三、现存伊斯兰教胜迹

现存伊斯兰教胜迹很多,而且普遍存在于中国东南沿海和西北地区,但建筑于唐宋时期的伊斯兰教胜迹现存不多,以清真寺为代表,其中著名的古寺有:

广州怀圣寺。始建于唐代,相传最早为唐代初年来中国传教的阿拉伯人宛葛素所建,因怀念圣人穆罕默德而称"怀圣寺"。经历代修建保存至今。寺内有光塔高363米,为阿拉伯式的建筑风格。该寺附近地区则是唐代阿拉伯人聚居的番坊。

泉州清净寺。又名麒麟寺。寺内有石刻阿拉伯文《古兰经》,至今保存完好。

扬州仙鹤寺。相传为南宋时来华传教的穆罕默德第 16 世裔孙普哈丁所建，寺内礼拜殿的建筑吸收了中国传统建筑样式，是中阿风格相结合的产物。扬州现在还有普哈丁的墓园，其建筑也为阿拉伯常用样式。

杭州凤凰寺。又名真教寺，创建于唐代，元代阿老丁重修，现存大殿仍为元代遗物。

艾提尕尔清真寺。是中国最大的清真寺。位于新疆喀什市。艾提尕尔清真寺是清代建筑，礼拜殿可同时容纳六七千人做礼拜，殿内 140 余根雕花木柱让人叹为观止，流连忘返。

化觉寺。是最具中国传统建筑风格的清真寺，位于西安市。化觉寺的建筑风格完全采用中国的宫殿式，五进院落，五座大殿，层层递进，并配以花园小景，设有唤醒楼、望月楼等建筑。相传为唐代所建，现存多为明代建筑。

此外北京牛街清真寺、宁夏同心清真寺、上海松江清真寺、山西太原清真寺、河南朱仙镇清真寺等都比较古老和著名。这些古老的清真寺反映了伊斯兰教在中国的传播历史，昭示了伊斯兰教教义在中国的认可，印证了穆斯林在进入中国后不同时期服从当时统治者，并和当地汉族群众和睦相处的历史，也记录了中国和阿拉伯国家的友谊。

第七章 艰难的历程

——新中国成立前基督教及其在中国的传播与发展

【导读】

纵观新中国成立前基督教及其在中国的传播与发展,从景教初传到近代基督教闯入中国,时断时续,但是,历史上基督教文化始终未能真正完成"中国化、本土化"过程,其身份危机十分明显。究其原因,一方面与中国传统文化的强势功能有关;另一方面也与基督教始终未能真正"入乡随俗",适应中国传教伦理社会环境,遵循"适者生存"的法则有很大关系。不过,改革开放之后,基督教在中国加速传播应引起学者们的关注和研究,特别其在广大农村偏远地区的传播速度加快,这是一个值得研究的新课题。

一、基督教的起源、演变与分裂

(一)基督教的起源

我们通常所说的"基督教"(Christianity),是公元 1 至 2 世纪从犹太教中逐渐分化出来的一种信仰。"基督"是耶稣的名号,原译为"基里斯督",在希腊文中原为"救主"或"救世主",后来"基里斯督"被中国的基督徒简化为"基督",于是有了"基督教"之称谓。

基督教出现于公元 1 世纪,最初发生于巴勒斯坦和小亚细亚的犹太人团体中,逐渐发展到叙利亚、埃及等地。当时,由于罗马共和国的血腥压迫,东方各族奋起反抗,但结果都因统治者残暴的镇压而归于失败。其中斯巴达克奴

第七章　艰难的历程

隶大起义和"犹太战争"就是最好的证明。处于愤怒和绝望中的人们,在当时只能从宗教中寻求精神慰藉。特别是犹太人在历史上苦难深重,曾历遭埃及人、亚述人、巴比伦人、波斯人、希腊人、罗马人的侵略和奴役。流传于巴勒斯坦和以色列地区的犹太教有一种传统的思想,相信犹太人是上帝的选民,上帝的恩惠将只加于上帝所选中的犹太人。相信上帝耶和华将派"救世主"(希伯来语为"弥赛亚",希腊语为"基督")来拯救犹太人脱离苦难。这种"救世主"的观念颇能适应绝望的人们的需要,成为基督教的一个重要思想来源。后来人们打破狭隘的犹太教观念,相信耶和华为"独一真神",相信他作为救世主将降临人间,拯救全人类。在这个基础上,又吸收了当时流行的天堂、地狱、灵魂不死等迷信观念和古希腊、古罗马哲学家所宣扬的忍耐、弃世、禁欲等说教,逐渐打破民族界限,不再只是犹太人的犹太教,而是最终形成了吸引罗马帝国统治下各种受苦受难者的新宗教。

可见,早期基督教是罗马帝国时代奴隶制压迫下的产物。正如恩格斯所说:"它最初是奴隶和被释放的奴隶、穷人和无权者、被罗马征服或驱散的人们的宗教。"

著名画家达·芬奇的名画《最后的晚餐》描述的就是耶稣和他的门徒创教初期的活动故事。据《约翰福音》中描述,耶稣说:"……我实实在在地告诉你们:你们中间有一个人出卖我了。"门徒彼此对看,猜不透所说的是谁。门徒问他道:"主啊,是谁呢?"耶稣回答说:"我蘸一点饼给谁,就是谁。"耶稣就蘸了一点饼给……犹大。他吃了以后,撒旦就入了他的心。这就是《最后的晚餐》所描绘的耶稣和他的门徒创教初期的故事情景。

基督教认为,耶稣基督是上帝的独生子,是为挽救人类而降生世间的"救世主",即"基督"。据说耶稣于罗马帝国奥古斯都时代(前27—14年)出生在犹太伯利恒一个木匠的家庭里,是他的母亲马利亚"因圣灵降孕"而生。他13岁起开始宣传上帝的"福音",招收了12个门徒,其中有渔夫、农民、穷人和政府的官吏等。他带着他们到处游行传道,显示了许多起死回生、盲人复明的奇迹。他的说教得到了许多群众的信仰,但也遭到犹太教祭司和罗马统治者的残酷镇压,最后耶稣基督被钉死在十字架上,流出了赎罪的血。耶稣为赎人类的罪而受难,三日后又复活升天,以后将再次降临人世,对世界进行审判。这当然是宗教宣传,不是信史。虽然塔西佗论尼禄迫害基督教徒时说:"这个教派所据以得名的创始人基督,在提比略时代已被犹太地区的法官本丢·彼拉多判了死刑"①,但他所说的基督(救世主)是否叫耶稣,现在没有找到任何可信的历史凭证。

(二) 基督教的演变

早期基督教不分种族,对被压迫者也不歧视,反映了被压迫者的愿望,理所当然获得群众的支持和信仰,并很快传播到罗马帝国的各城市和乡村。早期基督教宣扬救世主思想,虽然有精神麻醉的一面,但也具有反抗阶级压迫和民族压迫的斗争精神。在《新约》的《启示录》中诅咒罗马城很快就要倾覆时说:"巴比伦大城(指罗马城)倾倒了,倾倒了!成了魔鬼的住处和各种污秽之灵的巢穴,并各种污秽可憎之雀鸟的巢穴。"②耶稣对他的门徒说:"你们不要想,我来是叫地上太平;我来并不是叫地上太平,乃是叫地上动刀兵。"③耶稣又对他的门徒说:"但如今有钱囊的可以带着,有口袋的也可以带着,没有刀的要卖衣服买刀。"④可见,早期基督教是被压迫者的宗教,对罗马统治者持反对态度,特别是诅咒罗马帝国,因此遭到罗马统治者的残酷迫害。根据塔西佗的《编年史》记载,许多早期基督教徒被加上放火烧罗马城的罪名,被尼禄处死。

罗马统治者企图用暴力和强权消灭基督教的愿望未能得逞,相反,随着奴隶制危机的加深,基督教作为一种群众性的宗教日益发展壮大。随着它在群众中的传播,一些富有阶层逐渐加入,并在教会中取得领导地位。由于许多教会拥有大量产业和金钱,这时担任教会的职务便成了有利可图的事业,教会逐渐被有财有势者所控制。这些有财有势者在早期基督教教义中加进宣扬忍耐服从、爱仇敌、寄希望于来世等内容,其主旨逐渐适合了统治者的需要。到公元2世纪后期,基督教无论在成分上,或在性质方面以及组织上都发生了根本的变化。例如,在《马太福音》中耶稣说:"你们听见有话说:'以眼还眼,以牙

---

① 塔西佗:《编年史》XV,第44页。
② 《新约·启示录》第18章第2节。
③ 《新约·马太福音》第10章第34节。
④ 《新约·路加福音》第22章第36节。

还牙.'只是我告诉你们:不要与恶人作对。有人打你的右脸,连左脸转过来由他打……你们听见有话说:'当爱你的邻舍,恨你的仇敌。'只是我告诉你们:要爱你们的仇敌。"①《新约全书》的《罗马书》中还大肆宣扬君权神授的思想。"在上有权柄的,人人当顺服他;因为没有权柄不是出于神的,凡掌权的都是神所命的。所以抗拒掌权的,就是抗拒神的命;抗拒的必自取刑罚。"《彼得前书》还宣扬说:"你们作仆人的,凡事要存敬畏的心顺服主人,不但顺服那善良温和的,就是那乖僻的也要顺服。"这样,基督教不再是被压迫者的宗教,而变成了统治阶级进行思想统治的工具了。因此,公元313年,罗马帝国的军事统治者君士坦丁颁布法令,正式承认基督教为合法宗教,391年,罗马皇帝狄奥西多一世宣布它为国教。

(三) 基督教的分裂

基督教和其他宗教一样,在发展的过程中不断分化,逐渐形成了西部的罗马和东部的君士坦丁堡两个宗教中心。随着罗马帝国的分裂,基督教也于公元1054年分裂为两派:以西罗马教皇为首的罗马公教(Catholic Church,天主教)和以东罗马帝国首都君士坦丁堡为中心的希腊正教(Orthodox,即东正教)。11世纪开始的十字军东征,以及公元1183年设立的"宗教裁判所"都是罗马教廷号召、发动和成立的。16世纪德国马丁·路德、闵采尔代表欧洲新兴资产阶级利益掀起了轰轰烈烈的宗教改革运动,应运而生的基督教新教宣布脱离罗马公教(天主教),因抗议罗马公教而被称为"抗议宗"。随后,新教又分为信义会、长老会、圣公会、浸礼会、公理会等。必须明确的是,本书所涉及的基督教概念是广义的基督教,包括天主教、东正教、基督教新教(中国称为基督教)。

二、基督教的教义和组织

基督教不仅仅是一系列思想和道德观念,更是一种生活方式,一种理解世

---

① 《新约·马太福音》第5章。

界的方式,为了正确地理解基督教,必须理解基督教的教义和信仰。

教义首先宣称上帝是父,《使徒信经》(西方版本)宣称:(1)我信上帝,全能的父,是创造天地的主;(2)我信我主耶稣基督;上帝的独生子;(3)因圣灵感孕,为童真女马利亚所生;(4)在本丢·彼拉多手下受难,钉在十字架上,受死,埋葬;(5)降在阴间,第三天复活;(6)升天,坐在圣父的右边;(7)将来必再降临,审判活人死人;(8)我信圣灵;(9)我信圣而公之教会,我信圣徒相通;(10)我信罪得赦免;(11)我信身体复活;(12)我信永生。基督教宣称上帝创造世界,上帝全善、全智、全爱,人们必须敬畏顺从他的安排;人类始祖亚当和夏娃违反上帝禁令,偷吃禁果,造成"原罪",因此必须忍受苦难,依靠救世主耶稣为其赎罪;如果顺从他的意志,死后将升入天堂,否则,就要受到末日审判,被打入地狱受难。基督教相信圣父、圣子、圣灵三位一体。《马太福音》第28章第18—20节中说:"耶稣进前来,对他们(门徒们)说:'天上地下所有的权柄都赐给我了。所以,你们要去使万民作我的门徒,奉父、子、圣灵的名给他们施洗。凡我所吩咐你们的,都教训他们遵守,我就常与你们同在,直到世界的末日了。'"三位一体的教义认为,圣父、圣子、圣灵是作为一个整体的上帝来拯救人类的,他们之间是有紧密联系的,对三位一体观念有东西方两种思路。

除了上述上帝论、创世论、三位一体论外,基督教教义还包括教会论、末世论、圣事论、恩宠论、"摩西十诫"、"信、望、爱"、路德"因信称义"说、加尔文"预定论"、"清教伦理与资本主义精神"等。为顺从上帝,死后升入天堂,基督教要求遵循"十诫":(1)除上帝外,不信别的神;(2)不造不拜偶像;(3)不妄称上帝名;(4)守安息日为圣日;(5)孝敬父母;(6)不杀人;(7)不奸淫;(8)不偷盗;(9)不作假见证;(10)不贪恋他人的财物。在宗教仪式方面,天主教和东正教都有所谓七件事:(1)领洗,入教仪式;(2)坚振,坚定教徒的信仰;(3)告解,教徒将自己的"犯罪"行为向神职人员表明,以示悔改;(4)圣体,领食象征耶稣血肉的圣饼,以示获得耶稣的生命;(5)终傅,教徒临死前由神职人员赐圣油,以示赦免一生罪过;(6)神品,一种使神职人员圣化的仪式;(7)婚配,为教徒的婚姻祝福。新教圣事简约,只有洗礼和圣餐。

基督教的组织以天主教最为严密,罗马教皇为天主教的最高首领,被认为是"基督在世间的代表"。其教廷设在梵蒂冈,采取封建集权制的组织形式,统治着全世界的天主教和教徒。在有天主教的国家,划分成教省、教区,由神职人员进行管理。天主教的神职人员主要有:(1)枢机主教,即我们熟知的红衣大主教。他们的职位由教皇任命,一般都担任罗马教廷和各国教会的重要职务,有选举和被选举为教皇的权利。(2)首席主教,各国天主教会的首脑。(3)总主教,负责一个教省的主教。(4)神甫(也称神父),在基层教堂工作,直接管理教徒。(5)修士和修女,是终身为教会服务的传教人员。

东正教教会在各国的组织是独立的,彼此间只有松散的联系,有个不定期的东正教最高会议起协调作用。其主要神职人员有牧首、都主教、大主教、主教、大祭司、祭司、修士等。新教的组织更为松散,神职人员的等级也简单分明,只有牧师和传道员。牧师负责宗教活动,一般在某个教堂工作;传道员则属于教会下层的宗教工作人员。

三、基督教传入中国

(一) 景教初传中国

基督教很早就传入中国,时间大约在唐朝初年,当时叫作"景教"。"景教"是基督教中信奉叙利亚主教聂斯托里(Nestorian)的一派。现保存在西安碑林的《大秦景教流行中国碑颂》记录了景教初传入中国的情况。碑文记载了景教自唐贞观九年(635年)至建中二年(781年)在中国流传的情况,这是基督教传入中国的宝贵资料。根据现有文献记载,唐太宗贞观九年(635年),聂斯托里派传教士阿罗本来到长安。唐太宗李世民派宰相房玄龄"总仗西郊,宾迎入内",后来又下诏准许其在中国传教,并命人在长安义宁坊建造一座教堂,称"波斯寺"(后改称"大秦寺")。"大秦"即波斯,聂斯托里派所传的信仰则"文取光明之义",称作"景教",所以有"大秦景教"的称谓。在基督教传入中国之初,十分明显地表现出其"以佛老释耶"的释经方式,立于公元781年的"大秦景教流行中国碑"和译述于初唐的《一神论》,已初显其借用佛老释经的特点,《志玄安乐经》更是借耶稣之口作佛老之言:"凡修胜道,先除动欲,无动无欲,则不求不为;无求无为,则能清能净;能清能净,则能悟能证;能悟能证,则遍照遍境;遍照遍境,是安乐缘"。可见,因为过于附会佛老使景教难以获得独立的文化身份,这样,其虽在中国一度兴盛,但"法流十道,寺满百城"的景教也很难在中国站稳脚跟,基督教初入中国在本土化问题上受到挑战,以致会昌五年(845年),唐武宗崇道灭佛,祸及景教。当年韩愈曾写《谏迎佛骨表》反映了唐代排佛历史,令人深思的是,这次"会昌灭佛",打击的主要对象是佛教,但佛教并未被斩草除根,受到株连的景教却从此一蹶不振。景教"寺废基空在,人归地自闲",从此中断了在中国内地的传播,只是在边远少数民族地区仍然有所传播。到13世纪以后,成吉思汗及其继承者们大举西征,沟通了中西交通,使景教在中国再次传播,同时还引进了罗马天主教,通称为"也里可温教",也里可温在蒙语中为"有福缘的人",以此称呼传教者。朝廷设崇福司掌管,教徒主要是蒙古人和色目人。也里可温教当时在蒙古王室有很大影响,使蒙古皇帝蒙哥汗(忽必烈汗的哥哥,1151—1259年在位)的母亲皈依了它。据说蒙哥汗本人也曾信奉也里可温教,但最终皈依藏传佛教。也里可温教在元代传播也好景不长,元朝灭亡之后,也里可温教几近灭绝。

(二) 明朝后期基督教重入中国

明朝后期,即明代万历、天启、崇祯年间,欧洲的一批耶稣会传教士再次来到中国,以利玛窦为首的传教士"儒服儒冠",入乡随俗,并以西方现代科技为诱饵,借西方科学、哲学、艺术成就引起士大夫的关注和敬重,在中国上层赢得信徒,并逐渐立足。同时,明朝后期基督教传入中国的过程,也是中西文化不断交流的过程。

16、17世纪之交,耶稣会进入中国有着特殊的历史背景。此时的欧洲,资本主义生产关系蓬勃发展,资产阶级文艺复兴运动已达高潮。与此同时,马丁·路德新教在北欧各国迅速传播。为了从新教区争取更多信徒,旨在扶助罗马教廷的耶稣会成立,成为与基督教新教相抗衡的宗教组织。为了吸引信徒,耶稣会十分注意培养博学的牧师,并将目光投向东方。明朝后期,耶稣会士相继来华传教,其中以利玛窦传教最为成功。

利玛窦是意大利人,出身贵族家庭,曾就读于耶稣会书院和罗马神学院,后加入耶稣会。他在研究神学的同时,得到过著名数学家、罗马神学院教授克拉维斯等名师的指点。在罗马神学院,他广泛涉猎自然科学的各个领域,被训练成一个为上帝增光的耶稣会士。年轻的利玛窦加入东印度传教团,在印度居留四年。1582年,他抵达澳门,翌年进入中国内地,到过肇庆、韶山、南昌、南京等地。明万历二十九年(1601年),他定居北京。万历三十八年(1610年)在北京病故,其在中国居留有28年之久。

其实,在利玛窦之前,曾有耶稣会士方济各、教士罗明坚试图在中国传教,但并没有获得成功。利玛窦细心观察到中国士大夫在国家政治生活中的地位和影响,以及儒学在中国的统治地位,采取了新的传教策略。他儒服儒冠,以西方现代科技吸引当时社会的上层人士,寻求上层士大夫支持与理解,终于使基督教得以广泛传播。当时官居高位的士大夫徐光启、李之藻、杨廷筠等人信奉基督教,明末文人李贽、董其昌、陈继儒等与耶稣会士交游至深,受基督教影响很大。历史证明,利玛窦的策略使他在一个儒家传统十分强固的中国的传教事业获得了成功。以利玛窦为代表的西方耶稣会传教士自明代万历年间来华传教后,到清朝初期,其传教活动有日趋扩大之势。据估计,至康熙初年,全国信奉天主教的教徒约有30万人。传教士南怀仁还曾被康熙皇帝任命为工部侍郎、正二品;汤若望曾获封光禄大夫,"用一品顶戴、着绣鹤补服";郎世宁更是得到皇帝的信任和恩宠,长期担任宫廷画师。清代初年,清政府对传教士的重用,有助于天主教在中国的传播。但随后因罗马教廷在"中国礼仪"问题上的激烈争论,颁布了所谓"禁约",终于引起清朝政府的不满,康熙帝颁布了"禁止可也,免得生事"——禁止西方传教士在中国传教的诏令,但民间的传教活动并没有完全禁绝。虽然如此,从景教到天主教,基督教始终不能在中国站稳脚跟。

(三) 近代基督教闯入中国

与对景教"宾迎入内"体现有容乃大的盛唐气象相比,康熙大帝的"教禁"诏令仍不失大清王朝的国威,但在近代的历史上这些都只是遥远的回忆。近代,西方殖民者在炮舰武力和不平等条约的双重护卫下,把清政府的"教禁"诏令踏得粉碎,基督教顺势闯入。近代中国人,视鸦片战争与基督教传入为两件侵略大事。正如林语堂所言:"戏剧性和悲剧性成分,是传教士的同胞们把它(指鸦片)带进来而用枪逼我们接受。"①

在整个中国近代史上,群众焚烧教堂、驱赶传教士的事件不绝于史。

1807年9月,英国传教士马礼逊抵达广州,被视为基督教新教传入中国的标志。公元1823年,他出版了汉文的《神天圣书》(即《新旧约全书》)。而后,随着西方侵略势力在中国的扩大,新教也获得迅速传播,其影响较大的宗派有路德宗、长老会、圣公会、公理会等。

东正教在我国的传播约在17世纪中叶。早在公元1689年《中俄尼布楚条约》签订以前,东正教已在我国境内有所活动。康熙五十四年(1717年),《中俄恰克图界约》签订后,该使团变为常设机构,加强了对华传教活动,势力扩展到华东、华北、西北各地,到1949年前,教徒已发展到数万人。

四、基督教与中外文化交流

(一) 基督教传播与明代后期中外文化交流

明代后期,以西方传教士为中介,中西文化展开密切交流与激烈碰撞。为了传教,西方传教士如利玛窦等人,不但苦学汉语和研究儒家经典,还与上层士大夫交游甚厚,并以西方比较先进的自然科学知识赢得了一部分开明士大夫的好感。如利玛窦在万历二十九年(1601年),获得了进京谒见神宗的机会,献上自鸣钟等礼物,神宗同意他留在北京。此后一直到万历三十八年(1610年)他去世的十年间,其广结硕学和大员,从事著述与翻译。虽然西方传教士只是根据中国特点把西方自然科学知识的介绍作为传教的手段,但客观上却促进了中西文化的交流和中国自然科学的进步。

数学方面。利玛窦带来的有,拥有德国数学大师称号、"16世纪欧几里得"的克拉斯维注释或撰写的几种数学讲义,并与中国士人徐光启合作译出《几何原本》(6卷),丰富了中国平面几何学的内容;《几何原本》的译文准确

---

① 林语堂:《信仰之旅:论东西方的哲学与宗教》,道声出版社1996年版,第36页。

而优美,梁启超称赞它"字字精金美玉,为千古不朽之作"①。由利玛窦和李之藻合译的《圜容较义》,论述了圆的内接、外切定理。万历三十五年(1607年),由利玛窦、徐光启翻译的《测量法》(1卷),则是几何学原理在实践中应用的著作。

物理学方面。万历四十年(1612年),由熊三拔撰,徐光启译,李之藻订的《泰西水法》(6卷),论述了西方的水利机械。汤若望所著《远镜说》,它的刊行标志着西方光学正式传入中国。由邓玉函和王征合译的《远西奇器图说》(3卷)刊于天启七年(1627年),介绍了物理学的重心杠杆、滑轮等原理,以及简单的机械制造。

地理学方面。由利玛窦绘制、李之藻刻印的《坤舆万国全图》,介绍了世界五大洲说,展现了东西两半球的寒、温、热等五带的划分。艾儒略和杨廷筠在利玛窦所进《万国图志》的基础上,增补内容,撰成《职方外纪》(6卷)介绍世界地理知识。耶稣会士传播的地理知识,对于中国人突破原有的狭隘地理观,形成较为开阔的世界眼光具有重要意义。尤其是欧洲"地圆说"打破了古代中国人长期的"天圆地方说"的观念。改进了中国人的世界地理观,促进了开放的思想意识。

天文历算学方面。利玛窦所著《乾坤体义》叙述了亚里士多德—托勒密体系。徐光启等人以西洋较为先进的天文学为指导,将之运用到中国历法学改造上,最终完成《崇祯历法》。在许多地方至今沿用的阴历,就是这个历法。

火器制造方面。崇祯六年(1643年),汤若望与焦昌力合著的《则克录》(又名《火攻挈要》),详细介绍了火器、火药的制造和使用方法。崇祯年间,兵部还曾要求汤若望监造火炮20门,后增至500门。

此外,传教士还介绍了西方哲学、西洋艺术等方面的知识,与此同时,传教士也积极学习汉文,把中国的儒家经典翻译介绍到西方。传教士大多"习华言,易华服,读儒书,从儒教,以博中国人之信用,其教始能推行"②耶稣会士大

---

① 梁启超:《梁启超全集》第8册,转引自《中国近三百年学术史》,北京出版社1999年版,第4432页。
② 柳诒徵:《中国文化史》下,中国大百科全书出版社1988年版,第661页。

都善于引用儒家经典,论证天主教的上帝与中国人崇拜的"天"别无二样,他们深知伦理纲常、儒家学说对中国社会的影响,常常借用孔孟之言,阐明基督教教义。对于中国人的祖先崇拜,以及纲常名教等封建伦理,他们也采用尊重、利用和不干预的态度。不但如此,西方传教士还利用通信的形式,把中国的政治制度、科举制度、风土人情介绍到西方,使西方学者对中国有了更多更深的了解。如利玛窦编写了《中意葡字典》和《中国文法》以供欧洲人学习汉语之用。他还协助耶稣会士范礼安编辑《中国之奇异》一书。利玛窦临死前,根据日记写成回忆录,死后由耶稣会士金尼阁整理,于1614年带回罗马并于次年刊行,名为《天主教传入中国史》(又名《利玛窦日记》)。书中广泛介绍了中国的政治、经济、文化、风俗,向欧洲人展现了一个真实的中国。通过耶稣会士,18世纪中国文化大规模传入欧洲,被称为"启明时代"、"感情主义时代"等。伏尔泰、歌德、法国百科全书派以及以魁奈为首的重要学派,都在不同程度上受到中国文化的影响。他们所接触到的中国文化,主要是17至18世纪来华的耶稣会士译介的。欧洲人曾将利玛窦有关中国历史地理、政界内情、儒家思想、宗教理论、文化艺术、民俗风情的文字,汇编成《中国札记》和《中国书简》,于1910年在意大利出版,成为西方人了解中国的重要文献。

(二) 西方耶稣会士与清朝时期的中外文化交流

清代西方的传教士,继续从事明末以来的翻译事业,将西方有关天文、地理、历法、数学、水利、医药、火器等方面的一些知识传入中国。康熙帝对西方的科学技术很感兴趣,十分勤奋地学习西方的科学知识,招聘具有各种科技才能的传教士从事制造和教学工作,并给予极高的待遇。曾经效力于明朝,擅长天文、历法的西方传教士汤若望和稍后的南怀仁等,入清后都曾受到重用,并在钦天监中供职。顺治二年(1645年),汤若望被任命为钦天监监正。南怀仁于顺治十四年(1657年)来华,顺治十七年(1660年)五月,奉诏进京协助汤若望修订历法。康熙帝亲政后,南怀仁受到重用。康熙十三年(1674年)三月,他奉命制造天文仪器,大获成功,被加以太常寺卿衔。康熙十七年(1678年)九月,预推永年历成功,又被加以通政使衔。接着奉命铸造火炮,并著《神威图说》一书,详细介绍西方的造炮技术,再次受到康熙帝赞赏。并于康熙二十一年(1682年)奉特旨加工部右侍郎衔。17世纪八九十年代之交,康熙帝命法传教士张诚和白晋合力用满语讲解欧几里得几何学原理,之后又命二人编写《实用几何学纲要》。康熙四十七年(1708年),康熙帝命令进行全国地理测绘和制图,在这一工作中曾任用了白晋、费隐、雷孝思、杜德美等西方传教士。除此之外,西方医学知识也随传教士传入中国。17世纪末期,金鸡纳霜(奎宁)等西药传入中国。康熙三十二年(1693年)初,康熙身染疾病,持续高烧,十分痛苦,御医百治无效。这时,法国传教士洪若翰、刘应从广州回到北京,带来了金鸡纳霜,献给皇帝,一治即愈,因此西药受到康熙重视。后来,康熙还曾把包括金鸡纳霜在内的药物推荐或恩赐给皇子近臣服用,随后,这些西药便在中国逐步推广使用。西方有关人体解剖学的知识,也是在这时传入中国的。

文化的交流总是双向的,中国文化以传教士为中介,这时也大量传入欧洲,对欧洲产生了较大影响。他们把《大学》、《中庸》、《论语》、《孟子》等儒家经典译为拉丁文刊行。18世纪后期,耶稣会士冯秉正把《通鉴纲目》译为法文,向西方介绍中国的古代历史。他们还通过书信和著作向欧洲广泛介绍了中国的地理、历史、学术、典章制度和风俗习惯等。康熙帝也曾通过传教士,把大量中国书籍赠给法王路易十四。元曲《赵氏孤儿》及其他文学作品,也被译介到西方。德国著名文学家歌德,曾试图以《赵氏孤儿》为素材编写剧本。18世纪,巴黎、维也纳、罗马等欧洲大城市,曾上演中国题材的歌舞剧。中国封建典章制度和文化,对18世纪中期法国资产阶级启蒙思想家伏尔泰等和以狄德罗为首的百科全书派,都产生了重要影响。传教士所传达的关于中国的政治制度如行政组织、科举制度、监察制度和封建伦理道德等方面的信息,既成为资产阶级启蒙思想家反对天主教会和西欧封建王权的武器,也成为连带批评中国专制政体的根据。①

明清之际,中外文化交流掀起了一阵波浪,在这次文化交流的浪潮中,入华传教士的作用不可低估。梁启超对耶稣会士在华的学术活动予以高度评价:"中国知识线和外国知识线相接触,晋唐间的佛学为第一次,明末的历算

---

① [法]孟德斯鸠:《论法的精神·中国帝国》第1卷,第8章第21节。

学便是第二次。"①历史地讲,中外文化的第二次接触,就吸收外来科技知识及其方法论而言,是第一次所不能比拟的。需要指出的是,由于西方传教士仅把传播当时西方科技知识作为其在中国传教的敲门砖,再加上因受神学思想的限制,他们所传播的科技知识并不是当时西方最先进的科技成就。但这些知识对当时的中国士人而言毕竟是新鲜的,它打开了当时一部分先进士人的眼界,使他们突破了传统的思维方式,致力于研究新问题,从而产生了一个与宋明理学大相径庭的,以徐光启、李之藻为代表的明末清初的"西学派"。然而,由于当时只是一部分上层士人得以接触传教士带来的西方先进科技,再加上明清中国封建统治者闭关锁国、盲目自大,与外界的联系完全是被动的,处于几近隔绝的状态,因此,西方科技知识的传播范围相当狭小,对此的利用也十分有限。

五、基督教文化与节日习俗

(一) 基督教的文化标示——十字架

许多非基督教徒对基督教的认识,可能最早始于十字架。人们发现教堂的建筑物上往往嵌有十字架标志,许多教堂的建筑干脆设计成十字架的形状,并且十分醒目。当人们走进教堂时不难发现,在许多教堂内最显眼的地方突出地展示着十字架。耶稣在十字架上受难的形象也是西方基督教绘画艺术最常表现的母题。那些基督教徒不但身佩十字架装饰,而且在生活中遇到麻烦特别是危险与焦虑时,习惯在胸前画十字标记。基督徒的基地——包括天主教、东正教和新教,都以十字架为标志。可见,十字架是基督教的文化标示。理解了十字架在基督教中的文化象征意义,就不难理解耶稣在十字架上受难怎样被基督徒理解为拯救人类的基础。十字架不仅是拯救的象征,同时也是基督徒盼望新生与复活的象征,因为它肯定了死亡已经被耶稣的复活所战胜。

---

① 梁启超:《梁启超全集》第8册,转引自《中国近三百年学术史》,北京出版社1999年版,第4431—4432页。

第七章 艰难的历程

十字架,这个原本作为刑具的东西,却成为基督徒盼望与转变的象征,成为基督教的文化象征,在基督教中具有重要的意义。

十字架原本是一种刑具,在十字架由一种刑具转变为世界所接受的基督教文化的最高标示的过程中,罗马君士坦丁皇帝起到了关键作用。据说,正是在弥尔汶桥战役(Milvian Bride,312年)前后,君士坦丁发现了十字架的异象,异象中命他将十字架的标志,置于士兵的盾牌上。在君士坦丁统治期间,各种不同类型的十字架被竖立在罗马各地,并且出现在罗马的钱币图案上。历史上,钉十字架一直是一种刑罚,但君士坦丁废除了这一刑罚,并且下令,以后不再称执行刑罚所用的绞刑架为"十字架",而称为"受苦处"。

在基督教中十字架被赋予许多象征的意义,有的早期思想家甚至把十字架比喻为一棵从地上长到天上的树,整个宇宙都在围绕着它而旋转。十字架被广泛地认为是基督教信仰的象征。可以公正地说,基督教中没有哪一种符号能够像十字架那样承载如此厚重、权威和公认的意义。在《大卫的圣咏》中,很好地诠释了耶稣忍受十字架的痛苦,并因之拯救世界的重要意义。诗中唱道:

> 耶稣基督今日复活,
> 我们凯旋的圣日;
> 他曾一次死在十字架上,
> 为拯救我们而受难。
> 让我们歌诵颂扬,
> 向基督我们天上之王;
> 他曾背负十(字)架与死亡,
> 为使罪人得蒙救赎。
> 因他所受种种痛苦,
> 我们的救恩已得成就;
> 如今高天之上他作王,
> 那里天使颂赞不断。

维纳提乌·弗图那图将十字架比作一支伟大的胜利队伍前的旌旗,十字架标志着耶稣在十字架上的死所成就的胜利。赞美诗唱道:

> 十字架奥义恢宏,
> 乃君王披靡旗旌;
> 造我主牺牲血淌,
> 赎我孽代我受刑。
> 十字架真理天平,
> 众人罪一人承罄;
> 焉重价惟他偿抵,
> 洪恩主化我杯饼。
>
> ——维纳提乌·弗图那图①

(二) 基督教节日与文化习俗

如今的年轻人,可能不太了解中国的一些传统节日,甚至对此也不感兴趣——如"七夕节"、"祭灶节"等,但没有几个人不知道"圣诞节"、"情人节"等这些西方节日的。在中国传统节日日益在年轻人意识中淡薄的同时,西方的圣诞节等节日却日益红火。西方节日文化在中国的传播曾引起人们对传统中国节日文化保护意识的增强,甚至对西方文化的恐慌,其实,文化的交流总是双向互动的,只要正确引导,西方节日文化的传播必将丰富中国节日文化的发展,促进其创新。我们这里只介绍基督教节日的类型划分和几种重要的节日及其对中国文化的影响。

为了更好地了解基督教节日及其日期的确定问题,我们首先来了解基督教纪元。基督教纪元因以耶稣生年为纪元元年而得名。公元532年,修士狄奥尼修斯以耶稣生年为纪元编制新纪元表,他推算耶稣诞生于罗马建城后754年,定这一年为基督教纪元元年。现在国际通用的公历是1582年10月15日开始的"格里历",采用的就是基督教纪元,又称"公元",缩写为A.D.(拉丁文Anno Domini,意为"主的日子")。其实基督教纪元是约定俗成的,至于耶稣的确切生卒年月,还有待历史学家进一步研究。

基督教节日可以分为不同的类型,其中一个重要的类型划分是有固定的与灵活的节日之分。一个"固定的节日"是指这个节日固定在每年的同一天。

---

① [英]麦格拉斯:《基督教概论》,北京大学出版社2003年版,第408页。

如在西方教会,圣诞节固定在每年的 12 月 25 日。而其他的节日则取决于其所指的事件,它们的日期每年都不同。例如,复活节的日期取决于其与满月的关系,因此它可能被确定于 3 月 21 日到 4 月 25 日的任何一天。一系列其他的节日则要依赖于复活节日期的确定。如受难节,在复活节前的星期五;升天节,在复活节后第 40 天(因此总是在星期四);五旬节,在复活节后的第 50 天(因此总是在星期日);三·一节,在五旬节的那个星期日。

其他的节日都与个别的圣徒相关,其中的一些是地方性或行业性的。例如,圣大卫(St.David),威尔士的保护者,其节日被定在 3 月 1 日;圣帕特里克(St.Patrick),爱尔兰的保护者,其节日被定于 3 月 17 日;圣塞西里亚(St.Cecilia),教堂音乐的保护者,其节日被定于 11 月 22 日;圣克里斯托弗(St.Christopher),旅行者的保护者,其节日在某些教会被定于 7 月 25 日。也有节日与圣徒生活中的某些事件有关联,但与有些圣徒有这样的关联却并不见得与他本人有什么关系。例如,圣瓦伦丁(St.Valentine)被认为曾经是罗马的基督徒,他在公元 3 世纪在罗马殉道。他的节日被定于 2 月 14 日,在西方社会中与浪漫的情人节联系在一起,现如今,中国的年轻人没有几个不知道情人节的。

在基督教会之外,最为人们所熟悉的基督教节日就是圣诞节和复活节。下面我们详细介绍基督教的这两个节日。

1. 圣诞节

基督教每年固定在 12 月 25 日庆贺耶稣圣诞,这是基督教各教派共同遵守的第一大圣节。必须强调,虽然 12 月 25 日被确定为圣诞节已为基督教各派公认,但这并不意味着耶稣真的就在这天降生。实际上,这一天被挑选来庆祝耶稣的出生,完全与他出生的日期无关。我们知道,《圣经》中并没有记载耶稣降生的具体日期,也没有发现公元 4 世纪以前有关圣诞节具体日期的记录。后来,人们在罗马基督教徒习用的历书中发现公元 354 年 12 月 25 日页上记录着一句话:"基督降生在犹大的伯利恒。"经学者们研究,一般认为把 12 月 25 日定为圣诞节可能开始于公元 336 年的罗马教会。1000 多年来圣诞节已被全世界大多数人所接受。它不仅是基督教的重要节日,而且在欧美一些基督教国家已经成为一个全民的节日。由于各地方教会使用的历法不同,又由于1月6日是古代教会纪念耶稣三次显示自己神性的"主显节",遂将12月25日至次年1月6日定为"圣诞节节期"。古人以日落为新的一天的开始,所以圣诞节从12月24日日落就正式开始了。

圣诞节的主题是庆贺与纪念耶稣诞生,在西方它通常以特别音乐会的方式来庆祝,有条件的教会会隆重演出著名音乐家亨德尔的名著《弥赛亚》,有时还演出圣诞剧,再现耶稣降生的情景。圣诞节最知名的音乐会是剑桥大学英王学院(King's College)举办的"九场音乐朗诵会"。九场音乐朗诵会有意地追溯上帝在世界的救赎功勋,它始于对以色列的召唤,而在耶稣基督的降临中达到高潮。按照教会圣诞节过节的传统,圣诞夜要"报佳音"(即报告耶稣降生的好消息),信徒相约组成临时唱诗班,从傍晚起挨门挨户去唱圣诞颂歌,一直唱到天亮(如同我们春节守岁一样),他们往往唱着《平安夜》、《小伯利恒》、《普世欢腾》、《齐来崇拜》等脍炙人口、优美动听的著名歌曲,许多人载歌载舞,通宵达旦。

西方许多习俗与圣诞节有关,其中"圣诞老人"最为有名。"圣诞老人"是荷兰形式的"圣尼古拉"(儿童的保护神)在美洲的演化。这个圣徒的节日原本在12月6日,庆祝的方式就是给儿童礼物。在纽约的荷兰人把这个习俗带到了美洲,它在那里被确立并与圣诞节结合在一起了。人们在家里放置圣诞树并对其进行装饰的做法起源于德国,它于1840年被女王维多利亚的丈夫阿尔伯特亲王带到英国。而这个习惯在德国的起源则可以追溯到基督教历史的早期,那时在德国的传教士遭遇到与树神相关的其他宗教信念。

如今,"圣诞老人"的世界知名度极高,他是庆祝圣诞节不可缺少的重要人物。传说这位源于荷兰的"圣尼古拉",生前是小亚细亚每拉城的主教,乐善好施,帮助穷人,死后被尊为圣徒,永远活着。他是一位身穿大红袍,头戴小红帽,慈眉善目,和蔼可亲的银发老人。在孩子的世界里,他每年圣诞夜都会驾着麋鹿拉着雪橇从北方冰天雪地的地方凌空而来,从烟囱进入各家,再把圣诞礼物装在袜子里,并悄悄地挂在孩子们的床头上。如今,圣诞老人已经成为吉祥如意的象征。不少人过圣诞节时要在家里安置一棵圣诞树,通常是整棵的塔形常绿树,或用松柏树枝扎成圣诞树,树上点缀着彩灯、蜡烛、礼物、玩具等,树顶上一般有一颗"圣诞星",象征当年耶稣降生时引导东方三博士到伯利恒来朝拜圣婴的引路星。圣诞节时人们互赠圣诞贺卡,上面印着有关耶稣的图画以及祝福的话语。西方人过圣诞节往往与新年结合在一起庆祝。如今中国的年轻人也喜欢过圣诞节,自发地举行各种文娱活动并相互祝福,在中国的年轻人中还会互送苹果(取汉语"苹"与"平"的谐音)表达祝愿平平安安的美好心意,这是西方节日文化中国化的明显例证。

2. 复活节

复活节是基督教各教派共同遵守的神圣节日。复活节标志着耶稣的复活,它被广泛地看作是基督教年历中最为重要的节日。根据《福音书》记载,耶稣为救赎世人在十字架上受难后的第三天复活,这一天是犹太教"七日的第一日",即安息日后的第一日。基督徒把这一天定为"主日",在"主日"举行礼拜,逐渐取代了安息日。公元325年第一次尼西亚大公会议规定每年春分月圆后第一个主日(3月21日—4月25日之间)为复活节,如果春分后第一次月圆恰好是主日,则复活节顺延一周。所以,复活节的日期要每年推算一次,不像圣诞节那样是固定的。推算复活节日期很重要,因为前面我们已经讲过,许多基督教节日的日期是以复活节日期为标准推算的。基督教徒一般要在复活节举行隆重的礼拜或弥撒来庆祝耶稣复活。复活节早晨信徒们见面第一句话就是彼此争先恐后地报告:"主复活了!"日出时,信徒们聚集在一起向太阳高唱复活节赞美诗,还要在树丛或草丛中寻找象征生命、幸运的复活节彩蛋。

从宗教意义上说,复活节首先肯定了耶稣的身份是复活的救世主。在东正教的传统中,这一点通常是借助教堂中的圣像和画像表现出来,它们表现出来一个得胜和复活的基督(通常称为"满有能力的基督")因从死里复活,已经成为宇宙的掌管者。其次它肯定了基督徒的盼望,即基督徒也将从死里复活这个基本信念,使得他们因此不再害怕死亡。

六、中国基督教著名教堂与会所

1. 上海沐恩堂

现位于上海市中心的西藏中路,原属基督教监理会教堂,是现存的中国基督教新教著名教堂。这一教堂始建于清光绪十三年(1887年),初名中区监理会堂。但因为美国监理会在购地建堂筹款时曾获得美国堪萨斯州一名叫慕尔(J.M.Moore)的信徒所捐巨款,故于1890年将此会堂改称"慕尔堂",以示对其纪念之意。1929年,慕尔堂向西搬迁,在今址上扩建新教堂,为美国哥特式(即新哥特式)教堂,于1931年落成。这一新建教堂为砖木结构,门厅宽大,可兼作休息室,中部为教堂主体,可容纳1000人,其中正厅可容560人,楼座可容380人,唱诗班处可容60人;大堂的长方形柱子和楼座的栏杆、讲经台都是用斩假石(又称为剁斧石)饰面,室内露出水泥拱顶。1936年,美国加利福尼亚州一位教授来华参观此教堂后曾捐资为其钟楼顶部安置一座5米高的霓虹灯十字架,从而使该教堂成为当时上海一景,并被视为远东著名教堂。1958年,上海基督教各派在此举行联合礼拜,教堂名称从此更改为沐恩堂,以表示各教派信徒共沐主恩之意。

2. 北京王府井教堂

又名东堂、圣若瑟堂(为纪念耶稣的父亲圣若瑟而命名的),这是清朝时期传教士在北京修建的第一座天主教堂。王府井教堂原为传教士汤若望在北京东城的寓所所在地,清康熙五年(1666年)八月十五日他在东堂去世后,便由耶稣会传教士南怀仁继承了他的房产。后南怀仁将其住宅的一部分改建为教堂,一般将这一天确定为王府井教堂正式建立的时间,其实,王府井教堂始建年代可以追溯到清顺治十二年(1655年)。王府井教堂的建立与意大利传教士利类思和葡萄牙传教士安文思也有些关系。据说,当年利类思和安文思曾经到四川传教,后被清军押往北京。汤若望闻知后从中调解,才使利类思和安文思获释,并重新从事传教事业。但利类思和安文思对汤若望传教方式不满,由于汤若望与他们之间有不同见解并随之产生芥蒂,所以汤若望不愿意与安、利二人同住南堂,从而重建一座新的教堂。王府井教堂始建之时,正是清初北京教会发展较盛的时期,如今王府井教堂已经成为北京王府井大街上重要的人文景观。

3. 北京西什库天主教堂

又名北堂,位于北京三海(即北海、中海、南海)的中海西畔,因当地地名又叫蚕池口,所以北京西什库教堂最初也称蚕池口教堂。清康熙年间建堂时,其地尚不属皇宫禁苑范围。北堂建堂的原因,据史料记载与康熙帝服用金鸡纳霜(奎宁)西药治病有关。康熙三十二年(1693年)六月,清康熙皇帝偶患疟疾,吃御医中药百治无效,太医见状束手无策。当时在京的耶稣会教士洪若翰、刘应神父闻知,立即献上所带金鸡纳霜西洋之药,结果药到病除,康熙皇帝很快恢复了健康。康熙帝龙颜大悦,于当年的7月4日召见了张诚、白晋等神父,并赏赐张诚住宅,还把蚕池口之地赐予耶稣会传教士以示酬谢。这就是人们所熟悉的北堂始建原因,并留下了中外文化交流史上的一段佳话。这一时期,传教士在北京的传教事业继续发展。清光绪十二年(1886年),清朝政府扩建皇宫西苑,给圣母皇太后慈禧修建游览区,蚕池口新建的教堂也属圈禁之列。为了拆除北堂,清政府拨给教会专门地方供传教士迁建新教堂之用,同时赐迁移费库平银35万两作为修建之费。北堂迁建用了两年时间,由旧址迁移到西什库教堂。新建的北堂十分华丽壮观,是哥特式建筑风格。

4. 澳门圣保罗教堂遗址

澳门拥有众多西式的天主教堂,其中圣保罗教堂建造年代最为久远、最为著名,人们习惯称之为"大三巴"。圣保罗教堂始建于1637年,是当时东方最大的基督教堂。它位于澳门大三巴街附近的小山丘上,现仅存圣保罗教堂的前壁遗存,如今成为澳门的名胜。圣保罗教堂屡遭火患之灾,似乎与火结下了不解之缘,从其雏形起台到现在仅存的前壁牌坊,先后经历三次大火,屡焚屡建,见证了澳门的历史。1835年1月26日黄昏的一场大火,使其仅存现在的前壁部分。因为它的形状犹如中国传统的牌坊,所以被称为"大三巴牌坊"。欣赏巍峨壮观的前壁浮雕,应领悟其蕴含的宗教文化意义。从牌坊顶部逐层而下,先是一个高高在上的十字架,向下再分三层,每层的壁龛均藏有一个铜像,铜像是由澳门早年的制炮工厂铸造的。十字架下是一具鸽形铜像,据说是代表圣神,像的旁边围绕有太阳、月亮及星辰的石刻图案,象征圣母马利亚怀孕一刹那时的光,铜鸽之下则是一尊耶稣圣婴之像。现在,大三巴牌坊已经成为澳门的象征之一,也是澳门的名胜,许多澳门人结婚时喜欢在此摄影,以示纪念。

5. 广州东山堂

该堂位于寺贝通津9号,原名为东山浸信公堂,清宣统元年(1909年)由外国传教士创建。据史料记载,早在清道光十六年(1836年)美国波士顿浸信会即派遣传教士来广州建教堂传教,但因遭清政府拒绝而停留于澳门。鸦片战争后,传教士在炮舰和不平等条约的庇护下开进广州,在南关等地租赁民房设堂传教,但屡遭居民捣毁。清光绪六年(1870年),美国基督教南差会在市内购置铺屋建立福音堂。不久因该地过于繁华、教徒日增而将旧址出售,在今寺贝通津9号购地重建教堂。新教堂建成后,前来参加宗教活动的教徒日益增多,在东山几所教会学校师生也常来此进行礼拜祈祷,遂于1923年7月动工扩建,至1927年4月16日竣工,举行隆重的献堂典礼,改名为基督教东山浸信会堂。改建的东山堂坐西朝东,占地3300平方米,主体建筑面积1000多平方米,为两层钢筋混凝土结构的美式建筑。有礼拜堂、副堂、主日学堂等建筑及宽阔场地。堂内有一个1300座位的圆形大厅,是信徒教友祈祷礼拜的地方。1960年全国实行教堂大联合,该堂与其他几间教堂合并,易名为基督教东山堂。"文化大革命"期间教堂停止活动。1979年9月30日恢复开放,为广州市基督教首间恢复活动的教堂。教堂内设有唱诗班、按立执事等,常为教徒举行洗礼,其宗教活动有主日崇拜、星期三晚证道会等。

6. 天津维斯理教堂

由美国人达吉瑞创办于1872年,因纪念卫理公会创始人英国人约翰·维斯理而得名。该堂初创时,借住紫竹林圣道堂,随后在海大道(今大沽路)买地建造教堂。1903年,卫理公会把海大道旧有的维斯理堂出售,在梨栈(今滨江道)购地,1913年新的维斯理堂建成,占地365亩,建筑面积2249平方米,由美国牧师达吉瑞主持。直到1932年该堂才有了第一位华人主任牧师刘少庆(字善庭),之后,继任者为郝德安、王锡之和徐树松。1958年,基督教会实行联合礼拜,维斯理堂成为四座联合教堂之一,更名为天津基督教滨江道教会。1996年,在山西路与咹密道交口处重建教堂,即现在的"山西路堂"。维斯理堂建筑式样新颖,承载着新教的革新精神,是天津最大的基督教堂。同时,该教堂也显示了基督教文化的包容性,它对信念各异的社会各界名人也能兼收并蓄。1919年"五四"运动期间,周恩来为躲避北洋军阀政府的迫害,就在教堂的地下室进行革命活动,主持进步社团"觉悟社"的成员会议。1932年秋,天津基督教联合会约请上海布道团宋尚杰博士主领布道奋兴大会,听众很多,座无虚席。1946年秋,新任美国驻华大使司徒雷登到天津,应邀到此演讲。维斯理教堂不仅是基督教卫理公会的传教活动中心,也是天津近代历史风云的见证。例如,维斯理教堂青年团体在进行规范宗教活动的同时,还从事大量的社会活动。旧时的天津有许多纱厂,他们在教堂地下室开办"平民夜校",为纱厂女工补习文化,此项活动一直持续到天津解放。其教会医院、学校都为近代中国卫生、教育事业做出了不少贡献。以上只是比较著名的基督教堂,其他还有北京基督教青年会、中华圣经会北京分会会所等,由于篇幅所限,这里就不再一一介绍了。

第八章　儒教孔门的圣人先哲

——文庙配享从祀的"四配"、"十二哲"

【导读】

　　历代统治者提倡效仿与学习儒家先贤,其实是将儒家先贤圣人作为古代社会的道德楷模和学习榜样加以褒扬。孔子本是儒家学派的创始人,随着儒家文化的推行特别是汉武帝提倡"罢黜百家,独尊儒术"之后,儒学进一步官方化,孔子及其后继者逐渐被神化并受到人们的顶礼膜拜。孔子以及孔门的一些著名弟子及后继者对儒家学说有巨大贡献的人物共同受到敬仰与祭祀。在文庙中,不仅设立孔子神位,还有配享从祀的"四配"、"十二哲"神位。历代统治者通过祭祀孔子以及历代圣人先哲来表达"尊儒重道"的国家观念,这也为儒家文化的普及奠定了基础。

　　文庙是历代祭祀圣人孔子的庙宇。孔子本是儒家学派的创始人,随着儒家文化的推行特别是汉武帝提倡"罢黜百家,独尊儒术"之后,儒学被进一步官方化,孔子及其后继者逐渐被神化,受到人们的顶礼膜拜。在文庙中,不仅设立孔子神位,还有配享从祀的"四配"、"十二哲"神位。"四配"、"十二哲"一般指历代统治者通过祭祀孔子以及历代圣人先哲来表达"尊儒重道"的国家观念,为儒家文化的普及奠定了基础。

一、文庙"四配"

　　前述第四章我们已经谈到,祭孔之礼主要不在形式,而是重在内容,其核心是政治和文化教化,祭祀先圣先师的立学之礼,并未实际指明祭祀的对象,历史上,周公、孔子、颜回等都曾作为至圣先师受祭。"四配"就是孔庙配享从祀的人物中仅次于孔子地位受享的四位圣人,指亚圣孟子(孟轲),复圣颜回,述圣孔伋,宗圣曾参四位圣贤。他们的塑像分设于孔子像的两侧。"四配"在文庙中的神位次序为:孔子像以东为兖国公颜回(复圣)、沂国公孔伋(述圣),孔子像以西为郕国公曾参(宗圣)、邹国公孟轲(亚圣)。早在南宋度宗咸淳三年(1267年),南宗衢州孔庙开始以"四配"陪祀。曲阜孔庙则于元成宗大德十一年(1307年)才开始以"四配"陪祀,并沿袭至今。

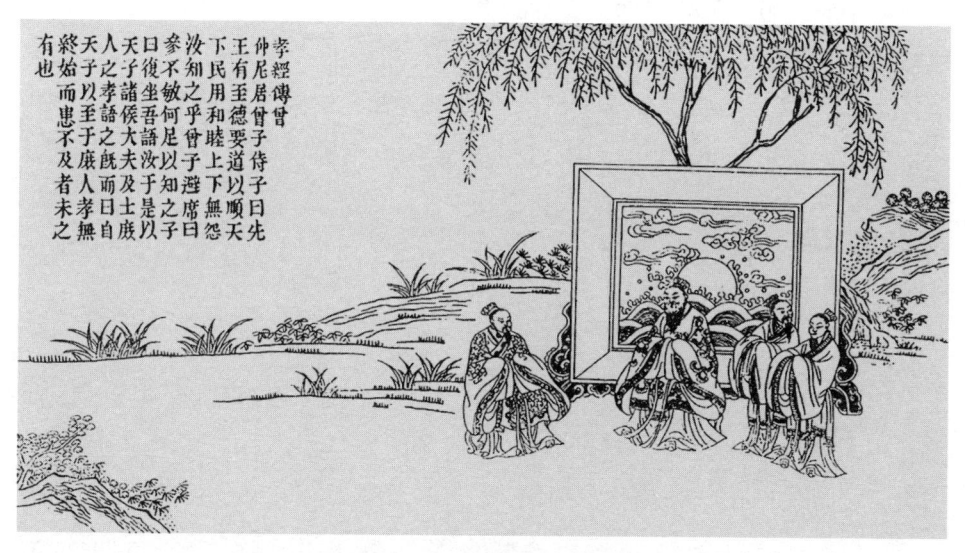

图 8-1　孔子圣迹图:孝经传曾

(一)亚圣:孟子(孟轲)

孟子,名轲,战国时期思想家、政治家、教育家。生活在诸侯兼并、战争异常惨烈之时,为"正人心,息邪说,距诐行,放淫辞,以承三圣",他聚众授徒,历游齐、宋、滕、魏等国。任齐宣王客卿,因其主张不见用,退而授徒、著述。孟子承袭曾参、子思之学,侧重发展孔子的"仁学",力主"法先王",阐扬"王道"、"仁政"思想,并以人性善作为仁学的人性论基础。孟子还发挥《尚书》"民为邦本"和《左传》的重民思想,倡导"民贵君轻",将古典民本主义推向高峰。其学说载于《孟子》。在哲学上,孟子提出"性善论",即人人生来皆具有仁、义、礼、智等天赋的道德意识:"良知"和"良能",但又强调后天所受的教育与环境,强调人的主观精神作用,断言"万物皆备于我",形成了一个对后儒特别是对宋儒影响巨大的唯心主义理论体系。在政治上,孟子认为"民为贵,社稷次之,君为轻",他警告统治者民可群起推翻暴君,主张"法先王","行仁政",恢复井田制,薄赋税,省刑法,使民安居乐业,并接受儒家文化,反对诸侯间的武力兼并。在方法论上,孟子提出"存心养性说",即求之不得,反求诸己的自我修养方法,以扩展其性本善的人性,达到"富贵不能淫,贫贱不能移,威武不能屈"的人生修养境界,养成天地间之"浩然之气"。

孟子的思想学说相当深刻全面地继承和发展了孔子的思想。孔子身后,儒分为八,即子张、子思、颜氏、孟氏、漆雕氏、仲良氏、孙氏、乐正氏八派,其中孟氏之儒,即孟子一派。孟子被后世封建统治者和儒家学者尊奉为仅次于孔子的圣人。在长期的历史过程中,孔孟两者的思想被糅合为一体,号称"孔孟之道",成为儒家思想学说及中国传统文化的骨干与核心。北宋元丰六年(1083年),孟子被封为"邹国公"。元至顺元年(1330年),又被封为"邹国亚圣公"。明嘉靖九年(1530年),被封为"亚圣"。

(二) 复圣:颜回(子渊)

颜回,字子渊。比孔子小30岁,鲁国人,曾随孔子周游列国14年。颜回是孔子的得意门徒之一,其性情恬淡,道德学问修养很高,史称其"道德充茂,去夫子一间耳!"孔子非常欣赏颜回,孔子语录中多次提到他的名字,赞扬他的道德修养和学习态度,认为"仁"德的修养,颜回为最高。颜回曾问仁,子曰:"克己复礼为仁。一日克己复礼,天下归仁焉。"颜回正是严格依照"仁"与"礼"的要求而身体力行的。颜回虽然出身贫贱,但却贫而好学,乐观通达。其实,在社会生活中贫穷并不可怕,可怕的是人穷志短,贫窘自卑。但是一个人身处恶劣的生活环境,很难保持乐观恬淡的心境,所以要做到安贫乐道很不容易,但颜回做到了。孔子赞扬颜回说:"一箪食,一瓢饮,在陋巷,人不堪其忧,回也不改其乐。"生活如此贫困,一般人处于这样艰苦的环境中都会心添忧愁,而颜回却不改其乐,恬淡自如,因此,孔子盛赞他的修养,认为他是个乐天知命的智慧者。孔子认为颜回这样的人极为聪慧,他说:"回也如愚,退而省其私,亦足以发,回也不愚。"孔子认为颜回与自己志同道合,"用之则行,舍之则藏,惟我与尔有是夫!"表达了"穷则独善其身,达则兼济天下"的文人志向。颜回对孔子视之若父,师生感情深厚,称言:"子在,回如何敢死"。然而,颜回29岁已是白发如霜,英年早逝,这对孔子这位古稀老人打击很大,他悲痛万分。颜回的离世令孔子十分悲痛曰:"天丧予!"孔子对颜回感情很深,评价也很高,鲁哀公曾问他道:你的"弟子孰为好学?"孔子对曰:"有颜回者好学,不迁怒,不贰过。不幸短命死矣,今也则亡。"①(孔子回答说:"那就数颜回最为勤奋好学了,他从来都不把自己的怒气迁移到别人的身上,同样的错误也不会犯两次。但他不幸早死,颜回死了,真是可惜呀!再也没有这么优秀的学生来继承传播我的学问理想了。")可见,在孔子心目中,颜回是多么难得的人才。由于颜回仁德宽厚,屡受老师称赞,成为孔子最得意的学生。自汉代起,颜回被列为七十二贤之首。自三国魏正始元年(240年)祭孔时,首以颜回为配享,并开配享之例。有时祭祀孔子独以颜回配享。以后历代统治者对他不断追加谥号。唐玄宗开元八年(720年)颜回被封为"亚圣",开元二十七年(739年),又被封为"亚圣兖公"。宋大中祥符二年(1009年),被封为"兖国公"。元至顺元年(1330年),改封"兖国复圣公"。明嘉靖九年(1530年),颜回被封为"复圣"。现山东曲阜有复圣庙。

(三)述圣:孔伋(子思)

孔伋,字子思,战国初期鲁国(今山东曲阜)人,孔子之孙,孔鲤之子。据《史记·孔子世家》记载,"孔子生鲤,字伯鱼。伯鱼生伋,字子思。""尝困于宋,子思作《中庸》。"作为孔门后裔嫡亲,子思发挥了孔子"中庸"的思想,并使之系统化,成为自己思想学说的核心,"中庸"思想对后世影响深远。子思宣扬儒家"诚"的道德,并视之为世界的本原。孔伋颇得孔子思想的真传,一生除授徒外,还致力于著述,儒家经典《中庸》即他所作。子思的《中庸》对后世影响甚大。南宋朱熹把《中庸》与《大学》、《论语》、《孟子》合称"四书",并为之作注。金元时期都用朱注"四书"科举取士。自此以后,"四书"流传日广,逐渐成为学子必读之书,是科举考试的必读书目之一,对中国古代传统文化和意识形态都产生了深远的影响。

---

① 《史记·仲尼弟子列传第七》。

孔伋《中庸》的基本思想，首先是继承并发展了孔子的中庸思想。"中庸"一词始见于《论语·雍也》："中庸之为德也，其至矣乎！"把"中庸"视为人生之至德。但何为"中庸"，孔子并未阐发，在处世中只强调"允执其中"，反对"过"和"不及"。《中庸》继承并发挥了孔子的这一思想，规定了"喜怒哀乐之未发，谓之中；发而皆中节，谓之和"，认为"中"与"和"是道德修养和处世行事的基本准则，只有遵循这一准则，达到中庸的境界，才能使天地万物各得其所，繁衍生息。"中也者，天下之大本也；和也者，天下之达道也。致中和，天地位焉，万物育焉。"子思认为要达到中庸的境界，必须修身养性，达到"智、仁、勇"三德，成为有德之君子。

　　其次，子思把"诚"作为世界的本原，当作是天地万物赖以存在的基础。"唯天下至诚，为能经纶天下之大经，立天下之大本，知天地之化育"，"唯天下至诚，为能尽其性"，则可以"赞天地之化育"，这样就可以"与天地参矣"。至诚之道，还可以预见国家之兴亡等。总之，至诚是人生最高境界，子思提倡"至诚如神"。

　　此外，《中庸》还提出了"博学之，审问之，慎思之，明辨之，笃行之"的认识过程和方法。《中庸》的思想对后世影响很大，特别是其中有关"诚"的论点，宋明时为周敦颐等理学家所继承与发展，并成为宋明理学的理论来源之一。

　　孔伋在儒家学派的发展史上占有重要的地位，正如韩非子在其《显学》篇中所论。孔子身后"儒分为八"，"子思之儒"亦为其中一派。孔伋上承曾参，下启孟子，在孔孟"道统"的传承中占有重要地位，并由此对宋代理学产生了重要的影响。因此，北宋徽宗年间，孔伋被追封为"沂水侯"。南宋端平二年（1235年），并列十哲之间。咸淳三年（1267年），被加封"沂恩公"，升列"四配"。元朝文宗至顺元年（1330年），子思又被追封为"述圣公"，后人由此而尊他为"述圣"。

（四）宗圣：曾参（子舆）

　　曾参，字子舆，南武城人，孔子弟子，小孔子46岁。曾参性格沉静，为人谨慎，态度谦逊，鄙薄"胁肩谄笑"，并具勇敢精神。他特重孝行，认为"慎终追远，民德归厚矣"。曾参说："夫子之道，忠恕而已矣"。所谓家贫出孝子，青壮年时曾参加农事劳作，家庭经济生活不太宽裕，为养活父母，到莒国去谋了一个"得粟三秉"的小官。受业于孔子后,孔子认为曾参能遵循孝道,所以授给他学业,并为他陈说教授《孝经》。曾子学有所就,便开始讲学。父母死后他南游楚国,"得尊官焉"。之后曾子心无仕宦之意,齐国欲以为相,楚国欲以为令尹,晋国欲以为上卿,都被他一概谢绝。曾子专事研习孔学并授徒,最终成为儒家名师。《史记·仲尼弟子列传》记载曾参作《孝经》,又有《大学》十篇。唐总章元年(668年),曾参被封赠"太子少保"。唐开元二十七年(739年),被封为"郕国伯"。宋政和元年(1111年),被封为"武城侯"。咸淳三年(1267年),受赠"郕国公"。到了元至顺二年(1331年),被封为"郕国宗圣公"。明嘉靖九年(1530年),受封为"宗圣"。

二、文庙"十二哲"[①]

文庙"十二哲",指的是:闵损(子骞)、冉耕(伯牛)、冉雍(仲弓)、宰予(子我)、端木赐(子贡)、冉求(子有)、仲由(子路)、卜商(子夏)、有若(子若)、言偃(子游)、颛孙师(子张)、朱熹。十二哲在文庙中的神位次序为:东侧北起为闵损(子骞)、冉雍(仲弓)、端木赐(子贡)、仲由(子路)、卜商(子夏)、有若(子若),西侧北起为冉耕(伯牛)、宰予(子我)、冉求(子有)、言偃(子游)、颛孙师(子张)、朱熹。十二哲其等级较四配为低。哲,即贤哲的意思。唐开元八年(720年),玄宗李隆基命国学祭祀孔子,定十哲配享。后来,各代几经更添,直到清乾隆年间"十二哲"才被固定下来。下面主要根据《史记》等文献史料的记载,来简述"十二哲"生平事迹。

(一)闵损(子骞)

闵损,字子骞,比孔子小15岁。闵子骞是中国历史上有名的先贤孝子。流传甚广的故事"单衣顺亲"和"鞭打芦花"就是赞扬闵子骞孝行品德的,闵损是历史上有名的二十四孝子之一。有诗赞曰:"闵氏有贤郎,何曾怨后娘;车前留母在,三子免风霜。"孔子这样评价闵子骞:"闵子骞真是孝顺呀!人们对

[①] 《史记·仲尼弟子列传第七》。

于他父母兄弟称赞他的话没有异议。"闵损还是位有节之士,当时,社会秩序混乱,政治上礼崩乐坏,礼乐征伐自大夫出,鲁国的士阶层对权臣季氏不满。所以,闵子骞坚决不做大夫的官,不受昏君的俸禄。有一次,鲁国的大夫季氏请闵子骞做"费邑"这个地方的行政长官,闵子骞告诉传话的人说,您好好替我辞掉吧,我是不会做大夫的官的。如果再来请我做官的话,我立刻出走到齐、鲁两国交界的汶水去。后来经孔子劝说,闵子骞还是任了费邑宰,并把家迁到东蒙之阳,村名闵子庄(今闵家寨)。闵子骞治理费邑政绩很好,但是他最终还是看不惯季氏僭越礼制的行为,最后毅然辞职。闵子骞曾随孔子到列国游学,病卒于长清县内。闵子骞孝贤守礼,可谓爵禄不能移,其美德永为后世传颂。

(二) 冉雍(仲弓)

冉雍,字仲弓,出身低贱。他的父亲是个地位卑微的人,冉雍才德出众,但心理总是有些自卑感。孔子认为冉雍有德行,可以做大官,但那时宗法制度下的世卿世禄制还没有被完全打破,政权的分配主要基于血缘亲疏的宗法等级标准,选贤任能只是偶尔行之。出身与世袭基本决定一个人的未来命运。冉雍出身贫寒,用今天的话说,心理不自信,孔子就因材施教,对他耐心地进行心理疏导,鼓励他相信天生我材必有用。"仲弓父,贱人。孔子曰:'犁牛之子骍且角,虽欲勿用,山川其舍诸?'"(意思是杂色的牛生的幼犊却长着纯红的毛,两角周正,虽然世俗之人不想用它做祭品,山川之神难道会嫌弃舍弃它吗,我的爱徒冉雍,天生是社会的有用之材,人们不想重用都不行啊!)孔子因材施教,给予这个弟子特别的鼓励和关爱。

古代社会,"国之大事,唯祀与戎"。祭祀活动是贵族生活中的大事。在古代祭祀仪式中,人们对牺牲的要求特别高。杂色的牛,除了耕地,没有什么其他的用途。尤其是在祭祀典礼中,一定要选用毛色纯净、色泽光亮的牛为牺牲以示敬重鬼神。但杂色的牛却生了一头赤色发亮、两角周正俊美的小牛犊。虽然杂色牛品种不好,但只要杂色牛生出的这头小牛犊自身条件好,在隆重的大型祭祀中,即使世俗偏见之人不肯用它做牺牲,山川之神也不会舍弃它呀,孔子认为冉雍"可使南面",具有治国之才。孔子对之耐心讲解,鼓励冉雍内心不要因出身低贱而自卑,只要自己有真才实学,英雄一定有用武之地。社会不用冉雍之才,天地鬼神都不答应!

(三) 端木赐(子贡)

端木赐(前520—前456年),字子贡,有名的政治家,儒商之祖,官至鲁、卫两国之相。是孔门七十二贤之一,孔门十哲之一,春秋末期卫国黎(今河南省鹤壁市浚县)人。子贡与孔子师生情深,情同父子,相传,孔子病危时,他未及时赶回,子贡觉得特别对不起老师,别人守墓三年尽哀离去,他却在墓旁再守三年,共守六年。他是孔子的得意门生,且列言语科之优异者。子贡既善外交辞令,又善于经商,孔子曾称其为"瑚琏之器"。子贡利口巧辞,善于雄辩,办事通达。他善于经商之道,曾经商于曹、鲁两国之间,富致千金,为孔子弟子中首富。《史记·仲尼弟子列传》亦载:"子贡好废举,与时转货资……家累千金。"《论语·先进》载孔子之言曰:"回也其庶乎,屡空。赐不受命,而货殖焉,臆则屡中。"意思是说颜回在道德上差不多完善了,但却穷得叮当响,连吃饭都成问题,而子贡不安本分,去囤积投机,猜测行情,且每每猜对。子贡善于经商,依据市场行情的变化,贱买贵卖随时转货,从中获利,家财千金,以成巨富。由于子贡在经商方面大获成功,所以司马迁在《史记·货殖列传》中以相当的笔墨对这位商业巨子予以表彰,肯定他在经济发展史上所起的作用。对子贡的外交才干也给予很高的评价:"故子贡一出,存鲁、乱齐、破误、强晋而霸越。子贡一使,使势相破,十年之中,五国各有变。"(《史记·仲尼弟子列传》第七)《论语》中对其言行记录较多,《史记》对其评价颇高,并用很大笔墨记载子贡事迹。

子贡巧于辞令,孔子常常压制他的言辞,适当时机又鼓励他游说,发挥他能言善辩才华。有一次,孔子问道:"汝与回也孰愈?"子贡回答说:"赐也何敢望回?回也闻一以知十,赐以闻一以知二。"孔子称赞他的这个得意弟子是"瑚琏之器"。在中国古代社会,"瑚琏之器"指祭祀时盛黍稷的尊贵器皿,夏朝叫"瑚",殷朝叫"琏","瑚琏之器"比喻人特别有才能,可以担当大任。孔子深知子贡的才干,并且知人善任。

当时,孔子听说田常想在齐国作乱,但害怕高氏、国氏、鲍氏和晏氏的势力,所以想远调他们的军队去攻打鲁国。孔子对此十分担忧,他对学生们说:"鲁国是祖宗坟墓所在地,是我们的父母之国,国家危险到这种程度,你们为什么不挺身而出呢?"子路、子贡、子张等听后积极响应,孔子却一一阻止了他们,唯独答应子贡出去进行外交游说的请求。

子贡第一站先到齐国,他劝谏田常:"您攻打鲁国是错误的。鲁国是难以攻打的国家,它的城墙又薄又矮,它的护城河又窄又浅,它的国君愚昧不仁,它的百姓厌恶战争,这样的国家不能跟它交战。您不如攻打吴国。吴国城墙又高又厚,护城河又宽又深,武器装备又坚又新,军事齐整又充足,能人精兵全在那里,还有贤明的大夫镇守护城,吴国是容易攻打的。"田常听后顿时显出愤怒的神色说道:"您认为难办的事情,一般人却认为是容易做到的;您认为容易做到的事情,一般人却认为是难办的。用这些来指教我,是什么道理呢?"子贡不慌不忙地回答说:"我听说,忧患来自国内的,就发动战争攻打强大的对手;忧患来自国外的,就发动战争攻打弱小的对象。如今您的忧患来自国内。我听说您三次被封三次失败的原因,是来自国内大臣们的反对啊!现在您攻破鲁国来扩张齐国的领土,战胜对手使国君骄纵,打败别国来提高大臣们的地位,可是,您的功劳却不在其中呀!这样,您跟国君的关系就会一天天疏远,这是您自己上使国君产生骄傲的心理,下令大臣无所顾忌的缘故,您在这样的境况中想要成就大业,难哪!国君骄傲就会无所顾忌,大臣骄傲就会争权夺利。这使得您上与国君产生隔阂,下与大臣互相争夺。这样,您在齐国的处境将十分危险。所以说您不如攻打吴国。攻打吴国虽然不能取胜,但是百姓死在国外,大臣在国内的势力自然空虚。您在上没有大臣反对,在下没有百姓非难,在齐国孤立国君,控制国政的就只有您了。"田常听后虽然觉得很有道理,但他担心此时齐国的军队已经开赴鲁国,真是进退两难,如果此时撤兵转而攻打吴国,唯恐大臣怀疑。子贡拍着胸脯保证说:"您先按兵不动,我请求出使吴国,叫他援助鲁国来主动进攻齐国,您趁势命令部队迎击吴国便是。"田常答应子贡,派他南下晋见吴王。子贡游说吴王道:"我听说,行王道的人不拒绝与世人的交往,行霸道的人没有强大的敌人,但在千钧重的物体上,即使只加一铢一两的重量也可能产生位移。现在拿拥有万辆兵车的齐国来说,若是再占有千辆兵车的鲁国,来跟吴国争强斗胜,我私下替大王感到危险与担忧啊。况且援救鲁国,能显扬名声;攻打齐国,能获取大胜。安抚泗水以北的各国诸侯,惩罚暴虐的齐国,镇抚强大的晋国,好处没有比这更大的了。您出

第八章　儒教孔门的圣人先哲

兵援鲁，名义上保存了即将灭亡的鲁国，实际上困窘了强大的齐国，聪明人是不会迟疑的。"吴王说："好！虽然这样，我曾经跟越国作战，使越王栖身在会稽山上。越王刻苦自己，优待士兵，有报复我的意图，援救鲁国的事情您还是等我讨伐越国后再说吧。"子贡接着说："越国的力量超不过鲁国，吴国的力量超不过齐国，如果大王放弃齐国而去攻打越国，那么齐国就平定鲁国了。况且大王正借着"使灭亡之国复存，使断绝之嗣得续"的名义去攻打弱小的越国却害怕强大的齐国，这可不是勇敢者的表现啊。勇敢的人不回避困难，仁爱的人不使人处于困境，聪明的人不失去时机，行王道的人不拒绝跟世人交往，以此树立他们的道义。如今保存越国，向诸侯显示自己的仁德，援救鲁国，讨伐齐国，对晋国施加威力。各国诸侯一定相继来吴国朝见，这样，称霸天下的大业就成功了。大王果真畏忌越国报复，我请求东去晋见越王，叫他出兵跟随大王援鲁攻齐，这名义上是跟随诸侯讨伐齐国，实际上是使越国兵力空虚。"吴王听后非常高兴，就派子贡出使越国。

越王听说子贡来访，派人清扫道路，并亲自到郊外去迎接子贡，亲自驾车到子贡住宿的官舍。越王问道："这里是偏远落后的国家，大夫怎么屈尊来到这里？"子贡回答说："最近我劝说吴国援救鲁国攻打齐国，他心里想去却畏惧越国，说：'等我攻占了越国后才行。'一旦这样，吴国攻破越国是肯定的。况且没有负仇之心却让人无端猜疑，是很笨拙和被动的；有负仇之心却让人知道他，是不安全的；事情没有发生却先传扬出去，是很危险的。这三种情况是办事的大忌讳。"勾践磕头拜了两拜说："我曾自不量力，竟与吴王作战，被围困在会稽山，恨之入骨，日夜唇焦舌枯，只是想跟吴王一同拼死，这就是我的愿望。"越王问子贡怎么办，子贡回答说："吴王为人凶猛残暴，大臣们忍受不了，国家因为屡次战争而疲困，士兵不能忍受，百姓怨恨国君，大臣发生内乱，伍子胥因为直谏被杀，大臣蒙蔽国君，这是国家行将灭亡的表现，现在大王如果兴兵附和吴王迎合他的意愿，送给他丰厚的财宝以求得他的欢心，降低身份奉承他以表示对他的尊敬，他一定会攻打齐国。如果他战败了，就是越国和大王您的福气呢。如果他战胜了，必将军队开到晋国。到那时，我就请求北上晋见晋国国君，劝说晋国国君和越国南北夹击一同攻打吴国，届时，一定会削弱吴国的势力，吴国的精锐部队全都消耗在齐国，大部队被牵制在晋国，大王再趁吴国困境之机予以打击,吴国不就完蛋了嘛!"

越王十分高兴,应允了子贡的请求,决定跟随吴王出征。临行时,越王赠给子贡百镒黄金,一柄宝剑,两支好矛。子贡没有接受告辞而去。子贡回来向吴王汇报说:"我不敢怠慢,将大王的意思原原本本地转告越王。越王十分恐惧。越王说:'我不幸幼年丧父自不量力,本当受到吴国的惩罚,军队失败,自身受辱栖居在会稽山上,国家变成废墟荒地,仰赖吴王的恩赐,使我得以捧着祭品祭祀祖宗。吴王的恩德我至死难忘,怎么敢有报复之心!'"过了五天,越王派大夫文种跪拜着对吴王说:"东海奴仆缺德的勾践派遣的奴才文种,冒昧派下吏问候大王左右。今天私下听说大王特兴仁义之师,征伐强暴,救护弱小,围困暴虐的齐国而安定周王室,请求全部出动越国境内的士兵三千人,勾践自己请求身披铠甲,自带武器,冲锋冒险。由越国下臣文种进献祖先珍藏的宝器,铠甲二十件、斧头、屈卢矛、步光剑,作为向军吏的贺礼。"吴王十分高兴,将文种的话告诉子贡说:"越王要亲自跟随我讨伐齐国,可以吗?"子贡说:"那可不妥。使人家国内空虚,调动人家所有的人马,又叫它的国君跟随,这样做没有道理。大王接受他的礼物。允许他派军队来,应辞谢越国的国君随同伐齐的请求。"吴王应允,就辞谢越王,于是吴王就出动九个郡的部队攻打齐国。

子贡便离开吴国前往晋国,他对晋国国君说:"我听说计谋不事先定好,就不能够应付突然的变化;军队不事先准备好,就不能战胜敌人。现在齐国跟吴国将要开战,假如吴国失败,越国一定会趁机扰乱它;如果吴国战胜,那一定乘胜进军晋国边境。"晋君一听大为恐慌,说:"那我们该怎么办呢?"子贡说:"修造武器、休养士卒,准备迎战,等待吴军的到来。"晋君答应了。

子贡离开晋国回到鲁国。吴国果然跟齐国在艾陵(山东省莱芜县东北,一说在泰安东南)开战,吴王夫差十二年(前484年),吴国救鲁伐齐,齐军大败。吴王俘获了齐国七个将领的兵马依然不满足,他果真无意退兵,乘胜将军队开到晋国边境,同晋国在黄池(今河南省封丘县西南)争强斗胜,晋国攻击吴国,大败吴军,史称"黄池之会"。越王听到吴王战败的消息,立刻发兵渡江作战,袭击吴国,把军队驻扎在离吴国国都仅七里之遥的地方。吴军听到这个消息,不敢恋战,急忙打道回国,同越军在五湖作战,三战三败,城门失守,越军包围了王宫,杀死夫差和他的相国,灭掉吴国。灭吴后三年,越国称霸东方。

子贡的辩才和外交才干真是举世无双,他果然不辱使命,一次出访齐、吴、越、晋四国,使鲁国保全,齐国大乱,吴国破灭,晋国得胜而越国称霸。

(四) 仲由(子路)

仲由(前542—前480年),字子路,又字季路,春秋末鲁国卞地人,今山东泗水县泉林镇卞桥人,孔子的得意门生。子路做事果断,信守诺言,勇于进取,曾任卫蒲邑大夫、季氏家宰,是孔子"堕三都"之举的主将之一。《史记·仲尼弟子列传》记载,"子路性鄙,好勇力,志伉直,冠雄鸡,佩豭豚,陵暴孔子。"(意思是子路这个人性格豪爽,有勇力才艺,最初曾经戴着雄鸡式样的帽子,佩着用猪皮装饰的剑,傲视孔子。)又"子路问:'君子尚勇乎?'孔子曰:'义之为上。君子好勇而无义则乱,小人好勇而无义则盗。'"子路曾问孔子:"君子崇尚勇敢吗?"孔子说:"义是最可尊贵的。君子喜爱勇敢而没有义,就会作乱;小人喜爱勇敢而没有义,就会做强盗。"孔子认为子路为可教之子,就"设礼稍诱子路,子路后儒服委质,因门人请为弟子。"(意思是孔子用合理的生活规范,渐渐地诱导子路。子路后来果然穿着儒服,带着拜师的礼物,通过孔子的学生请求做孔子的弟子。)子路以政事见称,孔子了解其为人,对他评价很高。说他果敢善断,"片言可以折狱者,其由也欤!"而且权贵面前敢于不卑不亢,气度非凡,"衣敝缊袍与衣狐貉者立而不耻者,其由也欤!"子路还曾任蒲邑的大夫。临行前辞别孔子,孔子曰:"蒲多壮士,又难治。然吾语汝恭以敬,可以执勇;宽以正,可以比众;恭正以静,可以报上。"可惜后来,子路为卫大夫孔悝家宰,在内讧中不幸遇难身亡。

(五) 卜商(子夏)

卜商(前507年—?),字子夏,春秋末年晋国温地(今河南温县)人,一说是卫国人,比孔子小44岁,七十二贤之一,人称卜子。子夏性格勇武,为人"好与贤己者处"。曾为莒父(今山东省莒县)宰。《史记·仲尼弟子列传》:"子夏问:'巧笑倩兮,美目盼兮,素,以为绚兮,何谓也?'"子曰:"'绘事后素'。曰:'礼后乎?'孔子曰:'商始可与言《诗》已矣。'"(意思是子夏问孔子:"'巧妙的笑容真好看哪,美丽的眼睛真明亮呀!施上脂粉就更加漂亮呀。'这几句是什么意思?"孔子说:"绘画是最后涂上白粉加以修饰。"子夏说:"礼仪就是在仁义之后创建的吧。"孔子高兴地说:"卜商呀,现在可以和你谈论《诗》了。")孔子还对子夏说:"要做有道德的读书人,不做缺德的读书人。"孔子逝世后,他到魏国开馆教学,做了魏文侯的国师,他主张国君要学习《春秋》,吸取历史教训,以防止臣下篡权。他提出过"仕而优则学,学而优则仕"的思想,还主张做官要先取信于民,然后才能使其效劳。历史上有名的法家学派的李悝和吴起都曾是子夏的弟子,魏文侯也尊以为师礼。相传,《诗》、《春秋》等书均是由他传授下来的。子夏在传播儒家学说上,独立形成子夏氏一派,成为孔门弟子中有深远影响的重要人物。子夏一生中博学笃志,传授《五经》,后世治《五经》的学者,大都认为他们的学说托之于子夏的传授。他不但学识渊博,对整理和传播古代文献有着杰出的贡献,更重视躬行实践,讲究道德修养,为人师表,以身作则,为后人留下了良好的形象。他晚年丧子,因悲痛过度眼睛失明,离群索居。唐开元二十七年(739年),子夏被追封为"魏侯"。宋大中祥符二年(1009年),加封"河东公"。南宋咸淳三年(1267年),进封"魏公"。明嘉靖九年(1530年),被改称"先贤卜子"。

(六) 有若(子若)

有若(前518—前458年),春秋末年鲁国人。字子若,后被尊称为有子。有若勤奋好学,能较全面深刻地理解孔子的学说。尤其重视"孝"道,他曾说:"其为人也孝悌,而好犯上者,鲜矣!""孝悌也者,其为仁之本与!"他重视"中庸"思想,提出"礼之用,和为贵"。他还主张藏富于民,称"百姓足,君孰与不足? 百姓不足,君孰与足?"因他品学兼优,且"状似孔子",孔子死后,学生们共同把他立为老师,像对待孔子在世时一样地对待他。有若尊奉孔子,认为孔子是出类拔萃的天下第一圣人。他刻苦学习孔子的思想,发扬"学而不厌"的精神。他对孔子的思想往往能做出符合原意的解释。他根据孔子关于在上位的人能用浓厚感情对待亲族,民众就会走向仁德的教导,认为有道德孝悌的人,不会犯上作乱,孝悌是个人修养的出发点,孝悌是"仁"之本,因而,有若主张以"礼"为准绳,以"和"为原则处理各种社会矛盾。有若曰:"礼之用,和为贵,先王之道斯为美。小大由之,有所不行;知和而和,不以礼节之,亦不可行也。"意思是说礼仪的应用,以和谐为可贵。过去圣明君王治理国家的方法,妙就妙在这里。无论大事小事只要遵循这条原则一定顺达。即使有时行不通,那是因为为和谐而和谐的缘故。这说明不用礼法去约束节制它,也是行不通的。

有若认为人要守信义,一切盟约符合"仁"、"礼"都要践约。"信近于义,言可复也;恭近于礼,远耻辱也;因不失其亲,亦可宗也。"意思是说信义要符合礼仪,这样的话才经得起实践的检验;恭敬要符合礼制,才能避免耻辱;只有符合礼仪的诚信,才能和谐亲族,才可以成为凝聚宗亲的大宗。

有若是孔门贤人,唐玄宗开元二十七(739年)被封"汴伯"。宋真宗大中祥符二年(1009年),有若被加封"平阴侯"。度宗咸淳三年(1267年)以"平阴侯"从祀孔子。清乾隆三年(1738年),被升为"孔门十二哲"。

(七) 冉耕(伯牛)

冉耕(约前544年—?),字伯牛,春秋末鲁国人,为人正派,善于待人接物。在孔子弟子中,以德行与颜回、闵子骞并称。冉耕因恶疾早逝,孔子哀叹其"亡之,命矣夫!"他比孔子小7岁,鲁国东原(今山东东平)人。在孔子七十二贤人中排为第三名。曾随孔子周游列国,广施教化,为人所敬。冉耕作为孔子的弟子,有很高的威望。《史记》载:"孔子曰:'受业身通者七十有七人,皆异能之士也。德行:颜渊、闵子骞、冉伯牛、仲弓。'"孔子对冉子十分器重,鲁定公十年(前500年),孔子由中都宰晋升为鲁司寇,冉耕继孔子任中都宰,以德惠民,以仁施政,政绩显著,深得民心。所治之地,"路无拾遗,器不雕伪","而西方之诸侯则焉"。因冉耕为政有道、治理有方,他所治理的中都成了其他诸侯国学习的榜样,并受到孔子的高度赞赏。孟子门人公孙丑认为冉耕的修养和学问大致接近孔子,只是没有孔子那样博大精深。孔子认为冉耕有德行,有一次,冉耕得了重病,临终前孔子去探望他,握着他的手,伤心地哀叹道:"亡之,命矣夫! 斯人而有斯疾也!"这是命呀! 孔子感叹:这样贤德之人怎么能得绝症呢! 这是命呀! 唐元宗开元二十七年(739年)冉耕被追封为"郓侯"。宋大中祥符二年(1009年)被改封"东平公"。南宋咸淳三年(1267年)被改封为"郓公"。明嘉靖九年(1530年)改称"先贤冉子"。

(八) 宰予(子我)

宰予(前522—前458年),字子我,亦称宰我,春秋末鲁国人。宰予小孔子29岁,能言善辩。曾从孔子周游列国,游历期间常受孔子派遣,出使于齐国、楚国。孔子其实很喜欢这个爱思考还经常刁难老师的学生。宰予能言善辩，巧于辞令，且有独到见解，敢于和孔子辩论并坚持己见，孔子经常教训他。宰予有点懒，白天上课睡大觉，被老师严厉批评。孔子训斥他道："朽木不可雕也，粪土之墙不可圬也。"宰予除了有点懒之外，还经常提一些稀奇古怪的问题为难老师，因而孔子经常批评他。不过，孔子虽然经常批评宰予，但批评归批评，批评过后又谆谆告诫他，爱之如常。宰予曾经与孔子讨论守孝礼制三年的情理问题，敢于辩解。宰予问曰："三年之丧不亦久乎？君子三年不为礼，礼必坏；三年不为乐，乐必崩。旧穀(谷)既没，新穀(谷)既升。钻燧改火，期可已矣。"子曰："于汝安乎？"曰："安。""汝安，则为之。君子居丧，食旨不甘，闻乐不乐，故弗为也。"宰予认为，父母死了，守孝三年，不合情理，因为君子有三年不去学习礼仪，礼仪一定会败坏；三年不去演习欣赏音乐，音乐一定会荒废。陈谷已经吃完，新谷闪亮登场；取火用的木头改换了一遍，服丧一年就可以了。孔子听后生气地说："这样做，你心安吗！"宰予说："我心安。"孔子说："你心安，你就去做吧！君子守孝，吃美味的食物不觉得香甜，听音乐不觉得快乐，所以才守孝三年。"虽然与孔子见解不同，对于这个擅长独立思考、敢于表达自己见解的弟子，孔子还是很欣赏，仍然有爱有加，谆谆教诲。唐玄宗时宰予被追封为"齐侯"，宋代被追封为"临公"，后改称为"齐公"。明嘉靖九年(1530年)改称"先贤宰子"。

（九）冉求（子有）

冉求（前522—前489年），字子有，通称冉有，春秋末鲁国人。孔子弟子，比孔子小29岁。以政事见称，做孙氏的总管。孔子也是很欣赏冉有的才干的。《论语·雍也》曾记载季康子问孔子，子路、子贡、冉求是否可以从政，孔子回答说三人皆可从政，但孔子却分别道出三人之优点各不相同："由（子路）也果"、"赐（子贡）也达"、"求（冉求）也艺"。《论语·先进》说："德行：颜渊、闵子骞、冉伯牛、仲弓。言语：宰我、子贡。政事：冉有、季路。文学：子游、子夏。"有一次子路、曾参、冉有、公西华陪侍着孔子，孔子就引导他们各自谈谈将来的志向，孔子问他们说：如果将来有人能够赏识你们而又能够重用你们，你们各自究竟有什么本领可施展呢？当时冉有就回答说：假定有方圆六七十里的地方，或是小一点，五六十里的，如果让我来治理，只要三年，即可以使人民富足。至于兴礼作乐一类的事，那我就没有这本领了。只好等待那有才德的君子来实施了。其实冉有十分谦虚，凭他的才艺是可以治理千乘之国的，也能够随时关爱民众。冉有的志趣是从政，称得上是一个君子之儒。他经常向老师请教，关注民生问题。"子适卫，冉有仆。子曰：'庶矣哉！'冉有曰：'既庶矣，又何加焉？'曰：'富之。'曰：'既富矣，又何加焉？'曰：'教之。'"有一次，冉有驾车跟随孔子到卫国去，看到卫国的人口很多，冉有就问："国家人口繁衍众多，还需要为他们做些什么？"孔子说："使他们富有。"冉有说："人民已经富有了以后呢？还需要为他们做些什么呢？"孔子说："使他们受教育啊！"

历史学家陈寿认为冉有的政事可和颜回的贤德，伊尹、姜尚的政绩相媲美。南宋度宗咸淳三年（1267年）改冉有称为"徐公"，从祀孔子。东汉明帝永平十五年（72年），祭祀孔子时以冉有为配。唐玄宗开元八年（720年），以他为"十二哲"之一，配享孔子。开元二十七年（739年），赠"徐侯"。宋真宗大中祥符二年（1009年）又封其为"彭城公"。

（十）言偃（子游）

言偃（前506—前443年），字子游，又称叔氏。春秋时常熟人。孔门七十二贤之一，是孔子弟子中唯一的一位南方弟子，比孔子小45岁。擅文学，曾任鲁国武城宰，阐发儒家学说，用礼乐教育士民，境内到处能闻弦歌之声，为孔子所称赞。《史记·仲尼弟子列传》记载："子游既已授业，为武城宰，孔子过，闻弦歌之声。孔子莞尔而笑曰：'割鸡焉用牛刀？'子游曰：'昔者偃闻诸夫子曰："君子学道则爱人，小人学道则易使。"'孔子曰：'二三子，偃之言是也。前者戏之耳。'孔子以为子游习于文学。"孔子曾云："吾门有偃，吾道其南。"意思是我门下有了言偃，我的学说才得以在南方传播。故言偃被誉为"南方夫子"。言偃死后得到后人的崇敬，累世不绝。唐开元八年（720年），他被列为十哲进入孔庙而受到人们的祭祀。十九年以后，即唐开元二十七年（739年），他被封为"号侯"。北宋大中祥符二年（1009年），又被封为"丹阳公"。南宋咸淳二年（1266年）被封为"吴公"。元代大德年间，被封为"吴国公"。明嘉靖年间，被封为"先贤言子"。清代承袭明代的封号。康熙五十一年（1712年），朝廷批准在言偃后裔中设五经博士一员，世代承袭，用以奉祀先贤。清代几位皇帝南巡,先后派大臣到常熟言偃墓致祭,并赠送御笔题的匾额。今虞山镇言子巷有言偃故宅,虞山东岭有言偃墓,学前街有言偃专祠,州塘畔有言偃故里亭。

(十一) 颛孙师(子张)

颛孙师(前503年—?),名师,字子张。陈国阳城(今河南登封)人,小孔子48岁。子张出身微贱,且犯过罪,后经孔子教育成为"显士"。"子张学干禄。子曰:'多闻阙疑,慎言其余,则寡尤;多见阙殆,慎行其余,则寡悔。言寡尤,行寡悔,禄在其中矣。'"子张向孔子求教获得俸禄的方法及从政的问题。孔子说:"多听,有怀疑的问题加以保留,谨慎地说出其余有把握的问题,就能少犯错误;多看,有疑惑的问题暂且搁下,谨慎地去做其余有把握的事情,就能减少懊悔;这样,俸禄就得到了。"子张虽一心一意学干禄,但最终未能从政,以教授为业终身。子张好学深思,在忠信思想上受孔子影响极深,把孔子关于忠信的教诲写在宽大的衣带上,以示永远不忘。"他日从在陈蔡间,困,问行。孔子曰:'言忠信,行笃敬,虽蛮貊之国行也;言不忠信,行不笃敬,虽州里行乎哉!立则见其参于前也,在舆则见其倚于衡,夫然后行。'子张书诸绅。"有一次,子张跟随孔子在陈蔡之间被围困,子张问如何才能让自己行事通达。孔子说:"说话忠诚老实,行为忠厚严肃,即使在南蛮北狄地区,也是行得通的。说话不忠诚老实,行为不忠厚严肃,即使在本乡本土,能行得通吗?站立时就好像眼前看见'忠信笃敬';在车子里,就仿佛看见'忠信笃敬'这几个字挂在横木上,这样时时处处才能行得通。"子张随即把孔子的教诲写在绅带上,牢记于心。

子张曾向孔子求教做人的学问,他问道:"读书人怎样才能做到通达呢?"孔子反问他:"你所谓的通达是什么意思?"子张回答说:"在国必闻,在家必闻。"即"在诸侯的国家很有名望,在大夫的封地也很有名望。"孔子回答说:"这是名望不是通达。所谓通达应当是品德端正,爱好礼仪,善于辨析别人的言论,观察别人的表情,时常想到对人谦让。这种人在诸侯的国家和大夫的封地一定通达。所谓名望,表面上好像爱好仁德,而行动上却违背仁德,可是他们却以仁人自居而毫不怀疑。这种人,在诸侯的国家和大夫的封地一定能博得虚名。"子张鄙视道德修养低下的人,他提出,士应该遇到危险敢于豁出生命,看见所得便考虑是否应该得,祭祀时考虑是否严肃认真,居丧时则应悲痛哀伤。子张与人交往豁达豪气,喜交贤于己者,他主张"尊贤容众",被誉为"古之善交者",后人称有"亚圣之德"。

孔子死后,子张独立招收弟子,宣扬儒家学说,是"子张之儒"的创始人。子张之儒位列儒家八派之首。《大戴礼记·千乘》即关于子张之儒的文献。唐开元二十七年(739年),子张被追封为"陈伯"。宋大中祥符二年(1009年)被加封"宛丘侯"。政和六年(1116年)改封"颍川侯"。南宋咸淳三年(1267年)被进封"陈国公",升十哲位,不久又称"陈公"。明嘉靖九年(1530年),改称"先贤颛孙子"。

(十二) 朱熹

朱熹(1130—1200年),字元晦,一字仲晦,号晦庵、晦翁、考亭先生、云谷老人、沧州病叟、逆翁。南宋江南东路徽州府婺源县(今江西省婺源县)人。朱熹出生于南剑州尤溪(今属福建三明市尤溪县),后随母迁居建阳崇安县。晚年定居建阳考亭,故后世有"考亭学派"之称。他是南宋著名的理学家、思想家、哲学家、教育家和诗人,是闽学派的代表人物,世称朱子,朱熹是孔子、孟子以来最杰出的儒学大师。他潜心理学于研究,四处讲学,宣扬他的"太极"即"天理"和"存天理,灭人欲"的理学思想体系,成为程(指程颢、程颐)朱学派的创始人。淳熙二年(1175年),朱熹与陆九渊为首的另一学派在信州(今上饶)鹅湖寺相聚,就两学派之间的哲学分歧展开辩论,史称"鹅湖之会",是哲学史上的一件盛事。

朱熹绍兴二十一年(1151年)授任泉州同安主簿,绍兴二十二年(1152年)到任。朱熹任同安主簿前后五年,经常往来于各地访友求贤,寻幽览胜。同安至泉州相距百余里,安海地处泉同之间,为必经之地,因此,朱熹往返两地,常在安海歇息过夜。朱熹经常路过安海,访问朱松遗迹,召集镇中名士讲论经学,对安海文风产生了极为深远的影响。

朱熹任满后,请求辞官。淳熙五年(1178年),经宰相史浩推荐,朱熹出任南康(今江西星子县)知军。淳熙八年(1181年)三月至八月,朱熹任江南西路茶盐常平提举,来到抚州常平司官邸。在任期间,他募集钱粮赈济灾民,百姓得以安居乐业。原本拟调直秘阁,但朱熹因捐赈者未得奖而不就职。宰相王淮以浙东大荒,改荐朱熹为浙东常平提举。待捐赈者得到奖励,他才赴绍兴就职。朱熹后官至秘阁修撰、焕章阁待制兼侍讲。

绍熙间(1190—1194年),朱熹应祥芝山邱葵之邀,到芝山游学,与邱葵互相唱和,留下题咏芝山的诗文,其诗曰:"床头枕是溪中流,井底泉通石下池。宿客不怀过鸟语,独闻山雨对花时。"后人将此诗刻石立碑于芝山上。

庆元二年(1196年),朱熹因避祸乱,与门人黄干、蔡沈、黄钟来到新城福山(今黎川县社苹乡竹山村)双林寺侧的武夷堂讲学,并写下《福山》一诗。在此期间,他往来于南城、南丰。在南城应利元吉、邓约礼之邀作《建昌军进士题名记》一文,文中对建昌人才辈出发出由衷赞美。

朱熹应南城县上塘蛤蟆窝村吴伦、吴常兄弟之邀,拜访讲学,为吴氏厅堂题写"荣木轩",为读书亭题写"书楼",并为吴氏兄弟创办的社仓撰写了《社仓记》。还在该村写下了千古名句:"问渠那得清如许,为有源头活水来"(《观书有感》)。朱熹离村后,村民便将蛤蟆窝村改为源头村,民国时曾设活水乡(今属上塘镇)以纪念朱熹。在南丰曾巩读书岩石壁上刻有朱熹手书"书岩"二字,在岩穴下小池壁上刻有朱熹手书"墨池"二字。朱熹还先后到过乐安、金溪、东乡等地。在乐安流坑为村口"状元楼"题写了匾额。

朱熹应陆氏兄弟之邀,到金溪崇正书院讲学,并书"一家兄弟学,千古圣贤心"相赠。在东乡路过润溪(水名)时,留有《过润溪》诗。庆元六年(1200年)卒。嘉定二年(1209年)诏赐遗表恩泽,谥曰文,寻赠中大夫,特赠宝谟阁直学士。理宗宝庆三年(1227年),赠太师,追封信国公,改徽国公。淳熙九年(1273年),冯去疾提举江南西路,特建南湖书院,以纪念朱熹。

朱熹是理学的集大成者,中国封建时代儒家学派的主要代表人物之一。他的学术思想,在中国元、明、清三代,一直是封建统治阶级的官方哲学,标志着封建社会意识形态的更趋完备。元朝皇庆二年(1313年)复科举,诏定以朱熹《四书集注》试士子,朱学定为科场程式。朱元璋洪武二年(1369年),科举以朱熹等"传注为宗"。朱学遂成为巩固封建社会统治秩序的有力精神支柱。它强化了"三纲五常",对后期封建社会的变革起了一定的阻碍作用。朱熹的学术思想在世界文化史上也有重要影响。朱熹的主要哲学著作有《四书集注》、《四书或问》、《太极图说解》、《通书解》、《西铭解》、《周易本义》、

《易学启蒙》等。此外还有《朱子语类》(是他与弟子们的问答录)、《四书章句集注》、《楚辞集注》及门人所辑《朱子大全》、《朱子语录》等。人们曾用这样的话赞美朱熹:"集大成而绪千百年绝传之学,开愚蒙而立亿万世一定之规。"

图 8-2 孔子圣迹图:圣门四科

第九章　佛教徒的文化苦旅

——佛教高僧，文化使节

【导读】

　　慧远和惠能是历史上著名的佛教高僧和佛学理论家，他们和鸠摩罗什、玄奘、真谛、不空等译经巨匠在经典翻译、佛教理论创建、佛经解读和传播，以及推动佛教中国化进程等方面做出了重大贡献。而法显、玄奘、义净等佛教高僧是西行求法的代表人物，其记录游学历程的著作也是研究中亚、印度史的重要史料。这些中外佛教界名僧如满天星斗，闪烁着圆和智慧的光芒，他们历尽艰辛，以博大的宗教情怀，坚强的毅力，推动了佛教中国化发展，并共同书写了我国中外文化交流传播史上的辉煌篇章。

　　以慧远、惠能、法显、玄奘、义净等为代表的佛教高僧，他们有的苦心修炼佛理，有的西行求法；不仅是佛教史上的功臣，而且在文化交流史上也占有重要地位。他们记录游学历程的著作，价值远在宗教之上，成为研究中亚、印度史的重要史料，至今仍受到中外学术界的高度关注。佛学东渐和西行求法是中外文化交流史上的盛事，以法显、玄奘、义净等为代表的佛教高僧书写了中外文化交流史上的壮丽篇章，他们不畏艰险、西行求法的精神更是令人敬佩，不愧中外交流史上"文化使节"的历史美誉。

一、宣扬因果报应之说的高僧：慧远

　　慧远（334—416年），是中国东晋时期著名高僧，也是当时江南的佛教领袖。慧远是中国佛教发展史上的一位重要人物,他所提倡的三世因果报应说和神不灭论,对后世产生了重要影响。

(一) 儒、道、佛兼收并蓄

据《高僧传·慧远传》记载,慧远俗姓贾,雁门楼烦(今山西代县)人,出身仕宦家庭,家境富裕。少年时代的慧远不仅饱读儒家经典,而且博通六经与诸子学说,尤其善长老庄之学。史书上说他"博综六经,尤善《老》、《庄》;性度弘伟,风鉴朗拔,虽宿儒英达,莫不服其深致"。足见其早年曾受过严格的儒家传统教育,是位真正的博学之才。虽然《高僧传》中的描述不免有溢美之词,但至少说明慧远不仅早慧博学,而且出家之前在"六经"等佛教所谓的"外典"方面已具有相当深厚的文化功底,关于这一点应当是可信的。13岁时,慧远跟随舅父令狐氏前往许昌、洛阳一带游学,拜会名流,探讨学问。他阅读了大量儒家经典,以为儒家的学问像个绮丽无比的大花园,令人流连忘返。可后来等他读了老庄的著作之后,思想发生了巨大的变化,改而崇信老庄了。他认为儒家所谓的"名教",只是一些于事无补、不切实际的大空话。在老庄道家思想的影响下,加之当时乱世动荡,时局不稳,他把名利看得十分淡漠,并决心隐居避世修行。21岁那年,慧远准备到江南去,追随名重南北的著名学者范宣子隐遁,但终因中原战乱又兴,后赵王石虎被杀,南北交通阻隔,"中原寇乱"使其南下终未成行。

后来,慧远听说当时的佛教领袖道安正在太行恒山立寺讲授佛法,就和弟弟一道前去拜会听讲。从此,揭开了他一生漫长的佛教僧侣生涯。道安那时正宣讲《般若经》,慧远听得如痴如醉,大有"豁然而悟"之感,并感叹:"儒道九流,皆糠秕耳。"他指责儒道九流都是无用之辈,由此,他的思想再次发生转变,他决心投簪落发,由老庄而皈依佛门。慧远落发出家后,刻苦研读佛经,领悟深刻,24岁的慧远和尚已能登坛讲经释法了。慧远讲法,深入浅出,善于引用《庄子》进行比喻,讲得通俗易懂,深得僧众的好评。例如《般若经》的"实相"概念是中土人士很难理解的,慧远便引《老子》的思想来做类比,让深奥的佛理更易理解,并因此得到特许,可以不废俗书。就连高僧道安也非常器重慧远,并对他寄予厚望,希望他能肩负起在中国宣扬佛法的重任。道安在吩咐徒众去各地传教时,临行前对弟子们都要有所嘱咐,唯独对慧远连一句话也没有。慧远不解,道安说:"如汝者,岂复相忧?"充分说明道安对慧远的信赖。

公元378年,道安在襄阳被朱序扣留,他只得遣散弟子,慧远遂离师南下,独立进行宗教活动,并逐渐成为江南著名的佛教领袖。

离开道安,慧远本来要去广东罗浮山结庐传教,途经庐山时,见山林清幽,秀美清静,再加上好友慧永热情相邀,特别是鉴于东晋屡次发生僧尼参政遭难之故,以及东晋王朝统治集团内部斗争剧烈,便决心隐遁山林。但慧远名声还是不胫而走,徒众不断壮大。在慧永的请求下,江州刺史桓伊为慧远修立精舍,称为"东林寺"。这里洞幽山美,南对香炉,门临虎溪,可谓"清泉环阶流,白云满室幽"。从此,慧远在庐山修行30余年,潜心佛法,影不出山,迹不入俗,孜孜为道,直到圆寂。

在庐山的30余载,是慧远成为一代名僧,从事佛教事业的最重要的时期。他聚众讲学,遣派弟子西行取经并译经;他联络南北名僧,周施名士权贵,进行了大量宗教活动;他著书立说,主要著作有《沙门不敬王者论》、《明报应论》、《三报论》,大力宣扬轮回报应之说,对后世影响很大。慧远不愧为一代名僧,他以"内通佛理,外善群书"的精湛造诣赢得了僧俗的共同赞誉与礼敬,他以敏锐的洞察力、高超的政治手腕调和了僧俗矛盾。在慧远的精心打造下,"远近归服","佛法自隆",庐山很快成为江南地区的佛教中心,慧远自己也成为佛教界的领袖人物。

(二)宣传因果报应之说

因果报应之说是佛教的基本理论,佛教认为众生在未达到"神界"之前,总是循着"十二缘起"所指的因果链条,常处在生死流转、累劫轮回的痛苦之中。生死福祸、富贵贫贱都是报应,因为人们的思想行为作"业"不一样,报应也就不同。在中国传统观念中虽然很早就有类似的因果报应思想,如"福善祸淫"、"积善之家,必有余庆"、"积不善之家,必有余殃",但主宰报应的是冥冥之中的鬼神与上天,不怎么讲个人行为对后世的"我"还有什么影响。况且,在现实中善有恶报,恶有福享的现象比比皆是。自佛教传入中国后,许多有识之士对因果报应说、神不灭论提出质疑,并予以批驳。慧远作《三报论》、《明报应论》等文章,结合中国原有的类似因果报应、神不灭的思想体系完整地介绍、阐发了佛教因果报应理论,并反驳诸多疑问和诘难,从而进一步扩大

第九章 佛教徒的文化苦旅

佛教的影响。

其实,佛教自西汉末年传入中国之后,起初只是在上层社会流传,信仰者极少,三国时期才逐渐传入民间。到魏元帝咸熙年间,虽然汉译佛典已有300多部,但佛教的基本理论和四谛、正道、十二因缘等,并未引起广泛关注。至于借助玄学得到较早传播的般若学说,深奥难懂,更难为一般民众所接受。从汉到东晋,社会上最有影响的佛教教义就是因果报应、三世轮回和神不灭等思想。汉魏时期的无神论者以及东晋的孙盛、戴逵等对佛教批判的锋芒也是指向这些思想理论的。东晋末年,戴逵作《释疑论》,以为"贤愚善恶,修短穷达,各有分命,非积行之所能至"。这是用命定论来反对佛教的业报思想。周续之曾著论反对,慧远作《三报论》与其针锋相对。慧远在"神不灭论"的基础上提出:"经说业有三报:一曰现报,二曰生报,三曰后报。现报者,善恶始于此身,即此身受;生报者,来生便受;后报者,或经二生三生,百生千生,然后仍受。"①他说因为感有迟速,故报有前后。这是为答辩反对者所指出的现实中报应不爽所提出的遁词。慧远的这套理论,与原始佛教关于"业"的思想相距已非常遥远。他是利用中国传统的灵魂不死说与报应思想来改造佛教的业报理论,他的思想对后世中国人影响甚大。

慧远发挥了佛教教义中有关因果报应和三世轮回的思想。他在给刘遗民等人的信中,提出佛教比儒、道高明之处就在于懂得生死轮回报应的道理。所以,他在宣扬宗教思想的活动中,讲述因果报应之说和轮回理论的篇章是最主要的。

慧远认为,一个人言行的善恶将决定其后世命运的好坏,这就是因果报应思想。而报应的根源是自身陷入"无明"和"贪爱"。"无明"是愚痴的意思,这里所讲的"愚痴"不是常人所理解的愚昧呆板,而特指因不了解佛教教义,而导致产生迷惑烦恼的愚痴。"贪爱"是讲对于人们感官的对象——色、声、香、味、触五欲的贪恋执着。正是"无明"和"贪爱",才带来不幸的恶果。换句话说,人们对物质生活的追求,对生命的留念,都是产生报应的根源,一个人遭遇的结果,没有什么外来的主宰者,完全是自作自受。

---

① 《弘明集》卷五。

根据佛典，众生造作的"业"，由于呈现的形式和程度不同而有所区别。有身、口、意"三业"，"报"也有"三报"，即现报、生报、后报。对怀疑因果报应者，慧远解释说，人是由"心"来承受报应的，而"业"也是由"心"自感、自应形成的，表现出来就成了"三业"。"心"的感应有快慢，所以报应也有先后。慧远用这种理论解释"积善而无赏，积恶而无殃"的社会现象，这种颠倒的社会现象符合因果报应的原则，"不是不报，时辰未到"，劝人们用不着大惊小怪，应耐心等候，一心向佛、信佛。慧远还认为业报是自作自受的，这种自作自受又是必然的，"非祈祷所能移"。人既作了"业"就不会消失，逐渐累积就导致报应在轻重程度上产生层次，今生之报往往是前世作业的结果，福祸倚伏，前世已定，所以现世就会有善人得恶报、恶人得善报的情况，对于这些人来说，现世的行为应得的报应还未显现。慧远讽刺那些对因果报应有怀疑的人——他们仅仅以耳目所及为界限，仅仅知道依傍儒典所以只能顾及今生，因此，慧远认为要把佛、俗经典结合起来通观，思考人生，才不至于出现执迷，才能真正明白因果报应。

和因果报应相联系的是慧远关于轮回的思想理论。轮回又叫生死轮回、三世轮回、六道轮回。慧远认为正是人们对于生命的留恋，使生命处于不断的流转之中，像车轮似的旋转不息。三世轮回是从时间角度来讲的，由于轮回在往世、现世、来世这三世当中进行，所以称为"三世轮回"。六道轮回则是从善恶之业所造成生命流转的处所而言的。六道指天、人、阿修罗、饿鬼、地狱、畜生。佛教认为生命在六道中流转，故称"六道轮回"。只要不去掉"无明"、"贪爱"等世俗情感的牵累，人就永远超脱不了轮回，生生世世摆脱不了无边苦海。慧远不仅在理论上倡导因果报应之说，而且大作法事，躬身践行自己的理论与信仰。东晋元兴元年（402年）七月二十八日，他率领来自大江南北的有道行的僧侣，以及信奉佛教的官绅在庐山香炉峰下的般若云台精舍聚会。他们虔诚地向精舍内供奉的阿弥陀佛像奉香献花，并立下誓愿，祈求往生净土。他们被佛教宣传的报应威力所慑服，畏惧轮回的痛苦，祈求阿弥陀佛直度他们脱离生死苦海到西方极乐世界。这次在历史上颇具影响的宗教活动的成功举办，就得益于慧远的倡导和组织。

慧远的轮回报应理论，显然比古代的"福善祸淫"的简单说教更加精致，更为圆滑,更富有欺骗性、隐蔽性。"福善祸淫"的说教,宣扬上天给行善者以富贵寿考的奖赏,给作恶者以贫贱"夭折"的惩罚。可是却无法解释社会上恶人既富且贵,好人反贫且贱的现实。轮回报应说正好弥补了"福善祸淫"说教的疏漏,成为替当朝门阀士族特权进行辩护、束缚和压制百姓反抗意识的理论武器。必须指出的是,这种因果报应理论也对统治阶层起到一定的限制和导向作用。但更为直接的是这一理论论证了现实的合理性,宣扬现实生活中的一切都是定数。这样的理论对统治阶级是有利的,自然受到上流社会阶层欢迎;老百姓因为苦难深重,对来世寄托幸福的希望,对因果报应之说也易接受。所以,没有比伦理化的宗教教义更能深入人心的了,尤其是在宗法观念根深蒂固的中国。儒家倡导善恶以正人伦,慧远解释善恶在于因果报应,自作自受。佛教与儒家虽然在世界观方面一个是主张积极入世,一个是提倡消极遁世的,但在社会效应上却有异曲同工之妙。

另外,我们必须清楚地指出,慧远的因果报应理论是对因果规律的歪曲夸大,是一种虚构。因果联系是客观世界普遍联系和相互制约的表现形式之一,具有客观普遍的性质。自然界和人类社会中任何一种现象,都会引起另一种现象的发生;反过来,任何现象的产生也都是由其他现象所引起,所以,因果报应论容易被人们接受。慧远正是用因果范畴加以主观的歪曲,来宣扬他的佛教信仰学说的。

（三）**主张神不灭理论**

东晋以前,佛教还没有建立起与中国传统文化相协调的理论体系和发展形态,甚至佛教的某些主张与中国主流伦理思想相矛盾,所以其影响极小。到了东晋,佛教进一步中国化,特别是中国上流知识分子普遍接受佛教,儒、佛、道兼修者不乏其人。慧远即是其中最具代表性的人物之一,他的理论创建使佛教理论更贴近中国传统文化的土壤。

慧远因果报应之说的理论基础是神不灭论。慧远认为,永恒的灵魂是承受轮回报应的主体。中国自古以来就有灵魂不灭的思想,但是并不认为灵魂会根据生前的思想言行转世投胎。秦汉以来的无神论者一直都在批判神不灭的观点。桓谭、王充是无神论的代表人物。东汉的桓谭在《新论》中反对灵魂不灭的观念,用烛火比喻阐发形神关系:"精神居形体,犹火之然（燃）烛","烛无,火亦不能独行于虚空。"桓谭反对鬼神之说,反对长生不老的神仙方术。王充(27—79年)也在《论衡·论死》篇中论及长生不老的神仙方术和人死为鬼是迷信思想,宣扬神灭论。王充继承桓谭的烛火之喻,把人的形体、精神和知觉的关系比作蜡烛、烛火与烛光的关系:"人之死,犹火之灭也。火灭而耀不照,人死精亡而形存。谓人死有知,是谓火灭复有光也。"这里王充以深刻的哲理与比喻,生动而有力地说明了人的生死原因,特别是人死与鬼的关系,肯定人死后没有灵魂。这种无神论显然不利于佛法的宣扬。为了维护佛教教义,慧远特意在《沙门不敬王者论》中写了《形尽神不灭》一篇短论,阐述其神不灭的理论。

慧远首先认为神是"非物",是一种非物质的存在,它虽然没有具体形象,但是非常精灵,它是"无生"、"不灭"、"有情"、"有识"的永恒的精神,是情感产生的根据("神为情之根"),可以暗中转移("神有冥移之动"),它的变化是"不穷"的。他反对唯物主义无神论者把精神看作由精气构成的思想,以及人死神灭,"神形俱化"的观点。

慧远认为神的存在方式,在轮回的过程中,就是人由一个形体转移到另一个形体,肉体死亡,灵魂转移,好像火由这块木柴转到另外一块木柴上一样。他特别强调以"薪火之喻"说明形神关系,是佛经上早已有之的,可是反而"令谈者资之以成疑",即被唯物主义者利用来说明形亡神灭,成了怀疑神不灭的例证了。慧远认为无神论者并没有懂得这个比喻,只看到一块木柴烧完了,火就熄灭了,于是误认为神形俱亡。实际上"火之传于薪,犹神之传于形;火之传异薪,犹神之传异形"。认为人们不能仅考察一块木柴的燃烧过程,应从几块木柴连续的燃烧过程去理解;神的冥移之功,就像火由这块木柴转移到另一块新的木柴上去一样。火传异薪,永不熄灭;神转异形,永恒不灭。这个比喻极富欺骗性,他把由这块木柴的火焰引燃另一块木柴,使另一块木柴燃烧发出新的火焰,说成是同一个火焰的转移,他的错误在于,认为火可以脱离特殊的木柴而独立存在,从而把精神看作是可以脱离形体而独立存在的永恒不灭的东西。

由于当时认识水平所限,人们并不了解精神的实质,所以,慧远关于神不灭的理论,在相当长的一个时期内为人们所信仰,并作为传播三世因果轮回之说的思想工具,影响十分深刻普遍。尽管形神问题自晋、宋议论颇多,但始终没有得到解决。直到梁朝范缜作《神灭论》才引起了中国佛教史上理论价值最高的一次争论,慧远的神不灭理论也遭到理论质疑。在范缜之前,反佛批佛的人几乎历朝皆有,但从哲学根本问题上进行深入批驳的却很少。这主要是因为中国思想家多以传统儒家的唯心主义批判佛教唯心主义,因此缺乏有力的理论武器,结果不得不把矛头集中到政治、伦理的侧面。而范缜却是站在哲学唯物主义的高度来批判佛教世界观的理论根基的,因此达到了很高的理论水平。范缜针对佛教宣传人死后灵魂离开肉体独立存在的谬论,提出"形神相即"的观点:"神即形也,形即神也。是以形存则神存,形谢则神灭也。""形者,神之质;神者,形之用。"范缜强调形体和精神是不可分离的。范缜举例子说,形体和精神,就像刀刃和锋利的关系一样,没有刀刃就没有锋利,形体死亡,精神的作用也就不存在了。这样,慧远所宣扬的形神分离、形亡神不灭的理论便站不住脚了。所以,从东晋慧远提倡"火不尽,神不灭"的灵魂永恒理论,直到南齐时的范缜,才以很高的理论水平进行较为彻底而深刻的批驳。可是,由于范缜的思想在后代并没有得到更好的完善与发展,再加上人们的认识水平和科学知识的限制,这使得慧远的"神不灭"理论影响更为普遍和深远,慧远的"神不灭"理论是佛教因果轮回之说的思想前提。

二、提倡顿悟成佛的南禅宗祖:惠能

菩提本无树,明镜亦非台。

本来无一物,何处惹尘埃。

这是一首在中国历史上流传极广,影响很大的佛教偈颂,据说作者是禅宗五祖弘忍门下一个目不识丁的弟子,他就是南禅祖师传奇僧人——惠能。

(一) 禅宗世系与惠能宗祖

惠能,又名慧能(638—713年),也称禅宗六祖,这是就传法世系而言的。实际上,禅宗分化为南禅与北禅,并最终成为一个独立的佛教宗派,惠能在其中起到决定性的作用,实际上是南禅的宗祖和创始人。

宗派佛教本是印度佛教在中国文化中的变种，是中国化佛教的产物，禅宗即是众多中国化佛教宗派中的一支。禅（Dhyāna），又译为"禅那"，意译为"思维修"，或音意合译为"禅定"。禅的本意是思维修养，静虑定心，本为印度佛教的一种修炼方法。传入中国以后逐渐形成了一个宗派，形成了一整套理论体系和修行体系，成为佛教中国化的最典型代表。它的特点就是教外别传，不立文字，衣钵相传，主张我心即佛，识心见性，以心传心，因而不用背诵经卷，只要坐禅修行即可。禅宗谱系以印度来华僧侣菩提达摩为初祖，并以历代传承的袈裟和法钵为信物。菩提达摩于南北朝时来到中国，入嵩山少林寺修行，相传他面壁十年，终日不语。后将衣钵传于慧可，是为二祖。今少林寺有初祖庵和二祖庵，相传即是达摩与慧可坐禅之处。慧可传于僧璨，为三祖，入皖山（今安徽省天柱山）设道场，称三祖寺。慧可传道信，在破额山（在今湖北省黄梅县）传法，为四祖寺。道信传弘忍，在东山寺（也在湖北省黄梅县）传法，为五祖寺。据说在唐咸通年间，禅宗五祖弘忍在黄梅东山寺传扬佛法，门下僧徒众多，不知该将衣钵传于何人，就令弟子各作一偈以试其禅解的深浅与功力。弘忍门中首席弟子神秀（俗姓李，汴州尉氏人，禅宗北宗代表人物）先作偈一首："身似菩提树，心如明镜台。时时勤拂拭，勿使惹尘埃。"神秀平日在弘忍弟子中地位最尊，学业颇佳，自认为得衣钵者非己莫属。没想到当时有个在碓房做杂役的惠能，目不识丁，口吟一偈，请人题于壁上（即本部分开头那首偈颂）。师父弘忍看后赞叹不已，他认为惠能见解透彻，便秘密将衣钵传给他，所以惠能被称为禅宗六祖。为了避免嗣法之争，弘忍命惠能南下传法，后来惠能成为南禅祖师（与神秀并称南能北秀），这段付法传衣的因缘当然有传说成分，特别是书偈故事更有后人附会的嫌疑，但大体情节应有史实依据。现有南禅典籍《坛经》一卷，今存诸异本中，以敦煌本最接近惠能思想和历史原貌，所以关于惠能的事迹和禅法，根据现存资料，我们可以得到比较系统的了解。

惠能生于唐太宗贞观十二年（638年），卒于唐玄宗先天二年（713年），南海新州（今广东新兴县）人。俗姓卢，是唐朝一个破落官僚子弟。其父"本官范阳"（今北京大兴、宛平一带）后"左降迁流岭南，作新州百姓"。惠能三岁丧父，稍长与母砍柴为生，家境贫寒。24岁辞亲出家，到黄梅东山寺参拜弘忍为师。据《坛经》所载，惠能初见弘忍，师父因他是潦倒士族弟子，很轻视他，劈脸就问:"汝何方人？来此山礼拜吾,汝今向吾边复求何物？"惠能答曰:"弟子是岭南人,新州百姓,今故远来礼拜和尚,不求余物,唯求作佛。"师父遂责难惠能曰:"汝是岭南人,又是獦獠(唐代对岭南一带携犬行猎为生的少数民族的一种侮辱性的称呼),若为堪作佛!"惠能答曰:"人即有南北,佛性即无南北,獦獠身与和尚不同,佛性有何差别。"弘忍听罢,十分惊异,便故意打发他到碓房干杂役,并以一偈禅理深奥,随付法传衣,后嘱其南下传扬佛法。惠能得到衣钵,随即南下,至广州光孝寺,见众僧争论风吹幡动的问题,一说风动,一说幡动,惠能认为是心动,语惊众僧,被拜为师。据惠昕本《坛经》云:"时有风吹幡动,一僧云幡动,一僧云风动。慧能云:'非幡动、风动,人心自动。'印宗闻之竦然。"又《坛经》契嵩本云:"于是(印宗法师)为能剃发,事为师。能遂于菩提树下,开东山法门。"次年,惠能往曹溪宝林寺(今广东省韶关市南华寺)传法。惠能头脑灵活,禅解独特而新颖,很快收了不少信徒,逐渐形成一个与北方神秀相抗衡的南派禅宗。这一宗派后来由于惠能弟子神会的"不惜身命"的争宗弘法活动,遂被定为正宗。惠能在南方主张"识心见性,顿悟成佛",所以惠能被称为南禅宗祖。惠能移住曹溪宝林寺,扬法讲经30余年,声名远播。其时"则天太后、孝和皇帝,并敕书劝谕,征赴京城","竟不奉诏","遂送百衲袈裟及钱帛等供养"[①]。唐玄宗先天二年(713年)卒于曹溪,享年76岁。因为惠能不识字,自然没有著作传世,其生平讲道、事迹,经门人法海等记录整理成《坛经》。研究惠能思想,主要根据《坛经》。

(二) 佛性说是惠能佛教思想的核心

佛性,亦称"如来性"、"觉性"。"佛性"有成佛的原因、种子之意,或先天材质。佛性说是佛教史上长期争论不休的焦点,是"本有"和"始有"的大问题。对于这样一个佛教重大理论问题,惠能的回答很利落:佛性平等,人人皆有佛性。佛性是人本来所具有的,人人皆可成佛。要想成佛必须牢记:"不识本心,学法无益,识心见性,即悟大意。"[②]

佛性说是惠能佛教思想的核心,可以这么说,惠能整个佛教思想,都是在

---

① 王维:《六祖能禅师碑铭》。
② 《坛经》法海本。

从不同的侧面和角度回答这个问题。惠能的佛性说,其实在他与五祖弘忍法师的第一次对话中已表达出来了,"人即有南北,佛性即无南北"。说明惠能早就领悟了佛教所宣扬的佛性学说。在惠能看来,人人皆有佛性,人虽有南北之分、贵贱之别,佛性本没有差别,佛性是人人平等的。但成佛必须做到"无贪"、"灭念"。正如他的偈语所言:菩提本无树,明镜台皆是"空"的,成佛必须"离相灭念","凡所有相,皆是虚妄",只有佛性才是真实的、永恒的、清净的。惠能认为世界上的各种事物、各种现象,表面上看似有,实际上是"非有"(也就是"假有"、"妙有"),人们必须就这些现象本身去认识它是"非有",是不真实的,"于相离相"、"有而非有"。同时,人不能因为世上方物都是虚幻不实的,就认为是空无所有,更不可执着"空"见,而应该认识到万物"空而非空",应该在领会和理解万物是虚幻不实的基础上又不执着"空"见。由此可知,惠能并没有完全否定客观外界的存在,关键是必须在主观意念上下功夫,做到遇"法"心不染,见"境"心不乱,能如此,便是无念。而"见无念者,中道第一义谛"。①

既然人人都有佛性,为何世上那么多人会堕入恶道而难以成佛呢?惠能认为世人自性本来清净,但由于无法做到"灭念",而且时常被各种妄念迷惑心智,使得自性不得清净,因此不能成佛。妄念是人们过分执着于各种具体事物所致,因为心中有种种妄念,就不能洞见自身的清净本性,因而也就不能成佛。相反,如果人们对一切事物都不追求,不执着,内心诸念不起,空无所有,就能识性成佛了。因此,惠能要求人们"自识本心,自见本性","佛是自性作,莫向身外求,自性迷,佛即众生;自性悟,众生即佛"。惠能相信佛即在自悟中,求佛不能到外边去求,只有向自己心中去求。惠能大胆地向传统佛教挑战:"东方人造罪,念佛求生西方;西方造罪,念佛求生何国。"惠能又说:"凡愚不了自性,不识身中净土。"惠能认为,求佛只有向自心中求,成佛只能靠自己的觉悟,即"自性自度"。在成佛问题上,惠能肯定人人皆可成佛,并认为成佛要靠自身的能动作用。

(三) 顿悟成佛说

惠能以"无念为宗,不立文字"为倡导,主张禅非坐卧,顿悟成佛,简捷方

---

① 《神会语录》卷1。

便。据《高僧传》载:惠能在去东山拜师途经曹溪时遇一尼姑在读《涅槃经》,惠能一听,便能理解其中义理,尼姑进一步向他求问经中文字时,惠能却说:"诸佛妙理,非关文字。"这个故事是否史实暂可存而不论,但惠能在他的宗教活动中一直主张"不立文字,禅非坐卧,顿悟成佛"。在佛教史上,顿悟与渐悟是一个一直争论不休的理论问题,也是南禅与北禅两派思想的根本分歧之处。顿悟说反对烦琐礼仪,主张无须长期修习,只要一旦领悟,即突然觉悟佛性,便可"放下屠刀,立地成佛"。渐悟说则认为人必须通过长期修习才能逐步地把握佛理而成佛。神秀法偈中所说的"时时勤拂拭,勿使惹尘埃",就是在讲渐悟说。渐悟说认为成佛必须长期修习,这也是印度佛教的一种传统修习方法。惠能则认为不立文字,禅非坐卧,只要能悟自心,刹那间便可成佛。"道由心悟",正如惠能弟子达蒙所言:"学经三千部,曹溪(惠能)一句亡。"据《坛经》记载,神秀听说惠能在南方讲法提偈直指心源,识性成佛,就派弟子志诚去偷听,结果志诚背叛神秀,皈依惠能。惠能问志诚神秀教法,志诚答道,神秀法师常倡导住心静观,长坐不卧。惠能评价说:"住心观静,是痛非禅;长坐拘身,于理何益?"并随口念一法偈讽刺渐悟成佛的坐禅者:

生来坐不卧,死去卧不坐。

一具臭骨头,何为立功课。

惠能认为,佛非意象,道由心悟,悟即成佛,不关文字与坐禅。惠能以自己的经验,现身说法,他说:"我于忍和尚处,一闻言下便悟,顿见真如本性……"[①]他不但宣扬自己就是顿悟见性成佛的事例,而且认为顿悟是成佛的唯一途径。"若悟无生顿法,见西方只在刹那,不悟顿教大乘,念佛往生路遥,如何得达?"[②]领悟了顿法,西方极乐世界刹那可得,不悟大乘顿教,长年念佛也无用处。但是悟什么?如何悟?惠能进一步解释:所谓悟,就是顿修,如果能悟自心就是佛,那么立刻便可成佛,西方极乐世界即在眼前。对此,他的弟子神会又做了进一步的解释和发挥,他以束丝置于木上,利剑一斩,一时俱断,来比喻悟则刹那间可成佛的道理。那么,惠能主张顿修,是不是就完全否定渐修呢?

---

① 《坛经》法海本。
② 《坛经》法海本。

显然不是这样。他虽然认为顿悟是成佛的唯一方法，但人有利钝之分，凡圣之别，"迷则渐劝，悟人顿修"，一切众生能不能成佛，关键在于悟与不悟，不在于渐悟或是顿悟，对于愚迷之人，还应因材施教，才能最终达到顿悟。

实际上，在惠能看来，佛性本来无渐顿，只是人性有利钝，所以才立渐顿之名。迷人逐渐修行，悟人顿见本性。而所谓本性，不是别的，就是一切众生本来具有的清净性。因此，若要成佛，实无须往西往东，向外求觅，而只须自性中作，身心中求。"随其心净，即佛土净"，自心即是佛。这样惠能最终把他的佛性说落实在心性之上。

惠能不愧为南禅一代宗师，他的活动及所倡导的佛教思想在中国佛教史上具有革新的意义：一方面，它使烦琐的佛教简易化；另一方面它也使佛教进一步与中国文化传统相结合，加速了佛教的中国化进程。惠能及他之后的禅宗反对烦琐的宗教仪式，主张不立文字，直指心源；反对长期的拘身静坐，累世修行，提倡识心见性，顿悟成佛，成佛无须等候在来世的天国，而是"放下屠刀，立地成佛"；修行不一定在寺，解脱也不必"西方"，而是在家修清净，心净佛土净；成佛不分东西南北、尊卑贵贱，而是世间皆佛，众生即佛。这种简易速成、直接方便的修行方法，对于苦难的民众确实具有极大的诱惑力；而对那些"朱门酒肉臭"的统治者也不失为一张飞升"天国"的廉价门券。因此，在唐五代之后，佛教其他宗派相继衰败、消沉，唯独禅宗历久不衰，继续发展，乃至几乎替代了其他宗派，成为中国佛教的代名词，这与惠能倡导的禅宗思想及其简易的修行方法有密切关系。

三、求法高僧，文化使节：法显、玄奘、义净

（一）佛教东传与西行求法

佛教东传是中印文化交流史上的大事。古代印度佛教传入中国内地一般经由两条路线：一条是陆路，即由中亚细亚传入中国新疆地区，然后再深入内地。东汉明帝永平十年（67年），印度僧人摄摩腾等用白马驮经到达洛阳就是经陆路而来的，稍后的安世高和支娄迦谶也是经陆路进入中国内地的。另一

条是海路,大约到南北朝时才开通,当时许多著名的译经大师即是从海路来中国,如禅宗祖师达摩就是经海路到达广州,然后才逐渐北上,进入少林寺修行。印度佛教东传的同时,中国的僧人为了寻访佛教圣地和佛教真经掀起了西行求法运动。为了寻求佛教真谛,他们不畏艰险,前仆后继,形成了一股求法热潮。

古代西行求法,交通不便,关山重重,险象环生,唐代的高僧义净回忆西行途中九死一生的情形说:"观夫自古神州之地,轻生殉法之宾,显法师则创辟荒途,玄奘法师乃中开王路。其间或西越紫塞而孤征,或南渡沧溟以单逝。莫不成思圣迹,罄五体而归礼;俱怀旋踵,报四恩以流望。然而胜途多艰,宝处弥长。苗秀盈十而盖多,结实罕一而全少。实由茫茫象碛,长川吐赫日之光;浩浩鲸波,巨壑起滔天之浪。独步镇门之外,亘万岭而投身;孤漂铜柱之前,跨千江而遗命。或亡餐几日,辍饮数晨。可谓思虑销精神,忧劳排正色。至使去者数盈半百,留者仅有几人。设令得到西国者,以大唐无寺,飘寄栖然,为客遑遑,停托无所。遂使流离萍转,罕居一处,身既不安,道宁隆矣。"[①]义净所处的唐代取经之路依然艰险,何况其前人?由此可知,古代僧徒求法热情虽然高涨,但是求法之路的确艰险,成功者寥寥无几。法显、玄奘、义净等都是其中的幸运者。

(二)东晋西行求经的高僧法显

魏晋时期,西行求法的僧人已有不少。据统计,西晋有三人西行求法;到东晋已达37人之多,六朝时更是猛增到百人之上。但其中以东晋时代的法显成就最大。

法显(约338—423年),俗姓龚,晋平阳郡武阳人(今山西省襄垣县)人。3岁出家,20岁受大戒,法显生活的时代,正值道安在长安主持译事。他苦于律部多缺,遂立志西行。法显于秦弘始元年(399年),与慧景、宝云等结伴从长安出发,西行求法。为了寻访佛教圣地和佛教真经,虽然当年法显已是60岁高龄的老人,但他仍不畏艰险,壮心不已。他和同伴取道河西走廊,经中国新疆南部沙漠地区,逾葱岭雪山,经今阿富汗、巴基斯坦,自印度河谷进入印度

---

① 《大唐西域求法高僧传》卷上。

内地。一路上真是九死一生,风尘仆仆,终于在公元402年抵达目的地。他和同伴(宝云、僧景、慧达、慧应、慧景、道整)共七人成功抵达印度。其中宝云、僧景、慧达三人前期回国,慧应、慧景客死他乡,道整乐居印度不归,只有他一人在印度孤身求法,遍游印度北部30余国,最后经狮子国(今斯里兰卡)和印度尼西亚的爪哇岛渡海归国。晋义熙八年(412年)七月漂流到山东崂山。他这次西行,取得经律六部,带回了当时佛教界所需要的律藏,而且求得了《长阿含经》、《杂阿含经》、《方等般泥洹经》等经本。特别是《方等般泥洹经》是宣扬一切众生皆有佛性的新佛性学说经典,更有重要价值。这些经典有的法显参与译出,有的由他人译出,对中国佛教教义学发展有相当贡献。法显还将西行途中所见所闻写成《佛国记》(又名《法显传》),该书成为中外交通史上最伟大的著作之一。

(三) 求法高僧玄奘

印度、巴基斯坦和孟加拉,唐代时统称为天竺。中国历史上很早就与这一地区保持着友好往来的关系,特别是印度佛教传入中国后,更促进了中印文化的发展。在唐代中印文化交流史上,两国的佛教徒做出了卓越的贡献。其中最著名的是唐代高僧玄奘和义净。

玄奘(600—664年),俗姓陈,河南缑氏(河南偃师县南)人。其曾祖、祖父都是官僚,父亲陈惠见隋朝腐败,便弃官从文,潜心儒学。玄奘是陈惠第四子。少时从兄学习佛经,十五岁时出家,此后广研佛法,遍访名师。"名贤胜友,备番咨询,大小乘宗,略及披览。"①特别有感《摄论》、《地论》两家学说,不明之点甚多。他发现诸师说法,多有不同,验之佛典,亦"隐显有异",深感"莫知适从"。又听当时从印度来华的名僧谈到印度那蓝陀寺研究佛学的盛况,并有一部内容极富的《瑜伽师地论》。玄奘欲求总赅三藏的《瑜伽师地论》,决心西行求法。

1. 求法高僧

唐朝初年,王朝新建,国禁甚严,玄奘表请出关,未得许可。贞观三年(629年),北方因连年饥馑,朝廷允许道俗四出就食,玄奘遂借机潜行。从长

---

① 《大慈恩寺三藏法师传》卷1。

第九章 佛教徒的文化苦旅

安启程去天竺游学。他冒险过玉门关外五峰,度莫贺延碛。玄奘取道伊吾高昌,得到高昌王鞠文泰帮助;又受到西突厥叶护可汗礼遇,过热海(伊塞克湖)到飒秣建(撒马尔罕);又经西域诸国,越大雪山,经迦毕试(喀布尔),进入五流河域的犍陀罗(白沙瓦);他翻越天山,从北境进入印度。一路上,虽不像小说《西游记》所描写的常有妖怪当道,争食唐僧肉,闯过九九八十一道难关那样艰难,却也是关山重重,九死一生。公元632年,玄奘最终历尽艰险,饱经风霜,到达了目的地——巴基斯坦和印度。

玄奘在天竺游学19年,在游学期间,他边旅行考察、巡礼圣迹,边拜师访学,问法求经,并经常作为大乘佛教的代言人参加论辩。因他精通大小乘经典,论战所向披靡,深得印度佛教徒推崇景仰,被大乘众僧誉为"大乘天"(即大乘的圣者),被小乘众僧称为"解脱天"(即已得解脱的圣者)。玄奘在印度期间,主要在当时的佛教学术中心那蓝陀寺(印度伽雅城西北),从戒贤学习《瑜伽师地论》、《大乘起信论》,并代戒贤为众僧讲经说法,主讲过《摄大乘论》,还发表过重要论文《会宗论》。贞观十六年(642年),戒日王在曲女城(印度卡诺吉城)举行了一次大型佛教经学辩论会,参加的有印度十八国的国王和各派僧侣六七千人,玄奘做主讲人,并把所著《破恶见论》按印度习惯挂在会场门口,征求答辩,深为印度各界所佩服,获得了很高的荣誉。但玄奘赴天竺旨在访师寻法,无意赢得那么高的声望。他执意回国弘扬佛法,于贞观十九年(645年)满载名振五天的声誉,携带各种经论657部回到了阔别已久的唐都长安,受到当时朝野的热烈欢迎。

玄奘西行十八载,行程五万里,"所闻所履,百有卅八国"。他本人总结西行求法的经历说:"见不见迹,闻未闻经。穷宇宙之灵奇,尽阴阳之化育,宣皇风之德泽,发异俗之钦思。"①

2. 奉诏撰写《大唐西域记》

归国后的玄奘,基本上是一位"译而不作"的人。其译著精湛宏富,著作却寥寥无几,就连奉诏撰写的《大唐西域记》也是由他口述,弟子辩机记录完成的。《大唐西域记》共12卷,是研究中古时代中亚、印度半岛等国的历史、

---

① 慧立、彦宗:《大慈恩寺三藏法师传》卷5。

地理和中西交通的宝贵资料。欧洲和日本的学者都曾对这本书进行过翻译和研究,印度那蓝陀寺的废墟、王舍城的旧址、阿简达的石窟才得以展露和再现其光辉,玄奘在这方面有着不可磨灭的功绩。

《大唐西域记》记载了他所游历的唐代西域的138个国家和地区的地理环境、山川形势、物产气候、城邑关防、交通道路、种族人口、风土习俗、宗教信仰、衣食住行以及政治文化等方面的情况,这些地区相当于今天中国新疆、苏联中亚的部分地区,阿富汗、伊朗、巴基斯坦、印度、斯里兰卡、尼泊尔和孟加拉国等几个国家。《大唐西域记》取材严谨、文笔流畅,具有相当的科学价值和文学价值。

玄奘的《大唐西域记》内容丰富,对中国以及亚洲许多国家在宗教、学术和文化交流等方面都有重大影响。该书以行程为经,以地理为纬,"推表山川,考察境壤,详国俗之刚柔,系水土之风气"。全书共分12卷。第一卷始记西域的阿耆尼国(今新疆焉耆),再叙及屈支国(末国)等;第二卷记载北印度情况;第三卷叙述乌仗那国等八国历史;第四卷至十一卷主要分述中印度、东印度、西印度、南印度的情况;第十二卷记述疏勒(今新疆疏勒)、沮渠、于阗(今新疆和田)等地区的情况,内容翔实丰富。所以,玄奘求法是中国佛教史上的壮举,它不仅凿通了中国通往印度、中亚、南亚的道路,并且有确切详备的文字记叙《大唐西域记》留传于后世,为中印文化交流以及研究中亚历史、风情、地理等状况提供了翔实丰富的文字材料。

玄奘本人游历丰富,学识渊博,使他对所经各国和地区的情况记述翔实可靠,价值极高。玄奘对凌山的记载不仅有自然风景的描述,而且更重要的是详细记述了交通路线、里程、地理位置等方面的情况:"国(跋禄迦国)西北行三百余里,度碛,至凌山,此则葱岭北原,水多东流矣。"并进一步指出:"山行四百余里,至大清池(今吉尔吉斯斯坦伊塞克湖),清池西北行五百余里,至素叶水城。"[①]这些文字记录为人们指示了路标,勾画出一幅古代中西交通图,为我们进行交通史的研究提供了可靠的资料。

在地理学方面,《大唐西域记》详细描述帕米尔高原。在玄奘以前,帕米

---

① 《大唐西域记》。

尔高原一向被认为是一个神秘莫测之地,这里万峰林立,大理石、花岗石组成的山峰高入云霄,达六七千米之高,很少有人涉足,直到7世纪为止,还没有人对帕米尔高原地区做过任何报道。而玄奘往返达三次之多,他对帕米尔高原进行了详细的考察,并详细记录在《大唐西域记》一书中,勾勒出帕米尔高原的地理位置。

更为重要的是,《大唐西域记》为研究中国新疆地区和中亚、南亚各地的历史提供了十分珍贵的材料。如关于今天于阗地区从中原输入并开始养蚕的最早记载,就见于《大唐西域记》这本书。另外,印度以及中亚、南亚各国的历史,当地的文献资料十分缺少,而《大唐西域记》却保留了十分丰富的资料。对于印度半岛各国(包括今印度、巴基斯坦、孟加拉国、克什米尔地区)的地理位置、山川、道路、植被、气候、物产、风俗以及古迹等,玄奘都进行了广泛的考察,做了详细的介绍。如关于印度的名称,玄奘写道:"详夫天竺之称,异议纠纷,旧云身毒,或曰贤豆,今从正音,宜云印度",又"五印度之境,周九万余里。三垂大海,北背雪山,北广南狭,形如半月。画野区分,七十余国,时特暑热,地多泉湿。北乃山阜隐轸,丘陵舃卤;东则川野沃润,畴陇膏腴;南方草木荣茂;西方土地硗确"。他的记载对地名学、古音韵学都极为重要。玄奘对西域诸国的历史、政治状况、赋役状况,尤其是关于印度佛教史上几次著名的结集,各种宗教势力以及佛教各派别的状况包括一些著名高僧的事迹,都进行了较为详细的记述。玄奘对古印度许多城邑和寺院的地理位置的描述,为今天考古发掘提供了线索。随着考古事业的发展,《大唐西域记》中的记载不断地得到证实。

应该指出的是,玄奘奉诏撰述《大唐西域记》,说明玄奘的西行求法与撰述,在当时就得到了唐太宗的赞赏,尤其玄奘在书中对西域各国的民俗民情、政治状况的叙述,更契合唐太宗本意。唐太宗曾明确表示:"朕学浅心拙,在物犹迷,况佛教幽微,岂能仰测……新撰《西域记》者,当自披览。"

《大唐西域记》是研究中国的新疆地区以及中亚、南亚和西亚历史、地理的重要文献。《四库全书总目提要》说:"昔宋法显作《佛国记》,其文颇略;《唐书·西域列传》,较详核。"此书(《大唐西域记》)所序诸国,又多《唐书》所记载。《大唐西域记》的历史文化价值极高,近代以来,中外历史考古学者、文化专家等都对它进行了大量研究。随着研究的深入,《大唐西域记》必将继续显示出其不朽的价值。

(四) 佛学大师义净

继玄奘之后,我国另一位佛学大师义净,于唐高宗咸亨二年(671年)西行求法。义净(635—713年),俗姓张,齐州(山东省济南市)人。他仰慕法显、玄奘高风亮节,西行求法。671年,义净从广州搭乘波斯商船浮海南行,经室利佛逝(苏门答腊),于咸亨四年(673年)到达东印度。他先在那蓝陀寺钻研佛学10年,后又到室利佛逝、末罗瑜(在苏门答腊)搜罗并抄写佛经,滞留南洋又10年。先后周游30余国,历时25年,共带回经书400部。归国后在洛阳翻译佛经12年,译出佛经56部、230卷,还撰写了《南海寄归内经法传》和《大唐西域求法高僧传》两部书;又编写《梵语千字文》,该书是中国第一部梵文书。

四、译经巨匠,佛光远播:鸠摩罗什、真谛、玄奘、不空

佛教在中国的传播及其中国化,是与佛教经典的翻译分不开的。在佛教传入中国近两千年的历史长河中,在我国古代佛典翻译家的勤苦努力和最高统治者的直接支持和倡导下,翻译出大量十分珍贵的汉译佛典。他们中的优秀代表,通常被称为中国佛教史上的"四大翻译家":鸠摩罗什、真谛、玄奘和不空。由于他们的突出贡献,佛教经典被系统地译介到中国,从而推动了佛教在我国的传播和发展。

1. 鸠摩罗什(344—413年)

中文译名"童寿",据僧传记载,鸠摩罗什祖籍天竺,生于西域龟兹。鸠摩罗什出身贵族,受家庭影响,自幼受戒为尼,曾拜克什米尔名师盘头达多为师,广研大乘经论。名声日隆,在当时"道震西域,名被东国"。当时,前秦苻坚听说鸠摩罗什盛名,为得到他,于建元十八年,特调兵遣将,发动战争攻伐龟兹,结果,鸠摩罗什被前秦部队所俘。但不巧此时苻坚被杀,前秦攻伐龟兹的将军

吕光借此在西凉自立为王,强迫鸠摩罗什留居姑臧十七年,直到后秦姚兴弘治三年(公元401年)西伐吕光,鸠摩罗什才来到长安。后秦姚兴待鸠摩罗什以"国师之礼","供给丰盈",并在姚兴亲自主持和参加下,召集八百名僧,在西明阁和逍遥园,开始了我国历史上空前的译经壮举。

鸠摩罗什及其弟子们共翻译出经典35部294卷。他们翻译的大多为大乘经论,其中重要的有《摩诃般若波罗蜜经》(《心经》)、《金刚经》、《妙法莲华经》、《中论》、《百论》、《十二门论》等。这些经论对大乘佛教在中国的传播和发展,以及中国佛教宗派理论的形成,有着划时代的意义和影响。鸠摩罗什所翻译的"三论"是中国三论宗所依据的基本经典;《妙法莲华经》则是我国天台宗赖以创立的主要经典,其他如《金刚经》更是家喻户晓,对我国禅宗的产生也产生直接影响。在我国译经史上,鸠摩罗什开启集体翻译经典的先例。当时,鸠摩罗什手执胡本,口宣秦言,众弟子为其笔录校订。这种译风被后世继承并形成一整套译场制度;同时,鸠摩罗什译经重视文质结合,他的译文在忠于原著和文字表达上都达到了前所未有的水平,这在译经史上的贡献也是空前巨大的。

2. 真谛(499—569年)

又名泼罗末罗,拘那罗陀,意译为"亲依",是我国南朝梁武帝时期来华的天竺高僧。据传,真谛是西天竺优禅尼国人,是印度唯识学派创始人无著、世亲的嫡传弟子。梁武帝大同年间(535—456年),梁武帝曾遣使"扶南",求请名僧及大乘经论,真谛因此携带许多贝叶梵本经卷来华,经南海(广州),辗转来到南梁京师之地建业,并受到梁武帝诏见。可是,真谛居华期间,正值"梁季混淆"、侯景之乱,他被迫流亡各地,过着居无定所,漂泊不定的生活,只能"随方翻译"。这种"飘寓投委,无心宁寄"的孤苦生活,迫使真谛先后三次决心回国,甚至想自寻短见,结束生命。

元嘉三年(562年),真谛再度登舟西行,欲还天竺,却因大风被飘至广州,得以在广州制旨寺译经,最终完成了《摄大乘论》、《俱舍释论》等著名佛典的翻译。于陈大建元年(569年)病逝于广州,享年七十一岁。真谛以一个外国游僧在华传道译经,尽管适逢战乱,身处逆境,在辗转流亡之中依然坚持译经活动,一共翻译出经论48部232卷,其数量之多,在历史上是罕见的,真是令人钦佩与感动,因此,真谛被列为四大翻译家而名扬僧史。

真谛所译经典对后世影响甚大,如《摄大乘论释》、《摄大乘论》、《转识论》、《唯识论》,都是大乘唯识学创始人无著、世亲所著的经典著作,在印度佛教史上都是划时代的巨著。自从真谛把他们翻译成汉文以后,实际是正式把唯识学说传入中国,对唯识学说在中国的传播和发展,起到至关重要的作用。

3. 玄奘(600—664年)

当年玄奘取经回国后,主要活动是译经,他在长安慈恩寺专心做译经工作。据史料记载,玄奘译经"每日自立课程,若白天有事则以夜继之","三更暂眠,五更复起",废寝忘食,"无弃光阴"。加之当时玄奘主持的译场集中了一大批沙门精英,更由于李唐王朝的大力支持,在中国佛教史上,玄奘译经数量最多,已占现存九百年译经总量的1/4,共译佛典75部,总计1335卷。这些佛经后来在印度大部分失传,中文译本就成了研究古代印度佛教、文学、科学的重要文献。在印度留学时,玄奘把秦王破阵乐介绍到了印度。回国后,他还把老子《道德经》译成梵文,送往印度。又因玄奘"华梵俱精,义理佳妙",风格独特,译文质量较高,因此,玄奘开辟了中国译经史上的一个新时代——新译(鸠摩罗什以前称"古译",以后称"新译")。

在玄奘以前,主要译师,如安世高、鸠摩罗什等人,都是西域人或天竺人。玄奘是第一位精通天竺诸种方言的中国大译师。冥祥《大唐玄奘师行状》说:"前代翻译,多是婆罗门法师,初至东国,方言未融,承受之旨,领会艰阻。天目法师唐、梵两方言词明达,所以岁月无多,功倍前哲。至如罗什,称善秦言,译经二十余年,但得二百余卷。以此校量,艰易见矣。"他的佛学造诣全面而精深,又有高度的文化素养和汉文水平,译文质量极高。他的翻译重心是有关大乘论方面的,主要分两大部分:一部分是全面翻译了瑜伽行学派的唯识著作,包括署名弥勒的《瑜伽师地论》以及无著、世亲的论著,又翻译护法等十大唯识论师注释世亲《唯识三十颂》的著作而成《成唯识论》十卷;另一部分是编译了各种版本的般若类经典而成一部600卷大丛书《大般若波罗蜜多经》,其中新译达400余卷,包括十万颂的最长的《般若经》文本。唐朝在译经的组织方式上也有很大改变。隋以前译场是宗教机构,受到统治阶级的支持和保护;到隋代出现了朝廷设立的译经机关。玄奘在长安慈恩寺、弘福寺的译场都是朝廷敕建的,属官办性质,朝廷设监护大使,由有文采的重要臣僚充任。这已不再是鸠摩罗什时期译场那样人数众多并兼作教学讨论机构的场所,而是一个人数少而精的专门译经机构。在这里,如窥基、嘉尚、普光等,都是学有专长的专家,保证了译师整体素质和译经的质量。

玄奘译经风格独特,与鸠摩罗什的华美流畅不同,而以确切精赅著称。鸠摩罗什的译文多有意译和改动原文处,而玄奘译文更精确,正如《高僧传》卷三赞宁所言,第二阶段的译经:"彼晓汉谈,我知梵说,十得八九,时有差违",到了第三阶段则是"即即皆同,声声不别"了。以《维摩经》译文为例,玄奘译《说无垢称经》与藏译文更为接近,而藏译是照原典逐句逐字翻译的。所以玄奘译文在译经史上区别旧译称为"新译"。玄奘一生奋笔不辍,终于完成了无人比拟的巨大译业,给后代留下了一笔宝贵的文化遗产。他不仅系统地译介了反映5世纪时印度佛教全貌的基本著作,包括因明类的《因明入正理论》;说一切有部的阿毗达摩(对法)中的《阿毗达摩大毗婆沙论》、《阿毗达摩俱舍论》;律部的《瑜伽菩萨戒本》;中观学的《大乘广百论释》;瑜伽行学派的《瑜伽师地论》、《显扬圣教论》、《摄大乘论》(重译)、《成唯识论》等,并在晚年译出了佛教经籍中最大的一部经典《大般若经》600卷,这一辉煌成就,在中国译经史上是前无古人的。

4. 不空(705—774年)

不空又称"不空金刚",名"智藏"。一说原籍师子国(今斯里兰卡),一说北天竺人。不空幼年出家,年仅14岁取海道乘船随金刚智等来华,二十岁时于广福寺受具足戒。不空以博通汉梵经论著称,他曾奉唐玄宗诏令以唐使名义,赴师子国寻求密教典籍,开元三十年(742年)到达,在那里修学三年,求获梵本大小乘经论及密教经法仪轨等共100部,1200卷。于天宝五年还至洛阳。唐玄宗诏令不空先后在洛阳静影寺、长安宝寿寺、威武城开元寺等处译经传法,开坛灌顶。不空一生所译经典和著述甚丰,特别是他翻译了密宗重要经典《金刚顶如来真实摄大乘现证大教王经》五卷、《一字顶轮王瑜伽经》一卷和其他经典。不空生前出入宫廷,结纳权贵,历事三朝,显赫半个世纪之久,史称"先古未闻"之事。

在中国佛教史上,不空和鸠摩罗什、真谛、玄奘,被誉为中国四大译师。在密宗创始人、开元三大士(善无畏、金刚智和不空)中,不空也是影响最大的一位,这主要是因为他在密教的经咒、陀罗尼等翻译中梵汉音译的严谨对音。这类音译为音韵、训诂学等保留下一份比较珍贵的语言学史料。不空在密宗佛籍中的梵汉对音翻译的成就,对我国佛教密宗一派做出了重大贡献。

第十章　治国养生谋奇术　未有神仙不读书

——道教人物评传

【导读】

秦汉以前,最有影响的道家宗祖人物和理论创始人为老子、列子、庄子等人,他们被尊奉为道教宗祖人物,其学说也被道教列为经典。但是原始道教在东汉中后期形成后,曾多次被民众利用来组织起义与反抗压迫的斗争,因而被统治阶级视为"妖妄不经"的异端。为了使原始道教获得官方承认,在道教创立和发展过程中,涌现出一批优秀的宗教人士,他们或著书立说,或救世济俗,为道教理论发展做出重大贡献。在魏晋以后,一部分道教领袖开始改革原始道教,使道教向成熟化、定型化、官方化方向发展,葛洪、陶弘景、寇谦之是其中最重要的代表人物。道教经过官方化改造,在政治上,开始真正迎合统治阶级的需要。理论上,在神仙谱系、斋仪仪式方面,道教也开始逐渐演化为一个富有哲理、神谱、方法论的完整体系,成为影响中国文化至深的宗教。唐宋以后至明清时期,由于政治统治和社会稳定的需要,封建统治者对包括道教在内的各种宗教加以改造利用,因而道教继续受到重视,道教理论也有一定发展,出现了司马承祯、孙思邈、陈抟、王重阳等道教的代表性历史人物。

一、道家宗祖人物:列子和庄子

列子和庄子是继老子之后,道家学派的两位代表性人物,如果说老子是我国先秦时期道家学派的创始人①,那么,列子就是道家学派承上启下的宗祖人物,而庄子则是道家学派的集大成者。老子、列子、庄子本为早期道家创始人物,却被道教所神化,甚至被奉若神仙圣灵,他们的思想和学说也被尊奉为道教经典,对后世道教理论的产生和发展都有深远的影响。

(一) 列子:道家承上启下的宗祖人物

列子(前450—前375年)是东周威烈王时期的"圃田"②人,姓列,名御寇、列寇、列圉、列国寇等,道家学派杰出的代表人物。列子是战国时期著名的思想家和寓言文学家,他创立了先秦哲学学派"贵虚"学派(列子学),是介于老子与庄子之间道家学派承前启后的重要传承人物,著有《列子》。

列子一生甘于平淡,长期隐居,"且居郑四十年,人无识者,国君士大夫视之如众庶。"③列子淡泊名利,在生活拮据的情况下,坚辞拒收郑国相子阳送来的粮食。列子品行高洁,处世低调,乐观豁达,真可谓:人到无求品自高!

列子早年治黄老之学,云游四方,遍访名师,他曾问道于关尹子,又拜壶丘子、老商子为师;列子结交名流,孜孜以求,他结伯高子、伯昏瞀人为友,经常与之切磋学问。列子晚年广收弟子,教书育人,薪火相传。他曾邀约壶丘子和伯昏瞀人一起在圃田城南授业讲学,传递文化火种。列子以贤名扬天下,历史上有"郑之圃泽多贤,东里多才"之说。列子晚年著书立说,《列子》是其代表作,原书共20篇,约10多万字。《汉书·艺文志》摘录《列子》8篇,包括神话寓言102个,其中愚公移山、杞人忧天、两小儿辩日等寓言故事,都是脍炙人口的篇章,真可谓家喻户晓,妇孺皆知。《列子》是一部智慧之书,探讨宇宙本原,对万事万物生成变化的认知和探究,对社会运行规律和人生目的和意义问题的哲学思考与追问等等,都闪烁着古代朴素唯物论和辩证法的光芒。《列子》述说宇宙奥秘,启发人生真谛,不愧为经典之作的美誉。同时,书中记载了极其珍贵的科技史、音乐史、杂技史、历史故事和神话传说等内容,对后世哲学、文学、科技、养生、乐曲、宗教等诸多领域的影响都非常深远。因此,《列子》作为先秦元典,历朝历代备受社会各领域各阶层人士的赞誉。汉刘向给皇帝推荐

---

① 详见本书第三章。
② 位于今郑东新区,即河南省郑州市中牟县白沙镇西古城村人。
③ 明万历八年:《重修列子祠碑记》。

《列子》一书时说："孝景皇帝时贵黄老术，此书颇行于世，及后遗落，散在民间，未有传者。且多寓言，与庄周相类，故太史公马迁不为列传。谨第录。臣向昧死上。"明冯梦龙则从文学的角度评价说："韩非列御寇诸人是小说之祖也。"在中国哲学史、思想史和文学史上，《列子》都是一部具有重要地位和独特思想价值的文献。尽管学术史上对现存《列子》的成书年代、作者、内容等也颇有争议，但是我们对《列子》一书的文化价值，还是应该肯定的。

列子作为道教宗祖人物，几乎历朝历代都备受推崇，且受到官方与民间的双重推崇和信奉。道教作为本土宗教，是在中华民族文化和信仰基础上产生的宗教，具有鲜明的中国文化特色和广泛的群众基础的宗教，所以，列子在民间社会的影响流传至今，道家思想传习不断。唐初，统治者极为推崇道教，唐朝天宝元年，唐玄宗封列子为"冲虚真人"、"冲虚致德真人"，他所著的《列子》被封为《冲虚真经》。到了宋代，北宋统治者继续推崇道教。宋真宗景德年间封列子为"冲虚致德真人"，他所著的《列子》被称为《冲虚致德真经》。宋仁宗和宋神宗也都曾敕令修建列子观，观内设施、祭品等规制都与赵姓始祖"混元皇帝"是同样的待遇。宋徽宗还御注《道德》、《冲虚》、《南华》三经作为范本，颁行天下。后又追封列子为"致虚观妙真君"，把列子推崇到至高无上的地位。

列子的哲学思想、文学才华和学术成就，以及他个人高大的人格魅力在中国历史上都有深远的影响，可谓彪炳史册，实至名归。在《庄子》、《战国策》、《汉书》、《唐书》、《宋史》、《毛泽东选集》等多种文献中都记载着列子。列子作为哲学家、文学家又受到历朝历代执政者和社会名流的推崇和敬仰，列子思想主张被作为治国策略和修身养性的理论工具。唐代《列子》和《老子》、《庄子》、《文子》是科举考试的必修课，列子等道家学说是古代社会除儒家之外，唯一被定为官学和道举的学说。清代文学家沈德潜《古诗源·古逸》载《列子》古语曰："生相连，死相捐"；"人不婚宦，情欲失半。人不衣食，君臣道息"。在1945年6月11日，中国共产党第七次全国代表大会上，毛泽东引用《列子》一书中愚公移山的故事作为闭幕词，号召全党和全国人民发扬愚公移山精神，一定要挖掉压在中国人民头上的三座大山，增强了中国人民争取民族解放的必胜信心。

(二) 庄子:道家学派的集大成者

庄子(前369—前286年)是楚国蒙地人,在今河南商丘市东北。名周,原系楚国公族,楚庄王后裔,后因战乱迁至宋国,是道家学说的主要创始人。后世道教继承道家学说,经魏晋南北朝的演变,老庄学说成为道家思想的核心内容。历史上庄子被道教所神化,甚至被奉若神灵。唐玄宗天宝元年(742年)二月封庄子为"南华真人",他所著述的《庄子》,诏称《南华真经》。宋徽宗敕封庄子为"微妙元通真君"。庄子曾担任过蒙地漆园的小官吏,与梁惠王、齐宣王是同一时代的人物。庄子知识丰富,尽管其学说对各个方面都有所探索,但是其学说要旨却本源于老子学说。《庄子》一书10多万字,大多是寓言故事。他写《渔父》、《盗跖》的目的是诋毁孔子的儒家学派,阐明老子的学说。尽管像《位累虚》、《亢桑子》之类的文章,都是空泛的议论而没有事实根据。然而,庄子善于行文措辞,通过描摹事物的情态来攻击、诘难儒家、墨家,即使是当时学识渊博的人,也难以躲过他的"口诛笔伐"。

庄子主张"天人合一"和"清静无为"。当时,楚威王听说庄子很有才能,派遣使者携带重金聘请他,并承诺任命他做宰相。庄子的回应出乎意料,他笑着对楚国使者说道:"千金是重利,卿相是重位,您难道没见过郊祭时所用的牛吗?喂养它多年,然后给它披上绚丽的丝织品,送进太庙。这时,它即使想变成一只孤独的小猪,那也是不可能的。您赶快走吧,不要玷污了我的名声!我宁愿高高兴兴地在污水里游戏,也不愿意被当权者束缚。我立志终身不做官,让自己心情愉快地度过一生。"可见,语言汪洋恣意,随心而发,很难被当权者所利用。

庄子是我国先秦(战国)时期伟大的思想家、哲学家和文学家,与道家始祖老子并称为"老庄",他们的哲学思想体系,被思想学术界尊为"老庄哲学"。其代表作《庄子》被尊崇者演绎出多种版本,名篇有《逍遥游》、《齐物论》等。

二、魏晋以后的道教改革家

(一) 金丹道教的始祖葛洪

葛洪(284—343年),字稚川,道号抱朴子。葛洪出生于一个没落的封建

第十章　治国养生谋奇术　未有神仙不读书

豪族家庭。《晋书》本传云："洪字稚川,丹阳句容人也。祖系,吴大鸿胪,父悌,吴平后入晋,为邵陵太守。"他的祖父葛系是三国时代的吴国大臣,父亲葛悌也曾在吴国做过大官,后随吴主降晋,官至邵陵太守。晋武帝太康五年(约284年),葛洪生于丹阳句容(今江苏省句容县)。葛洪13岁时,父亲葛悌去世,从此家道衰落。"洪少好学,家贫,躬自伐薪从贸纸笔,夜辄写书诵习,以儒学知名。"①葛洪虽然家贫,但毕竟出身江南豪族世家,他从小刻苦勤奋,博览群书,博学百家,尤胜儒学,且家有仙术秘传,所以葛洪学识渊博,儒道兼通。他在《抱朴子·外篇》中说自己把"上自正经诸史百家之言,下至短杂文章近万卷"都精读遍通,其中最感兴趣的是"诸子之书"中的《老子》。多年不畏寒暑,刻苦攻读的行为,造就了满腹经纶的少年奇才葛洪。青少年时期,葛洪就像一只羽翼刚刚丰满的雏鸟,以他那没落豪族子弟的门第出身和高超的学识,积极寻求跻身仕途的机会。

然而,由于所处的晋代,社会动荡,政治黑暗,生灵涂炭,葛洪跻身仕途,操儒为仕,奉为君权的政治幻想很快破灭了。从30多岁到近50岁,葛洪一直都郁郁不得志,转而皈依道教,炼丹求仙,著书立说,另辟蹊径。他"在山积年,优游闲养,著述不辍"。据《晋书·葛洪传》所载,他的著作有《抱朴子》、《神仙》、《良史》、《隐逸》、《集异》等传各10卷,还有碑刻诗赋百卷,移檄章表30卷。又抄五经史汉百家之言,方会杂事310卷,《金匮药方》100卷,《肘后备急方》4卷。他的代表作是《抱朴子》。其中,《抱朴子》内篇20卷,主要论述神仙方药,鬼怪变化,养生延年,禳邪去祸之事,是道教的主要理论;外篇50卷,主要论述人间得失,世间臧否,是政治性著作。《抱朴子》一书比较全面地反映了葛洪的道教改革思想,在中国道教思想史上具有重要地位。由于葛洪在理论上和行动上开辟了炼丹修仙的求道新径,创立了金丹道教,被称为"金丹始祖"。葛洪的思想主要记载在《抱朴子》内外篇里。

在《抱朴子》内篇里,葛洪认为宇宙万物是由神秘的"玄"(即"道")所产生的,"玄者,自然之始祖,然万殊之大宗也"②。他认为"道"即"玄"即"一",

---

① 《晋书·葛洪传》。
② 《抱朴子·内篇·畅玄》。

是世界的本原。"道"创造了世界的万事万物,是独一无二、至高无上的。他还认为"玄"、"道"、"一"是神秘莫测的精神的东西,不可名状,虚无缥缈,人们顺着它就吉祥,违背它就有祸乱。可见,金丹道教所追求的"玄"、"道"、"一",只能是内心虚构神秘莫测的精神本体。但葛洪却指出有仙骨的人得到"玄一"或"真一"就能成仙,与"玄"、"道"、"一"融为一体,从而长生久视,达到道教信仰的最高境界。他宣称人要长生成仙,只有两条途径,即"服丹"以外养;"守一"以内修。二者之中他更强调外养,以炼丹作为修道的主要途径,这是金丹道教区别于其他道教派别的主要特色。葛洪认为,炼丹和服食金丹是修仙得道不可缺少的主要途径,而要炼成"宝丹",首先,要在"结胎受气"之时,"偶遇神仙之气",这样才有"好仙之心"[①];其次,要有德行,要以忠、孝和顺、仁、信为根本,如果只务方术,不修德行,是不能长生的;再次,还要深居名山之中,久处无人之地,结伴不过三人,斋戒百日,沐浴五香,不同俗人往来,更不要让不信道教者知之等。这样,葛洪就为炼丹蒙上了一层神秘的色彩,也使金丹道教更符合封建统治者的意志,使之一跃而成为占封建统治地位的官方宗教。

在《抱朴子》外篇里,葛洪主要阐明了君臣上下,设官分职是天理自然,是不能变更的,葛洪公开为封建君主专制和"君权神授"理论辩护。针对当时以鲍敬言"无君论"为代表的所谓"离经叛道"的理论,葛洪针锋相对地提出"圣人受命于天"、"君权神授",君主的出现都是出自上天的安排。葛洪认为君主与臣民的关系,不是像鲍敬言所谓的獭和鱼、鹰和鸟的关系,而是像天与地、树干与树枝、人首与四肢的关系一样,臣民必须绝对听命于君主,君主至高无上的地位是顺从自然,天经地义的。一切世间灾难也不像鲍敬言所谓的"古者无君胜有今世"、"推无仇之民,攻无罪之国",都是由君主、国家引起的,而是犹如蔓草、雀鼠、水旱、疫疠等一样是自然灾害所致。君主好比天父。如果君主可以废弃,那么天也可以改变,父亲也可以更换。葛洪还指出,鲍敬言宣扬"无君论",要人们倒退到茹毛饮血、巢栖穴窜的原始社会,是愚不可及的。当然,葛洪也对君主做出了一些"下堕则上崩"的警告,要求整饬统治阶级内部

[①] 《抱朴子·内篇·辩问》。

的王侯公族和贵戚姻亲败坏纲常礼教的行为,这些虽然是其长期仕途不顺的反映,但本质上仍是为维护封建君主专制服务的。

葛洪还主张用严刑峻法统治人民,镇压农民起义。他宣扬"以杀止杀",称原始道教为"妖道"、"鬼道",把利用道教进行斗争的农民称为"奸党"、"群愚",主张残酷镇压,"犯无轻重,致之大辟"。他曾亲自带兵镇压农民起义军,而且在理论上为挽救封建统治者摇摇欲坠的政权出谋划策。葛洪一方面主张在魏晋玄学盛行的当时复兴儒学,认为只有这样,才能使人们明确君臣之序,遵守封建纲常名教,避免百姓犯上作乱,使国家长治久安。另一方面葛洪又强调治国理政仅凭儒家的空谈是不行的。他说,虎狼当前,不挥戈舞剑,却弹琴咏诗,那是不能保全性命的;大火烧屋,不奔走灌注,却揖让盘旋,那大火是不会自行熄灭的。由于葛洪的思想及其所创建的金丹道教很符合统治阶级的要求,《抱朴子》一书被历代统治阶级奉为道教经典。

(二) 主张调和道佛二教的山中宰相陶弘景

陶弘景(456—536年),字通明,出身士族,是齐、梁间著名的道士,时称"山中宰相"。《南史·陶弘景传》记载:"国家每有吉凶征讨大事,无不前以咨询。月中常有数信,时人谓为山中宰相。""梁处士陶弘景,仕齐为奉朝请,弃宦隐居茅山。梁王早与之游。及即位,恩礼甚笃,每得书,焚香虔读。屡以手敕招之,弘景不出。国家每有大议,必先咨之,时人谓之山中宰相。"这些史料记载,说明在南朝的政坛上,陶弘景是负有众望的政治人物,尽管其毕生致力于学术,始终以修道炼仙为目的。正像南怀瑾在《中国道教发展史略》一书中对他的评价那样:"陶弘景犹有道家老庄的风格,参合神仙方士的道术,介于入世出世之间,隐现风尘,游戏三昧。他的道教思想已经渗入佛家思想的成分,而且是趋向融汇道、佛两家思想与方法的前驱。"陶弘景生活的时代,南方道教经晋葛洪、刘宋道士陆修静的改革后,已为官方所接受。但陶弘景在此基础上,糅合佛教理论,对道教做了进一步的改造。

陶弘景擅长炼丹,并收集整理许多道教上清派经典,撰成《真诰》、《登真隐诀》、《真灵位业图序》等,将道教炼丹、养生、成仙理论进一步发展与深化。他还以道教阴阳相生的宇宙生成模式和生死二元对立观念,建立了道教史上第一个成熟的神仙系统。陶弘景的《真灵位业图》一书,划分出封神榜上诸神仙的等级与品位,构想出一个等级森严,而又宏大细密的神仙谱系,使道教形成一个庞大的信仰系统。这不仅使道教的神仙谱系向哲理化发展,而且神谱中诸神等级森严,与世俗等级制度奇迹般地吻合,进而使道教具备了维护世俗等级秩序的功能。他还将儒学中"中庸"、"至忠"、"至教"等观念和佛教中"生死轮回"、"地狱"、"顿悟"等学说略加变化,充实到道教理论中去,强调遵行礼教为修道成仙的重要途径,从而形成了他的"三教并重"、"三教合一"的新道教理论。陶弘景对三教融合的深刻论段集中反映在他的《答朝士访仙佛两法体相书》中,"若直推竹柏之匹桐柳者,此本性有殊,非今日所论。若引庖刀汤稼,从养溉之功者,此又止其所从,经无永固之期。夫得仙者并有异乎此。但斯族复有数种,今且谈其正体,凡质象所结,不过形神,形神合时,则是人是物。形神若离,则是灵是鬼。其非离非合,佛法所摄。亦离亦合,仙道所依。今问以何能而致此仙,是铸炼之事极,感变之理通也,当埏埴以为器之时,是土而异於土,虽燥未烧,遇湿犹坏,烧而未熟,不久尚毁,火力既足,表里坚固,河山可尽,此形无灭。假令为仙者,以药石炼其形,以精灵莹其神,以和气濯其质,以善德解其缠,众法共通,无碍无滞,欲合则乘云驾龙,欲离则尸解化质,不离不合,则或存或亡。于是各随所业,修道进学,渐阶无穷,教功令满,亦毕竟寂灭矣"。可见,陶弘景对于佛道两教的论断,在当时已是极其深刻。

综上所述,通过陶弘景的改造,道教不但可以把古代中国社会的政治、文化、伦理的基本规范全部囊括其中,而且糅合"三教",主张佛、道融合,这样就能够满足上层统治者的精神要求。陶弘景博览群书,对道教、佛教、医药和炼丹都有独到的研究,因此被后世道徒尊为"道家之尼父"[①],这真是:"英雄到老皆归佛","未有神仙不读书"。

(三) 北天师道的改革者寇谦之

在中国北方,对道教进一步改造的是北魏的寇谦之。寇谦之(365—448年)是北魏著名道教人物和天师道的改革者,字辅真,祖籍上谷昌平(今属北京市),后徙居冯翊万年(今陕西临潼北)。寇谦之自称东汉雍奴侯寇恂之13世孙。其父修之,东莱太守;兄寇赞在魏初任南雍州刺史。寇谦之"早好仙

[①] 《全唐文》卷762。

道,有绝俗之心;少修张鲁之术,服食饵药",后遇"仙人","成公兴,随之入华山,采食药物不复饥。继隐嵩山,修道七载,声名渐著。"[1]寇谦之声称太上老君亲授他"天师"之位,要他来"清整道教"。他宣布"废除三张(张道陵、张衡、张鲁)伪法",使道教"与世礼相准"。天师道(俗称"五斗米道")自张道陵之后,常被用作农民起义的旗帜和组织工具,统治阶级对它一直深为忧虑并存有戒心,当时的士大夫们对天师道也有所不满。寇谦之趁北魏太武帝崇道抑佛之机,对天师道进行改造和整顿,以迎合统治阶级的需要。

寇谦之改革天师道的原则是"以礼度为首",即保留和增加适合儒家礼教的内容,革除和废弃违背儒家礼教的制度。反对"称官设号,蚁聚人众,坏乱土地"、"谋害国家"等行为。他主张臣忠子孝,夫信妇贞,兄敬弟顺,安贫乐贱,信守五常,并将此列入道教规戒之中,使儒家之道德规范成为道士的行动准则。寇谦之针对天师道组织涣散的局面,集中精力致力于组织整顿。他主张减轻道民的负担,禁止道官过分索取道民财帛;要选贤任能,唯贤是授,改革道家祭酒的世袭制度。寇谦之十分重视道教斋醮仪式。他为天师道增订了斋仪,内容包括道官受箓,道官道民求愿,道民犯律解度,为人治病,为亡人超度,为祖先亡灵解厄之斋仪,而且为各种斋仪制定了仪式,为后世道教斋仪奠定了基础。经过寇谦之改革后的天师道,后人称为"新天师道"或"北天师道"。改革后的新天师道,"专以礼度为首,而加之以服食闭练",以"辅佐北方太平真君"[2],道教因此同时满足了统治阶级维护统治和企图长生不老两方面的需要。由此,寇谦之得到了北魏太武帝拓跋焘的信任和支持,道教被宣布为国教,地位在佛教之上。与此同时,道教制度、斋仪制度和道教戒律也被确立。

(四) 南天师道的改革者陆修静

陆修静(406—477年),南朝宋道士,今浙江省湖州市人,道教上清派大师。陆修静早年出家修道,云游四方,传道卖药,后入庐山简寂观。南朝初年,天师道组织涣散,科律松弛,这种状况极大地阻碍了道教的进一步发展。陆修静系统地整理了道教经典,对南方天师道进行了系统的改革,陆修静编制各种

---

[1] 《魏书》第8册,中华书局1974年版,第3049页。
[2] 《魏书》114卷《释老志》。

道教仪范,使道教理论、道教组织形式更加规范化,他又对道官和道民的活动重申"三会日"①制度,强化道官与道民的统属关系,使道教在南方得到进一步发展。陆修静对南天师道做出了开创性贡献。简寂观,是南朝庐山最大的道观。位于今江西省九江市境内的庐山南部金鸡峰下,就是陆修静当年的道场,是他修道、传教、整理道经、编纂道教斋戒仪范类道书之所。

三、唐宋以后的道教人物评传

(一)唐初道教理论家司马承祯

司马承祯(647—735年),字子微,号白云,河内温县(今属河南)人,唐代著名道士。司马承祯著作甚多,主要有《天隐子》序、《坐忘论》等。这些是反映司马承祯思想的主要典籍。

司马承祯生活在唐初,统治者为了加强思想统治,对当时社会上有影响的宗教都加以利用和提倡,除了继续重视儒佛之外,特别推崇道教。据记载,唐高祖李渊为了抬高李氏皇室门阀的政治地位,听信民间道士之言,宣称李耳(老子)与李氏皇族同根同族,认李耳为祖先,并以皇帝之尊亲自拜谒终南山老君庙,这无疑极大地提升了道教的地位。后继者太宗、高宗继续大兴道教,唐高宗曾诏令王公以下官员都要学习《老子》,唐玄宗甚至特设玄学博士,诏令把《老子》、《庄子》、《文子》、《列子》列入科举考试内容之中,鼓励天下士人,"以道入仕",参加道科的科举考试。显然,唐朝时期,道教受到极大的政治推崇,司马承祯正是这一时期道教理论的集大成者。

作为道士,司马承祯对炼丹成仙、道教法术并不感兴趣,而是热衷于道教理论的研究。在认识论上,司马承祯继承了道家思想成分,认为"道"是一切事物产生与变化的根本,同时他又融合、吸收、改造了儒家和佛家思想,创立了以"道"为核心的思想体系。司马承祯对"道"做了新的解释和描述:"圣人得

---

① 据陆修静《道门科略》等记载,即正月初七、七月初七和十月初五,是道官考核道民功过的日子。

之以古,妙法传之于今。"他认为"道"是非常神秘、神异和虚无缥缈的东西,把"道"说成是神乎其神,玄乎又玄的东西。司马承祯把这样的"道"作为人生追求的最高目标,他认为人最宝贵的东西是生命,而生命最宝贵的东西是"道"。一切金钱、荣誉地位等都不能和"道"相比,如果硬要相比较的话,金钱、名誉和地位则更显得低贱和虚假。司马承祯认为对于努力求"道"之人来说,决不能因外物干扰而损害人生的志向追求。司马承祯主张的"道"是主观虚构的,他的思想也难免陷入了唯心主义深潭之中。司马承祯把这种主观虚构的"道"作为一种事实和真理予以肯定,并鼓励人们去追求,必然要陷入荒谬的境地。在方法论上,司马承祯提出"收心"和"坐忘"的认识论方法。司马承祯认为"道"是人生的最高理想,实现"道境"的过程和方法就是"收心"和"坐忘"。司马承祯说为进入"妙境",要准备一种精神境界,"修道"时必须对内忘却自己身体的存在,对外要忘却现实世界的存在,要在内心去除一切私心杂念,只有达到这样一种"坐忘"境界,才能与"道"合而为一。他还形象地比喻说:人心如眼睛,本来是明澈安宁的,一旦进入灰尘就不得安宁。他强调说:人心也是一样,过多的思虑扰乱人心,如同灰尘蒙住双眸。心存思虑的人无法"坐忘",并难以真正"入境"的。司马承祯还说"入道"之后的人应该达到"形如枯木,心若死灰","疾雷破山而不惊,白刃交前而不惧"境界。(司马承祯《坐忘论》)显然,司马承祯所描述的"入境"之人只是一具"活死尸",是一具既无感知,也无"思虑"的木乃伊而已。当然,由于时代和历史的局限性,司马承祯在思想和方法论上都是唯心主义和脱离现实的。他要求人们忘却人间烟火"坐忘"修道,是不可能实现的。对此,我们应该加以文化上的批判和科学认识上的是非分辨。我们知道,实践是检验真理的唯一标准,是认识世界的唯一来源。离开对客观世界的实践和认知,是不可能获得正确认识的,更不能领略所谓神秘"道境"。

司马承祯作为三朝国师,积极推行"无为而治"的政治主张。他出身贵胄,祖先是晋朝皇帝宗室,可谓世代官宦之家,但司马承祯少年聪颖刻苦,拜当时道教名师潘师正为徒,深得老师厚爱。司马承祯交游深广,他与当时的文人名士陈子昂、卢藏用、李白、王维等人,当时被人们称为"仙宗十友",名气甚大。司马承祯热衷政治,是名副其实的唐朝三朝元老,曾先后辅佐武则天、唐睿宗和唐玄宗三任皇帝。根据《旧唐书》记载,有一次,在唐睿宗举行的宫廷宴会上,唐睿宗亲自把盏斟酒,问政司马承祯。司马承祯一句"无为之旨,治国之道也。"的答复,令唐睿宗情不自禁地连声赞叹:有理,甚合吾意!司马承祯更是在唐睿宗酒兴正浓之时,谨承皇命,用三种书体,大笔泼墨挥写《老子》,赢得皇帝称赞不已,群臣更是欢呼叫好。可见,当时作为道士的司马承祯,热衷于政治实践,经常出入宫廷,为最高统治者参谋国政,并受到统治者极高的政治恩宠。

(二) 吕纯阳

吕纯阳,字洞宾,原名吕岩,山西芮城人,今山西芮城县人,现芮城县有纪念吕洞宾的道观——永乐宫。出生于世代官宦之家,吕洞宾自幼熟读经史。因感仕途多蹇,转而学道,并发誓尽度天下众生,方愿上升仙去。在民间,吕洞宾是一位与观音菩萨、关公一样妇孺皆知、香火占尽的人物,他们合称"三大神明"。唐宋以来,他与铁拐李、汉钟离、蓝采和、张果老、何仙姑、韩湘子、曹国舅并称为"八洞神仙"。吕洞宾是传说中八仙的中心人物,传奇故事最多。不管民间传说还是《续道藏》中,都对吕洞宾的传奇人生千古相传,言之凿凿,其实于史无据。但是吕洞宾是位修道有术的高人却是事实,他儒、道、佛三教圆通交融,成就其道教修道、出世、脱俗的思想。根据吕纯阳在江州望江亭的自传记述:

> 吾京川人,唐末三举进士不第,因游江湖间,遇钟离子,受延命之术。寻又遇苦竹真君,传日月交拜之法。久之,适终南山,再见钟离子,得金液大丹之功。年五十,道始成。世多称吾能飞剑戮人者,吾闻之笑曰:慈悲者佛也。仙犹佛尔,安有取人命乎?吾固有剑,盖异于彼。一断贪嗔,二断爱欲,三断烦恼,此其三剑也。吾成道以来,所度者何仙姑、郭上灶二人,吾尝谓世人奉吾真,何若行吾行。既行吾行,又行吾法,不必见吾,自成大道。不然,日与吾游何益哉!

可见,吕纯阳儒学深厚,佛、道兼修,平常多作佛家语。

吕纯阳著有《丹诀百字铭》云:

> 养气忘言守,降心为不为。动静知宗祖,无事更寻谁?真常须应物,应物要不迷。不迷性自往,性往气自回。气回丹自结,壶中配坎离。阴阳

生反复,普化一声雷。白云朝顶上,甘露洒须弥。自饮长生酒,逍遥谁得知?坐听无弦曲,明通造化机。都来二十句,端的上天梯。

开创了道教思想之新风。宋代敕封吕洞宾为"妙通真人",元封其为"纯阳演政警化孚佑帝君",后世又称"吕纯阳"。王重阳创立"全真道"后,被奉为"北五祖"之一,尊称他为"吕祖"。全国各地广建吕祖祠庙,岁时祭祀,至今香火不断,相传吕祖诞辰为农历四月十四日。吕纯阳对后世影响极大,直到今天,国内外崇道之人,都敬奉其为吕祖,称其为真正神仙。

(三)道教陈抟仙翁

琴史上有一首流传甚广的古琴开指小曲:《仙翁操》唱道:"仙翁仙翁,得道仙翁,得道陈抟仙翁……陈希夷得道仙翁。"《仙翁操》此曲平和、淡雅,曲意悠远恬静,其中曲中所歌唱的神仙般的人物,历史上确有其人,他,就是宋朝有名的道士陈抟仙翁。

陈抟,生平年不详,世传为长寿之人,字图南,亳州真源人,今河南省鹿邑县人。号扶摇子,赐号"白云先生"、"希夷先生",他常常自号"扶摇子",是北宋著名的道家学者、养生家。陈抟生平事迹、传奇和著述见于《宋史·隐逸上·陈抟传》、《宋史·艺文志》等文献记载中。

陈抟,少聪慧好学,虽然熟读经史子集诸子百家,却科举仕途坎坷,名落孙山之后,他干脆放弃科举仕途,以山水为乐。从此,陈抟醉心于《易》学研究,手不释卷,著述甚丰。《宋史·隐逸上·陈抟传》记载:他著有《指玄篇》八十一章,言导养及还丹之术。宰相王溥亦著八十一章来笺其旨。陈抟又有《三峰寓言》、《高阳集》、《钓潭集》,还作了六百多首诗歌作品。根据《宋史·艺文志》易类记载陈抟著有《易龙图》一卷,《宋文鉴》85卷保留有《龙图序》。陈抟《易龙图》,无论在中国道教史上还是科技史上都具有特殊的重要意义。

与历史上其他热衷政治的道士不同,陈抟多次被朝廷征召却坚辞谢绝,终身不仕。《宋史·隐逸上·陈抟传》记载,后周显德三年(公元956年),周世宗柴荣召见陈抟,被任命为"谏议大夫",不仕,赐其"白云先生"称号。当时,"周世宗好黄白术,有以抟名闻者,显德三年,命华州送至阙下,留止禁中月余,从容问其术,抟对曰:'陛下为四海之主士当以致治为念,奈何留意黄白之事乎?'世宗不之责,命为谏议大夫,固辞不受。"(《宋史·隐逸上·陈抟传》)

北宋太平兴国二年（公元977年），陈抟受宋太宗召见。北宋雍熙元年（公元984年），宋太宗再次召见陈抟，赐其"希夷先生"称号，显然，这时，陈抟已经无限接近古代皇权专制政治的权力中心，但他终因心无仕宦之意，终身不仕。

民间传说陈抟是有德有识的得道之人，长寿之星，所以，称他为"仙翁"、"老祖"、"得道仙翁"，盛传他有黄白点化之术。其实，陈抟自己对皇帝却表白道："抟山野之人，于时无用，亦不知神仙黄白之事、吐纳养生之理，非有方术可传。假令白日冲天，亦何益于世？今圣上龙颜秀异，有天人之表，博达古今，深究治乱，真有道仁圣之主也。正君臣协心同德、兴化致治之秋，勤行修炼，无出于此。"（《宋史·陈抟传》）可见，世上本无神仙，只有学识修养高尚之人，所谓仙翁"点石成金"之术，那也只是人们茶余饭后消遣解闷时所讲的神奇传说而已。

（四）全真道祖师王重阳

王重阳（1113—1170年），京兆人，今陕西省咸阳，终南山下的刘蒋村人。王重阳原名中孚，字允卿。后来因为参加武举而易名"德威"，字世雄。入道后改名喆，字知明，号"重阳子"，以"害风"自称。全真道祖师，被尊为"北五祖"之一。

王重阳少年志向高远，且行侠重义，一身英豪之气，无奈他生于乱世，正当北宋"南渡君臣轻社稷"的时代。王重阳中年痛感灭国之痛，曾喟然长叹：孔子四十而不惑。孟子四十而不动心。予犹碌碌如此，不亦愚乎？因此，他装疯卖傻，才有了"自埋自身，自焚庐舍"见怪不怪之事，那时，关中一带称狂者为"害风"，王重阳自称"王害风"，号为"活死人"。他心怀救世之心，借助创立宗教，保持文化精神火种之延续。他宣称自己遇吕纯阳点化，命其传教，后又有马丹阳、谭长真、刘长生、丘长春、王伞阳、郝恬然、孙不二七人为弟子，被称为"全真七子"，从此兴盛。到金大定十年正月四日王重阳坐化，享年五十八岁。王重阳著有《金莲定分疏》、《开明疏》、《三光疏》、《玉华疏》、《平等会规矩》等，其理论还见于后世弟子编辑的《重阳立教十五论》之中，对道教理论发展有一定贡献。王重阳论证神与气的关系时论及他对神仙和世间伦理真行的理解，他说："神是气之子，气是神之母。子母相见，得为神仙。然则又真功真行，澄心定意，抱元守一，存神固气，真功也。修仁蕴德，挤贫拔苦，先人后己，与物无私,真行也。"此番论述颇有真知灼见。

元代道士赵道一编著的《王重阳传》,对王重阳和全真道给予极高评价:"皇不足则帝,帝不足则王,王不足则霸,霸又不足,则道之不幸也。至哉全真!杰生中土,转浇漓以宗太朴,化顽狂以慕无为。一师倡之,七真和之……然天启玄元之教,福被于群生。斯道无丧,以至今日,全真之功也。"虽然其评语难免夸张之处,但也有一定道理,至少反映了人们对其推崇备至和王重阳及全真道对文化延续之贡献。

(五)一言止杀的丘处机

丘处机(1148 年—1227 年),山东登州栖霞人,号长春子,字通密。是全真道掌教、真人。

金熙宗大定七年,年方十九岁的丘处机修道昆仑山,并奇遇全真道祖师王重阳,遂皈依全真道,成为全真七子之一。王重阳有诗云:"细密金鳞戏碧流,能寻香饵食吞钩。被予缓缓收纶线,拽入蓬莱水自由。"王重阳对于长春子这位弟子的器重,由此可见一斑。丘处机果然不负师望,倾心弘扬全真道,不久便声名远播。金世宗二十八年,诏请丘处机入见。世宗向他求道,丘处机为其讲经论道,先说延生保命之要,次讲持盈守成之难:"富贵骄淫,人情所常。当兢兢业业,以自防尔。诚能久而行之,去仙道不远。"金世宗对他十分器重,在金世宗死后,丘处机回到故乡栖霞,大修道观,安置徒众。

正当蒙古兴起,所向披靡之际,成吉思汗敕命刘仲禄带蒙古亲兵二十人,一路探访,到登州亲迎。丘处机及其弟子十八人随之来到燕京,可惜这时成吉思汗西征行程已远。在印度边界,成吉思汗远遣使奉诏回邀丘处机。丘处机师徒遂不辞艰险,一路向西,远涉沙漠,沿着成吉思汗西征路线,历时四年,行程数万里,终于与成吉思汗会面,丘处机以儒、道治国之术,谆谆劝谏,终使成吉思汗明白戒杀而治天下的道理。《元史·释老传》载:"太祖时方西征,日事攻战。处机每言,欲一天下者,必在乎不嗜杀人。及问为治之方,则对以敬天爱民为本。问长生久视之道,则告以清心寡欲为要。太祖深契其言,曰:天赐仙翁以悟朕志,命左右书之,且以训诸子焉。于是,赐之虎符,副以玺书。不斥其名,惟曰神仙。"丘处机善于把握一切时机劝谏成吉思汗,一代天骄就这样被感化了,丘处机保全了人间多少生灵,民族命脉也因此得以保全,这是多么值得追怀千古的业绩啊。后来,成吉思汗派骑兵数千,护送返京。改天长观为长春观,敕修白云观,合而为一,作为丘处机传教之道场宫观,以万岁山、太液池赐之,改名万安宫。

丘处机是中国历史上少有的一位被南宋、金朝、蒙古帝国统治者,普通民众所共同敬重的道教传奇人物,他远赴西域,劝谏成吉思汗止杀爱民,一言止杀而建奇功。在明刘义庆的《辍耕录》和《元史》等历史文献中,都有关于丘处机事迹的记载。在金庸的《射雕英雄传》、《神雕侠侣》等武侠小说中,丘处机更是被描述为一位豪迈奔放、武艺高强的道士,兼抗金护民的民族英雄形象,这也使他更为大众所熟知。

第十一章 见贤思齐,崇德修身

——中国古代圣贤祭祀与英雄崇拜

【导读】

圣贤和英雄崇拜是中国传统信仰的重要内容之一,圣贤崇拜不仅同一个时代和社会的上层意识形态、道德伦理导向、国民精神性格的培育密切相关,而且也同下层社会生活,民风民俗紧密联系。人们崇拜和祭祀民族英雄与先贤先哲,乃是钦佩他们的才干和精神,肯定他们的历史地位和文化影响。中华民族是圣贤崇拜意识相当浓厚的民族,我们敬畏圣贤英雄,因为社会发展进程中英雄人物曾经发挥其重大的推动作用,做出了重大贡献,这是一个客观的历史事实。英雄、杰出人物的历史作用不容抹煞,圣贤崇拜也是最具文化意蕴的历史现象,对民众的精神品格塑造起到一定的引领作用。古代传统社会对英雄、先贤特别是地方乡贤的祭祀和崇拜,显示出古代国家向地方民间社会的权力渗透与文化控制。见贤思齐,崇德修身,一方面,让我们看到中华民族敬仰先贤、敬畏文化,继承传统、开启未来的胆量与气魄,显示出那种净化自身与开拓进取的伟大精神,这有助于中国传统社会秩序巩固与协调,对古代国家权力张扬产生深远影响。另一方面,我们也要辩证地对待圣贤英雄及其崇拜现象,在承认民众是历史的创造者的同时,也要承认时势造英雄,英雄改变时势;我们赞美英雄的业绩,让圣贤的形象世代受到人们的崇敬,但是在经历了苏联和中国"文化大革命"的历史教训之后,也必须高度警惕由于圣贤英雄崇拜而导致的个人迷信。继承和发扬传统圣贤和英雄信仰中的优秀文化元素,挖掘其当代价值,是一个值得我们关注的文化课题。

在世界各民族的历史发展进程中,都有敬畏本民族文化的历史传统。因为在一个国家的道德坐标上,圣贤先哲的美德、智慧都是最高的文化标识;在一个民族的精神谱系中,民族英雄和民族精神都是最高的理想追求。纵观世界各民族历史,没有哪个民族不敬畏自己的民族文化,不敬仰自己的圣贤先哲和民族英雄。那种恶搞和否定先贤、英雄和先进榜样人物的现象,本质上是对自己民族文化的迷失和不自信,是信仰迷失的结果,这是一种极为有害的社会丑恶现象,必须从根本上予以扭转和纠正。先贤文化,是中华民族数千年来的文明精神象征,是中华民族文化宝库中的一颗璀璨明珠,是中华民族优秀传统文化的一部分。我们中华民族几千年来追随圣贤先哲、崇拜英雄,历代都以他们为榜样,学习与效仿,以此来教育后代,并涵养高尚的民族精神和道德情操。因而,历代对圣贤先哲、民族英雄的祭祀和崇拜,也是中国传统文化信仰的内容之一。

一、圣贤先哲崇拜及祭祀

所谓"敬畏",就是要充分认识民族文化的价值,对民族文化具有充分的自信。见贤思齐,崇德修身,首先是要敬畏先贤圣哲和他们所代表的民族精神。敬畏先贤圣哲,就是心怀一颗敬畏之心辩证地对待本民族的历史和文化。那么,我们如何正确理解传统文化中对先哲圣贤的崇拜及祭祀现象呢?这个问题其实是关系到中华民族文脉延续与中国文化传承、国运昌盛的大问题。习近平总书记谈道:"祖国是人民最坚实的依靠,英雄是民族最闪亮的坐标。歌唱祖国、礼赞英雄从来都是文艺创作的永恒主题,也是最动人的篇章。我们要高扬爱国主义主旋律,用生动的文学语言和光彩夺目的艺术形象,装点祖国的秀美河山,描绘中华民族的卓越风华,激发每一个中国人的民族自豪感和国家荣誉感。对中华民族的英雄,要心怀崇敬,浓墨重彩记录英雄、塑造英雄,让英雄在文艺作品中得到传扬,引导人民树立正确的历史观、民族观、国家观、文化观,绝不做亵渎祖先、亵渎经典、亵渎英雄的事情。"这里习近平总书记特别强调指出:"绝不做亵渎祖先、亵渎经典、亵渎英雄的事情",因为英雄是引领国家精神和民族精神的灯塔,也是国家精神和民族精神的最佳载体。[①]

中国传统文化中所标榜的圣贤先哲,其实是指那些在社会发展中做出杰出贡献的历史人物。《礼记·祭法》:"夫圣王之制祭祀也,法施于民则祀之,以死勤事则祀之,以劳定国则祀之,能御大菑则祀之,能捍大患则祀之。"在中国传统观念里,圣贤先哲都是具有非凡神性、能够排除万难,对社会做出重大贡献的伟大人物,对他们的崇拜便由此产生。虽然圣贤先哲拥有神性的说法难免有些神秘和夸张的成分,但是圣贤大都拥有儒家文化崇尚的理想人格和完美道德却是不争的历史事实。一般而言,能圣必然贤,贤则可通圣。在古代社会,对普通民众而言,除了祭祀自家的祖先神,只能祭祀有功于国家和地方民众的先贤,以示感恩,学习效仿,所以,先贤崇拜和祭祀对普通民众的道德品格和精神培育能起到一定的引领作用,并直接参与了其理想人格的塑造,同时,先贤崇拜和祭祀也是古代国家权力向地方社会渗透的有效途径之一。根据各自的历史贡献和影响,历史上的圣贤先哲有国家圣贤和地方先贤之别。

(一) 国家圣贤崇拜和祭祀

一般来说,根据历史人物的功绩和影响大小不同,可分为国家圣贤和地方先贤两种类型。国家圣贤一般指中华民族共同敬仰和崇拜的对象,如万世师表的"文圣"孔子和忠义诚信的"武圣"关公等。对统治者而言,以圣王为追求目标和行为典范,其榜样主要指尧、舜、禹、汤、文、武、周公等;对士大夫和普通民众而言,则以圣贤君子为追求目标和行为典范,其榜样是介子推、屈原、萧何、诸葛亮、关公等,以及各地先贤祠中所崇拜和祭祀的先贤圣哲。

(二) 地方先贤崇拜和祭祀

地方先贤往往指那些品德、才学兼优,为乡人推崇敬重的人。从西周初年的周公,战国的屈原,汉代的张良、韩信,三国的诸葛亮、关羽,魏晋时期的王羲之、陶渊明,到唐宋时期的李白、杜甫、苏轼、岳飞及后来的文天祥等等,都是被后世推崇的先贤,历代都建有各种专门的祠宇祭祀他们,如武侯祠、关帝庙、岳飞庙等。东汉时期已有"乡贤"之说,不过,那时是国家对那些有所作为的官员们或为社会做出重大贡献的社会贤达的褒奖,他们去世以后,给予表彰的荣

---

① 习近平 2016 年 11 月 30 日在中国文联十大、中国作协九大开幕式上的讲话。

誉称号,是朝廷对享有这一荣誉称号者的人生价值的一种肯定。到明清时期,各州县都建有乡贤祠,以供奉本乡本土的乡贤人物。因此,逐渐形成了一整套完整的官方纪念、祭祀仪式。可见,国家圣贤、地方先贤信仰都和传统社会的主流文化宣教和国家对民众的教化目的相关,因此,圣贤先哲崇拜及祭祀是国家权力向地方渗透的重要途径之一。

在地方先贤信仰中,海内外都普遍存在的"妈祖信仰"是非常值得关注的文化现象。"妈祖",也称"天妃"、"天后"、"天后娘娘","妈祖信仰"在海峡两岸甚为流行,主要在沿海省份和海外地区,特别是在台湾省,至今人们对妈祖的信仰历久不衰。在古代传统社会,妈祖作为为数不多的女性神祇之所以受到如此虔诚敬祀和崇拜,是因为古代海难频发,给以海为生的渔民造成极大的损失。传说"妈祖"善观天文,能免除海难,因此,"妈祖"逐渐成为沿海地区人们心目中的保护神,被奉为"海神"。其实,"妈祖"是历史人物,她是宋代初年的一位女性,姓林,今福建省莆田市湄洲岛人,因其出生后不会哭叫,起名"默娘"。传说"默娘"从小崇信佛教,奉观音,善观天象,可预知海上风浪,使当地渔民免除许多海难,默娘死后被人们奉为神灵,祭祀香火不断。今湄洲岛妈祖庙为其祖庙,台湾各地有妈祖庙(或天后宫、天妃宫)数百座,在每年妈祖生日祭祀时,许多地方万人空巷,这是一个非常值得关注的民间文化现象。

在古代皇权专制社会,世俗皇权极其强大,不管是男性神祇还是女性神祇,圣贤先哲还是英雄人物,也不管国家祭祀还是地方祭祀,都必须取得皇权的认定才能列入正式、合法的神统之列,否则即被视为"淫祀",也就是不合法的祭祀。淫祀对象所受到的待遇和正统神祇相反,历来为士人所不齿,甚至遭到朝廷的禁毁。必须指出,尽管统治者在理论上宣称君权神授,但是实际上封神的大权却操纵在世俗皇权手中。有意思的是即使同一个历史人物,也会随着时代的变迁其身份地位而有所不同。例如,秦末与刘邦争霸的项羽,兵败自刎,死后被尊为神。但是整个汉朝,自然被官方视其为淫祀。然而,到了南北朝时期,陈武帝封其为帝,项羽被奉为"武神",直到宋代以后,项羽"武神"的地位才逐渐被关羽替代,正所谓"江山代有才人出,各领风骚数百年。"不言而喻,相比之下,关羽的忠信仁勇精神和品格,比起当年叱咤风云,与汉高祖刘邦争夺天下的西楚霸王,更有利于社会的和谐稳定和统治秩序的稳固。可见,圣贤先哲的崇拜与祭祀其实显示出古代国家权力对地方社会文化控制问题。

二、圣贤崇拜和民风民俗

圣贤崇拜与普通大众的社会生活,民风民俗的形成和发展紧密联系,渗透到各行各业的内部行规、民间禁忌、民间艺术、口头传说乃至人们的思想意识、生活习惯之中,在这里,精神信仰和文化追求与社会生活紧密地、完美地结合在了一起。这其实就是所谓的"化民为俗",即一种社会道德规范和价值导向的生活化、大众化,就是说一种精神对社会风气和民族习性的形成,如春风化雨般滋润,对国民精神品格的涵养,起到润物细无声的效果。例如,在我国传统节日中,就有不少是纪念性节日,或者以祭祀和纪念祖先和先贤圣哲仪式习俗为主的节日,这种节俗现象无论在汉族还是少数民族地区都是非常普遍的民俗存在,在众多纪念性节俗中,大多以敬仰先贤为节日的核心精神,从而深深地影响了民风民俗,在民间以纪念介子推、屈原、关圣的清明节、端午节、关公庙会等最为典型。

三、端午[①]:纪念圣贤的节日

(一)端午起源与圣贤祭祀

端午,又名端阳、端五、五月五、女儿节、诗人节等。端午节的别称之多,间接地说明了端午节俗起源歧出。可见,端午节的起源问题非常复杂,历来众说纷纭,至今依然争论不休。

就目前来看,关于端午节起源的观点主要有四种,但其起源大多都是围绕纪念先贤而论:1.纪念屈原说。这是一种比较普遍的传统观点,主要依据吴均

[①] 参阅马福贞:《中国节日风情伦》(博士论文),中国社会科学出版社2012年版,第121—125页。

的《续齐谐记》及宗懔《荆楚岁时记》的相关记载,认为端午节起源于纪念屈原。2.吴越民族图腾祭祀说。闻一多先生认为端午节是吴越民族举行龙图腾崇拜活动的节日,他在《端午考》、《人民的诗人——屈原》、《端午节的历史教育》等[①]文章中详细论述了自己的观点,龙舟竞渡是古代吴越民族龙图腾崇拜的遗俗。3.端午源于夏至说。此说以刘德谦为代表,他在《"端午"起源又一说》[②]一文中论证了端午源于夏至说。4.恶月恶日避邪说。此说以张心勤《端午节非因屈原考》为代表。

另外,端午起源还有其他种种之说法:源于吴王夫差在端午庆祝疏通运河说;源于越王勾践卧薪尝胆为复国在端午训练水兵说;源于纪念伍子胥投江说;源于纪念曹娥救父说;源于纪念介子推说等等。从以上端午节诸多起源可知,端午节是一个祭祀诸神的节日,其中历史人物有屈原、介子推、吴王夫差、越王勾践,还有伍子胥、曹娥、陈临等,端午节民间信仰中的神有张天师、钟馗、农神、蚕神等。关于端午为纪念介子推的说法以蔡邕《琴操》为依据。《艺文类聚》引蔡邕《琴操》:"介子绥(介子推)割其腓骨,以啖重耳。重耳复国,子绥独无所得,绥甚怨恨,遂作蛇之歌以感之,终不肯出。文公令燔山求之,子绥抱木而烧死,文公令民五月五日不得发火。"此俗最先主要流行于北方,特别是山西一带,民众敬仰介子推,每逢此日纪念祭祀之,故相沿成俗。

端午祭祀曹娥是浙江会稽一带风俗。《后汉书·列女传》:"孝女曹娥者,会稽上虞人也。父盱,能弦歌,为巫祝。汉安二年五月五日,于县江诉涛迎婆娑(迎神),溺死,不得尸骸。娥年十四,乃沿江号哭,昼夜不绝声。旬有七日,遂投江而死。至元嘉元年,县令度尚改葬娥于江南道傍,为立碑焉。"东汉时崇尚名教,提倡以孝治国,官方也支持宣传曹娥的孝举,于是利用节日加以宣传。浙江会稽一带民众认为曹娥孝心感天动地,可作世人楷模。故端午节龙舟竞渡,在龙舟上塑曹娥像,逐渐成为会稽一带的端午风俗。

至于端午纪念陈临说也有依据。《初学记·岁时部》引谢承《后汉书》记载:陈临任苍梧太守"推诚而理,导人以孝悌。"治理苍梧,移风易俗,颇有政

[①] 彭国梁、杨万里主编:《中国传统节日系列之:我们的端午节》,岳麓书社2004年版,第38、53页。

[②] 刘德谦:《"端午"起源又一说》,《文史知识》1983年第5期。

绩。在陈临于五月五日调离之际,百姓送之东门,恋恋不舍。当地民众为了纪念这位政绩卓著的父母官,于每年五月五日,"令小洁服舞之",以示纪念。

看来,端午之际,山西一带纪念介子推,会稽一带祭祀曹娥,苍梧地区纪念陈临,其他少数民族地区也有在端午节祭祀祖先和地方先贤的习俗等等。由此可以肯定起初端午节祭祀的神灵因地而异。但在端午节诸多被祭祀的神灵中,屈原是古代民众端午节普遍祭祀的重要历史人物。虽然关于端午节最早究竟起源于纪念哪位历史人物有所争论,人们众说纷纭,但在崇拜英雄,纪念圣贤为端午节的核心内容这一观点上,人们的认识和看法基本是一致的。

(二) 屈原祭祀与端午文化:忠信爱国

忠信爱国是中华民族的优良美德,与其说千百年来,一年一度每逢端午人们"每逢佳节倍思亲",纪念伟大的诗人屈原,不如说中国人敬畏中华民族忠信爱国的优秀民族精神。

屈原,战国时代楚国人,中国古代伟大的爱国诗人。他和介子推、陈临、曹娥等历史人物一样,起初只是端午节祭祀的地方神灵,后来由于其个人无穷的人格魅力,加上统治者的倡导,屈原才逐渐成为忠诚爱国的民族典范,超越时空和地域的界限,被历代推崇,屈原逐渐成为各地民众端午节最普遍祭祀的神灵。

但值得探讨的是,在端午节诸多被祭祀的历史人物中,虽然起初都只是地方祭祀和敬仰的对象,为何唯有屈原成为全国各地普遍祭祀的神灵呢?原因有三:第一是社会环境的影响;第二是个人人格魅力的影响;第三与统治者的提倡与支持有关。从前面论述中已知,最初端午节祭祀的神灵因地而异。但是,随着魏晋南北朝的社会动荡与战乱,再加上魏晋玄学和佛教思想的强烈冲击,所以,介子推、吴王夫差、越王勾践,还有伍子胥、曹娥、陈临等历史人物的影响范围是有限的,尽管他们身上各有闪光之处,都是中华民族的优秀代表,但其影响并没有扩大到全国。唯有伟大的爱国诗人屈原经过魏晋南北朝乱世之后,逐渐成为人们心目中共同崇拜和讴歌的英雄。分析其原因可知,这与屈原伟大的人格魅力和爱国精神的强大感召力以及统治者的支持是分不开的。

屈原,本是南方楚人心目中的贤士大夫和爱国诗人。他生于湖北秭归,博闻强记,明于治乱,精于辞令。青年时代的屈原富有远大抱负,决心革新政治,使楚国富强。他深受楚怀王的信任,被授予左徒职位。但后来,怀王听信谗言,疏远屈原;太子子兰当政后,屈原又遭流放,他万分痛苦与失望。相传公元273年的五月五日,屈原抱恨投入汨罗江中,以泄忧愤。后人为了纪念他,逐渐把屈原之死与端午节联系在一起。本来,龙舟竞渡是古代吴越民族龙图腾崇拜的遗俗。后人附会屈原投江之日,人伤其死,故争先恐后、奋不顾身驾舟楫拯救他,因此形成竞渡风俗。而且在民间把夏令食品粽子,也按人们善良的愿望与屈原联系在一起,以示对英雄的敬重和爱戴。《燕京岁时记·端阳》:"京师谓端阳为五月节,初五日为五月单五,盖端字之转音也。每届端阳以前,府第朱门皆以粽子相馈贻,并副以樱桃、桑椹、荸荠、桃、杏及五毒饼、玫瑰饼等物。其供佛祀先者,仍以粽子及樱桃、桑椹为正供。亦荐其时食之义。"[①]民间普遍认为,吃粽子是为了纪念爱国诗人屈原,此说历史甚早。南北朝梁吴均《续齐谐记·五花丝粽》云:"屈原五月五日投汨罗江,楚人哀之,至此日,以竹筒子贮米,投水以祭之。汉建武中长沙区曲忽见一士人,自云三闾大夫,谓曲曰:'闻君当见祭,甚善,常年为蛟龙所窃,今若有惠,当以楝叶塞其上,以彩丝缠之,此二物蛟龙所惮。'曲依其言。今五月五日作粽并带楝叶五花丝遗风也。"《续齐谐记》虽然是笔记小说,并非信史,但至少说明民众出于对爱国主义诗人屈原的无限崇敬与怀念,就作为习俗流传下来。明朝李时珍《本草纲目·谷部四》:粽子,"今俗五月五日以为节物,相馈送,或言为祭屈原,以饲蛟龙也。"可见,后人逐渐把原有的吃粽子和赛龙舟附会了纪念屈原的成分。屈原作为我国最早的爱国诗人之一,历史地位高,影响力很大,其人格魅力极富教化意义。

当然,普遍纪念屈原不仅有社会因素,个人魅力因素,还有政治因素,因为它得到历代统治者的支持。到宋代以后,官方也号召民间过端午节纪念屈原。宋代朝廷追封屈原为"忠烈公",并定五月五日为端午节,传谕全国纪念屈原,人们佩带香囊,以示屈原品德节操如馨香溢世,流芳千古,此后,人们过端午,吃粽子、划龙舟、讲故事,深情地播撒着爱国主义教育的种子,人们不知不觉中受到深刻的教育。屈原不仅是政治革新家,更是爱国诗人。他的名著《离

[①] (清)富察敦崇:《燕京岁时记·端阳》,北京出版社1961年版,第62—63页。

骚》、《九章》、《九歌》、《天问》等,都是我国古典文学的名篇佳作。对此,唐代大诗人李白曾有"屈平诗赋悬日月"之赞誉,近代大文豪鲁迅先生称赞《离骚》是"逸响伟辞,卓绝一世"。正因为屈原伟大的文学贡献、无限的人格魅力和爱国主义精神,特别是他那悲亢壮烈的讴歌唤起千百万中华儿女的爱国热情成为抵御外来入侵的动力,因此,端午节逐渐作为屈原逝世纪念日得到全国民众的承认,人们把各地原有的端午风俗与纪念屈原巧妙地结合起来,使这个古老的节日升华出爱国主义的高尚精神。

我们知道,民间节日信仰作为社会生活方式必然受到社会主流意识和社会意识形态的影响,同时,历史上的仁人贤士的活动也必然在社会节日文化生活中有所积淀。因此,随着社会历史的发展,本来起源于原始宗教崇拜和迷信的端午节,被赋予了纪念历史人物的文化内涵,并富有深刻的教化意义。

在中国古代传统社会家国一体的政治结构中,整个社会的组织系统是家—家族—村落(在一般情况下,村落是家族的集合或膨胀)—国家,与此相对应,家—家乡—国家是直接贯通的,那么个人伦理、家庭伦理、社会伦理、国家伦理也是直接贯通的。因此,中国人习惯将自己的国家称为"祖国母亲",不仅视之为衣食之源,而且是爱亲爱家的情感升华。在中华传统道德规范中,爱家乡、爱民族、精忠爱国历来被视为"大节大义"。虽然在封建社会中,它与忠君联系在一起,具有时代的局限性,但它在本质上是把君作为国家的代表,"忠君"的背后,是一种深层的国家意识。这种精忠爱国的精神是中华民族巨大的凝聚力,也是推动民族发展的巨大精神力量。特别是历史上,当国家民族处于生死存亡之际,中华民族的优秀儿女挺身而出,涌现出许多保家卫国,不屈不挠,为民请愿,以身殉职的仁人志士。屈原就是爱国主义的杰出代表,受到历代民众的无限敬仰,端午节、寒食节的相关俗信延续几千年而不衰,与民众对屈原、介子推人格的敬仰直接相关,屈原的爱国故事在端午节的移植使端午节的节日精神得以升华,也使它具有重大教育意义。屈原与端午节的嫁接,丰富和提升了这个原本普通节日的文化内涵,爱国主义逐渐成为端午节的主要精神支柱之一,也使端午节更富有教育意义从而历代受到重视的重要原因。

四、清明节与介子推[①]

清明节作为我国传承至今唯一的节气兼节日的民俗大节,是古代社会民众生产观念与生活观念的双重指导。从自然节气清明到社会政治清明体现了人与自然的和谐,人与社会的和谐。清明节祭祖祀贤,感恩祖先的习俗,在家庭的层面上,体现了孝亲观念,目的是和睦家族和家庭,增强凝聚力。在国家层面上,体现了爱社会、爱民族、爱祖国的精神和英雄主义情怀,有利于社会和谐稳定。

其实,有了自然节气,不一定都能产生社会节日,能不能形成节日还取决于许多社会文化要素,如祭祀的神灵,纪念的历史人物,节日礼仪,相关饮食,民间娱乐活动等等。而清明节是由节气发展为节日的,除了具备上述因素外,清明节有一个十分明确的主题:祭祀祖先神灵和英雄先贤,宣扬"孝""忠"观念。清明节从家、国两个层面上体现了人与社会的和谐。

在家庭层面上,清明节最重要习俗是祭祖扫墓,为祖先坟茔培土。祭祖节俗体现了孝亲观念和家族观念,包涵了亲人之间割不断的血脉之爱,目的是和睦家族和家庭。其实,清明节习俗祭祖扫墓,一方面是对祖先的怀念;另一方面,它更为深刻的社会意义在于强调家庭,宗族内的血缘联系,增强凝聚力,巩固团结,更有利于家族和社会的发展。因为民间认为,坟墓是灵魂的世界,是祖先神灵生活的地方,对祖先应视死如生,墓穴就是他们居住的房屋,坟堆就是屋顶,由于终年风吹雨淋,野兽践踏,坟堆被踏平受损,也毁坏了祖先墓葬标记地点,所以,清明节要为祖先坟墓培土加固,清除杂草,以防夏季雨水侵入,表达孝心,祈求祖先保佑。

在社会层面上,清明节祭祀贤士和民族英灵,在古代体现为"忠",在现代体现为爱社会、爱民族、爱祖国,这是一种无疆的大爱,一种大气的爱,倡导了一种民族爱国家无私无畏的英雄气概。古代中国是伦理社会,"孝"、"忠"是

---

① 参阅马福贞:《从自然节气清明到社会政治清明》,《黄河科技大学学报》2011年第3期。

维护家庭人伦关系与和谐社会等级关系,君臣秩序的关键,另外,和谐在古代先贤思想中被誉为至高的道德追求和社会理想目标。

民间传说寒食节、清明节从节日来源到节俗活动就与"孝"、"忠"有关。相传春秋战国时代,晋献公的宠妃丽姬为了让自己的儿子奚齐继位,设毒计谋害太子申生,申生被逼自杀。申生的弟弟重耳,为了躲避祸害,流亡出走。在流亡期间,重耳受尽了屈辱。原来跟着他一道出奔的臣子,大多陆陆续续地各奔前程去了。只剩下少数几个忠心耿耿的人,一直追随着他。介子推是其中之一。一次,重耳饿得头昏眼花。介子推为了救重耳,从自己腿上割下了一块肉,用火烤熟了送给重耳吃,重耳得知详情后十分感动。十九年后,重耳回国做了晋国君主,他就是春秋五霸之一的晋文公。

晋文公执政后,对那些曾和他同甘共苦的臣子们大加封赏,唯独忘了封赏介子推。有人在晋文公面前为介子推叫屈。晋文公猛然回忆起旧事,心中有愧,马上差人去请介子推上朝受赏封官。可是,差人去请了几趟,介子推都不来。晋文公只好亲自去请。当晋文公来到介子推家时,只见大门紧闭。介子推不愿见他,已经背着老母躲进了绵山(今山西介休县东南)。有人出了个主意说:"介子推是个大孝子,如果放火烧山,大火起时介子推一定会背着母亲出来的。"晋文公采纳了这个建议,于是下令举火烧山,孰料大火烧了三天三夜,大火熄灭后,终究不见介子推走出大山来。晋文公派人上山一看,介子推母子俩抱着一棵烧焦的大柳树已经死了。

相传,介子推死后晋文公非常感念旧情,为了表彰介子推"贫贱不能移,富贵不能淫"的高尚品质,命令继续搜集介子推遗体遗物。介子推死后第二天,人们在介子推尸体旁的柳树洞内发现其用血写在衣襟上的遗书,诗曰:

割肉奉君尽丹心,但愿主公常清明。

柳下作鬼终不见,强似伴君作谏臣。

倘若主公心有我,忆我之时常自省。

臣在九泉心无愧,愿君清明复清明。

晋文公读后大为感动,当即决心要励精图治,不辜负介子推一片忠心,为了激励与永远纪念介子推,晋文公决定把当天定为"清明节"。把介子推母子厚葬于绵山,把绵山改名介山。并且下令禁火,介子推火焚的当月吃冷食,并在介子推火焚之日,晋国百姓到介子推庙墓前野祭扫墓供奉,以示怀念。秦统一六国后,这一节俗传到了全国各地。且不论这一传说的历史真实与否,因为传说不等于历史,但这一民俗文化现象恰恰说明人们对贤者的追念和对清明社会、清明政治的向往,对和谐美好生活的渴盼。

古代伦理社会家国同构的政治结构特点,决定以孝治天下的政治合理性,所谓求忠臣于孝子之门。君君臣臣、父父子子的道德标准是保证家庭和谐,君臣秩序,社会稳定的保证,介子推之孝、介子推之忠这两束道德光环集于一身,也恰恰契合了古代伦理社会的政治要求。直到今天,清明文化依然具有积极的文化价值和意义,人们通过清明节祭祀祖先,缅怀先贤和英烈的活动,能够起到增强报效祖国的爱国之情,增强民族和国家认同感,可见,节日文化具有社会组织和教化的功能,对社会生活发挥极大的协调作用。

五、"武圣"崇拜与民间关公庙会

武圣,即三国时武将关羽。关羽(？—220年),原字长生,后改为云长,河东郡解县人,三国蜀汉名将,护从刘备转战各地,诚信英勇、屡立战功,英明盖世。他的传奇故事如虎牢关三英战吕布、温酒斩华雄、过五关斩六将、擂鼓三通斩蔡阳、关羽挑袍、千里走单骑等等,在民间广泛流传。关羽一生忠心耿耿,后不幸兵败被杀,死后在民间逐渐被神话。关羽本是一名武将,由于忠义仁勇,千百年来,在民众心目中获得了高度的文化认同,被誉为"武圣"、"关帝"、"关二爷"、"武财神"等美誉,民间还称其为"美髯公"。形成了中国民间独具特色的关公文化,我们这里重点谈谈古代社会对"关圣"的祭祀和崇拜问题。

(一)关羽——一个被神化的英雄

关羽崇拜之所以成为古代官方主流意识形态控制下的民间信仰模式,一方面因为关羽是忠义的化身,另一方面关羽信仰符合皇权统治的需要,即有利于稳定社会秩序和归顺民心,这一点从历代统治者对关羽的推崇和加封神化过程可见一斑。

关公被神化是有一个历史过程,祭祀关公的活动开始得也比较晚,他的显赫名声与地位和封建朝廷的不断褒封以及后期道教的发展紧密联系在一起。起初,在晋陈寿《三国志》中,关羽只是一个历史英雄。直到关羽死后多年,即公元260年,才被后主刘禅追封为"壮缪侯",起初的史书并不见对其祭祀的记载。到了隋开皇九年(公元589年),关羽故乡的民众才在今山西省运城市解州镇,为其盖了一座小庙来奉祭他。此后四百多年间,关羽几乎没有多大影响,只有荆州和他故乡的民众祭祀他。到了北宋末年,正值边关危机时刻,朝廷思慕渴盼忠义勇武之士,关羽地位显赫起来,形象随之开始发生转折。崇宁元年(公元1102年),信奉道教的宋徽宗认为关羽以忠义为纲,连续四次对关羽加封,追封其为"忠惠公"、"崇宁真君"、"武安王"、"义勇武安王",并视其为道教张天师手下的一员神将,配享于周武王和姜太公。此后,又因民间传说关羽曾多次显灵于荆州地面,故而佛、道二教争相宣称关羽为本教护法真神。元朝文宗又先后加封他为"显灵义勇武安英济王"、"齐天护国大将军"、"检校尚书"、"护国崇宁真君"等。到了明万历十三年(公元1605年),崇信道教的明神宗加封关羽为"三界伏魔大帝神威远震天尊关圣帝君",并正式将其列入道教神祇系统。清顺治九年(公元1652年),清政府出于笼络汉族臣民的考虑,封关羽为"忠义神武关圣大帝",以后又诏令天下,大小群邑立庙祭祀,于是大大小小的关帝庙遍及全国城乡。至此,关圣帝君的神化形象逐渐被认同。直到清代,统治者依然继续神化关羽,清光绪五年(1879年)他还被朝廷封为"忠义神武灵佑仁勇威显护国保民精诚绥靖翊赞宣德关圣大帝"。关羽生前以忠义立世,死后被神话,历代统治者都以关羽忠信爱国加以褒封,关羽被崇为"关圣"。道教将关羽奉为"武财神"、"关圣帝君",尊其为"三界伏魔大帝神威远震天尊关圣帝君",为道教的四大护法之一。佛教对关羽的信仰只限于供奉,被列为伽蓝神之一(并无祈祷和供奉仪规)。尊崇关公使广大的老百姓都觉得有一种神力保护,在心理上得到安慰。民间关公信仰在台湾和海外也相当盛行,台湾奉其为"恩主"即"救世主"。关羽身上所代表的忠义诚信既符合古代国家政治统治的需要,又是社会各阶层社会交往,特别是商业活动都要追求的人生信条,所以,过去大大小小的关帝庙遍及京城名镇和穷乡僻壤,而孔庙则限于城邑以上地区,孔子的影响力也多半在读书人中间。

我国历史上素有"文武二圣"之说,虽然历代对"先师圣人"的说法各有所指,但从传统意义上来说,一般指孔子和关公一文一武两位圣人。这一文一武二位圣人充分体现了中国传统社会治国的两大机制,是封建国家赖以存续的两大精神支柱。对孔子和关公"文武二圣"的崇拜和信仰,是中国文化的独特现象,但两种祭祀在内涵上虽然有明显的区别,但实质上都是封建国家尊崇道统的一种体现,是汉代以来独尊儒术并以儒学作为统治思想的必然结果。虽然全国规模的祭关比祭孔晚了一千多年,但是,由于关圣位列道教神祇系统,又有长篇小说《三国演义》的艺术渲染,关圣成为民间信仰中的一位保护神,他在民间信仰中的影响很大。祭关,虽然有宣扬其忠义勇武的一面,但宗教色彩也比较浓厚。我们知道,孔子的最高封号是"大成至圣文宣先师",属于圣哲的范畴,并未完全脱离凡间,只不过是成就最大、地位最高的文化先师而已,虽然民间对孔子的崇拜和祭祀也有宗教色彩的一面,但关公则不同,他的最高封号是"忠义神武关圣大帝",这显然已经属于道教神祇系统,进入神界了,跟一般凡人不同。这一点足以表明祭孔与祭关有本质上的区别。而在形式上,祭孔的仪式又比祭关的仪式要隆重得多,这从现存的孔庙和关庙的规模及有关的文献记载便可以看出来。

从关公被神化的历史演化过程来看,千百年来,由于历代统治者为巩固和维护政权的需要都极力宣扬、旌表关羽忠义仁勇,对其步步加封,再加上关羽本身伟大的人格魅力,民众普遍敬慕关羽的美德,儒、释、道三教也列关羽为神祇加以崇拜,这样,关羽"由人而神,由侯而王,由王而帝,再由帝而圣,最后由圣而天"的神圣地位逐渐被确立,关公信仰逐渐产生。

(二) 关公庙会与乡村记忆

各地建有关羽神庙并有举行庙会的习俗。农历五月十三和六月二十四(六月二十四诞生的说法较多),相传是关羽的诞辰,故称"关公诞"。《清俗纪闻》:"关帝,一名关圣帝君。为灵验显著者之武运守护神,为军事所做之祈愿,无不应验。故不仅在武官中,即在官民信仰中也超过其他众多神佛。各省、府、州、县等均建庙祭祀,称为武庙,虽乡里村落之庶人,亦无不信仰。"各地民间先后建有多种庙宇,并定时举办一年一度纪念关羽的庙会。民间俗信认为关帝能御灾除患,淮安民间传说此日是制造旱灾的怪物旱魃经过的日子,这一天祭祀关帝,祈其显灵,驱邪避灾,普降甘霖,以解民忧。农历五月十三民

第十一章　见贤思齐,崇德修身

间称是"关公磨刀日",一般此日降雨,称"雨节",各地民间有句农谚:"大旱不过五月十三";河南中牟民间有"五月十四斩小妖"。若五月十三时逢降雨,被称为"关老爷磨刀雨"。此日降雨,主全年风调雨顺。民间对关羽的祭祀和崇拜其实表达了人们缅怀英烈,趋利避害的心理诉求。所以,每逢五月十三,民间都举行"关帝庙会"。以河南郑州市中牟县为例,根据《中牟民俗文化》(中牟文史资料第十四辑,政协中牟县委员会学习文史委员会)记载,仅中牟民间每年就举办多场古关帝庙会:农历三月十五日刘集镇朱三庄的关帝庙会;五月十三日是黄店镇石家庄、刘集镇常白、县城关镇、官渡镇草场村的关帝庙会;六月十五日张庄关帝古庙会,八月十五日刘集镇岗赵关帝庙会,九月初九日官渡镇官渡桥和草场村关帝庙会等,附近村民有赶会、串亲戚、唱大戏等民俗活动。考察中牟的历史地理环境后发现:中牟地处当年三国时期官渡古战场故地,素有"得中牟者得中原,得中原者得天下"之说,各路英雄逐鹿中原的故事在这里传唱,中牟民间素来仰慕忠义英烈,三国故事特别是关羽故事家喻户晓,流传甚广。因此,中牟民间关羽崇拜的文化气息比较浓厚。关羽在中牟官渡之战中斩颜良、诛文丑,英勇无比,在这里留下了赤兔马义救落水村民和关羽夜观春秋等脍炙人口的民间传说,并代代传颂。中牟关帝庙内一般有赤兔马、关羽两种塑像,赤兔马形象一般是前蹄扬起、引颈长鸣的战马;关羽一般是夜读春秋文圣人的形象,以示表达对神马和关公的敬仰和追念。在中牟,民间百姓不仅每年举行大型庙会活动进行祭祀,古代还建有多处庙宇。其中官渡桥关帝庙和官渡镇草场村关帝庙,规模和影响在当地较大。可惜,从宋代以后至明清,由于古关帝庙多次遭战乱及黄河泛滥,毁坏十分严重,经多次重修迁徙,至今关帝庙依然香火不断,究其原因,还是民众心中对忠义诚信的关公的无限崇敬。1992年中牟县对官渡桥关帝庙进行了重点开发重建,现官渡寺(关帝庙),有山门、关公殿一座、东西厢房各数间,关帝殿塑关公坐像,身披战袍,八面威风,再现"关圣"之英雄本色。自2005年起释照见法师入住官渡寺,2006年4月1日官渡寺被国家宗教部门批准为对外开放的合法宗教活动场所,近年来,官渡寺逐渐成为附近乡村民众赶会、拜祀关圣的文化活动场所。

(三)关财神——城市商业的保护神

明清时期,随着各地城市商业经济的发展,商业阶层群体崛起,地缘文化身份认同心理要求强烈,例如,晋商以关羽同乡为荣(今山西运城人),并形成了浓厚的关帝崇拜,这对晋商的乡土地缘文化认同有着特别重要的意义,关帝崇拜因之也成了晋商文化中浓墨重彩的一笔。明清时期我国很多商业发达的城市都建有会馆,这些会馆的功能除了用于行业集会议事,还有商人们身份认同和情感凝聚的作用。这种会馆内大都供奉关圣帝君,例如,河南周口的关帝庙原名"山陕会馆",洛阳潞泽会馆的前身是关帝庙,山东聊城的山陕会馆俗称关帝庙,开封山陕甘会馆内主殿供奉的是关圣帝君,可见,这些会馆几乎就是关帝庙的别称。为什么商业会馆与关公信仰有如此密切的联系呢?这是因为在民间信仰中关羽不仅是晋商的保护神,也是武财神。商人敬重关羽的忠诚和信义,把关公奉为他们发财致富的保护神,所以奉关羽为"武财神"。会馆既是行业议事集会之所,也是文化认同的象征,所以古代各地富甲一方的商人在修建会馆的正殿时,都尊奉关圣帝君神塑为镇馆之宝,以庇护保佑他们生意兴隆,财源广进。关帝庙内武财神的民间艺术形象是:丹凤眼、卧蚕眉,凤眼微睁(民间传说关羽塑像忌怒目圆睁,因为关公怒目圆睁表示杀气),手持青龙偃月刀,威风凛凛,义薄云天,书曰:"午夜何人能秉烛,九州无处不焚香。"总结关羽之所以被民间奉为"武财神",原因有三:第一,关公善于理财,长于会计业务。民间相传关公发明了流水账法,即记载每日金钱、货物出入、不分类别的账目。他曾设置笔记法、发明日清本,设有原、收、出、存四项,使账目清晰明白,一目了然,所以,关羽被后世商人奉为会计的祖师爷,成为商界行业神。第二,商业社会最重要的是守信用,关公是信义的化身,故与其说人们尊奉关公,不如说人们敬重其忠信美德。第三,民间传说当年关公被害后,关羽真神常回助战,神勇无比,最终取得胜利,商人因此希望生意受挫后也能像关公那样东山再起,最终取得成功,这就是为什么关公被奉为武财神的原因。

综上所述,对关圣祭祀和崇拜以及关公信仰文化的深入探讨,一方面从一个侧面揭示了关圣崇拜、英雄情结与古代民间社会普通民众的精神信仰和文化生活的关联性。另一方面,它能够帮助我们更好地理解古代社会对圣贤先哲崇拜与祭祀的政治文化意义,关圣崇拜对中国传统社会秩序起到巩固与协调作用,对国家权力张扬产生深远的影响,特别是地方乡贤祭祀体现了古代国家权力、主流文化对地方社会、民间文化的有效规范。

六、仓颉和汉字崇拜习俗

仓颉是道教中的汉字之神。汉字,是中国人的伟大创造,是我国古代民众集体智慧的结晶,汉字的发明,对于中国古代文化的记录与传播都具有重大意义。对仓颉的崇拜反映了中华民族对文化敬畏的心理。相传仓颉发明了汉字。仓颉,原姓侯冈,名颉。古籍中称仓颉"龙颜四目,生有睿德",是中国原始社会后期黄帝的左史官。《说文解字》:"仓颉之初作书,盖依类象形,故谓之文;其后形声相益,即谓之字。"相传仓颉上察天象,俯观鸟兽之迹,首创文字,开创文明之基,被后世尊奉为"文祖仓颉"。文字发明,人类从此告别蛮荒岁月,跨入文明时代的门槛,转向文明生活。《荀子·解蔽》:"好书者众矣,而仓颉独传者一也。"但我们相信,在文字发明之初,参与的人当然一定很多,但是后世流传下来的只有仓颉一人,这多半因为他对汉字的发明创造具有独到的见解,做出了伟大的贡献。仓颉造字的确是历史上的一件大事,古人已经给出了极高的评价——"惊天地,泣鬼神",赞美仓颉的英雄创举。文献记载《淮南子·本经训》亦云:"昔者,仓颉作书而天雨粟,鬼夜哭。"千百年来,中国人对汉字以及造字圣贤仓颉的顶礼膜拜,充满神圣与敬重之情,这大概也是汉字传播充满神秘性的文化根源。民间对仓颉的神话和崇拜,充分说明人们从汉字发明之日起,就对汉字的起源和汉字本身充满神秘感,这种神秘感是一种根深蒂固的文化敬畏心理,对中华文化发展产生一定影响。在对汉字敬畏心理的影响和推动下,社会各界对汉字的崇拜愈演愈烈,从对仓颉和文昌帝君的敬畏,发展到对每个汉字、对每张写有汉字的废纸的敬畏,甚至把字当作菩萨来膜拜。民间有对节日吉祥字和避邪字的崇拜习俗,不仅仅反映了趋利避害的文化心理,更折射出中华民族对汉字的敬畏、对民族文化的敬畏,并在这种心理支配下,影响人们的观念和行为,在潜移默化中发挥社会化教育功能的。对仓颉和汉字的信仰普遍影响人们的社会心理和民俗文化,寄托祈祷或趋利避害的心理,例如,民间俗信认为不同类型的汉字可以给人们带来相应的祥瑞和灾祸,甚至其汉字本身就具有神异的功效,春节期间民间多有张贴新春吉祥字的习俗,其实反映的是人们对美好生活的期盼和感情寄托,也反映了美化庭院,辞旧迎新的心情。因此,全国有多处纪念仓颉的遗迹,有仓颉陵、仓颉庙、造字台等,千百年来,人们祭祀仓颉,表达中华民族对这位造字圣人的无限崇敬。

综上所述,圣贤祭祀与崇拜,不仅与一个时代和社会的上层意识形态、道德伦理导向关系密切,也和国民精神性格和道德情操的培育密切相关。人们信仰和祭祀圣贤,乃是钦佩他们的才干和精神,肯定他们的历史地位和文化影响,因此,对他们的敬畏、崇拜,是最具有文化意蕴的历史现象。我们敬畏文化,具体表现在我们敬畏先贤,以他们为效仿的榜样,从对他们的纪念活动中,受到激励,塑造中国人乐观自信、自强不息的国民性格。我们敬仰先贤从中可以感知中华民族继承传统、开启未来,树立自信与求索发展的伟大精神气魄。

第十二章　有容乃大：中外文化的互补与融合

——丝绸之路上文化的双重馈赠

【导读】

人类历史上各民族所创造的文明都蕴含着人类的智慧，我们应当认真理解、研究和吸收其优秀文明成果。丝绸之路上的文化交融是双向的文化馈赠，对中国文化而言，必须博采众长，开阔胸襟、启迪灵感。事实上，在中国传统文化的发展过程中，儒家文化虽然一直占有十分重要的地位，但中国传统文化并非单一的儒家文化，它是古今中外诸文化的融合，这充分显示出中国文化海纳百川的宏大气势。在中国文化史上，不但汉代董仲舒新儒学以及魏晋南北朝时期的"玄学"是儒道互补与融合的结果；而且宋明理学也是在排斥佛老的同时，大量吸收佛老理论的一种思想体系；在此基础上，后世陆、王心学则最终实现了儒、释、道文化的互补与融合。近代以来，随着西学东渐的传播与盛行，开放的中国文化在与世界上其他文明的交流、沟通与融合过程中，不仅取得了丰硕的文化成果，而且也为我们积累了宝贵的经验和教训。

中国文化自其诞生和发展的初期，一直就是一个开放的系统。从内部来看，以中原农耕文化为核心，与南方山地游耕文化、北方草原游牧文化等交汇融合，各家各派百花齐放、百家争鸣，使中国文化不仅在内部各民族、各地区之间，而且在各学派之间也相互交流融合与渗透，从而使中国文化在交流中得到发展，在发展中进行传播。从外部地理环境来说，虽然相对隔绝的地理环境是一面双刃剑，它既有护卫、保存文化的功能，又会滋长封闭性和自足意识的作用,但是中华民族从来就不乏开拓的精神与开放的胸怀和气魄,中国文化一方面以开放的姿态和包容的胸怀积极吸收外来文化的精华,从而滋补中华民族的文化血脉,保持其旺盛的生命力;另一方面,在与域外文化系统交流中,也向外散发出独具魅力的东方智慧和科技之光,这些都是全人类共享的文明成果和宝贵财富,为世界文明发展做出了自己卓越的贡献。

一、有容乃大:丝绸之路上的文化交流

丝绸之路①,实际上是指古代中国沟通亚欧和世界其他地区的政治、经济、文化的大通道。丝绸之路除了穿越西北沙漠绿洲和北方的陆上丝绸之路、草原丝绸之路之外,还包括海上丝绸之路。海上丝绸之路起源更早、延续时间更长、通往的地域更广。自先秦时期开始,中国人就开辟了从西南经过滇、缅入海西航的商路。海上丝绸之路与陆上丝绸之路殊途同归,二者在中亚木鹿城会合后,都通向地中海地区。海上丝绸之路对于连接古代亚欧各大文明区域,促进洲际文化交流方面也起到十分重要的作用。

陆上丝绸之路的开辟,首先归功于西汉武帝派遣张骞"凿通"西域之举,并令卫青、霍去病、李广、李陵等军事将领北击匈奴、对西北用兵,这些对丝绸之路的开辟都起到十分关键的作用。其实,丝绸之路首先是政治沟通之路。西汉初年,匈奴击败大月氏,大月氏被迫西迁中亚(今新疆伊宁附近),建立大月氏国。汉武帝为了联合大月氏夹击匈奴,征募穿越匈奴领地,寻觅大月氏的使者。郎官张骞投笔从戎,应募出使西域。张骞两次出使西域,虽然没能完成

---

① 丝绸之路(The Silk Road),是1887年德国地理学家F.Von Richlhofen(李希霍芬)在《中国》一书首创此说。德国地理学家、地质学家,近代中国地学研究先行者之一。1868年到1872年间,他对中国分七条路线进行考察。1870年到达洛阳,考察了南关的丝绸、棉花市场,参观了山陕会馆和关帝庙,在《关于河南及陕西的报告》等著作中,首次提出从洛阳到撒马尔罕(今属乌兹别克斯坦)有一条古老的商路,将其命名为"丝绸之路"。丝绸之路这一历史地理概念,其内涵和外延不断扩大,日本学者认为丝绸之路指沙漠绿洲道、北方草原道、南海道。因此,我们说不仅指向西穿过沙漠,向北穿过草原的陆上通道;也指经由南洋到阿拉伯海,甚至远达非洲的海上通道。

第十二章 有容乃大：中外文化的互补与融合

结盟大月氏的使命，但却沟通西域，从此，汉代与各国使者往来不绝。汉武帝初设酒泉郡，并从内地迁民充实西域，分置武威、张掖、敦煌三郡，设立阳关和玉门关，史称"列四郡，据二关"①。汉宣帝时期，设立西域都护府，统领和管辖玉门关、阳关以西天山南北的西域诸国。这样，西汉基本打开汉代通往西域的门户。其次，丝绸之路是商品交换之路。汉代中叶以后，与西域各族的贸易日益发展，基本形成了通往中亚、西亚的两条商路：一为天山南路，"西逾葱岭则出大月氏、安息"；一为天山北路，"西逾葱岭则出大宛、康居、奄蔡"②。沿着这两大商路，西域商人把中亚、西亚的产品，如蚕豆、黄瓜、大蒜、胡萝卜、胡桃、葡萄、西瓜、石榴以及汗血马、骆驼、驴等，经河西走廊运到中原，中原的商人把以丝绸为主的各种商品运往西域，然后再由中亚商人辗转运往西亚、南亚乃至里海、地中海沿岸，远至欧洲的大秦（即罗马帝国）。所以，这条贯通东西的商路，被称为"丝绸之路"。说到丝绸之路，人们自然首先会想到中国丝绸的西传。早在张骞通西域之前，丝绸就已经大量转运到了西方世界。在古代罗马，丝绸制作的服装成为当时贵族们的高雅时髦装束。因为来自遥远的东方，所以造价昂贵，罗马为了进口丝绸，流失了大量黄金。当时，来自中国的丝绸被罗马帝国视为珍品，他们称中国为"丝国"。丝绸是上层贵族才能享用得起的奢侈品，是身份和地位的象征。史书记载：公元一世纪的古罗马独裁者凯撒大帝（公元前102—公元前44年）曾身着华丽的丝绸长袍到大剧院观看戏剧演出，令全场观众羡慕不已。雅典卫城的女神庙的女神穿着飘逸的中国丝绸，埃及托勒密朝末代女王埃及艳后像，据说也穿着中国丝绸。在丝绸之路上，也流传着许多东西方文化交往的佳话和传说。我们今天在雅典卫城巴台农神庙的女神像身上，在意大利那不勒斯博物馆收藏的酒神巴克科斯的女祭司像上，都可以看到希腊罗马时代的人们所穿着的中国丝绸服装，轻柔飘逸，光彩照人。他们对丝绸服装的追捧已经到了奢侈浪费和伤风败俗的地步，使得罗马元老院多次下令，禁止穿用丝织服装，但并没有起多大作用。

公元一世纪的博物学家老普林尼（23—79年）在《博物志》中把产丝之国

---

① 《汉书》卷96《西域传上·序》。
② 《汉书》卷96《西域传上·序》。

中国称之为"赛里丝"(Series),即产丝之国,其实他们当时并不知道丝的工艺和生产技术与过程,误认为是树叶上结的白毛绒。《博物志》中记载:"(赛里丝)林中产丝,驰名宇内。丝生于树叶上,取出,湿之以水,理之成丝。后织成锦绣文绮,贩运到罗马。富豪贵族之妇女,裁成衣服,光辉夺目。"这里,"赛里丝"就是指古代"中国",这是当时丝绸远销罗马的真实写照。老普林尼和以后相当一段时间里的西方学者,并不清楚丝绸是如何织成的。中国的养蚕和缫丝的技术是很晚才传到西方的。唐朝初年西行取经的僧人玄奘,在公元644年返回途中,他到于阗(今和田)时,曾听到一则传说,在现存的有关于阗佛教史的藏文文献中也有大同小异的记载。这个故事的主要情节是讲于阗王曾娶东国(一本作中国)女子为王后,并暗中要求女子将蚕种带来。新娘出嫁时偷偷把桑蚕种子藏在帽絮中,骗过了关防,才把养蚕制丝的方法传到了于阗。从此以后,西域掌握了东方的植桑、养蚕和缫丝技术,于阗"桑树连荫",可以自制丝绸了。于阗国王为此特别建立了麻射僧伽蓝,以示纪念。至于更远的西方世界,是迟到六世纪东罗马查士丁尼大帝时,才由印度人(一说波斯人)从塔里木盆地的西域王国那里,用空竹杖偷运走蚕种的。不过,文化的交流总是双向互赠的过程,中国奉献给西方世界以精美实用的是丝绸、造纸、火药、印刷、炼钢、掘井等商品和技术,欧亚各国人民也同样回报了各种中国的必需品以及佛教、景教、伊斯兰教和与之相关的文化艺术,并最终成为东方传统文化的一部分。通过丝绸之路上东西方文化交流,可以看出,古代丝绸之路的开通与维持,对中西方物质文化和精神文化的交流和传播都作出了重要的贡献。

以丝绸之路为标志,张骞、班超凿通西域,法显、玄奘求法印度,郑和七下西洋等等,这些丝绸之路上的文化大使:僧侣、商旅(粟特人)、官方使节等,沟通了东方文明体、南亚次大陆文明和西方文明体。中国文化以开放的胸襟沿着丝绸之路,先后接纳了中亚游牧文化、波斯文化、印度佛教文化、阿拉伯文化、欧洲文化。在宗教传播方面,两汉之际,佛教东传中国:沿着丝绸之路传播,大量的西北石窟寺遗迹是佛教东传的见证。麦积山、敦煌莫高窟、云冈石窟、龙门石窟。除了佛教外,历史上其他如祆(xiān)教、摩尼教、伊斯兰教、基督教等,通过战争、商业贸易等途径进行传播。从考古学来看,2003年6月发掘的北周史君墓,墓中出土石刻图像内容涉及汉文化、祆教和佛教等,内容丰富。再次说明,丝绸之路是双向的文化馈赠。如果说丝绸是中华物质文明的象征,那么书籍就是中华精神文明的结晶。古代汉文化圈的东亚地区,书籍成为中国与日本、朝鲜半岛等各国和地区文化交流的重要途径,事实上丝绸之路应该被称作"书籍之路"。中国儒家经典、道家学说、文学书籍等经典之作沿着丝绸之路传播到域外,而外来的佛经以及伊斯兰教和基督教等经典之作也传入中国,所以,丝绸之路的开通与维持,对东西方物质和精神交流做出了重大贡献。丝绸之路虽然主要是商路,但历史上中国与世界各国的政治往来和文化交流也依靠它。丝绸之路,使中亚南亚音乐、舞蹈、绘画、雕塑、建筑等艺术形式;天文、历算、医药等科技知识;佛教、祆教、摩尼教、基督教、景教等宗教信仰文化,先后传入中国。中国的丝绸、瓷器、四大发明、茶叶、书籍等传播到世界各地。

实际上各种文明在吸收外来文明、外来文化的时候,都会根据自我文化的要求有一个甄别和选择的过程。在面临外来文明时,有些文化会欣然接受,特别是物质文明和科技知识。有一些文化它会采取"扬弃"的态度,经过改造利用,促使自我文化得到创造性地发展。而有一些文化它会排斥、甚至打击、根本不加吸收,这样一种吸纳和再造的过程其实在各个文明的融汇交流中都是十分正常的表现。中国文化系统有时以外来文化作为有益的补充,有时以外来文化作为复壮剂,通过吸收和改造外来文明成分,使中国文化自身获得新的生机和创新的活力。历史上,以迁徙、战争、贸易、教育等为中介,中华各族文化以及中外文化相互激荡,使中国文化整个机体始终保持旺盛的生命力。因此,气象恢宏的中国文化正是在这样相互冲突又相互融合的过程中逐渐形成了海纳百川的雄浑气魄。

二、儒道互补与融合的尝试

中国文化的发展史告诉我们,文化不仅具有排他性的一面,而且也具有相互吸引、相互融合的一面。从中外文化交流来说,在我国文化史上,儒学、道家与道教、佛教之间的相互冲突又相互融合,使中国传统文化发展历程中呈现出多元激荡的特点,并最终得到整合与完善。

从中国文化内容来看儒家文化和道家文化,作为两种不同的文化流派,都是中国本土文化,是中国传统文化的重要组成部分。在漫长的历史发展过程中,儒道两种文化精神,从不同的侧面对中国社会、中华民族产生深远的影响。尽管作为两种不同的文化流派,它们有相互对立、相互排斥的一面,但在斗争中求发展是事物发展的一般规律,它们在互相辩难中,既不断吸收对方学说的理论精华,又相互补充。儒道互补是理论发展的必然趋势。无论是先秦道家理论,还是先秦儒家学说,就其各自的理论体系而言,都存在着一定的缺陷。在哲学的重大问题上,儒道互相矛盾对立,谁都无法彻底驳倒对方。这种情况实质上为儒道互补留下了天然的契机。

总体上看,儒家文化是一种伦理性的文化和道德性的文化,即证明仁、义、礼、智、信是人的天性,遵循道德规范是人的天性等问题。倘若仁、义、礼、智、信是人的天性,那么,人们不禁要问:为何人们对它们的认识会出现极大的偏差,甚至观点完全相反?为什么践行道德规范如此步履蹒跚?面对道家"人法地,地法天,天法道,道法自然"和"天地不仁,以万物为刍狗;圣人不仁,以百姓为刍狗"[①]的说法,儒家理论显然底气不足。老庄道家则以"道"为本原,对天、地、人三个层面做了理智而清醒的探讨。道家的道是"象帝之先"的身份,又是无所不在的法则,是万物之本,"道生一,一生二,二生三,三生万物"。这并没有降低人的地位,而是把人看成宇宙自然中与其他事物平等的一元。正因为如此,人并不需要一种特殊的道德来规范自己的行为,这就是道家主张"道法自然"。然而老庄的观点也并非无懈可击。首先,按道家理论,人为万物之灵长,把人等同于万物,作为人怎肯甘心?假设所有的人都与道合一,道遥无为,哪里还有社会、国家、秩序、文字、语言、文明?那不是国将不国了吗?再说,谁又能保证每个社会成员、社会集团都如此虔诚地皈依大道?如果一个国家突然遭遇别国的不宣而战,仅靠自然无为何以保持自身的生存与发展?这种没有任何杀伤力的道能否成为治国的根本方略?显然值得人

---

① 《道德经》第五章。

们怀疑。

由此看来,儒家和道家在如何认识天、地、人及相互关系这个哲学的根本问题上,都存在难以克服的理论缺陷,留下了进行互补的期待。董仲舒正是看到了儒道之间的这种互补关系,看到了儒道两家难以克服的自身缺陷,才把阴阳五行学说大胆地引进到儒学之中,吸收道家自然说的精神内涵,提出了天人感应论,宣扬君权神授理论,开始了儒道互补的尝试。这也是中国历史上对儒家思想的第一次改造。汉武帝正是看到了可利用儒家思想,特别是董仲舒的新儒学为维护封建统治服务的作用,才欣然接受了董仲舒"罢黜百家,独尊儒术"的建议,即用经过董仲舒改造过的儒家思想,作为统治思想。必须强调指出的是,汉武帝之所以要采用董仲舒的儒家思想作为统治工具,除了董仲舒特别强调"大一统"可以作为加强中央集权制的理论根据外,还因为董仲舒的儒家思想已经糅合了道家、阴阳家等学派中有利于统治阶级统治的学说。他说:"道之大原出于天,天不变,道亦不变。"这就融合了道家的天道观,为封建统治服务,把道家的道统,变成了封建的法统。他把儒家与道家糅合为一体,结合阴阳五行、法家等学说,使经过董仲舒改造过的儒家思想一直为后世历代统治者所奉行。

三、魏晋南北朝时期的"玄学"与儒、道互补

为了维护儒家独尊的优势地位,汉代曾大力提倡经学来张扬名教,并最终走向反面,致使士子言行脱节,心灵扭曲,表面满口仁义道德、纲常名教,实际却居心叵测、言行不一。再加上社会动荡不安,东汉政权随之瓦解,儒家独尊的地位也受到挑战。魏晋南北朝时期,"玄学"的兴起正是儒道激烈交锋与融合的结果。

魏晋南北朝时期,士大夫把道家的《庄子》、《老子》和儒家的《易》合称为"三玄"。"玄"出自《老子》"玄之又玄,众妙之门"。意思是玄远深奥。魏晋时期,各学派谈论的主要内容,从表面上看是本与末、有与无、名教和自然、才与性、言尽意和言不尽意等抽象的哲理问题,但实际上与当时的政治形势有着

极为密切的联系,同时,玄学的产生与发展本身就伴随着儒道的激烈斗争与融合,经历了扬道抑儒、以道非儒、儒道调和的发展历程。

1. 扬道抑儒

玄学最早的代表人物是曹魏正始年间的何晏与王弼。何晏著《论语集解》和《道德论》,王弼注《易》、《老子》,他们都冲破了汉儒"天人合一"、"君权神授"的思想禁锢,大胆地提出"名教出于自然"的观点,认为自然是本,"名教"是末,名教出于自然,就这样,他们把儒、道糅合在了一起,为名教的合理存在积极寻找新的理论根据,试图挽救自汉末以来名教信仰的危机。比较而言,汉儒把名教说成天意,借天的权威,强制人们恪守道德规范,结果导致奉名教者不以道德立身,只以名教律人的普遍道德虚伪,使名教出现信仰危机。何晏、王弼以拯救名教为己任,并以此来指导社会政治,完成了以道释儒、引儒入道的理论建构,再次进行了儒道互补的理论尝试,要求人们把名教看成是人性的自然,从而自觉地恪守名教规范。这种"名教出于自然"的理论应用到社会政治上即"圣人体无"、"效法自然",君王应委政臣下。联系当时的社会政治与现实,当时曹芳年幼,曹爽摄政,与司马氏集团对立,二者针锋相对,何晏、王弼依附于曹氏集团,其"扬道抑儒"君王无为的政治倡导和理论也有利于曹魏政治势力。

2. 以道非儒

如果说玄学发展的第一个阶段是何晏、王弼"扬道抑儒",那么玄学发展的第二个阶段以阮籍、嵇康为代表则是"以道非儒"。他们主张"越名教而任自然",这就是以道家的玄远否定儒家的世俗。在现实生活中他们痛恨司马氏集团借"名教"篡夺曹魏政权的卑鄙行径,如杀害名士、诛杀异己、标榜名教等。在政治斗争中站在曹氏集团一方与司马氏集团势不两立,但他们却不敢站出来公开正面地反抗,只能明哲保身。在政治险恶、时局动荡的情况下,他们只能以放荡的生活方式,掩饰内心极度的矛盾与苦闷,以归隐山林来躲避不满的现实生活。

3. 儒道调和

玄学后期的代表人物是郭象,针对阮籍、嵇康理论中理想色彩过于浓重的弱点,以及放诞不羁的生活作风等弊端,他提出"名教即自然"的观点,把道家的"神人"与儒家的"圣人"统一起来,指出"夫神人者,即今所谓圣人也"。他的理论立足"独化",而指向"玄冥",这是郭象指给人们光明的人生大道。在他看来,俗务同样可以体现玄远,"修身、齐家、治国、平天下"也不妨碍人们追求自然的精神境界,依照名教行事而自然即得。可见,郭象的理论走的仍是儒道互补的路子,但在他这里儒道已由斗争走向调和与互补。

(三)"三教调和"论

儒、释、道关系颇为复杂,"儒家对佛教,排斥多于调和,佛教对儒家,调和多于排斥;佛教和道教互相排斥,不相调和(道教徒也有主张调和的。)"①即是对儒、释、道之间错综复杂关系的中肯评论。魏晋南北朝时期,玄学、儒、释、道之间相互排斥,又相互吸引,它们之间激烈的冲突与融合的文化整合运动,最终推动了中国古代文化史上儒、释、道"三教调和"论。我国历史上最早提出"三教调和"论的是东汉末年的牟子。牟子一生:"锐志于佛、道,兼研《老子》五千言,玩五经为琴簧。"②牟子开创了儒释道三教调和之先。之后,魏晋南北朝时期的谢灵运、宗炳、梁武帝等都主张"三教调和"论。谢灵运主张折中儒、佛,"去释氏之渐语,而取其能至;去孔氏之殆庶,而取其一极。"他将佛、儒精华熔为一炉。宗炳也认为儒释道三者殊途同归:"孔、老、如来虽三训殊路,而习善共辙。"③梁武帝是历史上有名的儒释道兼通的古代帝王,他少年研习周孔之学,中年痴迷老庄之术,晚年又醉心于佛教经典。梁武帝这位曾三次"舍身"同泰寺,再由公卿大臣用重金赎回来的帝王,其实也是主张三教调和的,梁武帝说:"穷源无二圣,测善非三英。"他认为三教其实是流别而源同,殊途而同归。但是像梁武帝三次甘愿舍身如此迷信佛教,真是令人啼笑皆非。更值得一提的是南朝道士张融,他坚持主张"三教调和"论,临终前他给家人留下遗言,令其亲属为其死后入殓时,定要"左手执《孝经》、《老子》,右手执《小品》、《法华经》"④,这可谓是魏晋南北朝时期"三教调和"思潮盛行的典型写照。

---

① 范文澜:《中国通史简编》第二编,第442—443页。
② 《广弘明集》卷18。
③ 《弘明集》卷2。
④ 《南齐书·张融传》。

四、宋明理学是儒、释、道的融合与创新

宋明理学是儒、释、道文化的融合与创新,它使传统的伦理(或儒学)更趋哲理化,更具思辨性,而宋明理学所运用的思想方法很大程度上借鉴道学与佛学的理论成果。如在理学早期发展阶段,周敦颐仿照道士陈抟的《无极图》绘制《太极图》,撰成《太极图说》,论述宇宙本体和万物的生成变化问题,确立了理学形而上思维的基本框架。他认为无极生太极,太极动而生阳,静而生阴,然后有五行万物。他在《易通》一书中明确指出,太极即"理",开始使用理学的基本范畴"理",在思想上具有理学的雏形。他提出"主静"修养方式。"主静"就是"无欲",即要求人们安分守己,放弃任何反抗,这与道家主张的"虚其心,实其腹,弱其志,强其骨",常使民无知无欲的政策有异曲同工之妙。再如,对理学产生极大影响的"二程"(程颢、程颐),其哲学体系的核心是"理"或"天理","二程"的"理"和"天理"是对周敦颐"太极"说的继承和发扬。他们认为,"理在气先","理"不仅是自然的而且也是社会的最高法则。"理"不仅支配整个物质世界,而且一切封建伦理道德都是天理。"君道、臣道、父道、子道"都是"理"的体现,并由此提出"灭私欲,则天理明",宣扬"饿死事小,失节事大"的说教。虽然"二程"自诩"天理"二字是自家体悟出来的,但他们的思想明显地受到佛、道二教理论的启发。比如程颢关于"万物皆只是一个天理"的命题与佛教禅宗"众生皆有佛性"的说教一脉相承。禅宗认为不但人有佛性,动物有佛性,甚至一草一木、一瓦片都有佛性。人们可以从任何具体事物上去理解佛性。由此看出,尽管程颢本人不自觉甚至反对佛教,但在理论上却又大量吸收了佛教的思想资料,构筑了自己的唯心主义思想体系。这也从反面说明唯心主义和宗教之间并不存在不可逾越的鸿沟,二者是可以调和的。

朱熹是理学的集大成者,朱熹一方面对周敦颐和"二程"等人的学说加以总结、继承和改造,从他们那里吸取充分的思想营养;另一方面又用佛教与道教的思辨哲学充实自己的思想体系,其理论与观点产生了深远的影响,成为后世封建社会知识界判断是非曲直的标准。朱熹继承"二程"、周敦颐的"理"和

"天理",又引入了"气"的观念,他指出:"理在气先"。"未有君臣,先有君臣之理;未有父子,则先有父子之理。"理是万物生成之本,是宇宙万物生成所必需的材料和动力。他说天地之间有理有气,理与气是密切联系的,不可分割的。朱熹哲学中"理"与"气"的关系与老子万物"负阴而抱阳"、庄子"通天下一气耳"的观点是相通的。由此,朱子借用老庄思想并非妄说。朱熹强调事物的对立面的对立和差别,认为这种对立与差别是永恒不变的,因此,封建等级社会也是永恒不变的,"三纲五常"伦理道德都出于"理",是先验的。在人性论上他把人性分为天命之性和气质之性。天命之性是由理构成的,纯理的,理是善的;气质之性是理与气的结合,有恶有善。因此,他提出"存天理,灭人欲",以此来调和阶级矛盾,可见,朱熹的社会政治观与道教、佛教也是相通的。因此,考察朱熹思想体系以及整个理学的理论形态不难发现,儒、释、道融合是一个不争的事实。"三教合一"的思想还反映在许多寺庙建筑和布局中。山西省有一座悬空寺,建于北魏,已有1000多年的历史。悬空寺建有禅房、佛堂、三佛殿、太乙殿、关帝庙、钟楼、鼓楼、纯阳宫、三官殿、观音殿、雷音殿、三圣殿等大小殿阁。全寺最有特色的是最高层的三教殿。三教是指佛、道、儒三教。三教教祖释迦牟尼、老子、孔子同在一殿受供奉,体现了"三教合一"的思想,形成了一处信仰自由、和平共存的人间天堂。甘肃省崆峒山的道教三教洞是窑洞式建筑,内奉释迦牟尼、太上老君、孔子,是佛、道、儒合一的表现。开封三教堂也是佛、道、儒三教鼻祖同殿受供,上述寺庙文化反映了历史上"三教合一"的思想潮流和民间信仰。

五、中国文化的传播与重建

文化在交流中传播,在传播中发展。正如费孝通先生在《中国文化的重建》中所言:"文化的交流是双向的,在西方文化快速传播的同时,西方社会也大量地吸取了其他文明的文化,而且这种文化的交融,每时每刻都在发生。这些被吸收的'异文化',经过'消化'、'改造'之后,成了各自文明中新的、属于自己的内容,并从宗教、政治和意识形态等方面反映出来。"并且"我们现在生活的世界都已被纳入到全球化的世界体系中。但发端于西方世界的全球化浪潮,在非西方世界接受西方文化的同时,也应当通过自身的文化个性来予以回应。过去很多观点认为,随着全球化的发展,特别是少数民族移居都市后,在民族文化和文化认同上会丧失个性,事实却非如此。全球化与地方社会之间有——互相对应的逻辑关系。"①今天,中国文化在新的历史条件下,肩负着中华民族伟大复兴的历史使命,承认世界文化多样性,尊重世界文化多样性,各民族文化一律平等,承认文化价值的差异性,建立"和而不同"的文化体系,因此,实现不同国家、不同民族、不同宗教信仰和文化背景的人们和谐相处,共创人类的美好未来,这是中国智慧对世界文化的卓越贡献。尊重文化多样性才能实现世界文化的共同发展,一枝独放不是春,百花齐放春满园!费孝通在《中国文化的重建》中主张,我们要为文化的"各美其美、美人之美、美美与共,天下大同"做出贡献,在与异民族的文化交往中,把"和而不同"的思想观念作为基本原则,尊重文化多样性是发展本民族文化的内在要求,尊重本民族文化,就是要培育和发展本民族文化;认同本民族文化,也要尊重其他民族文化,相互借鉴,求同存异,共同促进人类的文明、繁荣与进步。对待中国传统文化,我们一定要认真总结历史经验与教训,尤其避免"左"倾错误,要科学地运用历史辩证法,以"扬弃"态度,博大的胸怀,遵照"古为今用、洋为中用,批判继承、融合创新"的"综合创新"原则,继承和创新传统文化,未来的中国文化必将以更加博大的胸怀拥抱世界,以更加开放的姿态和充分的自信走向世界,走向未来。

---

① 费孝通:《中国文化的重建》,华东师范大学出版社 2014 年版,第 292、277 页。

附录:文化改变命运

先讲一个老生常谈,既浪漫又纠结的有趣话题:一对热恋中的男女,女生问:如果我和你的母亲同时掉进河里,而你必须做出选择,舍弃我们当中的一个,你会怎样?面对恋人提出的这一问题,中国小伙子往往左右为难、很难圆满直接地回答女生的提问。尽管这位男生和恋人彼此真心相爱,但大多中国人还是会选择母亲,其理由是爱人可以选择,而母亲只有一个,更何况"百善孝为先"的孝道伦理观念根深蒂固。有意思的是,面对同类问题,英国人则会很直爽地说出自己的心里话:当然先救爱人,因为母亲将近老年,已经走过她人生的大部分时光,而爱人还很年轻,是自己后半生的人生伴侣和精神依托,英国人当然要毫不犹豫地选择爱人。中英两国年轻人的选择差异实质反映的是中西文化的差异。中国文化突出伦理与集体,西方文化强调个性与自我。中西方不同文化背景下生活的人,其文化价值及其判断标准会产生差异,最终决定了他们选择的差异性。其实,上述问题是一个关于文化的话题,文化是指向人的心灵,特别是与一个人的价值观念及其判断标准相关的概念,所以,不同文化背景的人们往往对同样一个文化问题会解读出不同的意义,甚至做出完全相反的回答。那么,到底什么是文化呢?

一、"文化"界说

通常人们会说:文化就是人们的一种生活方式,或者说是一种识文断字的能力。那么到底什么是文化呢?其实,日常生活中人们所说的"文化",大多指"读书"、"识文断字"的能力而言。因为在人们的思想深处,只有具备识文断字本领的人才能称得上是文化人。这种看法虽然由来已久,但并不全面,这是因为对文化的理解通常有广义和狭义之别。狭义的文化概念专指精神文化;广义文化则还包括人类所创造的各种器物、所创制的各项制度、所形成的社会组织与风尚以及人类自身的种种活动表现也包括在内。文化就广义而言,王麻子、张小泉的煅打技艺,姑娘的刺绣绝活,民间艺人的祖传绝艺等非物质文化遗产技艺,与读书人识文断字的本领一样,都可以归属于文化。但不管哪种含义,文化的范畴一般总是用在人自身和人为的事物之上,纯粹自然形态的东西是称不上文化的。那么,文化的本质又是什么呢?

(一) 文化的实质性内涵:自然的"人化"

中国古代典籍《易·贲卦》记载:"观乎天文,以察时变;观乎人文,以化成天下。"在这里,"天文"与"人文"相对,"天文"指天道自然,"人文"指社会人伦。意思是治国者必须观察天道自然的运行规律,以明了、知晓耕作渔猎之时序,又必须把握现实社会中的人伦秩序,以明了、知晓君臣、父子、夫妇、兄弟、朋友等级关系,使人们的行为合乎文明礼仪,并由此而推及天下,以化成天下。显然,在这里,文化一词本身便有明确的文明教化之义,这一用法延及后世,进一步引申出多种义项,分别与自然、朴野、武功相对举,取其人伦、人文之义。这种"以人文化成天下"的思想,是中华先哲对文化独特而深刻的理解。

西方人对"文化"一词的理解与中国古人略同。他们的这一词汇来源于拉丁文"Cultura",具有耕种、居住、练习等多重含义。后来演变为英语"Culture"一词,就成了耕种、培育、教化、文明、修养等多种意思。这与中国古代典籍中所记载的"观乎天文,以察时变;观乎人文,以化成天下"的含义十分相近,所以,我国近代在翻译英文"Culture"一词时直接对译为"文化"。1921年,瑞典人安特生在我国河南渑池县仰韶村发现新石器时代文化遗存,并首次提出"仰韶文化"这一命题,从此,"文化"一词又和考古学结合起来,成为考古学用语,指同一历史时期的不依分布地点为转移的遗迹、遗物的综合体。《辞海》(上海辞书出版社1980年版)对"文化"的释义:①从广义来说,指人类社会历史实践过程中所创造的物质财富和精神财富的总和。从狭义来说,指社会的意识形态,以及与之相适应的社会制度和组织机构。文化是一种历史现象,每一个

附录:文化改变命运

社会都有与之相适应的文化,并随着社会物质生产的发展而发展。作为意识形态的文化,是一定社会政治经济的反映,又给予社会的政治和经济巨大作用和影响。在阶级社会中,它具有阶级性。随着民族的产生和发展,文化具有民族性,通过民族形式的发展,形成民族的传统。文化的发展具有历史的连续性,社会物质生产发展的历史的连续性是文化发展历史连续性的基础。②泛指一般知识,包括语文知识在内。③指中国古代帝王所实施的文治和教化的总和。显然《辞海》中的这种解释是把中西方对文化的解释加以理解综合而成的。

认识和把握文化的内在特质是我们探究和把握中国文化的理论基础。遗憾的是,对"文化"概念的解释至今学术界仍然没有一个统一的意见。人类社会存在一个奇异的现象:最简单的现象也是最复杂的,最复杂的现象也是最简单的,文化概念也是如此。我们身边无时无刻都有文化,但谁都很难说清楚什么是文化。有位美国学者曾发出这样感叹:在这个世界上,没有别的什么东西比文化更难捉摸。我们不能分析它,因为它的成分无穷无尽;我们不能叙述它,因为它没有固定的形状;我们想用文字概括它的意义,这正像要把空气抓在手里似的,当我们去寻找文化时,除了不在我们手里以外,它无处不在。也难怪这位美国学者感叹万分,其实发出这种感叹是有一定道理的。据不完全统计,自19世纪后期文化人类学兴起以来,仅西方学者给文化下的定义就已有260多种,至今仍没有形成统一的意见。我们这里完全没有必要对这些概念一一列举、逐个推敲来研究它们。但是我们发现在许多类似的定义中,往往有一个共同的缺陷,即偏重从外延上界定文化的范围,热衷于列举各种文化现象,而往往忽视了从内涵上揭示文化的实质。就拿文化人类学的先驱、进化论学派的创始人泰勒来说吧,他给出的文化定义是:"文化或文明,就其广泛的民族学意义来说,乃是包括知识、信仰、艺术、道德、法律、习俗和任何人作为一名社会成员而获得的能力和习惯在内的复杂整体。"①这一文化定义一度被认为是经典性的,但终因其罗列不完全而遭到后人的质疑。当然,后人对文化现象的罗列、解释也很难做到尽善尽美,所以对文化概念的解释至今仍无定论。

---

① [英]泰勒:《古代文化》或译《原始文化》,浙江人民出版社1988年版。

在这种情况下,我们要给文化做一个界说,最明智的莫过于抽象文化的本质,即力图避免从包罗万象的角度来严格划分范围,而不妨尝试突出其内涵核心,直接面对文化的实质性内涵,抓住其本质特征。

那么,究竟怎样来把握文化的内在特质呢？文化的实质性含义是"人类化",是人类价值观念在社会实践过程中的对象化,是人类社会认知(社会意识)、价值判断经由符号这一介质在传播中的实现过程,而这种实现过程包括外在的社会产品的创制、行为的规范约束和人自身心智的塑造。很显然,文化与人本身的活动紧密相连,有了人,就开始有了历史,也就有了人类的文化。纯粹自然形态的东西是称不上文化的。比如,天然的石块不属于文化,而经过人类加工(哪怕是极原始、极粗糙的加工)的石块,则理所当然地被视为特定文化的标志。自然界的日月星辰、山川大海(指未经改造的),作为外在于人的客体,也不能被称为文化。但一旦接受人类主观精神的投影,转化为神话、宗教、艺术、科学之类观念形态的东西,就堂而皇之地登上文化的殿堂。所以,文化和自然界是一对矛盾。自然界只有打上人类意志的烙印,才能进入文化领域。而这种加工和创造的过程,必然是人根据自己的需要、人的目的性而进行的,因此就不可避免地以这样或那样的方式显示人的本性。由此看来,文化的范围尽管很大,包罗万象,而其实质却可以归纳到一点上来,那便是"人化"。正是有意识的生产活动直接把人和动物的生命活动区别开来。文化时时处处离不开人的意志、精神和活动。哪里有人的活动,哪里就有文化的踪迹,反过来,一切文化现象的根本意义,就在于指向了创造文化的人。一句话:人创造了文化,文化造就了人自身。由此,我们若要给文化下一个简单的定义,或许可以这样说:文化是"人的本质力量的显现",是人的主观意志的对象化,简单地说,文化就是自然的"人化"。文化概念的发现是19世纪以来人类的伟大贡献。比尔斯父子在《文化人类学》中指出:"文化概念是19世纪、20世纪一大科学发现,其内容是,人类的行为之所以不同于其他动物的行为,是因为它受文化传统的影响和制约。"克卢伯在《文化的性质》一书中也热情洋溢地指出,文化概念的发现,是19世纪以来人类学史和社会科学史上的重大成就,其意义完全可以和哥白尼"日心说"对自然科学的贡献相提并论。在科学分野日益细密的现代社会,"文化"是少数具有强大整合力的概念之一,其组词功能十分强大。物质文化、精神文化、制度文化、行为文化、考古文化乃至旅游文化、民族文化、筷子文化、非物质文化等人类文化现象,都可以被统合在以文化为词根的众多词组群中,并十分自然地流行于人们的口头和笔端。

(二) 文化与文明:必须分辨的两个概念

"文化"与"文明"是词义最接近的两个概念,所以我们研究文化的人不得不分辨它们。在古代典籍中,"文明"一词出现较早,《尚书》、《周易》等文献中都有关于"文明"的记载,其最初的用法是"文德、光明"之意。唐人孔颖达疏解《尚书·舜典》"睿哲文明"说:"经纬天地曰文,照临四方曰明";孔颖达疏解《易乾·文言》"见龙在田,天下文明"说:"天下文明者,阳气在田,始生万物,故天下有文章而光明也。"这便揭示了其"文德、光明"之意。在古典词义中,"文明"之"文"指文采、文藻、文华;"明"指开明、明智、昌明、光明。"文明"合起来是指从人类物质生产(尤其是对火的利用)引申到精神之文德、光明惠及社会。此外,中国古典词义中,也有将"文明"视作进步状态,与"野蛮"对应的,如李渔《闲情偶记》称"辟草昧而致文明"即为此义。总之,文明是一定的社会生产力发展水平的产物,与个体家庭、私有制度和国家制度的产生大体上相对应。文化是人类社会所创造的所有物质和精神成果的总和,而文明则是这种成果达到一定发展水平的产物。

近代以来,随着西学东渐,学术界开始使用"文明"一词翻译英文中的"Civilization",而以"Culture"对译文化一词。"Civilization"源于拉丁文"Civisc"(市民之义)和"Civilitas"(都市之义),具有两方面的含义:其一,有文雅、进步之意;其二,有政治方面的意义,与国家概念相对应。在古代的希腊和罗马,城市作为政治、经济和文化中心,本身又有"国家"的含义,即所谓的"城邦"。而当时城市中居住的市民(Citizen),不但在政治上具有特殊的地位,而且在生活各方面,都比较文雅、进步。用"文明"一词翻译英文中的"Civilization",表示城镇社会生活的秩序和原则,是与"野蛮"、"不开化"相对应的概念。

总之,文化和文明都是人类的现象,但二者所涵盖的历史内容又有差别。"文化"的本质内涵是"自然的人化",指人类社会所创造的物质财富和精神财富的总和。而"文明"则是历史上沉淀下来的,代表时代发展和人类进步成果的人文精神、发明创造和公序良俗的总和,是指这种文化成果发展到较高阶段,具备一定的发展水平,或泛指对不开化的克服使人类摆脱野蛮状态,促进社会进步。

二、中国文化

中国文化是与外国文化相对应的概念,指中华民族及其祖先在脚下这片土地上创造的并传播到世界各地的文化总和。这里需要强调的有两点:其一,中国文化是一个历史的、发展的概念;其二,中国文化根深叶茂,有着异乎寻常的凝聚力、生命力和文化渊源。

(一) 解释"中国"一词,就是做一部中国文化史

借用1936年陈寅恪先生在《致沈兼士》中的话说:"凡解释一字,即是做一部文化史。"因此,诠释"中国"一词不仅能够帮助我们更好地理解"中国文化"的概念,也是我们研究中国传统文化史的入门捷径。

古典汉语中的"中国"一词,起初并不具备现代意义上的国家实体的含义,而是一个地理的、文化的概念。中国之"中",甲骨文、金文像有飘饰的旗子,士众围绕"中"以听命,故"中"又引申为空间上的中央,指左右之间,或四方之中心;又引申为文化或政治上的中枢。中国的"国"字本义是"城邑",古代的城,首先是军事堡垒,引申为武装保卫天子之都,以及诸侯辖区、城中、郊内等含义。"中国"一词,最早出现于西周青铜器铭文中,指以周天子所居的都城"洛邑"为中心的地区。早在龙山文化时代(距今约5000—4000年),中国南北各地都已经发生了由氏族向国家的过渡。到了龙山文化晚期,由于居住于黄河中游一带的夏人所处地望居中,所以,最早的中国指夏人所居之城,最早的中国人是夏人。《说文》:"夏,中国之人也。"

商人灭夏之后,占有了广阔的黄河中下游一带,商人所居之地,便被视为中国。1963年出土的周初青铜器《何尊》记周武王克商,曰:"王既克大邑商,则廷告上天曰:'余其宅滋中国,自之辟民。'"《尚书·周书·梓材》追述周成王说:"皇天既付中国民,越厥疆土于先王。"显而易见,周初文献上的中国,指商人故地,当时的中国人指商人。

西周立国后,其版图范围较之于夏、商更为广阔,周天子所居"中央之城"即京师被称为中国,《诗经·大雅·民劳》:"惠此中国,以绥四方。"毛传释曰:"中国,京师也。"与中国对称,西周版图之外,称为"四方"或称"四国"。这里的"中国",指西周及其臣民;"四方"、"四国"指周边各少数民族政权及其民众。"中国"一词与"四方"、"四国"对举,是一个地理、政治、文化上的概念。中国古代多以朝代做国名,反而以"中国"为非正式国名,与异域外邦相对称。如"大汉"、"大唐"、"大明"、"大清"等,外国人也往往以我国历史上强盛的王朝(如秦、汉、唐等)或当时的王朝相称。此外,古印度称中国为"支那",意思是文物之国,古希腊、古罗马称中国为"赛里丝",意谓"丝国"。历史上,第一个自称"中国"的朝代是元朝。《元史·外夷传》记载,元世祖忽必烈派往日本的使臣所持国书,称本国为"中国",将日本、高丽等邻邦列名"外夷"。明朝仍视日本、高丽等为"外夷"。"明兴,王高丽者王颛。太祖即位之元年遣使赐玺书。二年送还其国流人。颛表贺,贡方物,且请封,帝遣符玺郎契斯赍诏及金印诰文封颛为高丽国王,赐历及锦绮……自是,贡献数至,元旦及圣节皆使遣使朝贺,岁以为常"。[①] 明、清沿袭此种"内中外夷"的华夷观,有时也在这一意义上使用"中国"一词,但仍未以中国作为正式国名。当然,近代国体意义上的"中国"概念,是在与近代欧洲国家建立条约关系时正式出现的。欧洲自17世纪开始形成"民族国家",并以其为单位建立近代意义上的国际秩序。清政府也不自觉地被融入到这种近代国际秩序当中,并需要一个正式国名与西方民族国家进行外交活动,"中国"便是首选。清康熙二十八年(1689年),清廷与俄罗斯政府签订《尼布楚条约》,《条约》开首以满文写中国首席代表索额图,译成汉文是"中国大皇帝钦差分界大臣领侍卫大臣议政大臣索额图",与后文的"斡罗斯(俄罗斯)御前大臣戈罗文"相对应。这是"中国"作为主权国家的专称用于处理国际事务的滥觞。

由此可见,"中国"只是一个历史的发展的概念。从历史地理的角度讲,"中国"是以王城为核心、中心明确而边缘模糊、外延逐渐扩展的概念。从政

[①] 《明史·列传第二百八·外国(一)》。

治上理解,西周以后无论哪个政治集团强大以后都要"问鼎中原",无论哪个民族当政,只要入主中原,便以中国自居。如十六国北朝之时在中原立国的诸北方政权,均以中国正统自居,而斥汉族建立的东晋南朝政权为"南伪"。从文化史上说,"中国"地位的取得与保有,并非汉族专有,而是依文化先进区不断流变而有所迁衍。正如韩愈《原道》之见解:"诸侯用夷礼而夷之,进于中国而中国之。"可见,古人很早就认识到文化中心是可以逐渐转移的,因此,中国古代并不存在我们现代意义上的"中国"以及"中国文化"的概念。

鸦片战争之后,随着中国国门洞开和西学东渐,西方文化不断涌入。当中国的知识分子对西方文化有了一个初步的了解之后,接着出现了"西学"与"中学"的对举。"西学"指西方文化,"中学"指中国文化。在此之后,"中国文化"才逐渐地成为与"西方文化"、"外国文化"对举的有实质意义的概念。我们的结论是:其一,"中国"是一个历史的发展的概念,不断派生新的文化含义:空间地理含义—政治中心含义—文化含义—国体含义。"帝王所都为中,故曰中国。"①"中国者,盖聪明徇智之所居也,万物财用之所聚也,贤圣之所教也,仁义之所施也,《诗》《书》礼乐之所用也,异敏技能之所用也,远方之所观赴也,蛮夷之所义行也。"(赵公子成)"居天地之中者曰中国,居天地之偏者曰四夷。"②其二,辛亥革命以后,中国先后作为中华民国和中华人民共和国简称为国民共识,为国际社会所普遍承认,中国成为真正国体意义上概念。其三,中国文化史正是在作为历史范畴的"中国"这一逐步展开并定位的空间得以生发、演绎的。

(二) 中国文化源远流长

人是文化创造的主体,文化的产生与人类的出现同步。早在100多万年以前,中国人就在我们脚下这片土地上生息、繁衍、创造着。中国文化多元一体,源远流长。中华大地是人类文化的重要发源地之一。

关于中国人种和文化的起源问题,中外学术界曾经出现过分歧和争论。

---

① 刘熙:《孟子注》。
② (宋)石介:《中国论》。

20世纪初叶,西方学者如安特生等,从"文化及人种单源说"出发,提出中国人种和中国文化外来说,认为中国文化来自埃及、西亚、中亚、南亚甚至西伯利亚等种种说法。然而,大量的考古发现一再有力地驳斥了这类论断。自1929年中外学者在北京发现晚期猿人头盖骨,特别是新中国成立以来,中国的考古学和人类学取得了突飞猛进的发展,一系列重大考古发现和可靠的研究成果为我们回答中国文化的起源问题提供了科学的依据。考古学依据人类所使用生产工具的变革,将人类古代的历史划分为石器时代、铜器时代和铁器时代,而石器时代又分为旧石器时代和新石器时代前后两个阶段,人类在石器时代的生活大约经历了两三百万年。目前,中国南北各地,普遍都发现有丰富的旧石器时代文化的人类遗址。其中,属于直立人,亦即"正在形成中的人"主要有巫山人、元谋人、蓝田人、北京人等;属于智人,亦即"完全的人"主要有马坝人、大荔人、长阳人、丁村人、柳江人、山顶洞人、资阳人等。各地发现的极为丰富的古人类化石材料,构成一条相对完整的人类进化链,证明了中国古人类体质特征发展的连续性。而人类学的研究表明,从旧石器时代到新石器时代的中国居民,基本上是在一个大的人种——蒙古人种——的主干水平下发生和发展的,构成中国原始先民的人种特征中没有发现西方人种的成分。中国人种不是外来的而是独立起源的,这对后来中国文化持久稳定的发展起着重要的作用。研究表明,数百个旧石器文化遗存材料,反映了近两三百万年间,中国旧石器时代发展的各个阶段,有着鲜明的共同文化特征。这些材料表明,中国是人类文化的重要发源地之一,中国人的主体部分是东亚大陆的土著居民,中国文化是土著文化,有着近200万年的文化渊源。

由于中国大陆幅员辽阔,东、西、南、北各地在气候、地理环境、物产等方面客观上存在着种种差异。因此,最迟到旧石器时代文化晚期,各地的文化面貌即已表现出明显的差异,初步分化出若干相互区别的各种类型。正是在这样的基础上,到了距今约10000—6000年的新石器时代早、中期,在中国大陆东、西、南、北各地居住、生息的不同文化族团,创造出了若干既相互联系又相互区别的区域文化。这些不同类型的区域文化,都是中国文化的源头。它们在后来长期的历史发展过程中,经过多次复杂的撞击、分裂、整合,相互影响,不断更新,最后,殊途同归,凝聚成多元一体的中国文化。与世界上其他文明古国发展模式不同,数千年来,尽管国祚频移,危机迭现,但中华民族的文化传统都一脉相承,绵延不断,其根本原因就在于多元一体的文化建构格局,铸就了中国文化异乎寻常的凝聚力,并赋予了中华民族历久不衰的生命力。

三、中国文化的整体风貌与特征

观照一种文化的方法有二:一是从这种文化与其他文化的区别中整体透视;二是对这种文化的内部因素进行结构分析。从第一种视角看,中国文化属于农业文明的大陆型文化,也是家国同构的伦理宗法型文化;从第二种视角看,中国文化内部,包含着显与隐、雅与俗、山林与庙堂等相辅相成因素的辩证统一关系。

中国传统文化丰富多彩,但要了解中国传统文化的整体风貌:一要全面,即将中国文化作为一个不可分割的整体来考察;二要系统,即将中国文化作为一个有机的有着内在本质特点和内在机制的整体来考察。表现在以下四个方面:其一,中国传统文化为大陆型农业文明:以大陆学者冯天瑜为代表认为,中国文化为典型的大陆民族文化,以中国台湾地区学者黄大受为代表认为中国传统文化以大陆型文化为主,包含海洋型文化的成分。其二,中国传统文化是农业文化。人们按照文化观念与一定生产方式的内在联系对文化进行分类,划分为农业文化、工商文化和游牧文化等。中国的农业文明是中国文化的主要特征,具体体现为:(1)土地的多寡成为一个人的地位、财富的重要标志。(2)政府采取"土地所有权"运动,实行经济调控,运用行政力量和权力抑制兼并,进行超经济调节和再分配。(3)农业文化追求恬静安逸的精神境界,知足常乐、随遇而安。其中不思进取、精神麻痹、故步自封,永远不愿改变现状、超越现实,保守主义人生观,是不符合时代要求的。其三,中国传统文化是"伦理政治"的宗法型文化。中国古代没有独立的政治学科和理论体系,但有十分丰富的政治思想和政治学说,由于受到伦理传统文化的影响,始终与伦理学说融为一体,形成一种独特的伦理—政治型文化。"欲治其国者,先齐其家。欲治其家者,先修其身。"中国传统社会的宗法型特征,导致中国文化形成伦理化范式。中国传统社会的专制型特征导致中国文化形成政治型范式。宗法与专制的结合在政治上表现为儒法合流,在文化上的反映则是伦理政治化和政治伦理化,用政治伦理秩序代替法律秩序,政治大于法律,伦理也大于法律,法律观念在中国古代很难找到立足之地。中国传统文化以宗法社会的传统作为价值评判的准则。与以进取创新为核心的西方价值尺度根本对立,与以解脱之道为最高价值的印度式的价值评判标准相比也有明显不同,中国文化以上古的"黄金时代"为价值取向,以恪守宗法伦理道德作为最高的人格理想。宗法制和"家天下"形成了家国同构的政治模式。由此形成了忠孝两全的政治伦理和传统,宣扬孝悌为忠道之本,忠是孝的极致,并形成古代重道德轻法律、重人治轻法治的传统,以人治代法治,影响法律的客观标准,助长了特权思想。其四,中国传统文化是尊正统斥异端的学术文化。尊正统,即奉行一种思想,一种观点为唯一合法的真理性的东西,使人们去遵守效仿;斥异端,即凡是不符合统治思想、观点的都被视为不合法、不正确而予以排斥和批判。在文化实践中,作为正统思想的儒经,广泛渗透于各个文化领域(文以载道,艺以载道);制约宗教发展,抑制科学发展(淫技奇巧);迫使历代统治者争夺正统地位,论证政权的合理性与合法性。正统与异端之争不但是学术问题,也是政治问题。

对中国传统文化内部因素进行结构分析:首先,中国传统文化有雅、俗之分。雅(正)文化:士大夫文化、精英文化,《诗经·雅》代表统治阶级意识,也反映民族共同文化、共同心理的要求,系统、精致、深刻;保守、书生气、空想色彩浓厚,甚至虚伪,在人生价值观上重义轻利、崇德贱力,以德服人。俗文化:通俗文化,大众文化,流行于没有条件接受文化教育的广大民众之中(农民文化、市民文化、好汉文化),侠肝义胆,以富贵利达为最高价值。具有丰富多彩,鲜活、质朴、生动形象等特点,也有庸俗甚至腐朽的一面。其次,中国传统文化有隐显之别。中国传统文化在秦汉以后出现了隐显之别。儒家以正统意识形态的身份起作用,处于显学地位;法家的权、术、势和墨家的"兼济天下"、道家的"无为而治",以各种隐蔽的方式起或大或小的作用,成为隐学。最后,中国文化中有庙堂、山林之分。纵观中国文化史,儒、释、道三足鼎立。儒、道两家学说是中国古代哲学的核心部分,由此派生出庙堂文化、山林文化。山林文化,又称隐逸文化,它以道家思想为核心。主张消极隐退的人生哲学和消极保守的人生态度。在哲学上儒家、道家相互补充,形成一个完整的哲学体系。在政治实践上中国统治者素来外儒内法,儒道兼用。

四、文化,改变一个民族的命运

(一) 传统文化:历史的积淀

前面我们谈到,文化是一个以"人"为核心并经过"人化"的完整体系,各种文化现象都体现着人的本质属性及价值追求。人是受历史制约的,历史是一条割不断的长河,过去、现在和未来贯通一气。于是,文化中的传统与当代也就相互交融,相互渗透,难以一刀两断,截然分开。那么,我们不妨问一句:传统到底是什么?它究竟在哪里存在?如果它仅仅是地下埋藏的古物,是旧书箱里发黄的古籍,是博物馆陈列收藏的古玩,是古籍中记载的死人死事,那么,把传统丢在一边,不去理会与清理,并没什么妨碍,也是完全能做到的。然而,事实却并非如此,传统并不因时光的流逝而远离我们的生活,它实实在在地积淀于我们每个现代人的心灵深处,外显于我们每个人的行为方式和人际关系之中,并物化在我们的社会制度、习俗、规范以及形形色色的物质和精神产品之中。其实,当代人无时无刻不置身于传统文化的强大氛围中,感受它持久而深刻的影响,以至于历史每前进一步,都必然与这种传统势力发生纠葛,它时而成为历史前行与发展的凭借和动力,时而成为历史的羁绊,阻碍历史前进的脚步。可以说,传统与当代是一对相生相克的范畴:传统制约着当代的进程,当代反过来改造和消融传统;而一旦当代的脚步跨越到了一个崭新的阶段,那么,原先的那段进程又会转化为新的传统。人类历史和文化就是在这样一个生生不息的循环推移中不断演进的。

那么到底什么是传统文化呢?所谓传统文化是指在长期的历史发展过程中形成和发展起来的,保留在每个民族中间具有稳定形态的文化。它是一个民族的历史遗产在现实生活中的展现,有着特定的内涵和占主导地位的基本精神。它负载着一个民族的价值取向,影响着一个民族的生活方式,产生一个民族自我认同的凝聚力。

中国传统文化是指在长期的历史发展过程中形成和发展起来的,保留在中华民族中间具有稳定形态的文化。它包括思想观念、思维方式、价值取向、道德情操、生活方式、礼仪制度、风俗习惯、宗教信仰、文学艺术、教育科技等诸多层面的丰富内容。传统文化并不意味着"过去存在过的一切",它是一个动态的观念之流和价值取向,其更深层含义在于传统肇始于过去,融透于现在,直达未来的一种意识趋势和存在,是业已积淀于人们心理中并时刻规范、支配人们思想、行为的东西。

(二) 反思传统,关注未来

生活在现代社会的人们不妨问一句:传统文化对我们究竟意味着什么?传统离我们究竟有多远?

千百年来,中华民族创造了灿烂的文化——中国传统文化。中华民族多元一体的发展格局,决定了以儒家思想为核心的中国传统文化具有融百家优势,兼八方智慧的显著特点。这种海纳百川的宏伟气势不仅体现在它的形成之际,而且也显示在它的发展之中。所以,无论哪个历史时期,中国传统文化都能及时吸收时代的精神要义,不断实现自我更新、自我完善,以适应社会发展的需要。数千年来,中国传统文化成功地保护和维系了中华民族持续发展,并长期处于世界领先地位。只是当世界历史的进程发展到了近代,西方资本主义迅猛发展,其工业文明随着坚船利炮开始冲击古老的东方古国——中国。这种高势能的外来文化是中国从未经历过的,这就使中国在从封建社会向资本主义社会迈进的过程中,现代西方文化不可避免地与中国传统文化发生冲突,而且这种冲突更多地表现在思想意识、政治制度和观念形态等方面的冲突。如传统文化中过分强调人伦纲常,重"道"轻"器",倡导"中庸"等,特别是过分强调伦理道德这一重要的价值取向,禁锢了人们的思维,摧残了人们的个性,阻碍了人们开拓进取、大胆创新的精神,形成了巨大的历史惰性,这些传统思想与观念,受到极大的冲击与挑战。

在中国传统文化中,伦理道德是一个重要的价值取向。孔子说:"君子喻于义,小人喻于利。"孟子则趋于极端,提出:"王何必曰利,亦有仁义而已矣。"汉代思想家董仲舒倡导:"仁人者,正其道不谋其利,修其理不计其功。"在实践中宋明理学家把伦理道德推向戕害人性的阶段,大力宣扬"存天理,灭人欲"。理学家程颐甚至说:"若娶失节者以配身,是己失节也。"宣扬"饿死事小,失节事极大"。[①] 他们对理学家的思想断章取义地理解与发挥,把对道德生活的追求当成是实现人生最高目标和价值的唯一通道,道德生活的追求绝对高于物质生活。在这样一种价值取向的驱使下,一方面吸引、规范和制约知识阶层皓首穷经,将全部的精力投入到满纸都是"忠孝仁义"的儒家经典中;另一方面引导人们极端地实践其所谓最高境界的"修身养性",去追求所谓的"本心"、"初心"、"良知"、"良能"。反而对真正的自然科学知识予以轻视,把科技发明称为"奇技淫巧",甚至视为"异端"予以打击和排斥。中国传统道德中的这一浓厚的伦理道德的价值取向,无疑是与现代化的要求格格不入的。这就需要对它进行新的"建构",以适应历史发展的需要。但是,对于积淀于人们心理中的思想意识和观念形态的东西进行清理与变革,绝非一朝一夕之事,这需要一个很长的过程。可以说,自明朝中叶以后,中国资本主义刚刚萌芽之际,中国传统文化的弱点和缺陷开始暴露无遗,随之出现了一批反思文化问题、力图摆脱旧文化束缚的早期思想家,如李贽等人掀起了早期启蒙思潮。可惜的是,清初的政治形势决定了新的专制政权同样不能容忍启蒙思想的发展,中国历史就此被西方世界整整超越了一个时代,逐渐从领先于世界陷入被动挨打的可悲境地。1840年鸦片战争后,中国传统文化由于政治经济上出现的全面危机而陷入空前的困境。

然而,中国传统文化毕竟是经历了几千年的风雨洗礼的具有强劲生命力的文化,中华民族毕竟是智慧和不屈的民族,在中国历史陷入困境,中国文化必须重新建构的过程中,无数仁人志士为之呐喊,为之奋斗。几代不屈的中国人相继进行了洋务运动、戊戌变法、辛亥革命直至五四新文化运动,从物质技术、社会制度到社会文化进行全面变革,可谓左冲右突,上下求索,力图构建代表中国历史发展方向的新文化体系。在这一过程中,有人提出"中体西用"的观点;有人倡导"全面西化"的主张;有人打起"民主"、"科学"的大旗;有人发出"打倒孔家店的"吼声……所有这一切都是一种求索精神的反映,尽管今天

---

① 《二程集·河南程氏遗书》卷22下。

看来,有些观点过于偏激,但它们带给文化界的影响是巨大的,它激发人们勇敢地批判中国传统文化中的糟粕,以博大的胸怀接受新文化。当时的"新文化"概念,是指既不同于中国以往的"旧文化",也与西方文化相区别的,体现中国人自我存在价值、代表中国历史发展方向的文化。这其实也是中国文化不断构建的一个艰难而崭新的过程,正是在这样的社会历史背景下才产生了具有确切含义的"中国传统文化"概念的,它的最初含义指鸦片战争以前,中国人创造的古代文化。

关于"中国传统文化"的概念,至今仍有一些争议。不过,今天看来,中国传统文化如果仅仅指1840年以前的旧文化显然是不够确切的,因为1840年以后这100多年的历史也已经融入了中国历史发展的长河中。近百年来,中国文化在传统与现代的冲突中,在中西方文化交融中不断自我更新与构建,既不再是鸦片战争前的旧文化,也不是脱胎换骨的完全非中国化的文化,而是古代、近代和现代文化共同融合的结果,而且是一个延续的动态存在,有着实质上的一脉相承的关系。可以说,现存的中国文化是根植于中国传统文化土壤中的一种经历百年更新建构的、具有中国特色的现代化文化体系,而且在改革开放的过程中,中国文化仍将以更加开放的胸怀,继续建构更适合中国自身发展的更为合理的文化体系。正因为中国文化自古以来就是不断自我更新、自我建构的过程,正因为中国文化曲曲折折顽强发展的历程,才使中国传统文化具有历经劫难而不被摧毁的精神内涵,至今仍具有强大的生命力。所以,中国传统文化已经渗入当代社会,而不仅仅存在于1840年以前。传统文化不可能与当代社会割裂开来,现实中有传统,传统中联结着未来。所以,我们研究的中国传统文化是古代、近代和现代文化共同汇集而成;是动态中具有稳定形态的文化;是活生生的,与我们的时代,与我们每一个中国人如影随形的文化;也是中华民族历史遗产在现实生活中的展现,有着特定的内涵和占主导地位的基本精神。总之,中国传统文化多元一体并不断自我构建的格局,铸就了中国文化异乎寻常的凝聚力和生命力,我们研究和审视中国传统文化的目的就在于发扬它的长处,剔除其糟粕,吸取其精华,在新时代发展中占得主动和先机。

不过,现在一提起中国传统文化,不少人会觉得有些心理隔阂,认为传统文化是很遥远的事了,与现代生活距离太远,与自己的生活无关。其实,这是一种错误的认识。尽管人们常说,有别于我们生存空间的三维性,时间只是一维的,由过去流向现在,再由现在流向未来,呈现为一个不可逆反的过程。这话有一定道理,但也不尽然,因为时间的过去、现在和未来这三个点并不是孤立的,静止不变的,而是相互依存,相互转化的。对于现在来说,过去不是绝对的过去,它流向了现在,便也渗透于现在,制约着现在的发展。同样,未来也不是凭空诞生的,它就孕育于现在之中,以现在作为出发点。这就是说,任何情况下的时间坐标,都包括过去、现在和未来三个向量的交互作用在内。所以,人类社会的发展也是这样,历史每前进一步,不仅要考虑当前形势的变化,还必须高瞻远瞩地把握未来的动向和前景,甚至不得不对过去的历史和既有的传统进行回顾和反思,就此而论,时间不仅仅是单线的流程。

依据这样的观点来审视中国传统文化,就会意识到它与我们今天的生活有着紧密的联系。没有传统文化的积淀就没有今日的中国新文化,要想了解今日的中国就必须先摸清家底,了解中国的过去,所以,中国传统文化距离我们并不遥远。当我们站在时空的交会处瞻望未来时,我们不得不回顾历史发展的轨迹,看一看我们从何处走来,现在身处何地,将要走向哪里。只有如此,我们才不会迷失方向,走好未来的路。一个人如此,一个民族、一个国家乃至整个人类社会都是如此。一句话,认识过去,方能确切地理解现实,进而正确预见未来。时间的三个向量在每一个历史瞬间总是特别紧密地联系在一起的,我们民族的过去、现在和未来也是十分紧密地扭结在一起的。当今的中国正处于改革开放的大变革时代,中国文化发展的历史方向关系到整个民族的命运。在这样的历史重要关口,我们必须对中国文化、中国传统文化有一个清醒的认识,并通过深刻的反思,清楚我们身上究竟背负着什么样的历史传统?这些历史的装备将会对我们的行程发生怎样的影响?我们应该扬弃什么?我们怎样才能轻装上阵?这是我们整个中华民族每一个不愿落伍的中国人都应审慎思考的问题。因此,中国传统文化离我们并不遥远,无论是从民族国家还是个人发展的角度,我们都应当研究中国传统文化,关注和思考中国传统文化的继承、创新和发扬问题以及它与整个中华民族的前途和命运的关系问题。

五、中国传统文化与大学生人文素质的培养

人的现代化是现代化中"最后觉悟之觉悟",是现代教育的关键,培养和造就高素质人才,是高等教育的根本任务。从未来社会发展的要求来看,我们必须培养和造就一大批能够适应未来社会需要的高素质人才。可是长期以来,由于在教育观念、教育体制、教育结构、人才培养模式、教育内容和教学方法上相对滞后,高等教育培养的大量专业人才,往往只熟悉本专业的知识,对其他相关专业的知识知之甚少,更谈不上超越专业知识的更高的人文精神和人文素质修养了。当代社会发展和改革大潮都要求我们必须尽快展开大学生素质教育,必须特别重视大学生人文精神和人文素质的培养。千百年来,中华民族创造了灿烂的文化,中国传统文化源远流长、博大精深,一直走在世界前列,这不仅是我们民族的骄傲,而且中国传统文化的精华也是对大学生进行人文素质教育的最好教材。中国传统文化课教学为大学生学习和理解中国优秀文化提供了最佳平台,所以,为了全面提升大学生人文精神,我们必须充分利用中国传统文化的学科优势,发掘中国传统文化的优秀资源,培养和提高大学生人文素质。

（一）加强大学生人文精神和人文素质教育的必要性和现实性

人文精神是人类社会发展过程中所创造的一种宝贵的精神财富,人类社会的发展过程,就是人文精神不断确立和发展的过程。所谓人文精神,即在历史中形成和发展起来的由人类优秀文化积淀凝聚而成的精神,一种内在于主体的精神品格。这种精神品格在宏观方面汇聚于作为民族脊梁的民族精神之中;在微观方面体现在人们的气质和价值取向之中。如追求崇高的理想,崇尚优秀道德情操,向往和塑造健全完美的人格,热爱和追求真理,养成和采取科学的思维方式等,都是人文精神的体现。还应当特别强调的是,那种严谨、求实的科学精神,也是人文精神的重要组成部分。离开人文精神的科学精神,并不是真正意义上的科学精神;而离开科学精神的人文精神,只是一种残缺的人文精神。因此,我们需要弘扬的是包括科学精神在内的人文精神。所谓人文

素质是指一个人成其为人和发展为人才的内在品质,是决定一个人是人才还是非人才的最主要的内在因素之一。所以,许多有识之士特别强调人文教育对人文素质培养的重要意义,认为人文教育具有基础性地位。忘了人,就忘了一切;忘了人文教育,就忘了人的思想、感情、个性、精神世界,从而也就忘了一切。

一个社会缺乏人文精神,就是一个病态的社会;一个人缺乏人文精神,就是一个残缺的人。爱因斯坦曾说过:"只用专业知识教育人是不够的,通过专业知识教育他可以成为一个有用的工具,但是不可能成为和谐发展的人。"半个世纪以来,自然科学和社会科学日益呈现出综合发展的新趋势,具有科技文化和人文文化相融合的新特点,各学科专业之间的界限越来越不明显。现代高科技总是与现代文化的发展密不可分,现代高层次人才如果缺失人文精神和人文素质修养,仅仅拥有比较狭窄的先进专业知识,那是无法适应现代社会需求的。现代科技发展新趋势需要的是融科学教育与人文教育为一体,培养出具有综合创新能力的高素质人才。中国传统文化教学,正是为培养创新人才所做的积极探索和基础性工作。加强大学生传统文化教育,是克服长期以来中国教育中人文素质教育薄弱的一个有力而有效的措施。由于种种原因,我们的高等教育存在着重专业轻综合素质、重知识轻实际能力的偏向,专业划分过窄,使得高等教育培养出的理科学生缺乏人文社会科学知识,文科学生缺乏自然科学知识及专业以外的人文社会知识。这种状况直到现在仍没有得到根本扭转。加强大学生传统文化教育,提高大学生人文素质,正是这种认知进步所结出的重要成果,它必将有力地扭转中国高等学校人文教育薄弱的局面。所以,我们必须充分利用中国传统文化的优秀资源,提高大学生人文素质,全面培养大学生人文精神。

(二) 培养大学生人文素质应充分利用中国传统文化的优秀资源

中国传统文化是中华民族对于人类的伟大贡献,曾长期处于世界领先地位。独具特色的语言文字、浩如烟海的文化典籍、嘉惠世界的科技工艺、精彩纷呈的文学艺术、充满智慧的哲学宗教、完备深刻的道德伦理,共同构成了中国传统文化的丰富内容,中国传统文化经典里包含着丰富的传统文化精髓。要让学生了解古代文明、现代文明和未来文明,真正理解中华民族的文化精华,并由衷地为之骄傲与自豪,就应当积极引导大学生学好中国传统文化,从而更加热爱中国文化,提高民族自豪感和自信心。在当代,随着后工业文明的日渐展开,人与人、人与社会、人与自然关系日趋紧张,中国文化中的一些优秀资源,如人文理想、协和精神、阴阳平衡理念等,经过现代诠释,为我们提供了一些有益的启示。中国传统文化教学为大学生们提供了一个了解祖国悠久历史、"扬弃"传统文化遗产的机会,可以使之不仅对中国传统文化的特征有所把握,而且对中国传统文化的继承与创新问题有所思考。要让学生懂得传统离我们并不遥远,传统文化并不仅仅意味着过去存在过的一切,其更深层含义在于传统文化是肇始于过去,融透于现在,并直达未来的一种意识趋势和存在,是业已积淀于人们心理中并时刻规范、支配人们思想和行动的东西。教学实践证明,中国传统文化课是深受大学生欢迎的人文素质教育课程,优秀的中国传统文化是真、善、美的结晶,是中华民族五千年丰厚人文精神的积淀,它是我们宝贵的精神财富和思想财富。因此,应充分利用中国传统文化课学科优势,发掘中国传统文化的优秀资源,积极培养大学生人文素质。

(三) 发掘中国传统文化的优秀资源培养大学生人文素质

1. 培养大学生深厚的民族精神

改革开放的春风早已驱散了曾经笼罩在我们民族心头的封闭阴云,世界各民族文化相互交叉的深度和广度都在不断拓展,信息时代的来临使"地球村"越来越小。在这样的时代大背景下,中华民族以怎样的姿态参与国际合作与竞争是每一个炎黄子孙都应当思考的问题。真切地把握一个民族的文化特征,较之把握诸如皮肤、头发、眼睛的颜色之类体质特征要困难得多。然而,任何民族,其文化形态尽管纷繁多彩,但都可以寻觅到该民族文化的主色调、主旋律。唯其如此,才有英国人绅士风度说,德国人精确高效率说,美国人自由开放说,日本人善采异邦说,等等。我们之所以能够从芸芸众生中大致辨识各民族的特征,是因为每个民族内部,固然存在着繁复多样的阶级、阶层、集团、党派及个人教养和性格差别,但同时也深藏着表现在共同文化上的共同心理素质,这便是所谓"民族精神"。在五千年的发展中,中华民族形成了以爱国主义为核心的团结统一、爱好和平、勤劳勇敢、自强不息的伟大民族精神。学习、研究和理解中国传统文化,正是引领大学生认识自我、把握中华民族精神的可靠途径,有助于引导学生精辟地理解中华民族精神的丰富内涵,培养大学生深厚的中华民族精神。作为中华文明精髓的民族精神,如同中华民族的母亲河黄河、长江那样,冲破重重障碍,奔腾向前,变得越来越博大精深,具有强大的凝聚力和感召力,成为中华民族赖以生存和发展的强大精神力量。这被全世界的有识之士赞誉为一个"奇迹"。在中国历史上,它无数次激发中华优秀儿女的民族自尊心、自信心和自豪感,并激励中华儿女勤劳勇敢,自强不息,为中华民族的整体利益和长远利益而英勇奋斗,做出了重大贡献。

2.引领大学生更加准确而深刻地认识我们当前的国情

跨世纪的一代中国人面临的历史使命是建设具有中国特色的社会主义,完成这一千秋伟业的认识前提是切实认清中国的国情。中华人民共和国成立以来,在社会主义建设取得重大成就的同时,也曾多次出现曲折和失误。其原因固然是多方面的,但其中最重要的原因之一便是脱离国情。所谓国情实际上是指由地理环境、历史条件、人口因素、生产方式、民族文化传统(包括国民心态)等因素构成的社会有机整体。国情不是空洞物,其实质就是文化的历史及其现状。国情不仅规定着一国社会的现状,而且也规定着一国社会发展的方向和未来的基本进程。数千年中国传统文化给我们留下了丰厚的遗产,同时也带来因袭的重负。在信息时代,全球一体化及文化多元化发展趋势越来越明显,对外来文化的优秀成果,我们吸收得还不够充分,但其负面影响已引起我们的警惕和忧虑。如何深入剖析中国传统文化与外来文化对中国的影响,真正做到古为今用,洋为中用,怎样认真总结新中国成立60多年来我们走过的道路,是认清国情的必要工作。

3.帮助大学生提高文化分辨能力

马克思认为:"人们创造自己的历史,但是他们并不是随心所欲地创造,并不是在他们自己选定的条件下创造,而是在自己直接碰到的既定的、从过去继承下来的条件下创造。"[①]中国传统文化,就是我们"直接碰到的既定的、从过去继承下来的条件",是影响中国人过去、现在和将来的精神之源。传统是社会的一种生存机制和创造机制。借助于它,历史才得以延续,社会的精神成

---

① 《马克思恩格斯选集》第2卷,第122页。

就和物质成就才得以保存和发展。正因为如此,文化传统并不仅仅滞留于博物馆的陈列品与图书馆的线装书之间,传统离我们并不遥远,它还活跃在今人和未来人的实践当中,并在这种实践中不断变革自己。大学生们应该积极学习中国传统文化,了解当前生活中的各种文化现象,获得参与各种文化活动的基本知识和能力,提高文化鉴赏水平和文化修养;学会辨识落后文化,抵制腐朽文化,积极参加健康有益的文化活动,积极投身于社会主义新文化建设之中。所以,每一个有志于为民族未来贡献心智和汗水的中国人,特别是大学生,都应当努力熟悉传统、研究传统、变革传统。而为大学生开设中国传统文化课,正是培育这种理性态度和务实精神的最好课堂和最佳途径。

后绪　文化与信仰

文化是一个民族的精神家园,是民族内部彼此认同的核心信仰。一般来说,文化与信仰是分不开的,但我们中华民族骨子里有着对自己民族主流文化和核心价值的强烈追求和真诚信仰。这种主流文化信仰对我们的世俗生活的影响和精神塑造,一点也不亚于西方宗教信仰对西方社会的影响。中华民族五千年的文化积淀,形成了坚定的文化信仰和中国精神,引领者中国道路的发展方向,所以,民族信仰越坚定,民族文化越强大,民族凝聚力也就越强大,中国的发展道路就越宽广。文化是区别不同民族的根本标志,是民族存亡之根。当今世界,各国之间综合国力竞争日趋激烈,文化越来越成为民族凝聚力和创造力的重要源泉,越来越成为综合国力竞争的重要因素。所以,民族要生存,文化要自强;民族要发展,文化须创新。任何一种文化,其核心都是价值观。价值观改变了,民族文化就基本上被颠覆了。文化自卑的症结在于迷失自己,我们的当务之急是要重新找回自己的文化价值,树立文化自信,建立社会主义核心价值观。我们要坚信中国文化是中国人独立创造的文化;中国文化是中华各民族共同创造的文化。回顾中华民族的发展历程,不难发现,中国文化是最具强大生命力的文化;中国文化是最具强劲的文化认同力和民族凝聚力的文化。

任何一种文化,其核心内容都是价值观,可以这样说,核心价值观是一个民族的精神支柱、精气神儿。当一个民族所秉承的价值观改变了,其民族文化就基本上被颠覆了,文化自卑心理就随之产生,民族自信也将不复存在,随之就会产生民族文化自卑。其实,文化自卑的症结在于对自我文化的迷失和不自信,对本民族文化知之甚少甚至不了解,盲目排斥,横加指责。那么,怎样才能走好中国道路,讲好中国故事呢？又如何树立文化自信,避免文化自卑与盲目自大呢？我们的当务之急是走向清醒的文化自觉,要建设科学的民族的大众的新民主主义文化体系,重新找回自己民族的文化价值,建立社会主义核心价值观,建立中华民族的文化自信。中华民族历史悠久,文明发达,中国优秀传统文化是中华民族树立文化自信的历史文化基础,也是中华民族的精神源泉。

一、传承：中国优秀传统文化

传统文化,传承什么？什么是中国优秀传统文化？为了弄清这个问题,让我们从中国传统文化的核心内容,即中华民族的基本精神、传统美德和正确的价值观这三个方面谈起。

（一）中华民族的基本精神

中华民族的基本精神,具体从中华文化的基本精神中体现出来,在这里,我们所讲的中国文化的基本精神,是指代表中国文化发展的正确方向,体现中华民族蓬勃向上精神的优秀文化思想和优秀的文化。那么,怎样理解文化传统呢？什么样的文化传统才能称得上是中国文化的基本精神呢？

前面我们已经说过,所谓传统,就是历史上形成的、具有稳定的组织结构和思想要素的、前后相继的、至今仍然影响着人们的特定思维、价值观念、审美情趣、道德风貌等深层文化的社会心理和行为习惯。而所谓"文化传统",就是受特定文化类型中价值系统的影响,经过长期的历史积淀而逐渐形成的,为全民族大多数人所认同的思想和行为方式,相对稳定的民族心理和行为习惯。例如,在中国文化中,重男轻女、男尊女卑、升官发财、多子多福、礼尚往来、以和为贵等等传统文化观念,都属于文化传统,但是,他们不一定就是优秀传统文化。再如春节、清明节、端午节等各种民族传统节日及其文化习俗,都是长期形成的民族文化传统。必须指出,"传统"和"文化传统"这两个概念,属于事实判断的范畴,本来无所谓褒义和贬义。但是,当这些概念与民族文化的基本精神、民族基本精神相联系的时候,在价值指向上,它就与"优秀"、"进步"

密不可分。因为只有优秀的文化传统,才能成为推动一个民族不断发展前进的内在动力。在中国传统文化中,有一些思想观念和固有传统,长期受到人们的尊崇,并成为我们生活行动的最高指导原则,在历史上曾经起到了推动社会进步的作用,成为历史发展的内在思想源泉,是促进中华民族不断发展的精神动力。例如,刚健有为、自强不息、贵和尚中、以和为美等文化精神,至今对我们仍有积极的指导意义,这些可以称得上是中国文化的基本精神。中国文化的基本精神是历史上支持中华民族延续发展的精神支柱。所以,中国文化的基本精神也是中华民族的民族精神,是激励中华民族历史进步的主导思想和精神动力。正因为只有优秀的文化传统,才能成为推动一个民族文化不断发展前进的内在动力,因此,我们所讲的中国文化基本精神,是指代表中国文化发展的正确方向、体现中华民族蓬勃向上精神的那些进步的、优秀的思想观念,只有这种精神才能代表着中华民族的民族精神。由此可见,像前面我们提到的重男轻女、男尊女卑、升官发财等落后、陈旧的观念,虽然作为文化传统,影响也很深远,但是这些陈旧落后的传统观念,早已不适应现代文明社会的方向和要求,并不属于中国文化的基本精神。

再者,文化精神是相对于文化的具体表现而言的,文化的具体表现包括器物、制度、习俗、思想观念、行为习惯等层面,它们其实都与内在的文化精神和价值观相联系。例如,我们的民间节俗,从节日美食到节日礼俗,其实都内在地体现了一种民族文化精神。中国传统节日风俗,过新年时长辈给晚辈压岁(祟)钱,是为祝愿孩子们健康成长;晚辈给长辈拜年、鞠躬也是为老年人祝福,这些民间传统习俗,都体现了中华民族尊老爱幼,注重家庭幸福和谐的文化精神。其实,文化的基本精神就体现在所有这些文化现象中的最精微的内在的精神动力和思想基础,是指导和推动民族文化不断发展创新的基本思想和基本观念。

可见,作为中国文化发展基本动力和基本思想基础,中国文化基本精神其本身也是文化的产物,并且随着文化的发展演变而不断变化,不断丰富和深化本身的思想内涵。中国文化的基本精神并不是僵化的、也不是一成不变的,而是不断适应社会发展进步,与时俱进的。其实,中国文化的基本精神是中国文化中起主导作用,处于核心地位的那些基本思想和观念,是中华民族的精气神儿，它是我们大家熟悉的，而不是什么高深莫测的玄思妙想。那么，中国文化的基本精神又有哪些特点呢？

其实，每一种文化在其长期的发展过程中，都会形成独具特色的主导趋向和基本精神，这正是一种文化区别于另一种文化的特点。作为中国文化的基本精神，必须具备以下三个特点：

第一，基础牢靠。必须具有广泛的历史和社会影响，感染和熏陶中国大多数民众，为普通民众所认同、所接受，成为他们的基本生活信念和自觉的价值追求和精神支柱。第二，必须具有进步意义。中国文化基本精神必须具备维系民族生存与发展动力，能够发挥促进社会进步的积极作用。第三，发挥主导作用，是中华民族共同的精神动力。必须具备以上三个特点，才可以称得上是中国文化的基本精神。中国文化不仅丰富多彩，而且有着迷人的气质和丰富的精神内涵。所以，表现中国文化基本精神的思想不是单纯的，而是包含着诸多文化要素的思想体系，中国文化的基本精神是极为丰富的。林语堂、郭沫若、唐君毅、张岱年、张恺之等文化学者，都曾撰文研究中国文化的基本精神，给我们很大的启发。张岱年把中国文化的基本精神总结为以下四点：(1)刚健有为；(2)和与中；(3)崇德利用；(4)天人协调；张恺之先生在其《中华人文精神》中，将中国文化基本精神归纳为七个方面：(1)人文化成——文明之初的创造精神；(2)刚柔相济——穷本探源的辩证精神；(3)穷天人之际——天人关系的艰苦探索精神；(4)厚德载物——人格培养的道德人文精神；(5)和而不同——博采众家之长的文化会通精神；(6)经世致用——以天下为己任的责任精神；(7)生生不息——中华人文精神在近代的丰富和发展。另外，还有其他文化学者研究和关注中国文化精神课题，他们都对中国文化精神做出了精辟概括和总结，在此基础上，我们把中国文化的基本精神归纳为以下几个方面：(1)天人合一；(2)以人为本；(3)贵和尚中；(4)刚健有为。以上这些我们称之为中国文化的基本精神，其实也是中国传统优秀文化的基本内容。

（二）中华民族的传统美德

伦理文化是中国文化的核心内容，前面我们已经讲过，自给自足的农耕自然经济和家族宗法制度是伦理道德产生的主要社会基础，并且使中国文化形成伦理宗法型的政治文化模式,而传统伦理道德对中国文化产生深远而广泛的社会影响,即使今天我们生活的21世纪,经过传承、创新与发展的中国伦理道德及其文化智慧,对于当代人类社会的价值提升,仍然具有普遍的意义和时代价值。2014年10月,习近平在文艺座谈会上指出:"中华民族在长期社会实践中培育和形成了独特的思想理念和道德规范:有崇仁爱、重民本、守诚信、讲辩证、尚和合、求大同等思想;有自强不息、敬业乐群、扶正扬善、扶危济困、见义勇为、孝老爱亲等传统美德,不论过去还是现在,都有其永不褪色的价值。"人们常说:"没有规矩不成方圆",在文化系统中,伦理道德是对社会生活秩序和个体生命秩序的深层设计,那么,中国古代先民进行伦理设计的初衷是什么呢?我们不妨从说文解字说起,因为汉字在一定程度上直接或间接地表现了中国人的思维方式与思想特点,所以不难发现,研究汉字能为我们提供古代社会和文化之谜的重要线索。中华民族一向推崇人伦道德,我们就以探索古人创造"伦"字的本义为例,揭示伦理道德这一重要的文化现象,如何体现了中国人对伦理现象的理解。伦,常常指伦常、人伦。《说文解字》解释说:"伦,辈也。"在中国古代文化中,伦一般指君臣、父子、夫妇、兄弟、朋友及各种尊卑长幼关系。人字旁的"伦"与三滴水的"沦",这两个字其实是同音同源的。三滴水的"沦"字,指水面有微风吹起,随风荡漾的小小波纹。诗曰:"河水清且涟猗。"(《诗·魏风·伐檀》)当微风轻拂水面,你屏住呼吸,静静地观察那细细的涟漪,一圈一圈,它是那么平静、协调,正所谓水波不惊,却又那么富有动感。我们的先祖由此受到大自然的启发,灵性地感知并联想到人世间人与人之间的关系,和天地之德,不是本该如此和谐而富于动感吗?于是,创造出同音字,人字旁的"伦"字。显然,伦,指的是一种关系,我们的文化自古就追求人与人之间的和谐关系,当然,人与自然,人与社会的关系也应当是和谐和美的。

那么,我们应该如何理解伦理与道德的联系和区别呢?其实,伦理道德是一种规范,从本质上讲,伦理,是关于人性、人伦关系及其结构等问题的基本原则的概括。而道德是指调节人与人、人与自然之间关系的行为规范的总和。美国《韦氏大辞典》对于伦理的定义是:伦理是一门探讨什么是好,什么是坏,以及讨论道德责任义务的学科。伦理指的是一种关系和处理这种关系的规则、规范。孟子曰："圣人有忧之,使契为司徒,教以人伦,父子有亲,君臣有义,夫妇有别,长幼有叙,朋友有信。"(《孟子·滕文公上》)。显然,伦理与道德是有着显著区别的两个概念,伦理范畴侧重于反映人伦关系以及维持人伦关系所必须遵循的规则和规范,道德范畴侧重于反映社会生活的主体,也就是人自身所要遵守的约定俗成的行为规则和规范;伦理是客观的,是他律的;道德是主观的,是自律的。从学术角度来看,人们往往把伦理看作是对道德标准的关照。中国传统伦理指的就是人与人,人与社会以及人与自然的关系以及处理这些关系的总体规则。例如:古代人们把"天地君亲师"作为五大天伦;把君臣、父子、兄弟、夫妻、朋友看做五大人伦,而仁、义、礼、智、信、仁爱、孝、悌、忠等是传统社会处理人伦关系的一般规则,这就是中国传统文化中所理解的伦理规范。

　　伦理道德是中国文化的核心内容。由于中国古代宗法体系的完善及其长期影响,中国社会文化表现为明显的伦理特性。包括嫡长子制度、宗庙制度、分封制度等等,从理论到实践,其完善程度都是世界其他民族所无法比拟的。历史上,宗法制度的本质就是家族制度的政治化,其表现是家天下的延续、封国制度不断、家族制度长盛不衰,专制主义异常严密。其具体特点是以武力为先导打天下坐江山,控制宗教势力,中国古代专制时间特别漫长;土地国有和自给自足的自然经济基础十分稳固,维护小农经济,严厉打击、限制工商业发展,长期实行贵农贱商政策;对人身控制特别严密;皇权专制主义中央集权制度走向极端。在漫长的历史长河中,中国专制制度是一脉相承的。专制制度和带有某种血缘温情的宗法制度相结合,形成一种家国同构的社会政治结构。所谓家国同构指家庭、家族和国家在组织结构方面的共同性,即齐家术与治国策相通。农耕经济这一经济基础决定了家族制度地位之重要,深植于数千年中国社会结构之中,使中国传统社会结构也打上了家族结构的印记。家与国的组织系统和权力配置是严格的父家长制(血缘原则而不是地缘原则)。这就是所谓"忠孝相通"、"忠孝同义"。

　　这种社会政治结构深刻地影响着中国文化,包括占主导地位的意识形态,史学、文学、艺术和民风民俗等等。中国古代没有独立的政治学科和理论体系,但有十分丰富的政治思想和政治学说,由于受到传统伦理文化的影响,始终与伦理学说融为一体,形成一种独特的伦理—政治型文化。"欲治其国者先齐其家。欲治其家者,先修其身"。从中国古代社会结构来看,一方面,以血缘关系为纽带的宗法制度完备而系统。在中华民族在漫长的历史发展中,建构起了十分成熟的道德价值体系,形成了丰富多样的个人伦理、家庭伦理、国家伦理,以及宇宙伦理的道德规范体系,从内在的情感信念,到外在的行为方式,都提出了比较完备的德目,有的在传统社会甚至成为不可动摇的金科玉律。例如,四维(礼、义、廉、耻),八德(忠、孝、仁、爱、信、义、和、平),三纲(君为臣纲、父为子纲、夫为妻纲),五常(仁、义、礼、智、信)这些德目,当然这些并不都是中国民族传统美德,我们必须认真分辨,剔出糟粕的东西,弘扬精华的成分。传统道德规范或德目有两种:一种是由历史伦理学家概括出来的,或者由统治者提倡并上升为理论性规范的,如前面我们提到的"四维"。一种是那些虽然未能在理论上体现和表述出来,进而上升为德目,但在社会世俗生活中得到了广泛的认同与奉行的习俗性规范。前者比后者更自觉,后者比前者更丰富、更淳朴、更直接地体现着一个民族的道德品格。这里我们必须强调阐明的是传统道德规范,并非全都是传统美德。那么,什么是传统美德呢?一般来说,传统美德是传统道德规范体系中的基本内核或合理内核,是中华文化的优秀基因。所谓传统美德,是指在自觉的或习俗的道德规范中,那些为大多数人所接受并实际奉行的,而且是古今一以贯之的,在当代社会和时代仍发挥着积极影响的德目。为了对中华传统美德进行完整的认识,我们从人与自身、人与他人、人与群体三个方面来把握。我们认为中华民族拥有十大传统美德,列举如下:(1)仁爱孝悌;(2)谦和好礼;(3)诚信知报;(4)精忠爱国;(5)克己奉公;(6)修己慎独;(7)见利思义;(8)勤俭廉洁;(9)笃实宽厚;(10)勇毅力行。中华民族的传统美德形成崇高的民族精神建立起具有丰富文化内涵的民族道德人格,这些道德人格按照道德理想的程度高低可以分为圣人、贤人、仁人、大人、君子、成人、善人等等。正是中华民族的传统美德在中华民族发展史上曾经起到十分重要的积极的作用。这些理想的道德人格,往往在中国历史上民族生死存亡的关键时刻,我们就能发现,从那些挺身而出、大公无私、维护民族和集体大义的仁人志士、英雄儿女身上,井喷式地体现出来,他们都是中华传统美德的人格体现,是中华民族的英雄儿女。当然,对中华传统美德本身也要进行历史的辩证的分析。

（三）积极正确的价值观

什么是一个民族的文化价值观呢？其实，所谓价值观，是人们为了满足历史的或现实的需要，对事物所作出的价值评价。这种价值评价体现了人们的理想追求，蕴含着一定的评判标准，展示为一定的价值取向，外化为具体的行为规范，并作为稳定的思维定式、倾向、态度，影响着文化演进和发展的过程。可见，价值观是一种评价性的文化体系，它既涉及现实世界的意义，也指向理想的境界。不同时期的文化创造，总是受到特定价值观的规范和引导，从某种意义上来说，文化本身就是价值理想的外化或对象化。价值观是文化体系中的核心内容，从社会运行方式到个体的日常行为规则，文化诸层面无不受到一定价值观的制约。一般而言，价值观是由一系列价值原则所构成的，价值原则集中体现了对真善美，假恶丑的基本评判态度，正是一系列相互关联的价值原则，构成了文化的价值评价系统。

中国传统文化在其长期的历史发展中，在天人关系上的不同价值取向，在群己关系上的定位，在义利与理欲关系上的深层展开，逐渐展示了中国传统文化的价值观念，并使儒、释、道、墨、法等等各学派的价值原则自觉形成。具体地说，在人与自然的关系上，坚持"无以人灭天"，注重天人关系，倾向人文取向和人道的原则，这是中国文化的显著特点。在人与社会的关系上，坚持"修己以安人"，强化群体原则。在义与利关系上，坚持"义以为上"、重义轻利的儒家道义原则；在理与欲的关系上，坚持理性优先的原则。尽管历史上不少思想家反对将"理"和"欲"加以对立，但在传统价值系统中，二者的统一并未真正达到。儒家追求"内圣外王"的人格理想和价值目标，所谓"内圣"首先表现为善的德性，而善又以广义的仁道精神为其内容。原始儒学以"仁"为核心，"仁"既体现了人道的原则，同时，又为理想人格提供了多重规定。如孔子曾把"恭、宽、信、敏、惠"作为"仁德"具体内容和内圣品格规定，后世儒家也把"仁、义、礼、智、信"等等作为内圣品格规定。总之，从正面来看，仁德主要表现为对人的尊重、关心、真诚相待。实现理想人格，实现人格的完善是儒家的基本追求，中国传统价值观以儒家的价值原则为主导，不同价值观念相互排斥又交融互补，形成了中国文化内涵丰富的价值系统。一般认为，中国传统文化表现出重人伦而轻自然、重群体而轻个体、重义轻利、重道轻器的价值取向。在经济和科学技术飞速发展的当今世界,在西方特别是汉字文化圈内部,中国传统文化对人们的吸引力非但没有减弱反而日益增强,他们希望从中国传统文化中寻求人生价值的意义和真谛,寻求解决彻底摆脱环境恶化带来的种种弊端科学方案,处理天人关系和社会矛盾的途径对实现世界和平发展具有宝贵的启示,这也是当今世界应当关注的新的文化研究和发展动向。在改革开放,多元文化激荡的背景下,我们更应当结合时代发展,辩证地继承和发展这一份优秀的文化遗产,坚守和建立中华民族核心价值观,树立中华民族的文化自信。

二、优秀传统文化是中华民族的精神支柱

文化,改变一个民族的命运,文化是一种力量,我们称之为文化力。优秀传统文化是中华民族精神之源,也是智慧之源。一般来说,我们把文化分为文化软实力和文化硬实力。文化软实力是国家综合国力的重要组成部分。文化软实力是1990年由美国哈佛大学教授约瑟夫·奈首先提出的。文化软实力作为国家综合国力的重要组成部分,特指一个国家依靠政治制度的吸引力、文化价值的感召力和国民形象的亲和力等释放出来的无形影响力。它深刻地影响了人们对国际关系的看法。文化软实力主要包括以下内容:文化的吸引力和感染力;意识形态和政治价值观的吸引力和辐射力;外交政策的道义和正当性;处理国家间关系体现出来的亲和力;发展道路和制度模式的影响力;对国际规范、国际标准和国际机制的导向、制定和控制能力;国际舆论对一国国际形象的赞赏和认可程度。那么什么是文化硬实力呢?简单地说,硬实力指处于支配地位的要素总和。它包括基本资源、军事力量、经济力量和科技力量等。硬实力是软实力的基础和前提,软实力是硬实力的延伸和补充,软实力在特定条件下也能独立发挥作用,并起到硬实力所不及的作用。当今世界,各国之间综合国力竞争日趋激烈,文化越来越成为民族凝聚力和创造力的重要源泉,越来越成为综合国力竞争的重要因素。所以,民族要生存,文化要自强;民

后绪 文化与信仰

族要发展,文化须创新;文化是立国之本,民族之魂,必须强化。

习近平总书记高度重视中华传统优秀文化,并将其作为治国理政的重要思想文化资源。2014年10月15日,中共中央总书记、国家主席习近平在北京主持召开文艺工作座谈会并发表重要讲话,第一个问题讲的就是:实现中华民族伟大复兴需要中华文化繁荣兴盛。强调文化是民族生存和发展的重要力量,人类社会每一次跃进,人类文明每一次升华,无不伴随着文化的历史性进步。这就要求我们从现实出发,揭示中华文明、中华优秀文化的特质,从中华民族伟大复兴的梦想出发理解中华文化的特质,才会使文化成为一种力量。习近平总书记在中国共产党成立95周年大会上发表重要讲话,号召全党要以"自信人生二百年,会当水击三千里"的豪迈和勇气,坚定中华民族道路自信、理论自信、制度自信和文化自信。中华人民共和国和中华民族是最有理由自信的国家和民族。他指出:"文化自信,是更基础、更广泛、更深厚的自信。在5000多年文明发展中孕育的中华优秀传统文化,在党和人民伟大斗争中孕育的革命文化和社会主义先进文化,积淀着中华民族最深层的精神追求,代表着中华民族独特的精神标识。我们要弘扬社会主义核心价值观,弘扬以爱国主义为核心的民族精神和以改革创新为核心的时代精神,不断增强全党全国各族人民的精神力量。"那么,中华优秀传统文化的基本元素是什么?这就要研究、提炼中国传统文化的基本元素和文化精华。中共十七届五中全会提出:"文化是民族精神和灵魂,是国家发展和民族振兴的强大力量。"这就告诉我们只有从现实要求出发,从中华民族伟大复兴的立场出发,才能真正理解中华文化的特质,才能让文化成为推动国家和民族强胜的一种精神力量。文化给予一个民族,一个国家的力量在哪里呢?精气神儿!它是一个国家和民族发展的动力之一,是文化的软实力。中国梦的实现不能仅仅靠经济技术等硬实力,必须既要有经济也要有文化;既要有法律制度规范,也要有文化的融合、支持,要把文化的软实力提高到民族国家发展、兴亡的高度来认识,这样,我们对文化,对我们的民俗文化才会有更加全面深刻的整体的理解。党的十七届六中全会《决议》提出:"文化是民族的血脉,是人民的精神家园,在我国五千多年文明发展历程中各族人民紧密团结,自强不息共同创造出源远流长、博大精深的中华文化为中华民族发展壮大提供了强大的精神力量。"这里强调指出文化是民族的血脉。怎样理解呢？民族的血脉其实就是民族文化的文脉。张恺之认为所谓文脉，就是中华传统文化，在古籍文献中所讲的道统，是中华文化传统，民间文化是大众文化，也属于文化传统，中华优秀文化传统是我们中华民族的精神家园，这其中既含有中华优秀传统文化，也包括社会主义新文化。中华文化有着强大的文化创造力。每到历史危急关头，文化都能感国运之变化，发时代之先声，为国家民族振兴呼吁呐喊。中华文化既坚守本根，又与时俱进，是中华民族保持了坚定的民族自信和强大的修复能力，培育了共同的情感和价值观，共同的理想和精神。

中国历史悠久，是一个文化大国，那么，怎样才能使文化成为一种力量呢？文化的生命在于继承和创新，传统文化有精华，也有糟粕，关键是如何吸收、继承、如何发展与创新，传统文化也要与时俱进，讲科学，求创新。特别是文化创新，是传统文化的生命力，决定民族文化的希望和未来。传承中华文化，不是简单复古，也不是盲目排外，而是古为今用、洋为中用，辩证取舍、推陈出新，摒弃消极因素，继承积极思想。这就要求我们努力提高自身是非分辨能力，正确区分人类文化百花园中的鲜花和毒草，"以古人之规矩，开自己之生面。"真正做到"古为中用，洋为中用"，以"扬弃"的态度对代文化遗产，才能实现中华文化的创造性转化和创新性发展。有道是上善若水，诗云："半亩方塘一鉴开，天光云影共徘徊。问渠那得清如许？为有源头活水来。"（选自《朱文公文集·观书有感》）中华文化如大河之水，浩浩荡荡，从古到今奔腾不息。只有继承优秀传统文化，并在继承中不断创新发展，中国传统文化才能成为社会主义新文化建设的活水源头。

三、树立中华民族的文化自信

（一）坚信中国文化是中国人独立创造的文化

谈到中华民族的文化自信，最基本的是要讲清楚中华优秀传统文化的历史渊源、发展脉络和基本走向，只有这样才能真正增强中华民族的文化自信和价值观自信。

后绪 文化与信仰

说到中华优秀传统文化的历史渊源,我们不妨就从生于斯长于斯的中国人说起。我们知道有了人,才有了文化,文化的产生,远远早于文明的出现。因此,中国文化的起源,与我们中国人的起源、中华文明的起源是密切联系在一起的。

关于中国人种和文化的起源问题,中外学术界曾经出现过分歧和争论。20世纪初叶,西方学者如安特生等,从"文化及人种单源说"出发,提出中国人种和中国文化外来说,认为中国文化来自埃及、西亚、中亚、南亚,甚至西伯利亚等种种错误说法。然而,大量的考古发现一再有力驳斥了这类论断。自1929年中外学者在北京发现晚期猿人头盖骨,特别是新中国成立以来,我国的考古学和人类学研究取得了突飞猛进的发展,一系列重大考古发现和可靠的研究成果为我们回答中国文化的起源问题提供了有力的科学依据。

考古学依据人类所使用生产工具的变革,将人类古代的历史划分为石器时代、铜器时代和铁器时代,而石器时代又分为旧石器时代和新石器时代前后两个阶段,人类在石器时代的生活大约经历了两三百万年。各地发现的极为丰富的古人类化石材料,构成一条相对完整的人类进化链,证明了中国古人类体质特征发展的连续性。研究表明,数百个旧石器文化遗存材料,反映了近两三百万年间,中国旧石器时代发展的各个阶段,有着鲜明的共同文化特征。考古学依据人类所使用生产工具的变革,将人类古代的历史划分为石器时代、铜器时代和铁器时代,而石器时代又分为旧石器时代和新时期时代前后两个阶段。自二十世纪初期以来,在中国境内发现了多批属于旧石器文化的人群。1.直立人,也叫"正在形成中的人",主要发现有以下几个人群:巫山人、元谋人、蓝田人、北京人。2.智人即"完全的人",又可以分为早期智人和晚期智人。早期智人(又称古人)主要有:马坝人、大荔人、长阳人、丁村人;属于晚期智人(又称新人)的主要有:柳江人、山顶洞人、紫阳人。这些古人类的脑容量呈现逐步增长的趋势,如距今65—80万年的蓝田人脑量780毫升,距今50万年左右的北京人是859—1225毫升,距今1.8万年左右的山顶洞人1400毫升,逐渐逼近现代人的脑容量。这表明,古人类在长期劳动生活实践过程中,智力稳步增进和发展。

人类学的研究表明,从旧石器时代到新石器时代的中国居民,基本上是在一个大的人种——蒙古人种的主干水平下发生和发展的,构成中国原始先民的人种特征中没有发现西方人种的成分。中国人种不是外来的而是独立起源的,这对后来中国文化持久稳定的发展起着重要的作用。从体质人类学考察,世界上的人类分为三大类别:黄种人(就是蒙古人种)、白种人(就是欧罗巴人种)、黑种人(即尼格罗人种)。根据分类,中国人属于蒙古人种,在中国境内发现原始人群,从属于直立人的元谋人、蓝田人、北京人,再到属于智人阶段的马坝人、柳江人、山顶洞人,存在着一些共同的体质特征,例如,颧骨高,颧面向前突出,上门齿呈现出铲形结构,鼻子较宽、印加骨、额中缝等等,一系列现代蒙古人种所具有的典型体征,在明显的进化趋势中一脉相承。体质人类学研究证明:从旧石器时代到新石器时代,体质上存在着明显的承续发展序列,中国原始先民体质特征中没有发现外来人种的成分,从而证明了中国人种是独立起源的事实。从古猿进化到人类,这是两大物质形态之间的转变,是生命物质所实现的质的飞跃,而文化就产生于从猿到人的转变中。

从历史文献看,中国文化在其形成期并未受到外来文化影响。"大秦国……近西王母所居处,几于日所入也。……有飞桥数百里,可渡海北诸国。"——《史记·西域传》希腊古史称"赛里斯地处世界尽头,其国人民身高逾十三肘尺,寿命超过二百岁。"文献表明中国文化在其发生发展的初期,因地理环境相对隔绝,对外来文化知之甚少,虽然其内部并不缺乏交流和传播,但绝没有受到远自欧洲、非洲、美洲等民族的外来文化影响。中国文化在其成长的婴幼儿和童年时期,是在东亚大陆的温暖怀抱中独立成长、壮大的。最后,从区域文化发生发展的角度看,由于中国大陆幅员辽阔,东、西、南、北各地在气候、地理环境、物产等方面客观上存在着种种差异。因此,至迟到旧石器时代文化晚期,各地的文化面貌即已表现出明显的差异,初步分化出若干相互区别的各种类型。正是在这样的基础上,到了距今约10000—6000年的新石器时代早、中期,在中国大陆东、西、南、北各地居住、生息的不同文化族团,创造出了若干既相联系又相区别的区域文化。这些不同类型的区域文化,都是中国文化的源头。它们在后来长期的历史发展过程中,经过多次复杂的撞击、分裂、整合,相互影响,不断更新,最后,殊途同归,凝聚成多元一体的中国文化。春秋战国已经形成千姿百态的地域文化。在黄河流域、长江流域、珠江流域、松辽平原等地区，已经形成独具特色的中原文化、齐鲁文化、秦晋文化、吴越文化、荆楚文化、巴蜀文化等，并且中国文化史表明我国文化在秦汉时期逐渐开始整合统一。综上所述，中国是人类文化的重要发源地之一，中国人的主体部分是东亚大陆的土著居民，中国文化是土生土长的土著文化，有着近二百万年的文化渊源，我们完全可以自豪地说：中国文化，源远流长；中国文化是中华各民族独立创造的文化。

（二）坚信中国文化是中华各民族共同创造的文化

1. 中华民族

众人拾柴火焰高，中国文化是中华各民族共同创造的文化。在中国这片神奇、古老的大地上生活劳作的各族人民，统称为中华民族，今天中华民族是中国境内56个民族的总称。"民族"这一概念，泛指中国历史上形成的、处于不同社会发展阶段的各种人群共同体。构成民族的诸要素一般包括共同地域、共同经济生活、共同语言和共同心理等。中国古代表述民族概念的有"族"、"种"、"部"、"类"等单音字，也有"族类"、"族部"、"民族"、"民种"等双音字，族是什么呢？《说文》："族，矢锋也，束之族族也。……众矢之所集。"族，牢牢捆在一起的一束箭，从方从人从矢。通"镞"，锋利的意思。族，是象形字，旌旗下面有箭头，代表武装的一群人。古代同一氏族或宗族的人，不但有血缘关系，更需要在族旗下面共同协力战斗，同甘苦，共患难，生死与共。周制：以百家为一族。旌旗所以属人耳目，旌旗所在而矢咸在焉。众之意也。本义：箭头，矢锋也。后来集合义的族，演绎为具有相似属性的人群集合的专称，用来强调同一族姓人群集合。中国自古注重族群文化心理的同一性，《左传·成公四年》曰："非我族类，其心必异。"其实，就是强调共同的文化精神。古汉语的族、族类，是区分"内华夏、外夷狄"的旧式民族主义概念，而双音节的民族一词，乃是清末提出民族国家建设任务的背景下出现的近代民族主义概念。梁启超在《新民主·论自由》中强调："今日吾中国最急者……民族建国问题而已。"当然，多民族的中国较之单一民族的国家如日本，建立近代民族国家的情况要复杂得多。直到辛亥革命后，民族主义才超越"排满"，成为争取全中国各民族共同权益，以自立于世界民族之林的新思想，旧式民族主义正式向近代民族主义过渡,民族一词自此广泛使用。在近代,逐步走出封闭状态的国人,面对西方列强进逼的世界格局,民族国家观念觉醒,这种观念既受西方思潮的启迪,又深深植根于中国各民族数千年历史进程中所形成的共同文化心理所经历的相同命运。梁启超《中国历史上民族之研究》中这样说:"凡遇一他族而立刻有'我中国人'之一观念浮现于其脑际者,此人即中华民族一员也。"

那么,怎么理解中华呢?

"中华"是"中国"与"华夏"的复合词的简称,较早出现于华夏混融的魏晋南北朝时期。《左传·定公十年》曰:"裔不谋夏,夷不乱华。"唐孔颖达解释为:"中国有礼仪之大,故称夏,有服章之美,谓之华。"裔,读 yì,名词,本义为衣服的边缘,也可指边远的地方或者子孙后代。古称东方部族为夷,北方部族为狄。常用以泛称除华夏族以外的各族。狄和夷,古代指生活在边远地区的少数民族。"华"通"花",意思是文化灿烂。华夏先民立国中原大地,黄河中游,自认为是宇宙之中心,并且文化发达,所以称"中华"。《唐律疏议》云:"中华者,中国也。亲被王教,自属中国,衣冠威仪,习俗孝悌,居身礼义,故谓之中华。"这里强调中华一词乃区别文化高下之族的含义。华夏文化发达,遂以中华自称。"中华"在历史上曾专指汉族,这是由于中华与华夏一词有关。至近代,"中华"则逐渐成为指认全中国及其各民族的文化符号,为中国人普遍接受和使用。梁启超在《论中国学术思想变迁之大势》中说:"四千余年之历史,未尝一中断者谁乎?我中华也。""盖大地今日只有两文明:一泰西文明,欧美是也;一泰东文明,中华是也"。这是在中华文化源远流长,绵延不绝的连贯性上指认"中华"的。越来越强调中华民族历史文化的共同性。近代传奇人物杨度论述中华和中华民族时曾说:"则中华之名词,不仅非一地域之国名,亦也非一血统之种名,乃为一文化之族名。……华之所以为华,以文化言,不以血统言,可决之也。故欲知中华民族为何等民族,则于其民族命名之顷,而已含定义于其中。与西人学说拟之,实采合于文化说,而背于血统说。华为花之原字,以花为名,其以之形容文化之美,而非以其状态血统之奇。"(《杨度集》,湖南人民出版社1986年版,第374页。)杨度的论述扬弃了民族的体质人类学标准,而侧重于文化人类学标准,超越皮肤、面貌等血统、种族属性,从华夏各民族创造共同文化、形成共同民族文化心理这一关键点上,阐明了中华民族的精义。我们就是在这一意义上使用中华民族概念的,正是在这一意义下,我们通常也称中国文化为中华文化,更强调中国文化是中华文明史上各民族共同创造的物质文明和精神文明的成果。

2. 多元一体,共同创造

中国历来是多民族国家,故组成中华民族的成员众多。生活在中原的华夏——汉族与周边少数民族长期互动共存。经过长期的民族融合、民族迁徙、形成中华民族共同体。中华民族呈现出多元一体的民族格局。费孝通在《中华民族多元一体格局》中说:"它所包括的五十多个民族单位是多元,中华民族是一体。"是多元中的统一,统一中的多元,使得中华民族的历史进程和现实格局色彩缤纷,在多样性中保持强劲的生命力。文化是民族区别的根本标志,是民族内部彼此认同的核心,是区别不同民族的根本标志。民族文化越强,民族凝聚力就越强。

多元一体的中华民族,共同创造了绚丽多姿的中华文化,并不断传承、发扬光大。我们以文学成就为例:汉族在诗经、楚辞、汉赋、唐诗、宋词、元曲、明清小说等等领域创造了辉煌的历史,在中国文学史上做出巨大的贡献;各少数民族也有卓越的创造和贡献,如藏族史诗《格萨尔王》、蒙古族史诗《江格尔传》、彝族的《阿诗玛》、维吾尔族的《阿凡提的故事》,都是彪炳千秋的杰作,而且在汉文学精品中,也渗透着少数民族的贡献。汉化蒙古人蒲松龄的《聊斋志异》、满族人曹雪芹的《红楼梦》,还有我们熟悉的老舍和他的《茶馆》、《骆驼祥子》等都是明显的例子。维吾尔族《阿凡提的故事》中的主人翁阿凡提大叔倒骑毛驴、滑稽而又幽默的艺术形象和他那令人忍俊不禁的幽默故事,不仅在维吾尔族人民家喻户晓,中国各族人民也非常熟悉,并且在世界范围内广为流传。由于阿凡提的故事体现了劳动人民勤劳、乐观、豁达向上、富于智慧和正义感,甚至受到许多国外人民的喜爱,传遍了小亚细亚及中东、巴尔干半岛、高加索、中亚和中国新疆地区。《格萨尔》是藏族人民集体创作的一部伟大的英雄史诗,历史悠久,结构宏伟,卷帙浩繁,内容丰富,气势磅礴,流传广泛。《格萨尔》为我们提供了宝贵的原始社会的形态和丰富的资料,代表着古代藏族文化的最高成就。《阿诗玛》是流传在撒尼人民口头上的一支美丽的歌,是撒尼人民世世代代的集体创作,它充分体现了撒尼人民的生活习惯和风俗人情。中国第一部彩色宽银幕立体声音乐歌舞剧电影《阿诗玛》,塑造了一个勤劳善良、能歌善舞、不畏强权的阿诗玛形象。乐歌舞剧电影《阿诗玛》于1982年获西班牙桑坦德第一届国际音乐最佳舞蹈片奖。自此民间叙事长诗《阿诗玛》开始享誉海内外。再如医学方面,汉族医术博大精深,是中华文化的精华之一,但是,藏医、苗医、蒙古医学也别具异彩,而且与汉族医学互相启迪与补充,成为中华一绝!总之,中华民族是具有共同历史、共同命运、共同文化心理认同的民族,中国文化是中华民族共同创造的文化。现存56个民族,以及历史上迁徙、消亡了的民族(如匈奴、党项、契丹等),都对中华民族做出了不可磨灭的贡献。一枝独秀不是春,百花齐放春满园!要坚信中国文化是中华各民族共同创造的文化,各民族文化共同发展和繁荣。

(三) 坚信中国文化是最具强大生命力的文化

关于中国文化的特点,人们从不同的角度进行分析和总结,可以得出不同的结论。梁漱溟在《中国文化要义》中[①],总结了中国文化广土众民、历史悠久、孝文化、多民族同化融合、重道德轻法律、重经验轻科学、重家庭等十四大特征。张岱年、方克立《中国文化概论》则概括出中国文化强大的生命力和同化力、以家族为本位的集体主义文化、摆脱神学独断的生活信条等七大特点,台湾学者韦政通的《中国文化概论》[②]总结出中国文化的十大特征。其他的学者还有各种不同的总结和结论,诸如中国文化的多样性、绵延力强、包容性、伦理性、宗法性、农业性、礼仪性等等诸多方面的特点,涉及文化的生成机制、特殊的思维方式、审美情趣、对待宗教、科学技术、民主和自由、集体和个体权利、基本精神、伦理道德、价值取向等的态度。文化学者们对中国文化特点的讨论和研究主要是为了摸清文化家底,也就是力图从各个方面、各种视角来提炼中国文化的特点,把握其民族性和特殊性,既认识其优点和长处,也要清醒地了解它的缺点和短处,以扬长避短,传承发扬祖先留给我们的这份宝贵的传统文化遗产。

在世界文化史上,有四大文明古国,也曾出现过许多优秀的文化体系。英

---

① 梁漱溟:《中国文化要义》,《梁漱溟全集》第3卷,山东人民出版社1990年版,第14—29页。
② 韦政通:《中国文化概论》,台湾水牛出版社1973年版。

国历史学家汤因比(1889—1975年)认为,在近六千年人类历史上,在现代文化的七大"母文明":古埃及文明、古苏美尔文明、古密诺斯文明、古玛雅文明、古安第斯文明、古哈拉巴文明、古中国文明等"母文明"中心;出现过26个文明形态,但是全世界范围内只有中国的文化体系是长期延续发展而从未中绝的文化,显示出中国文化强大的生命力。只有中国文化延续发展,具有顽强的生命力,创造了世界文化史上的奇迹,这是中国文化的显著特点之一,主要从以下几个方面表现出来:

1. 强大的文化同化力

文化同化力指域外文化传入中国后,大都逐步中国化,融入中国文化而成为其中一个组成部分,最具代表性的例子就是古代佛教文化的传入及其中国化。佛教起源并流行于南亚次大陆一带,并非中国本土文化产物,在公元1世纪的两汉之际开始传入中国,经过魏晋、唐宋几百年的传播,佛教高僧的西求、东渡,佛教经典的翻译、解读、注释与广泛传播,两种文化碰撞交流的结果是,佛教并未完全征服中国,反而为适应中国本土文化发展要求,入乡随俗,改变原始教义,主动吸收中国本土文化精华,逐渐被中国化。外来佛教一部分演化为中国化佛教(以禅宗创立为标志),一部分消融于宋明理学之中,成为中国文化的一部分。

2. 强大的文化融合力和积极的文化适应力

我们先来谈谈文化的融合力,所谓文化的融合力,是指中国文化并非单纯的华夏汉民族文化或黄河流域的文化,而是在华夏汉民族文化的基础上,改造中国境内各民族文化及不同地域的文化——荆楚文化、吴楚文化、巴蜀文化、齐鲁文化等,域内文化在汉字文化基础上善于吸收不同民族不同地域的文化,各民族融合发展。那么,什么是文化的适应力呢?如果说文化的融合力是针对本国内部各民族文化相互交流而言的,民族文化的适应力就是针对域外文化,与域外文化的冲突与交流而言的。文化发展的一般规律告诉我们,一个民族的文化只有遇到更为先进的文化,在激烈的冲突与融合中,才能更新与发展,所以,我们所谓的西方文化挑战,不管是大到哲学思想、价值观、礼仪、科技文化等方面,还是小到节日生活、衣食住行等方面,都是机遇与挑战并存,是文化发展、更新的很好时机,我们要很好地把握,积极地引导和利用。因为历史告诉我们,敢于迎接挑战,并战胜挑战是文化发展的重要条件和机遇。一般来说,当一个民族与域外异族文化发生交往、特别是激烈冲突的时候,发展势能较低的民族文化就会遇到如何适应发展势能较高的民族文化的问题。尽管中国文化的适应力相对薄弱的,和欧洲国家与日本等相比,不像他们把对外学习和交流视为习惯与自然,习惯以别国为师。历史上,由于中国文化地理环境的隔离机制和历史上长期的领先地位,所以在文化上产生了强烈的自我优越感,以及自我中心的文化心理。但是,聪明智慧的中华民族决不孤芳自赏,而是深谙"师夷长技以制夷"的道理。她一旦与先进文化发生碰撞,就会积极主动地加以引进、吸收和创新,成为自己文化发展的新鲜成分。从引进域外文化来说,在古代历史上,我们成功地改造了包括佛教文化在内的域外文化,最终形成具有丰富文化内涵的中国传统理学文化;近代以来,我们迎来了马克思主义,形成了毛泽东思想,倡导建设具有中国特色的民主的科学的大众的社会主义新文化体系。从内部来看,中国各民族文化,包括匈奴、鲜卑、羯、氐、羌、契丹、辽、女真等民族的文化,都已经融入整个中华民族文化的血脉之中,所以,中国文化具有强大的文化融合力和积极的文化适应力,正是这种海纳百川的恢弘气势和精神气魄,才形成了现在博大精深的中国文化。

3. 强健的生命延续力

中国文化生命力是指中国文化不仅独立发展,而且源远流长,从未中绝。中国文化的同化力和融合力,是其无与伦比的生命力的显著表现。中国文化的同化力和融合力,是历史上形成的,拥有如此强大的文化生命力的民族,在世界文化史也是罕见的。在人类历史上多次出现过因为异族入侵而导致的文化中绝的悲剧,演绎一场场冷兵器时代因战争而起摧残文化的悲剧。如印度文化因为雅利安人入侵而雅利安化;古埃及文化因为马其顿国王亚历山大占领而希腊化、凯撒占领而罗马化、罗马人移入而伊斯兰化;希腊文化、罗马文化因为日耳曼蛮族入侵而终结并沉睡千年。前面我们提及到的世界上人类原生态的七大"母文化"体系中唯有中国文化绵延流长、薪火相传,从未中绝,表现出无与伦比的文化生命的延续力。当然,这种强健的生命延续力的成因也是多方面的。东亚大陆优越的地理环境提供了相对隔绝的环境,是天然的文化保护屏障。而中国文化历史发展中长期处于领先地位,总体上来说文明程度相对较高,多次同化以武力入主中原的北方游牧民族,演出一幕幕"征服者被征服"的文化喜剧,也是中国文化保持延续力的很重要的原因。

分析中国文化形成顽强的生命力的成因,主要有以下几点:首先,是中国文化历史环境和自然条件,得天独厚的地理位置为中华文化的发展提供了天然地理屏障。中国文化因地理环境提供的隔绝机制,在古代能够长期保持一以贯之的发展系统,成为世界文化史上罕见的连续性文化的范例。其次,中华文化拥有一个较之其他古文化更为辽阔的发展基地。与其他世界文明中心相比,举世闻名的古埃及文化发祥于只有三四万平方公里的尼罗河冲积平原上,美索不达尼亚文化发源于两河流域上游,希腊文化诞生于克里特岛和伯罗奔尼撒半岛的滨海小平原,而印度文化的发源地较其他文化虽然较为宽阔,但也只有仅仅10余万平方公里,其他印第安文化、玛雅文化、阿兹特克文化、印加文化地域相对狭小。而中华文化的发源地幅员辽阔、腹里纵深,回旋天地开阔,地形地貌气候复杂多样,形成一种恢弘的地理环境,这是其他许多古老的文化发祥地所难以比拟的。所以,中华文化拥有一个较之其他古文化更为辽阔的发展基地,回旋余地大。古埃及文化发源于尼罗河畔只有三四万平方公里的冲击平原上,美索不达米亚文化发源于西亚两河流域上游狭小的地域范围内,古希腊文化发源于克里特岛和伯罗奔尼撒半岛的滨海小平原,即使印度文化其发源地也仅有10余万平方公里的地域范围,与之相比,中华文化所拥有的文化发祥地,东渐大海,西被流沙,极为辽阔。历史上,即使内乱外患之际,中华民族辽阔的疆域和文化平台也为中华文化中心转移提供纵深腹地。中国历史上的七大古都是文化中心不断转移的结果,六朝古都安阳、千年古都西安、九朝名都洛阳、七朝古都开封,基本是沿着黄河东西线转移,而从"江南佳丽地,金陵帝王州"的南京、杭州到北方的北京,则是沿着南北线移动,中国七大古都就是古代文化中心频繁转移的历史见证。唐朝学者已经认识到秦汉以前,西北文化发达,而东南落后,到了宋代,"壮者已老,稚者已壮矣"。《元史·食货志·海运》记载:"而百司庶府之繁,卫士编民之众,无不仰给于江南。"正如俗话所言:"苏湖熟,天下足"。明清时期,尽管北方是政治中心,但江南经济文化依然领先,并占据经济命脉地位。王夫之曰:"今且两粤、滇黔渐向文明,而徐豫以北,风俗人心益不忍问。"黄宗羲认为:"秦汉之时,关中人物会聚,田野开辟,人物殷盛,吴楚方脱蛮夷之号,风气朴略,故金陵不能与之争胜,今关中人物不及吴、会久矣"。文化中心转移比较灵活,保存了中国文化传承的文化火种。

在漫长的历史年代里,中国文化虽然从未受到来自西亚、南亚、欧洲的威胁,但也是屡屡遭受北方游牧民族的军事打击,例如,春秋以前"南蛮"、"北狄"的冲击,十六国时期"五胡乱中华",宋元时期,契丹、蒙古、女真人接连南下,明末满人入关等等,古代的历史文献对此多有描述:"洛京倾覆,中州仕女避乱江左者十六七。"(《晋书·王导传》)"三川北虏乱如麻,四海南奔似永嘉"(李白),中原政治经济遭受极大地军事打击和颠覆。这些勇猛彪悍的游牧人虽然在军事上大占上风,甚至多次建立起强有力的封建政权,如元朝和清朝等强大的封建王朝,但是从文化上来看,游牧文化却总是在自觉不自觉之间,被以华夏农耕文化为代表的先进的中原文化所融合。匈奴、鲜卑、羯、氐、羌、契丹、辽、女真、蒙古等游牧或半牧的民族在与先进的中原文化碰撞中,几乎都发生了由氏族社会向封建社会的过渡和飞越。军事征服的结果,不是被征服者的文化所毁灭、中绝,而是征服者的文化皈依和文化进步,表现最明显的是,征服者大都借鉴中原王朝先进的政治文明和制度文明进行统治以巩固政权。而这一过程中,中国文化又多方面地吸收来自游牧民族文化中的新鲜成分,例如,少数民族体格健壮,性情豪爽,骑射技术高超、能歌善舞等,另外还有边疆地区的物产、技艺,从而增添了新的生命活力。

(四) 坚信中国文化是最具强劲的认同力和民族凝聚力的文化

1. 中国文化的认同力

我们前边谈了中国文化的融合力和适应力,展示了其海纳百川的文化气魄和顽强的生命活力,接下来我们谈谈中国文化强大的自我认同力,当然,这也是中国文化强大凝聚功能的体现。我们知道,"任何一个民族和国家的文化,在其发展过程中,都经常出现这样一种矛盾运动:一方面它要维护自己的民族传统,保持自身文化的特色;另一方面它又需要吸收外来文化以发展壮大自己。这种矛盾运动在文化学上称之为'认同'与'适应'"。[①] 中国作为文化

---

① 参阅张岱年、方克立主编:《中国文化概论》,北京师范大学出版社2004年版,第360页。

传统极其深厚、哲学慧根十分发达的文化大国,其民族文化认同心理较其他民族更甚,所以,中国文化具有强大的自我认同力。例如,历代中国人对"大一统"理论的文化认同和实践表明,作为《春秋》大义"大一统",是人人皆知的政治文化思想和至理名言。我国自西周以来的历史文化发展史,表明了中国文化认同上的理性自觉,大一统观念深深根植于历代中国人的心中。历史上,作为中国传统精英文化主流的诸子百家学说,尽管百花齐放、百家争鸣,有的甚至互相口诛笔伐、形同水火,但是,在维护中国国家统一、民族融合、中华一体,使天下"定于一"的思想原则和方向上,却又达成惊人的共识。这种政治上大一统观念,实际上是"天人合一"、"贵和尚中"等中国文化的基本精神长期熏陶的结果。不仅如此,"天下一家"、"四海之内皆兄弟"、"远亲不如近邻"、"海内存知己,天下若比邻。"等观念至今还是凝聚邻里、社区乃至全社会的精神力量。长期以来,中华儿女以国家统一为荣,以江山分裂为忧,以破坏和平统一的汉奸卖国贼为耻,这是中华民族天经地义的政治文化价值导向,是一种真正的威力无穷的正能量。这种"大一统"的观念和正能量经过儒、法两家,从不同思维角度进行论证,特别是经过秦汉时期,封建大一统国家的建立而带来的民族融合、共同发展的历史实践,逐渐转化为民族文化深层的社会心理结构,成为中华民族政治文化的思维定势,并有力地推动了中华民族的整体发展和社会文化的共同进步。正像恩格斯所说的那样:"民族是在历史上形成的一个有共同语言、共同地域、共同经济生活以及表现于共同文化上的共同心理素质的稳定的共同体。"(《马克思主义和民族问题》)可见,任何民族都拥有与其他民族相区别的本民族的文化传统和文化特色,对自己的文化传统和民族文化特色的自觉认知和保持,既是一种深厚的文化心理,也是一种对本民族的文化认同行为。因为优秀的文化传统,其实是一个民族世代积累而成的精神财富,是一个民族发展的动力资源库,是一个民族的精神源泉。正是优秀的文化传统培育了一个民族的自尊心、自豪感和自强不息的精神。一个民族只要能保持自身优秀的传统文化,无论遇到怎样的艰难挫折,都能迸发出民族振兴的热情、活力和强大的民族凝聚力,引领人们坚韧前行,最终走出历史困境,使民族得以新生。而中华民族是最具强劲的文化认同力的伟大民族,我们一定能够自尊、自信、自强、自立于世界民族之林。

历史上,早在公元1000年的西周时期,中华先民便产生了"非我族类,其心必异"的观念,表达了从文化心理特质上的自我认同。到了近代民族危亡之际,中国人对中华民族的认同更加自觉,更为强烈。英国历史学家汤因比在20世纪70年代初,曾与日本学者、社会活动家池田大作有过一次著名的对话,在这次对话中汤因比指出:"就中国人来说,几千年来,比世界任何民族都成功地把几亿民众,从政治、文化上团结起来。他们显示出这种在政治、文化上统一的本领,具有无与伦比的成功经验。"①正因为如此,直到现在无数浪迹天涯,海外谋生的华人华侨,虽然远在异国他乡,但是他们的文化脐带,仍然与中华文化血肉相连,精神相依。在外定居多年的华人华侨的内心深处和潜意识中,时刻铭记自己是华夏儿女,炎黄子孙。有一位已经定居巴拿马几代,在异国他乡生儿育女、传宗接代,并且在政界取得显赫地位的华裔这样说道:"别看我们完全不懂中文,我们的思想、举止都是非常中国式的"②美籍华人、诺贝尔物理学奖得主杨振宁教授也说:"我觉得中国传统的社会制度、礼教观念、人生观,都对我们有极大的束缚的力量"③,他们的肺腑之言,拳拳之心,都是中国文化最具强劲的文化认同力和民族凝聚力的生动体现。

2. 中国文化的凝聚力

文化的凝聚力,是指文化心理的自我认同感和超越地域、国界的文化群体归属感。与世界上其他文明古国发展模式不同,数千年来,中国尽管国祚频移,危机迭现,但中华民族的文化传统是一脉相承,绵延不断的,根本原因就在于多元一体的文化建构格局,赋予了中华民族经久不衰的生命力,并铸就了中国文化异乎寻常的凝聚力。

民族凝聚力作为一种思想整合力量,作为民族文化对全体社会成员的精神吸引力,作为统摄人心、团结族类的精神纽带,它逻辑地要以中国文化基本精神为思想依托,没有传统文化的基本精神的感召力量,就没有真正的民族凝聚力。所以,特别应该强调的是,中国文化的基本精神,是中华民族的凝聚力

---

① 《展望二十一世纪:汤因比与池田大作对话录》,国际文化出版公司1985年版,第294页。
② 《异国创政坛》,载《光华》杂志第16卷第6期,1991年。
③ 《读书教书四十年》,三联书店1987年重印版,第58页。

形成并发挥作用的思想基础和思想核心。前面我们谈到中国文化的基本精神：天人合一、以人为本、贵和尚中和刚健有为等，这些中国文化的基本精神有着巨大的社会统摄性，它可以超越地域、种族、时代和阶级的界限，用中国文化的基本精神滋养每一个中华儿女，使其拧成一股绳，劲往一处使，凝聚力量、同心同德地为民族整体利益和长远利益而不懈地奋斗，特别是中华民族刚健有为、自强不息的文化精神最具强劲的精神凝聚力。正因为如此，历史上每当外敌入侵之时，中华民族都能够万众一心、众志成城地抵御外侮；而每当内乱出现之时，中华儿女往往又能够在"中华一体"的民族认同的基础上，捐弃前嫌，团结一致。正所谓"分久必合"，拨乱反正，这些都与贵和尚中、刚健有为、不屈不挠的中国文化基本精神对中华儿女的精神培育密不可分的。另外，中华民族"贵和尚中"的文化精神，还培育出崇尚和谐统一的博大胸怀。坚持和而不同的矛盾统一观，求同存异；坚持和谐共处，反对分裂，反对片面求同和乱斗一气，把国家邻里的和谐、把国家统一视为天经地义的正事。这种文化传统和文化精神，对中华一体、国家统一的民族文化心理的形成，对于我们国家社会的长期稳定和发展，都曾经起到十分强劲的精神凝聚作用。

中国文化的基本精神是增强和推动民族凝聚力更新的精神力量。作为观念形态的东西，民族凝聚力具有相对稳定性，而作为一个民族的文化传统，则是历史地发展着的。因此，不同时代的民族凝聚力的内容会有所变化，或增强、或减弱或者更新自己的形态。正因为如此，人们就必须用不断更新、不断充实的文化基本精神，发挥中国文化的精神感召、激励和整合、创新功能，从而充实、再铸民族之魂和民族凝聚力，丰富它的文化内涵，增强其精神感召力，推动其不断更新自己的形态以适应新时代的要求。

在对待中国传统文化的态度上，我们既要克服盲目自大自傲的膨胀心理，也要走出消极悲观的民族自卑的心理阴影；我们既不能"超越"传统，与之"断裂"，更不可能与之一刀两断。二十一世纪文化建设的历史使命要求我们，对中华民族的文化认同和继承创新，绝不是向传统文化的全面认同和复归，更不能毫无分辨地颂扬传统文化中的封建糟粕，而应当立足现实，面向世界和未来，从传统文化中汲取可以为今天所用的精华。也就是说既要保持中华文化的民族特色和优良传统，又要积极广泛地吸收外来文化的优秀成果，我们的最终目标是建成中国特色的社会主义文化体系,提高全民族的科学文化发展水平。我们坚信,具有光荣历史传统的勤劳智慧的中华民族,一定会以"扬弃"的态度对待古今中外历史上的人类一切优秀文化成果,通过综合创新,协调发展,走好中国道路,讲好中国故事,最终实现中华民族的伟大复兴!

马福贞

2017年1月8日于河南大学

主要参考文献

1. 冯天瑜、何晓明、周积明:《中华文化史》,上海人民出版社 1999 年版。
2. 张岱年、方克立:《中国文化概论》,北京师范大学出版社 2004 年版。
3. 程裕祯:《中国文化要略》,外语教学与研究出版社 1998 年版。
4. 朱天顺:《中国古代宗教初探》,上海人民出版社 1986 年版。
5. 许地山:《道教史》,江苏文艺出版社 2008 年版。
6. 任继愈主编:《中国道教史》,上海人民出版社 1990 年版。
7. 南怀瑾:《中国道教发展史略》,复旦大学出版社 1996 年版。
8. 李申:《中国儒教史》,上海人民出版社 1991 年版。
9. 任继愈:《儒教问题争论集》,台湾学生书局 1918 年版。
10. [意]利玛窦、[比]金尼阁:《利玛窦中国札记》,李申、何高济等译,广西师范大学出版社 2001 年版。
11. 文史知识编辑部编:《佛教与中国文化》,中华书局 1988 年版。
12. 赖永海:《中国佛教文化论》,中国青年出版社 1999 年版。
13. 孙昌武:《中国佛教文化》,南开大学出版社 2004 年版。
14. 丛培香:《十八高僧传》,人民文学出版社 2006 年版。
15. (清)佚名撰,杨力生、杨大健校点:《佛道斗法》,吉林文史出版社 1997 年版。
16. 南怀瑾:《禅宗与道家》,复旦大学出版社 1996 年版。
17. 傅统先:《中国回教史》,宁夏人民出版社 2006 年版。
18. 杨怀中主编:《伊斯兰教与中国文化》,宁夏人民出版社 2006 年版。
19. 马平:《中国穆斯林民居文化》,宁夏人民出版社 2006 年版。

20. 王治心:《中国基督教史纲》,上海古籍出版社 2007 年版。

21. 王美秀:《基督教史》,江苏人民出版社 2006 年版。

22. [英]麦格拉斯:《基督教概论》,马树林、孙毅译,北京大学出版社 2003 年版。

23. 卓新平:《中国基督教基础知识》,宗教文化出版社 1991 年版。

24. 宋兆麟、李露露:《图说中国传统节日》,世界图书出版社 2000 年版。

25. 张晓华主编:《中国传统节日文化研究》,中国青年出版社 2007 年版。

26. 马福贞:《中国传统文化专题研究》,北京线装书局 2008 年版。

27. 宋兆麟、李露露:《中国古代节日文化》,文物出版社 1991 年版。

28. 徐杰舜主编:《汉族风俗史》,学林出版社 2004 年版。

29. 金元浦、谭好哲、陆学明:《中国文化概论》,首都师范大学出版社 1999 年版。

30. 朱伯崑主编:《易学基础教程》,九州出版社 2002 年版。

31. [苏]谢·亚·托卡列夫:《人类与宗教》,中央编译出版社 2009 年版。

32. 乌丙安:《中国民间神谱》,辽宁人民出版社 2007 年版。

33. 马福贞:《中国节日风情论》,中国社会科学出版社 2013 年版。

后　　记

在写作本书的时候,我经常觉得自己是怀着一颗敬畏之心追寻中国文化的生命之源,思考着历史上东西方文化的碰撞、融合与创新以及当代新文化的重建等问题。在写作中,我尽量避免现实中有关敏感问题的讨论,主要从各民族文化交流与融合的视角进行写作,从而消除文化信仰上的误读和误解。我认为文化最终是关乎人类精神世界与心灵追求的创造,原始信仰与神话,是人类创造的第一束心灵之光,是文化的源泉。我从中看到了光,这是文化之光,是心灵之光。儒家文化的仁,基督教文化的爱,佛家文化的慈悲为怀,道家文化的道法自然,无不为人类的心灵注满阳光;它们对理想人格的完美塑造与不懈追求,无不深切地关怀着同一个主题:和谐、关爱与进步。

前不久,我回到了自己的家乡中牟。文明过渡中的家乡古城,正处于变革重建的伟大时代。中牟位于郑州、开封之间,中原腹地,黄河之滨,历史悠久,人杰地灵。中牟地处中原经济区、郑州都市区、郑州航空港经济综合试验区三区叠加的中心区域,是郑汴融城战略和郑汴产业带核心区。近年来,一肩挑双城的中牟迎来了千载难逢的发展机遇和挑战。在家乡古城的剧变中我感知着文化的有容乃大,感知着中国人海纳百川的宏大气魄。历史上,外来文化的注入曾经及时激活近乎窒息的中国文化,使她焕发出新的生机。在中国文化史上,比较大规模的文化交流至少有两个时期:一次是东汉政府通过官方途径派使节迎来印度佛教,佛教文化传入中国,极大地促进了魏晋以至唐宋以来的文化勃兴与发展;另一次是近代西方的坚船利炮强行打开中国的大门,西方文化潮水般涌入中国,在众多的理论和主义中,以孙中山为首的革命派接受了西方资产阶级思想,推翻了两千年专制主义中央集权的封建帝制;中国共产党历史性地选择了西方马克思主义,拯救了危难深重的中华民族。中国文化以雄伟的气魄接纳外来文明,一次又一次创造民族文化的奇迹。如今,我们要建设具有中国特色的社会主义新的文化体系,古今中外的文化正在古老的东方大地上碰撞、撕扯、嫁接与融合,我们的时代必将焕发出新的生机与活力,新的文化与文明曙光,必将引领人们走向幸福与光明的未来。

　　本书有幸得到河南省重点学科建设资助基金的支持,感谢院领导和政治学学科各位同仁的热情支持!同时,感谢我的博士生同学,河南社会科学院研究员田冰以及王若楠、刘明丽。同时,我的同事河南大学马凤仙老师,我的家人以及朋友们,他们知道我在进行相关资料的考证时,都积极帮助我查找资料,提供线索,所以,为本书的撰写起到重大作用,本书的成稿凝聚了他们辛勤的汗水和关爱。为此,我深表谢意!

马福贞
2014年4月18日于河南开封

责任编辑：王世勇

图书在版编目(CIP)数据

文化的信仰：中华传统文化讲座(修订版)/马福贞 著. —北京：
人民出版社,2017.7(2023.3重印)
ISBN 978－7－01－017763－2

Ⅰ.①文… Ⅱ.①马… Ⅲ.①中华文化-文集 Ⅳ.①K203-53

中国版本图书馆 CIP 数据核字(2017)第 127094 号

文化的信仰

WENHUA DE XINYANG

——中华传统文化讲座(修订版)

马福贞 著

人民出版社 出版发行
(100706 北京市东城区隆福寺街99号)

环球东方(北京)印务有限公司印刷　新华书店经销

2017年7月第1版　2023年3月北京第2次印刷
开本:710毫米×1000毫米 1/16　印张:21
字数:332千字

ISBN 978－7－01－017763－2　定价:88.00元

邮购地址 100706　北京市东城区隆福寺街99号
人民东方图书销售中心　电话 (010)65250042　65289539

版权所有·侵权必究
凡购买本社图书,如有印制质量问题,我社负责调换。
服务电话:(010)65250042